PERDIDOS EM SHANGRI-LA

PERDIDOS EM SHANGRI-LA

A MAIS INCRÍVEL MISSÃO DE RESGATE DA SEGUNDA GUERRA MUNDIAL — UMA HISTÓRIA REAL DE SOBREVIVÊNCIA E AVENTURAS

Tradução: Paulo Afonso

MITCHELL ZUCKOFF

Rio de Janeiro | 2013

Copyright © 2011 *by* Mitchell Zuckoff.

Publicado sob contrato com a HarperCollins Publishers.

Título original: *Lost in Shangri-La: a True Story of Survival, Adventure, and the Most Incredible Rescue Mission of World War II*

Capa: Sérgio Campante

Imagem de capa: Avião: cortesia do Exército dos Estados Unidos/ Sobreviventes, paraquedistas e nativos: cortesia de C. Earl Walter Jr.

Editoração: FA Studio

Texto revisado segundo o novo
Acordo Ortográfico da Língua Portuguesa

2013
Impresso no Brasil
Printed in Brazil

Cip-Brasil. Catalogação na fonte
Sindicato Nacional dos Editores de Livros. RJ

Z86p	Zuckoff, Mitchell Perdidos em Shangri-La: a mais incrível missão de resgate da Segunda Guerra Mundial: uma história real de sobrevivência e aventuras / Mitchell Zuckoff; tradução Paulo Afonso. – Rio de Janeiro: Bertrand Brasil, 2013. 464 p.: 23 cm Tradução de: Lost in Shangri-La: a true story of survival, adventure, and the most incredible rescue mission of World War II Inclui bibliografia e índice ISBN 978-85-286-1645-3 1. United States. Army Air Forces – Operações de busca e salvamento. 2. Guerra Mundial, 1939-1945 – Missões militares. 3. Sobrevivência a acidentes aéreos – Nova Guiné. 4. Acidentes aéreos – Nova Guiné. 5. Guerra Mundial, 1939-1945 – Operações de busca e salvamento – Nova Guiné. 6. Guerra Mundial, 1939-1945 – Operações de busca e salvamento – Estados Unidos. 7. Guerra Mundial, 1939-1945 – Operações aéreas americanas. 8. Sociedades primitivas – Nova Guiné. I. Título.
12-7996	CDD: 940.548 CDU: 94(100)"1939/1945"

Todos os direitos reservados pela:
EDITORA BERTRAND BRASIL LTDA.
Rua Argentina, 171 – 2º andar – São Cristóvão
20921-380 – Rio de Janeiro – RJ
Tel.: (0xx21) 2585-2070 – Fax: (0xx21) 2585-2087

Não é permitida a reprodução total ou parcial desta obra, por quaisquer meios, sem a prévia autorização por escrito da Editora.

Atendimento e venda direta ao leitor:
mdireto@record.com.br ou (0xx21) 2585-2002

Para Gerry

SUMÁRIO

Agradecimentos   9

Nota Explicativa   14

1. DESAPARECIDA   19
2. HOLLANDIA   23
3. SHANGRI-LA   40
4. O *GREMLIN SPECIAL*   54
5. LÁ ESTÁ!   69
6. CHARMS   84
7. TARZAN   98
8. O EXPLORADOR CAVALHEIRO   108
9. CULPA E GANGRENA   121
10. EARL WALTER, JÚNIOR E SÊNIOR   135
11. UWAMBO   148
12. WIMAYUK WANDIK, TAMBÉM CONHECIDO COMO "CHEFE PETE"   162
13. VENHA O QUE VIER   177

14	Cinco por cinco	190
15	Ação de Graças perdida	202
16	Rammy e Doc	215
17	Custer e a cavalaria norte-americana	224
18	Hora do banho de Yugwe	240
19	"Não chore, menina, não chore"	251
20	"Ei, Martha!"	266
21	A terra prometida	283
22	Hollywood	296
23	Planadores?	310
24	Duas rainhas	325
25	A pescaria	345

Epílogo: Depois de Shangri-La — 360

Lista de personagens — 383
Notas sobre fontes e métodos — 388
Notas — 391
Bibliografia selecionada — 442
Índice remissivo — 445

AGRADECIMENTOS

ESTA HISTÓRIA ESPEROU um longo tempo para ser contada, mas não foi esquecida. Um extraordinário grupo de pessoas preservou carinhosamente documentos, cartas, cadernos, mapas, fotografias, filmes e, acima de tudo, lembranças.

Sou especialmente grato a C. Earl Walter Jr., sem cuja ajuda eu jamais teria tentado escrever este livro. Earl me recebeu de braços abertos em sua casa; deixou que eu usasse suas anotações, suas fotos e seus diários; e me contou inúmeras histórias de Shangri-La. Agradeço também à sua filha, Lisa Walter-Sedlacek.

Buzz Maxey me proporcionou uma ajuda indispensável durante minha viagem ao Vale Baliem, também conhecido como Shangri-La. Ele me guiou até as testemunhas sobreviventes, traduziu seus relatos e interpretou o significado cultural de suas respostas. Admiro sua dedicação ao bem-estar do povo da Papua, e encorajo outros a seguir seu caminho. Agradeço também a Myrna, Ben e Dani Maxey. Tomas Wandik me guiou habilmente montanha acima, através da mata, até o local do acidente. Sua filha Nande Mina Wandik foi uma excelente companheira de caminhada. Sou profundamente grato a Helenma Wandik, Yunggukwe Wandik, Ai Baga, Lisaniak Mabel, Hugiampot, Narekesok Logo e Dagadigik Walela por relatarem suas lembranças.

Emma Sedore, historiadora de Tioga County, Nova York, me prestou uma ajuda inestimável com suas sugestões. Sem ela, grande parte da história de Margaret Hastings poderia ter se perdido. Obrigado também a Roger Sharpe e Kevin Sives, da Sociedade Histórica Tioga County.

A encantadora Betty "B.B." McCollom me ensejou uma profunda compreensão de seu falecido marido, John, e gentilmente me emprestou os cadernos e as fotos que ele guardou. Dennie McCollom Scott me ofereceu inestimáveis informações e sugestões. Rita Callahan me contou histórias a respeito de sua irmã Margaret Hastings e do pai delas, Patrick Hastings. Ela me encaminhou a Mary Scanlon, amiga de infância de Margaret, cujas lembranças enriqueceram este livro.

Peter J. Prossen Jr. me ajudou a entender seu pai, e eu admiro sua franqueza. Maryrose Condon, John McCarthy e Michael McCarthy me ajudaram a conhecer seu tio, o major George H. Nicholson Jr. Roberta Koons gentilmente me contou suas lembranças de sua irmã, Eleanor Hanna. Gerta Anderson me ajudou a conhecer Laura Besley. Meu novo amigo Melvyn Lutgring generosamente me contou a história do sentimento de culpa que afligiu seu pai, por ter oferecido o lugar que ocuparia no voo para seu melhor amigo, Melvin "Molly" Mollberg. Alexandra Cann me deliciou com histórias de seu rocambolesco pai e xará.

O documentarista Robert Gardner passou algum tempo, na década de 1990, pesquisando esta história para uma possível continuação de *Dead Birds* [Pássaros mortos], o filme brilhante que realizou sobre o povo dani. E me ofereceu alguns arquivos raros, impossíveis de duplicar. Suas entrevistas com John McCollom, jamais divulgadas, permitiram-me ver e ouvir Mac mesmo após sua morte. Obrigado também a Michael Hutcherson, por ter copiado as fitas com as entrevistas.

Minha compreensão dos dani foi muito enriquecida pelo dr. Myron Bromley, cuja leitura deste manuscrito e instigantes sugestões foram sinceramente apreciadas. Também agradeço a James Sunda, que, juntamente com Myron, esteve entre os primeiros missionários a penetrar o vale. As impressionantes pesquisas sobre o povo dani realizadas pelo professor Karl Heider, ampliadas por nossa correspondência através de e-mails, foram bastante esclarecedoras.

Dona Cruse soube do acidente por intermédio de sua mãe, Ruth Coster, que escapou do desastre do avião. Dona partilhou comigo seu vasto conhecimento, bem como as pesquisas que realizou sobre estes acontecimentos. A coronel Pat Jernigan (reformada) se constituiu uma fonte notável, incansável, que respondeu às minhas perguntas e me proporcionou uma valiosa compreensão dos fatos.

O major Myron Grimes (reformado) nunca recebeu muito crédito por ser o primeiro piloto da Força Aérea dos Estados Unidos a avistar o vale de um avião. Ele me fez sentir como se estivesse na cabine de comando com ele, e eu lhe agradeço a viagem. George Theis, da National Association of World War II Gilder Pilots (Associação Nacional dos Pilotos de Planadores da Segunda Guerra Mundial), livrou-me de cometer uma série de erros.

No fim da Segunda Guerra Mundial, o cabo Gene Hoops foi enviado à base de Hollandia integrando uma patrulha de limpeza. Sua incumbência era destruir todos os arquivos militares. Mas, quando abriu uma gaveta de metal e encontrou fotos do local do acidente, ele percebeu que aquele material deveria ser preservado. Foi o que fez durante as seis décadas seguintes, e eu lhe agradeço por isso.

Em seu excelente filme, *An Untold Triumph* (Um triunfo em segredo), o documentarista Noel "Sonny" Izon trouxe à luz as contribuições dos soldados filipino-americanos durante a Segunda Guerra Mundial. E teve a generosidade de contar a história dos paraquedistas filipinos que corajosamente saltaram no vale.

O falecido coronel Edward T. Imparato, que desempenhou importante papel na entrega de suprimentos e nos esforços de resgate, publicou documentos, transcrições do diário de Walter, trechos de reportagens e suas próprias reflexões em seu livro *Rescue From Shangri-La* (Resgate em Shangri-La)*. O coronel Imparato morreu antes que eu tivesse a oportunidade de conhecê-lo, mas agradeço-lhe por seu trabalho no vale e pela colaboração para este livro.

Justin Taylan, diretor do site PacifcWrecks.org, foi de grande valia durante todo este trabalho. Obrigado também aos professores Alex Fabros e Dan Gonzales por me instruírem sobre os soldados filipino-americanos; a Jette Flipse, por suas proveitosas sugestões; a Robert Knox, que me deu a conhecer o empolgante relato, feito por seu tio-avô, da queda de um avião C-47; a James W. Zobel, do MacArthur Memorial Archives; a Ed Christine e Tom Wilbur, da *Binghamton Press & Sun*; a Norm Landis, da *Rome Daily Sentinel*; a Sissy Burge, do *Watchman* de Clinton, Louisiana; a Lynn Gamma, da Air Force Historical Research Agency (Agência de Pesquisas Históricas da Força Aérea); a David Freece, do Museu Histórico Cowlitz County; a Heidi Reutter, da Universidade do Arkansas Central; a Mary Jane Vinella, da Biblioteca Regional de Bellevue, Washington; a Lisa Rickey, da Biblioteca Metropolitana de Dayton, Ohio; a Thomas C. Jepsen, historiógrafo da telegrafia; a Steve Wylie, transcritor; ao intrépido viajante Jan Versluis; e à minha estagiária, Roxanne Palmer.

Meus colegas e alunos da Universidade de Boston me ajudaram e me incentivaram ao longo deste projeto. Agradecimentos especiais ao decano Tom Fiedler e ao professor Lou Ureneck por seu apoio e pela dispensa que me possibilitou terminar este livro; e a Bob Zelnik e Isabel Wilkerson, por seus exemplos tão inspiradores.

---

* Paducah, Kentucky: Turner Publishing, 1997.

AGRADECIMENTOS

Em um momento crucial, Helene Atwan, da Beacon Press, convenceu-me a confiar em meus instintos. Uma década atrás, ela me transformou em um escritor, pelo que sou eternamente grato. Richard Abate é o melhor amigo e agente que qualquer autor poderia querer. Ele permaneceu ao meu lado enquanto eu tentava encontrar as soluções adequadas à narrativa e depois encontrou a editora ideal para este livro.

Minha editora Claire Wachtel me recebeu de braços abertos e se envolveu nesta história do início ao fim. Ela melhorou o livro com suas ideias, seu discernimento e sua confiança. Obrigado também a Jonathan Burnham, por tudo. Sou grato a Melissa Kahn, do 3Arts, que acreditou no trabalho, e a toda a equipe da HarperCollins, inclusive Elizabeth Perrella, Diane Aronson e Miranda Ottewell.

Meus profundos agradecimentos à minha própria tribo: Brian McGrory; Ruth, Emily e Bill (Air William) Weinstein, cuja generosidade me permitiu viajar com conforto até a Nova Guiné; Colleen Granaham, Dan Field e Isabelle e Eliza Granahan-Field; Jeff Feigelson, que deveria ser editor; Kathryn Altman; Dick Lehr, Chris Callahan; Nancy e Jim Bildner; Naftali Bendavid; o falecido Wilbur Doctor; Allan Zuckoff; e aos clãs dos Kreiter e dos Zuckoff.

Agradecimentos especiais a meus pais, meus primeiros professores e primeiros leitores: Sid e Gerry Zuckoff.

Eu estava às voltas com um projeto literário muito diferente quando minhas amadas filhas me informaram que eu estava perdido na floresta errada. "Esse não é o tipo de história de que você gosta" disse Isabel. Eve concordou. "Escreva sobre Margaret e Shangri-La", disse ela.

Meninas espertas.

Minha esposa, Suzanne (também conhecida como Rose ou Trixie) Kreiter, torna a minha vida a coisa mais parecida com Shangri-La que eu jamais encontrarei.

NOTA EXPLICATIVA

PRÓXIMO AO FINAL da Segunda Guerra Mundial, um avião do Exército norte-americano que sobrevoava a ilha de Nova Guiné caiu em uma região inexplorada, habitada por uma tribo pré-histórica.

Nas semanas seguintes, alguns repórteres acorreram à ilha, de onde relataram histórias que incluíam itens como sobrevivência, perda, antropologia, descobertas, heroísmo e amizade, além de uma missão de resgate quase impossível. Falaram de uma linda mas obstinada cabo do Exército e de um paraquedista decidido, isolados em meio a selvagens tidos como canibais caçadores de cabeças, que usavam ossos atravessados no nariz. Falaram também de um corajoso tenente amargurado com a morte do irmão gêmeo; de um irônico sargento com um terrível ferimento na cabeça; e de alguns soldados filipino-americanos que se ofereceram para confrontar os nativos, mesmo sabendo que estavam inferiorizados na proporção de mil para um. Fechando o elenco de atores da vida real estavam um cineasta errante que deixara Hollywood após ser denunciado como ladrão de joias; um piloto sabichão, que voava melhor quando seu avião estava sem motor; e um coronel caubói cujo plano de resgate parecia destinado a aumentar o número de mortos.

As primeiras páginas dos jornais estampavam manchetes inflamadas sobre o desastre e suas consequências. Programas de rádio relatavam todos os desdobramentos, que pareciam conduzir os sobreviventes a um espantoso desfecho.

NOTA EXPLICATIVA

Mas o mundo se encontrava no limiar da Era Atômica, e aquela história de vida e morte, ambientada na Idade da Pedra, logo acabou esquecida.

Há alguns anos, pesquisando algo totalmente diferente nos arquivos dos jornais, encontrei um artigo sobre a queda do avião. Concentrado no que estava procurando, deixei-o de lado. Mas a história continuou a me intrigar. Comecei, então, a coletar todos os dados que consegui encontrar sobre o assunto, na esperança de descobrir o fio da meada.

Reportagens jornalísticas e documentos oficiais podem nos falar sobre o passado, mas não podem conversar conosco. Eu sonhava encontrar alguém que tivesse estado no local e fosse capaz de descrever as pessoas, os lugares e os acontecimentos ligados ao acidente em primeira mão. Acabei localizando o único sobrevivente norte-americano, que vivia discretamente na costa do Oregon e se recordava com intensidade de sua extraordinária história.

Essa descoberta e as entrevistas subsequentes me proporcionaram o fio da meada, que acabou se transformando numa obra de tapeçaria. Entre outros itens valiosos, encontrei um diário elaborado entre o dia da queda do avião e o da tentativa de resgate. Depois surgiu outro diário, mais extenso, e um inestimável tesouro de fotografias. Três blocos de notas vieram a seguir, juntamente com caixas de documentos liberadas pelo Exército norte-americano, nas quais havia depoimentos, mapas, folhas de serviço, publicações militares, cartas e transcrições de diálogos travados através de rádios transmissores-receptores entre os sobreviventes em terra e os aviões de resgate. Parentes de mais de uma dúzia de outros participantes forneceram outros documentos, fotos, cartas e detalhes. Talvez o fato mais notável referente às minhas investigações tenha sido a descoberta de quilômetros de filmes originais, que documentavam os acontecimentos à medida que ocorriam.

Em seguida, fiz uma viagem à Nova Guiné, para saber o que acontecera com o lugar e com os nativos, e para encontrar pessoas idosas que tivessem testemunhado o desastre quando crianças. Chegando lá, tive oportunidade de caminhar até o alto da montanha que ainda abriga destroços do avião, além de ossos e pertences de algumas pessoas que pereceram no local.

Na mesa em que estou escrevendo, repousa um pedaço de metal derretido que evoca uma forma humana retorcida. Trata-se de um lembrete tangível de que, por mais incrível que pareça, cada palavra desta história é absolutamente verídica.

— MITCHELL ZUCKOFF

PERDIDOS EM SHANGRI-LA

1

DESAPARECIDA

EM UM DIA CHUVOSO de maio, no ano de 1945, um mensageiro da Western Union* cumpria seu itinerário no tranquilo vilarejo de Owego, no norte do estado de Nova York. Pouco antes do Centro da cidade, ele dobrou na McMaster, uma rua ladeada por fileiras de casas modestas, mas bem-cuidadas, e sombreada por robustos olmos. Parou, então, diante de uma casa em estilo rural, com uma pequena varanda na frente e pintada de verde, cujos canteiros de flores se encontravam vazios. Ao se aproximar da porta, preparou-se para a parte mais difícil de seu trabalho: entregar um telegrama enviado pelo Departamento de Guerra dos Estados Unidos.

Bem em frente a ele, orgulhosamente exibida em uma das janelas da frente, via-se uma pequena bandeira branca orlada de vermelho, com uma estrela azul no centro. Bandeiras semelhantes pendiam em diversas janelas do vilarejo. Cada qual homenageava um jovem, ou, em alguns casos, uma jovem, que havia partido para a guerra. Tropas norte-americanas lutavam na Segunda Guerra Mundial desde 1941, e algumas estrelas azuis já haviam sido substituídas por estrelas douradas — significando que ocorrera uma perda em prol de um bem maior e que um lugar à mesa da família permaneceria vago para sempre.

---

* Maior empresa telegráfica norte-americana na época. (N. T.)

Dentro da casa diante da qual se detivera o mensageiro estava Patrick Hastings, um viúvo de 68 anos. Com seus óculos de aro de metal, cabelos grisalhos bem-aparados e expressão séria, Patrick Hastings era extremamente parecido com o novo presidente norte-americano, Harry S. Truman, que, com a morte de Franklin Delano Roosevelt, assumira o posto um mês antes.

Filho de imigrantes irlandeses, Patrick Hastings crescera numa fazenda da Pensilvânia. Após um longo noivado, ele se casara com a namorada de infância, a professora Julia Hickey, e com ela se mudara para Owego, à procura de um trabalho que lhe permitisse sustentar a família. Encontrou-o na fábrica local da Endicott-Johnson Shoe Company, uma empresa que produzia sapatos e botas de combate para o Exército norte-americano, onde fez carreira no departamento de manutenção. Ele e Julia haviam criado três filhas simpáticas e inteligentes.

Atualmente, no entanto, vivia sozinho. Seis anos antes, uma infecção fatal atingira o coração de Julia. Os canteiros vazios da casa eram os sinais visíveis da ausência dela e da vida solitária de Patrick Hastings.

Suas duas filhas caçulas, Catherine e Rita, haviam se casado e mudado de domicílio. Bandeiras com estrelas azuis também pendiam em suas casas, pois os maridos de ambas estavam nas Forças Armadas. Mas a bandeira de estrela azul na janela de Patrick Hastings não aludia a nenhum dos genros. Homenageava sua voluntariosa filha mais velha, a cabo Margaret Hastings, da Women's Army Corps (Corporação Feminina do Exército), a WAC.

Dezesseis meses antes, em janeiro de 1944, Margaret Hastings entrara em um posto de recrutamento na cidade vizinha de Binghamton e assinara seu nome, assumindo um lugar na primeira geração de mulheres a servir nas Forças Armadas norte-americanas. Margaret e milhares de outras WACs foram enviadas a diversas zonas

CABO MARGARET HASTINGS,
DA WOMEN'S ARMY CORPS,
FOTOGRAFADA EM 1945.
(CORTESIA DE C. EARL WALTER JR.)

de conflito ao redor do mundo. A maioria executava trabalhos burocráticos nas bases militares, bem longe das frentes de batalha. Mas o pai de Margaret estava preocupado. Sabia que ela se encontrava numa terra estranha e remota: a Nova Guiné, uma ilha indômita ao norte da Austrália. Margaret fora lotada em um complexo militar norte-americano na metade ocidental da ilha, conhecida como Nova Guiné Holandesa.

Em meados de 1945, com a finalidade de terceirizar a comunicação das más notícias, os militares haviam contratado a Western Union, cujos funcionários logo se viram bastante atarefados. O número de mortos em combate entre os soldados norte-americanos chegava a 300.000. Outros 100.000 haviam morrido de causas não relacionadas a combates. E mais de 600.000 haviam sido feridos. As famílias que exibiam estrelas azuis tinham bons motivos para temer a visão de um mensageiro da Western Union diante de suas portas.

No dia em questão, a desgraça não atingiu somente uma família. Quando o mensageiro da Western Union tocou a campainha da casa de Patrick Hastings, vinte e três outros mensageiros da empresa, portando telegramas idênticos, dirigiam-se também a domicílios cujos moradores tinham entes queridos alocados na Nova Guiné Holandesa. Estes mensageiros se distribuíam por diversas áreas do país, visitando tanto comunidades rurais como Shippenville, na Pensilvânia; Trenton, no Missouri; e Kelso, em Washington, quanto centros urbanos como as cidades de Nova York, Filadélfia e Los Angeles.

Camuflada por trás da secura de um comunicado militar, havia uma nota de solidariedade em cada uma das mensagens, todas assinadas pelo general de divisão James A. Ulio, comandante administrativo do Exército dos Estados Unidos. Patrick Hastings segurou nas mãos calosas o papel amarelado do telegrama, que informava:

> O MINISTRO DA GUERRA INCUMBIU-ME DE EXPRESSAR SEU PROFUNDO PESAR PELO DESAPARECIMENTO DE SUA FILHA, CABO HASTINGS, MARGARET J., NA NOVA GUINÉ HOLANDESA, NO DIA TREZE DE MAIO DE 1945. SE NOVOS DETALHES OU INFORMAÇÕES FOREM RECEBIDOS, O SENHOR SERÁ IMEDIATAMENTE NOTIFICADO. UMA CARTA DE CONFIRMAÇÃO ESTÁ A CAMINHO.

Quando o jornal de Owego soube do telegrama, Patrick Hastings falou a um repórter sobre a última carta que recebera de Margaret, na qual ela descrevia um voo recreativo que fizera sobre a costa da Nova Guiné. Ela dissera também que esperava realizar, dentro em breve, outra dessas excursões turísticas. Ao mencionar a carta, o recado de Patrick Hastings era claro: ele temia que Margaret tivesse sido vítima de um desastre aéreo. Mas a matéria do repórter ignorou essa preocupação, oferecendo em seu lugar um vago otimismo. "Pelo texto do telegrama recebido ontem", escreveu ele, "a família acredita que ela deve ter tomado outro voo, e que seu paradeiro logo será conhecido."

Quando Patrick Hastings telefonou às suas filhas mais novas, não procurou dourar a pílula ou alimentar falsas esperanças a respeito do destino de Margaret. Superando em concisão até mesmo os militares, ele reduziu o conteúdo do telegrama a três palavras: Margaret está desaparecida.

2

HOLLANDIA

ONZE DIAS ANTES de o mensageiro aparecer na casa de seu pai, Margaret Hastings acordara, como sempre, antes do alvorecer. O calor e a umidade tropical já haviam se infiltrado na tenda apinhada que ela dividia com cinco outras WACs. Ao lado de suas colegas, ela vestiu o uniforme cáqui que tivera de cortar para que se ajustasse

TENDAS PARA AS INTEGRANTES DA WOMEN'S ARMY CORPS EM HOLLANDIA, NA NOVA GUINÉ HOLANDESA, DURANTE A SEGUNDA GUERRA MUNDIAL. (CORTESIA DO EXÉRCITO DOS ESTADOS UNIDOS.)

ao seu tamanho pequeno. No início de sua vida militar, ela escrevera a uma amiga em Owego contando que os uniformes "ficavam parecendo uns sacos". Mas, depois de algumas tentativas frustradas, gabara-se ela na mesma carta, "arranjei umas calças masculinas grandes demais para mim e utilizei o material. O resultado foi bastante bom, considerando as circunstâncias".

Era o dia 13 de maio de 1945 — um domingo. Assim sendo, o corneteiro estava dispensado de executar, às 5h30 da manhã, o costumeiro toque de alvorada. Não que Margaret pudesse dormir até tarde. A semana de trabalho tinha sete dias na Base G, uma ampla instalação militar norte-americana construída ao redor da cidade de Hollandia, na costa norte da Nova Guiné Holandesa. Por volta das oito da manhã, Margaret já teria de estar em seu posto, uma escrivaninha de metal com uma máquina de escrever barulhenta, onde comprovava diariamente que a guerra não era somente um inferno, mas um inferno com burocracia.

Margaret estava com 30 anos de idade. Era bonita e esbelta. Tinha vigilantes olhos azuis, pele de alabastro e longos cabelos castanho-claros que usava em um elegante coque trançado atrás da cabeça. Com menos de 1,60 metro e 45 quilos, ela ainda cabia em suas roupas dos tempos de escola e fazia jus ao apelido que ganhara na adolescência: Menininha. Mas seu tamanho era enganador. Margaret tinha uma postura elegante, andava com os ombros para trás e o queixo levantado, consequências duradouras das atuações no teatro da escola, das aulas de violino e do que sua irmã mais nova chamava de natureza combativa e atitude de "deixa comigo". Ela cumprimentava os estranhos com um olhar oblíquo e um meio sorriso, que formava covinhas sob suas salientes maçãs do rosto. Essa expressão, entre furtiva e sexy, parecia sugerir que Margaret tinha um segredo que não pretendia revelar.

Quando menina, em Owego, ela andava de bicicleta e nadava no riacho próximo. Quando queria se aventurar fora do vilarejo, pedia carona. Era boa aluna e, deitada na cama, costumava ler livros até tarde da noite. Quando ficou mais velha e mais bonita, tornou-se uma das garotas mais cobiçadas da cidade. Ela gostava da atenção, mas não se fiava nesta. Margaret via a si mesma como uma jovem independente que, como dizia, "tomava bebidas fortes, mas não exageradamente" e "gostava de garotos, mas não exageradamente".

Mesmo depois que suas irmãs mais novas se casaram, Margaret permaneceu solteira, ultrapassando a casa dos vinte anos. O fato de chegar aos trinta ainda solteira também não a incomodava, mas a tornava incomum: a idade média em que as mulheres de sua geração se casavam era de 21 anos. Ela não estava interessada nos rapazes de Owego, mas não os culpava. "Para falar a verdade", disse ela a uma conhecida, "acho que não me sinto atraída pelo tipo de homem que, aparentemente, daria um bom marido".

Depois de completar o segundo grau e pular de emprego em emprego, Margaret foi trabalhar como secretária na fábrica local da Remington Rand, uma empresa que transformava aço em qualquer coisa, de máquinas de escrever a pistolas calibre 45. Ela gostava do trabalho, mas se sentia incomodada por jamais ter se afastado muito de casa nem visitado nenhum lugar mais excitante que Atlantic City. O sentimento podia parecer piegas, mas Margaret queria conhecer o mundo, servir a seu país e descobrir quem realmente era. Entrar para a Women's Army Corporation lhe ofereceu a oportunidade de realizar as três coisas.

ENQUANTO MARGARET se preparava para começar o trabalho, muitas famílias norte-americanas estavam se preparando para o Dia das Mães — o quarto desde o início da Segunda Guerra Mundial. Desta vez, no entanto, o amor maternal não era o único motivo de celebração. Cinco dias antes, a Alemanha se rendera incondicionalmente. Surgiram boatos de que Adolf Hitler se matara em seu *bunker*. Outros líderes nazistas haviam sido presos. Os campos de concentração estavam sendo libertados e seus horrores, totalmente expostos. Após um horrível tributo de "sangue, sacrifícios, lágrimas e suor", os aliados finalmente triunfavam na Europa. O dia 13 de maio de 1945, aliás, assinalava com exatidão o transcurso de cinco anos desde que o primeiro-ministro britânico, Winston Churchill, pronunciara esta frase, encorajando seus compatriotas a enfrentar as lutas que teriam pela frente.

Para comemorar a vitória na Europa, antes considerada improvável, os holofotes que iluminavam o domo do Capitólio dos Estados Unidos, apagados desde Pearl Harbor, haviam sido reacesos. O Congresso norte-americano, por unanimidade, endossou o decreto do presidente Truman que transformava o dia 13 de maio de 1945 em não só o Dia das Mães, mas também "Um Dia de Orações". Truman declarou: "O mundo ocidental foi libertado das forças malignas que por mais de cinco anos aprisionaram os corpos e arruinaram as vidas de milhões de seres humanos que nasceram livres". O porta-voz da Câmara, Sam Rayburn, saudou as notícias vindas da Europa, mas lhes acrescentou duas notas sombrias: lamentou a morte do presidente Roosevelt poucas semanas antes do Dia da Vitória na Europa e lembrou que a guerra não havia terminado. "Estou feliz, mas também triste, pois não posso deixar de pensar nos milhares de rapazes norte-americanos que ainda morrerão em remotas ilhas do Pacífico e no Extremo Oriente pela vitória de nossos Exércitos, pela glória dos Estados Unidos e para que possamos usufruir novamente da paz e da ordem."

As notícias provenientes do Pacífico eram animadoras, embora a luta continuasse renhida. Nas seis semanas anteriores, ferozes batalhas vinham sendo travadas na ilha de Okinawa, que os generais norte-americanos pretendiam usar como trampolim para uma invasão ao Japão, caso se fizesse necessária. Pouca gente gostava da ideia, mas o nível de otimismo era alto. Naquela manhã, o *New York Times* disse aos leitores que a vitória final estava garantida, fosse por uma rendição negociada, fosse pela derrota total do inimigo. E acrescentou: "Será um verão atarefado para o inimigo japonês, e Hirohito pode ter certeza de que o período de 'amaciamento' iniciado agora será seguido por golpes fatais."

Essa inevitabilidade pode ter parecido óbvia aos editores do *Times* e aos políticos de Washington. Mas o fato é que a guerra no Pacífico continuava encarniçada. Entre o alvorecer e o pôr do sol de 13 de maio de 1945, mais de 130 caças e bombardeiros norte-americanos atacaram tropas, trens, pontes e mais alguns "alvos de oportunidade" japoneses no sul e no leste da China. Dez aviões B-24 Liberator bombardearam hangares subterrâneos em uma minúscula ilha chamada Moen. Nove outros B-24 bombardearam um campo de pouso na Ilha Marcus, também um ponto remoto do Pacífico. E outros ainda bombardearam dois campos de pouso em Bornéu. A leste, bombardeiros Mitchell B-25 e caças Lightning P-38 forneceram apoio aéreo a tropas terrestres que combatiam na ilha Tarakan. A 7ª Divisão de Marines dos Estados Unidos rompeu as defesas japonesas em Okinawa e se apoderou do monte Takeshi. Nas Filipinas, a 40ª Divisão de Infantaria capturou o campo de pouso Del Monte, enquanto bombardeiros e caças atacavam alvos na ilha de Luzon.

Estes foram os eventos mais importantes do dia 13 de maio de 1945, que seriam catalogados, analisados e recontados em inúmeros livros e filmes sobre a Segunda Guerra. Mas nesse mesmo dia ocorreu um incidente que escaparia à atenção dos historiadores e de Hollywood: um avião de transporte C-47, que levava duas dúzias de oficiais, soldados e WACs desapareceu durante um voo sobre as selvas montanhosas da Nova Guiné.

APÓS SE ALISTAR, Margaret passou quase um ano recebendo treinamento básico no Fort Oglethorpe — Geórgia, e na base aérea de Mitchel Field, em Long Island, Nova York. Nesses lugares aprendeu a marchar em formação, abandonar navios, usar máscaras contra gases, ler mapas, lavar latrinas, manter uma higiene adequada e viver conforme os infindáveis regulamentos militares. Em dezembro de 1944, tendo passado de soldado a cabo, foi enviada à Nova Guiné, um lugar tão diferente de Owego quanto é possível imaginar.

Situada entre a Austrália e a linha do equador, a Nova Guiné era uma ilha tropical inexplorada com aproximadamente o dobro do tamanho da Califórnia. Com 2.400 quilômetros de extensão e quase 800 quilômetros de largura no eixo central, é a segunda maior ilha do mundo, logo depois da Groenlândia. Num mapa, lembra um pássaro pré-histórico decolando da Austrália, ou uma galinha depenada.

Mas as aparências enganam: naquela época, a ilha nada tinha de engraçada.

Em grande parte inexplorada, era uma mixórdia de ambientes hostis. Terras quase inabitáveis, pântanos e selvas constituíam boa parte do litoral. Montanhas de calcário cobertas por impenetráveis florestas pluviais avultavam na parte central, encimadas por cumes nevados ou pedregosos. O território da Nova Guiné era tão adverso que a experiência mais comum vivida por seus habitantes era o isolamento. Tentando sobreviver, pequenos grupos formavam bolsões humanos que lutavam contra quem quer que se aproximasse e, frequentemente, entre si. Por consequência, a ilha acabou se transformando em uma Babel moderna. Os nativos da Nova Guiné falavam

MAPA MILITAR DA NOVA GUINÉ DURANTE A SEGUNDA GUERRA MUNDIAL, COM HOLLANDIA NA COSTA NORTE, APROXIMADAMENTE NO EIXO CENTRAL DA ILHA. O AUTOR DO MAPA DESCONHECIA O GRANDE VALE A 240 QUILÔMETROS A SUDOESTE DE HOLLANDIA, NA CADEIA MONTANHOSA QUE ATRAVESSA A ILHA NO SENTIDO DO COMPRIMENTO. (MAPA DO EXÉRCITO DOS ESTADOS UNIDOS.)

mais de mil idiomas, cerca de um sexto das existentes no planeta — embora totalizassem menos de um décimo de um por cento da população mundial.

Habitada por seres humanos há mais de 40 mil anos, a ilha permaneceu ignorada pelo resto do mundo durante milênios. Vigias de embarcações europeias a avistaram no início do século XVI. Um explorador com estreita visão racial lhe deu o nome de Nova Guiné apenas porque os nativos que avistou na costa tinham pele negra, fato que o lembrou da Guiné, país africano situado a 16 mil quilômetros de distância. Por mais dois séculos, a Nova Guiné foi deixada quase totalmente entregue a si mesma, embora caçadores passassem por lá para recolher penas de aves-do-paraíso, usadas na confecção de chapéus elegantes para potentados do Sri Lanka. No século XVIII, a ilha se tornou um destino regular para exploradores franceses e ingleses. O capitão Cook a visitou em 1770. Cientistas foram para lá em seguida, e a ilha passou a atrair um fluxo constante de pesquisadores do mundo inteiro em busca de descobertas nos campos da zoologia, da botânica e da geografia.

No século XIX, a Nova Guiné chamou a atenção de mercadores que andavam à procura de matérias-primas valiosas. Minerais ou metais preciosos não eram facilmente acessíveis, mas o valor crescente do óleo de coco tornou viável fincar uma bandeira no chão e escalar as palmeiras do litoral. As potências europeias dividiram a ilha ao meio, redividindo também a metade oriental. Espanha, Alemanha, Países Baixos e Grã-Bretanha foram os países que, ao longo dos anos, reivindicaram soberania sobre a Nova Guiné, embora mesmo ocidentais bem instruídos encontrassem dificuldade em apontar a ilha em um mapa.

Depois da Primeira Guerra Mundial, a metade oriental da Nova Guiné foi controlada pela Grã-Bretanha e pela Austrália. Os Países Baixos assumiram o controle da metade ocidental — que desde então ficou conhecida como Nova Guiné Holandesa, tendo Hollandia como capital. A Segunda Guerra Mundial atraiu para a ilha uma atenção sem precedentes, devido à sua localização central na zona de guerra do Pacífico.

O Japão a invadiu em 1942, com o propósito de usá-la como base para ataques à Austrália, distante apenas 160 quilômetros em seu ponto mais próximo. Em abril de 1944, tropas norte-americanas efetuaram um ousado ataque à Nova Guiné, chamado de Operação Temerária, que desbaratou as tropas japonesas e conquistou Hollandia para os aliados. Os norte-americanos transformaram a cidade em uma importante base militar, e foi lá que o general Douglas MacArthur, Comandante Supremo das Forças Aliadas no

Sudoeste do Pacífico, estabeleceu seu quartel-general, antes de se transferir para as Filipinas.

NA NOVA GUINÉ, como em qualquer outro lugar, Margaret e outras WACs desempenhavam funções estritamente não bélicas, conforme pregava o lema da corporação: "Libere um Homem para Lutar". Um slogan anterior, "Alivie um Homem para que Ele Possa Lutar",* fora cancelado por alimentar as insinuações dos detratores da WAC de que o propósito secreto da corporação era proporcionar alívio sexual para os militares. MacArthur não estava entre esses críticos. Ele costumava dizer que as WACs eram "meus melhores soldados", pois trabalhavam mais e reclamavam menos que os contingentes masculinos. No fim das contas, mais de 150 mil mulheres serviram nas WACs durante a Segunda Guerra Mundial, tornando-se as primeiras mulheres, além das enfermeiras, a ingressar no Exército dos Estados Unidos.

Margaret chegou a Hollandia oito meses após o sucesso da Operação Temerária. A essa altura, apenas uma fração do sangrento drama da guerra se desenrolava naquele canto do Pacífico. Milhares de soldados japoneses armados permaneciam ocultos na ilha, mas não se acreditava que estivessem nas cercanias de Hollandia. Apesar disso, sentinelas continuavam a patrulhar o mar de tendas e prédios que compunham o quartel-general da base. As WACs eram geralmente escoltadas por guardas armados, e suas tendas eram cercadas de arame farpado. Uma WAC revelou que a líder de sua tenda recebera uma pistola para guardar sob o travesseiro, com instruções para matar suas companheiras de tenda e depois a si mesma em caso de ataque das tropas japonesas. Os nativos da Nova Guiné também despertavam preocupação, embora os que viviam perto de Hollandia

---

* Respectivamente, "Free a Man to Fight" e "Release a Man to Combat".

se sentissem tão à vontade com os norte-americanos que gritavam: "Ei, Joe — você aí —, compra Bônus de Guerra". Os soldados australianos que receberam ajuda dos nativos durante as batalhas contra os japoneses os apelidaram de "Anjos Fuzzy-Wuzzy".*

Algumas WACs achavam que o verdadeiro objetivo de tais precauções não era protegê-las dos inimigos ou dos nativos, mas sim dos mais de 100 mil soldados, marinheiros e pilotos norte-americanos que entravam e saíam de Hollandia. Alguns desses homens não viam uma mulher norte-americana havia meses.

Quase imediatamente após sua chegada a Hollandia, Margaret se tornou o foco das atenções dos carentes soldados.

"Acho que você já ouviu falar das atividades sexuais nas tendas", escreveu ela a uma amiga em Owego, em fevereiro de 1945. "Eu ouvi e fiquei devidamente escandalizada. Acontecem muito aqui na Nova Guiné. Mas não são tão ruins como parecem e, de qualquer forma, não se faz nada sob um cobertor que não possa ser feito no banco traseiro de um carro.

"Veja bem, nós não temos espreguiçadeiras, e os jipes não são muito confortáveis. Então pegamos umas cervejas — ou, no fim do mês, quando a cerveja acaba, nossos cantis com água —, entramos num jipe e dirigimos até encontrar um bom lugar para relaxar. As noites são adoráveis aqui; é ótimo deitar sob as estrelas e beber cerveja, conversar, ou até ir nadar... Com o excesso de homens que há por aqui, é impossível não encontrar alguns encantadores. Não tenho nenhuma dificuldade nesse setor."

---

* Fuzzy-Wuzzy era como os soldados coloniais britânicos do século XIX chamavam os guerreiros sudaneses, cujos longos cabelos trançados lhes davam uma aparência peluda (*fuzzy*). *Wuzzy* provém da palavra árabe para guerreiro – *ghazi*. A expressão foi celebrizada em um poema homônimo de Rudyard Kipling, que louvava a bravura dos guerreiros sudaneses. (N. T.)

Longe de casa, Margaret deu vazão a seus impulsos aventureiros. "Certa noite", escreveu ela, "seis de nós pegamos um jipe sem capota e dirigimos pela ilha. Percorremos estradas em que as pontes foram levadas por inundações, atravessamos rios, subimos barrancos e quase capotamos umas dez vezes." Como a carta não revelava segredos militares, mas somente dados pessoais, passou incólume pelos censores da base.

A companheira mais constante de Margaret nesses encontros com os soldados era uma bonita morena chamada Laura Besley. Filha única de um petroleiro aposentado e de uma dona de casa, Laura era de Shippenville, Pensilvânia, a 140 quilômetros de Pittsburgh, uma cidade tão pequena que caberia confortavelmente dentro de Owego. Após cursar um ano de faculdade, ingressara como datilógrafa no Departamento de Trabalho da Pensilvânia. Alistara-se na WAC em agosto de 1942.

Laura era maior e mais corpulenta que Margaret, mas afora isso as duas WACs eram muito parecidas. Laura permanecia solteira aos 32 anos. Na sua família tinha a reputação de ser uma jovem "atrevida", que fazia o que queria.

QUANDO NÃO ESTAVAM trabalhando, namorando ou passeando, Margaret, Laura e as outras WACs tentavam tornar o acampamento o mais luxuoso possível. "De fato, parece que estou em casa, e tenho a sorte de dividir a tenda com cinco garotas excepcionalmente agradáveis", escreveu Margaret a outra amiga em Owego. Ela e as companheiras mobiliaram sua casa de lona com pequenos toucadores feitos de caixas e sacos de aniagem. Sentavam-se em cadeiras doadas por oficiais da intendência, que alimentavam esperanças de que os presentes se transformassem em encontros. Um pequeno tapete cobria o chão de concreto. Redes antimosquitos pendiam sobre seus catres e um sedoso tecido azul extraído de um paraquedas fora

SARGENTO LAURA BESLEY, DA
WOMEN'S ARMY CORPS.
(CORTESIA DE GERTA ANDERSON.)

pendurado no teto, à guisa de decoração.

Uma única lâmpada iluminava a barraca, mas um gentil tenente chamado John McCollom, que trabalhava com o chefe de Margaret, deu a ela uma tomada dupla. O cobiçado dispositivo permitiu que Margaret usufruísse de iluminação enquanto passava seu uniforme a ferro, o que costumava fazer à noite. Tranquilo e comedido, John McCollom era um dos dois irmãos gêmeos idênticos procedentes do Missouri que serviam juntos em Hollandia. Solteiro, não deixou de notar a beleza de Margaret, mas não tentou transformar sua generosidade num encontro, o que fez Margaret apreciar ainda mais o presente.

A vida silvestre na Nova Guiné não era tão comedida. Ratos, lagartos e aranhas peludas, do tamanho de pires, percorriam arrojadamente as tendas das WACs. Mosquitos se refestelavam em qualquer superfície de braço ou perna que deslizasse para fora das redes protetoras. Mas até as precauções tinham fortes efeitos colaterais. Os amargos tabletes de Atrabine* preveniam a malária, mas provocavam vômitos e dores de cabeça, além de tingir a pele das WACs e dos soldados com uma mórbida tonalidade amarela.

A falta de refrigeração significava que os alimentos eram conservados de três modos: enlatados, salgados ou desidratados.

---

* Composto sintético criado para substituir a quinina. (N.T.)

O cozimento mudava a temperatura, mas não o sabor. As WACs brincavam que haviam sido enviadas àquela área remota do Pacífico Sul "para emagrecer na Guiné". Ademais, Hollandia era o paraíso dos fungos. O tempo, que variava pouco, era uma mistura de calor, chuva e umidade, que deixava todos molhados e alquebrados. Margaret se banhava duas vezes por dia, usando água fria bombeada de uma nascente na montanha. Ainda assim, seu uniforme ficava encharcado de suor durante as tórridas horas compreendidas entre um banho e outro. Ela usava desodorantes da marca Mum, "talco, pó para os pés e todos os recursos possíveis para parecer respeitável", escreveu ela em uma carta para casa. "Permanecer limpa aqui é um esforço contínuo. Não existem estradas pavimentadas e a poeira é terrível. E quando chove fica tudo enlameado."

Uma oficial do Exército norte-americano descreveu Hollandia vividamente: "As condições daqui provocam cinco espécies de doenças de pele. As três primeiras interessam ao paciente; as outras duas interessam mais aos médicos, pois são quase sempre fatais. Além disso, a Nova Guiné tem todo o tipo de enfermidades — elefantíase, malária, dengue, sífilis —, pode escolher. Estão na água do banho, nas folhagens... Todo o lugar, ao que parece, está cheio de coisas nocivas. Mas ninguém tem tempo de pensar nisso quando franco-atiradores inimigos, amarrados a seus postos de observação, estão à espreita no alto das árvores; piranhas carnívoras se ocultam nos rios; adoráveis e enormes serpentes deslizam nas proximidades; e, mais uma vez, os inimigos."

Mas havia também muita beleza: as montanhas luxuriantes, as ondas que quebravam na praia, o vento que farfalhava entre as folhas dos coqueirais, os estranhos trinados e as extravagantes plumagens dos pássaros silvestres. A tenda de Margaret ficava a cinquenta quilômetros do litoral, nas proximidades do lago Sentani, tido por seus admiradores como o mais belo do mundo. Pequenas ilhas que lembravam pilhas de veludo verde pontilhavam suas águas cristalinas. Em seus longos dias de trabalho, Margaret descansava os olhos fatigados no monte Cyclops, com sua encosta esmeraldina cortada permanentemente por uma estreita cachoeira. Um cenário que, segundo ela, quase a fazia se sentir bem.

Mas, na maior parte do tempo, Hollandia era uma provação. A história oficial da WAC cita a Base G como o pior lugar para a saúde das militares durante a guerra: "O serviço médico da Aeronáutica registrou 'um crescente número de casos de nervosismo e exaustão' e recomendou que o pessoal tivesse um dia de folga por semana, para aliviar a 'tensão nervosa.'"

O chefe de Margaret levou a sério esses alertas e procurou meios de aliviar o estresse de sua equipe.

MARGARET ERA UMA entre centenas de WACs designadas para atuar junto ao Far East Air Service Command (Comando de Apoio à Força Aérea no Extremo Oriente), uma organização essencial, embora não muito glamorosa, encarregada dos serviços de logística e manutenção, também conhecida como "Fee-Ask".* Lá, assim como em sua vida civil, Margaret desempenhava as funções de secretária. Seu oficial-comandante era o coronel Peter J. Prossen, piloto experiente e chefe do serviço de manutenção da Fee-Ask.

As primeiras horas do dia 13 de maio de 1945 transcorreram tranquilamente na grande tenda do quartel-general da Fee-Ask. O coronel Prossen passou parte da manhã escrevendo uma carta para a cidade de San Antonio, Texas, onde residia sua família: a esposa Evelyn e os três filhos pequenos: Peter Jr., David e Lyneve

---

* Em inglês, o apelido significa literalmente "pedir remuneração". Como o departamento era também encarregado do pagamento dos soldos, trata-se de um acrônimo aproximado e galhofeiro de *Far East Air Service Command*. (N. T.)

— cujo nome era um anagrama de Evelyn.

Prossen estava com 37 anos. Era um homem robusto, de olhos azuis, queixo fendido e bastos cabelos castanhos. Formara-se em engenharia na Universidade Nova York em 1930. Depois de trabalhar alguns anos na indústria privada, ingressara nas Forças Armadas, pois queria voar.

Ele havia passado grande parte da vida dos filhos atuando na guerra. Mas seu primogênito e xará se recordou dele como um homem afetuoso, alegre e apaixonado por fotografia, que costumava cantar "Smoke Gets in Your Eyes" em voz desafinada, enquanto sua esposa o acompanhava ao piano, tocando impecavelmente. Após as visitas ao lar, Prossen passava de avião sobre a casa e batia continência para dizer adeus.

CORONEL PETER J. PROSSEN COM SEUS FILHOS DAVID E PETER JR. (CORTESIA DE PETER J. PROSSEN JR.)

Em uma carta à esposa escrita no dia anterior, onde se referiu a ela como "minha namoradinha querida", Prossen a aconselhou a ignorar as desfeitas da irmã dele. Comentou então as notícias de casa, lamentando o longo tempo que levava para receber as fotos dos filhos. Depois, pediu a ela que guardasse os coalas empalhados que ele enviara para casa, até que a filhinha de ambos completasse dois anos. Pediu-lhe também que ficasse de olho no correio, pois acabara de remeter uma machadinha nativa.

Doze anos nas Forças Armadas não haviam diminuído o carinho de Prossen por sua família. Ele enviava poemas de amor à esposa, desenhos de coração no Dia dos Namorados e ansiava por se reunir a ela e aos filhos. Apesar das duras condições que enfrentava em Hollandia, lamentava sinceramente a situação dela, que cuidava das crianças sem a ajuda dele em meio ao racionamento de gasolina.

Na manhã do dia 13 de maio de 1945, Dia das Mães, ele escreveu a Evelyn em sua intricada caligrafia: "Meu amor, acho que quando estivermos juntos de novo nós seremos mais felizes do que nunca. Não se preocupe comigo... Estou feliz em saber que o tempo está passando rápido para você. Espero que continue assim até eu voltar para casa. Então, vou querer que ele passe mais devagar."

Mais adiante na carta, Prossen descreveu um poema que lera sobre dois meninos brincando de "faz de conta" que o fizera sentir saudades dos filhos. Tristeza se derramou de sua pena quando ele escreveu que Peter Jr. faria sua primeira comunhão naquele mesmo dia, sem a presença dele. "Aposto que ele é um ótimo garoto. Meu Deus, como está crescendo depressa." Prossen finalizou a carta da seguinte forma: "Amo você, como sempre. Cuide-se muito bem, por favor, faça isso por mim. Envio todo o meu amor. Seu devotado, Pete."

Nos últimos tempos, as dificuldades impostas pela Nova Guiné Holandesa aos cerca de cem homens e vinte WACs que serviam sob seu comando vinham deixando Prossen nervoso. Escrevendo à esposa, ele contou que tentava aliviar as pressões sofridas pelos mais jovens, embora nem sempre com êxito. "Eu me esqueço do fato de que há uma guerra em andamento e que as coisas são diferentes", escreveu ele. "Meus subordinados andam deprimidos e já estão aqui há muito tempo." Ele queria lhes mostrar que valorizava o trabalho deles.

Assim, orientava os pilotos que chegavam da Austrália a trazer regalos preciosos, como xarope de Coca-Cola e frutas frescas, que distribuía entre os comandados. Mais tarde, ofereceu-lhes um presente ainda mais apetecível: passeios de avião sobre o litoral. Uma dessas agradáveis excursões fora assunto de destaque nas últimas cartas que Margaret escrevera ao pai.

Naquele dia, 13 de maio de 1945, o coronel Peter Prossen conseguira obter para sua equipe um prêmio ainda mais raro e mais cobiçado, algo que certamente elevaria o moral de todos: um passeio a Shangri-La.

3

SHANGRI-LA

UM ANO ANTES, em maio de 1944, o coronel Ray T. Elsmore ouviu a voz do copiloto crepitar no interfone da apertada cabine de seu avião de transporte, um C-60. Sentado no assento à esquerda, manejando os controles, ele ziguezagueava em meio à montanhosa coluna dorsal da Nova Guiné.

Elsmore comandava o 322º Esquadrão de Transporte Aéreo das Forças Armadas norte-americanas. Naquele voo, especificamente, sua missão era encontrar um lugar adequado para a construção de uma pista de pouso, que funcionaria como um posto de abastecimento entre Hollandia, na costa norte da Nova Guiné, e Merauke, uma base aliada na costa sul. Caso não fosse possível, ele esperava ao menos descobrir uma rota mais curta e mais baixa através dos montes Oranje que tornasse mais fáceis os voos entre as duas bases.

O copiloto, major Myron Grimes, apontou para uma montanha à frente: — Coronel, se passarmos por aquele cume vamos entrar no *canyon* que desemboca no Vale Secreto.

Grimes fizera um voo de reconhecimento semelhante uma semana antes e, então, revelou a Elsmore sua surpreendente descoberta. Mais tarde, surgiriam rumores de que o primeiro voo de Grimes sobre o lugar que ele chamava de Vale Secreto fora um incidente feliz motivado por uma paixão. Atrasado para um encontro na Austrália, diziam os boatos, Grimes corajosamente tomara um atalho sobre a Nova Guiné, no intuito de evitar um longo voo ao redor do litoral. A história era boa, mas não verídica; Grimes estivera apenas em uma missão de reconhecimento.

Ao retornar do primeiro voo, Grimes revelou que havia descoberto um vale na maior parte plano e verdejante, a cerca de 250 quilômetros de Hollandia por via aérea. Os mapas militares assinalavam a área com uma série de Vs invertidos, representando cadeias de picos elevados e serras cobertas de florestas. Seus autores a classificavam como "desconhecida" ou "inexplorada". Um deles, mais imaginativo, afirmou que o lugar avistado por Grimes abrigava um pico com "mais de 4.200 metros de altura". Ele poderia muito bem ter acrescentado "e há dragões lá".

Caso existisse um grande vale plano entre aquele emaranhado de montanhas, o coronel Elsmore achava que seria um bom local para uma base secreta de abastecimento, ou uma pista de emergência. Ele queria ver pessoalmente o tal Vale Secreto.

A UM SINAL DE GRIMES, Elsmore puxou o manche do C-60 e sobrevoou uma crista rochosa. Logo se viu sobre um *canyon*. Reduziu, então, a potência do motor, para se manter abaixo das nuvens brancas que envolviam os picos mais altos. Aquele tipo de relevo era o pesadelo dos pilotos. O maior risco de voar através do que ele chamava de "inocentes paredes brancas" de nuvens era a sinistra possibilidade de que uma montanha estivesse oculta em seu interior. Poucos pilotos da Força Aérea conheciam esses perigos melhor que Elsmore.

Aos 53 anos de idade, enérgico e com um preparo físico capaz de fazê-lo passar por um homem dez anos mais jovem, Elsmore era parecido com o ator Gene Kelly. Filho de um carpinteiro, fora instrutor

CORONEL RAY T. ELSMORE. (CORTESIA DE B.B. MCCOLLOM.)

de voo durante a Primeira Guerra Mundial. Depois da guerra, passara mais de uma década entregando correspondência aérea na região das Montanhas Rochosas. Também se formara em direito pela Universidade de Utah e trabalhara como promotor-assistente do condado em que morava. Com a Segunda Guerra Mundial assomando no horizonte, ele retornara ao serviço militar e, antes de Pearl Harbor, fora lotado nas Filipinas. Quando a guerra se iniciou, logo provou seu valor. Em março de 1942, quando o general MacArthur, sua família e sua equipe receberam ordens de abandonar a sitiada ilha de Corregidor, na Baía de Manila, Elsmore providenciou o voo que os levaria com segurança à Austrália. Mais tarde, tornou-se diretor de transportes aéreos do Sudoeste do Pacífico, entregando tropas e mantimentos a MacArthur sempre que necessário, fosse na Nova Guiné, nas Filipinas, nas Índias Orientais Holandesas, em Bornéu, na Austrália ou nas Ilhas Salomão ocidentais.

À medida que Elsmore e Grimes se aprofundavam no desfiladeiro, notavam que suas paredes rochosas se tornavam cada vez mais íngremes e estreitas, aproximando-se cada vez mais das asas do avião. Elsmore fez uma curva, tentando permanecer no meio do *canyon*, de forma a maximizar a folga nos lados do aparelho, cuja envergadura era de 20 metros. De repente, logo adiante, ele se deparou com uma visão aterradora: um escarpado paredão rochoso. Então, empurrou ambos os manetes de aceleração, tentando obter potência para subir e retornar. Mas Grimes lhe sugeriu outra coisa. "Continue em frente", disse o major. — O vale é logo depois.

Viajando a mais de 300 quilômetros por hora, e com apenas 20 segundos para avaliar a situação, Elsmore decidiu confiar em seu copiloto, que o acompanhava havia 24 anos. Seguiu então as instruções de Grimes e mergulhou no estreito intervalo entre o topo do paredão e as nuvens que pairavam acima.

Foi então que descortinou uma paisagem celestial. Estendendo-se abaixo do avião havia um lugar que os mapas diziam não existir, um vale luxuriante que ele mais tarde descreveu como um "turbilhão de cores magníficas". O terreno plano lhe permitiu calcular sua área — cerca de 50 quilômetros de comprimento e 12 de largura, correndo de noroeste a sudeste. Cercando o vale, viam-se abruptos paredões montanhosos, cujos picos recortados se erguiam até as nuvens.

Um rio cor de cacau penetrava no canyon pela extremidade sudeste, cascateando sobre um penhasco. Depois serpenteava pelo vale, interrompido aqui e ali por cachoeiras ocasionais. Tinha mais de 30 metros de largura em alguns pontos. Na extremidade noroeste, o rio desaparecia em uma enorme gruta na encosta da montanha, cuja arcada, em seu zênite, estava a quase 100 metros do chão. Grande parte do vale era coberta de capim, que chegava à altura do peito de um homem, e grupos esparsos de árvores.

Ainda mais notável que o esplendor natural do vale eram seus habitantes: dezenas de milhares de pessoas para quem a Idade da Pedra era a época atual.

OLHANDO PELAS JANELAS da cabine, Elsmore e Grimes viram centenas de pequenas aldeias, claramente definidas. Plantações bem-cuidadas cercavam os agrupamentos. Eram dotadas de primitivos, mas eficientes sistemas de irrigação, inclusive represas e valas para escoamento de água. "Lavouras cresciam por toda parte e, ao contrário da maioria das terras tropicais, os campos estavam literalmente vivos, com homens, mulheres e crianças trabalhando com afinco", maravilhou-se Elsmore.

Fascinado, ele constatou que os homens e os meninos andavam nus, exceto por longos canudos que lhes protegiam os órgãos genitais; as mulheres e as meninas usavam somente curtos saiotes de fibras.

Ao verem o avião, os nativos se dispersaram. "Alguns se escondiam sob os pés de batata-doce e outros mergulhavam nas valas de escoamento", observou Elsmore. Porcos perambulavam em meio às povoações. Ele também avistou alguns cães marrons, caminhando preguiçosamente.

Na orla de terrenos amplos e desobstruídos, eles viram torres feitas com estacas, que se elevavam a mais de 10 metros. Eram encimadas por plataformas, todas com um vigia a postos. Algumas tinham pequenas coberturas de palha para protegê-los do sol. Elsmore voou mais baixo para observar melhor. Presumiu, corretamente, que as torres de observação serviam para proteger os povoados contra inimigos.

Ecoando no chão do vale e nos paredões rochosos, o ronco dos motores de 1.200 cavalos do C-60 fazia as sentinelas abandonarem seus postos e se esconderem nas choças mais próximas. Elsmore viu lanças de madeira com quase 5 metros de comprimento encostadas às paredes das choças.

Elsmore bateu algumas fotos, focalizando as pessoas e suas choças. Algumas das habitações tinham formato de cogumelo, ou

UMA ALDEIA NATIVA FOTOGRAFADA DO AR PELO CORONEL RAY T. ELSMORE. (CORTESIA DE C. EARL WALTER JR.)

iglus cobertos de palha, pensou ele; outras, compridas e estreitas como vagões de trem. "O panorama dessas centenas de aldeias vistas do ar é uma das coisas mais impressionantes que já vi", escreveria mais tarde.

Finalmente, como ele e Grimes tinham uma missão a cumprir, Elsmore puxou o manche, elevou o avião e deixou o vale. Em seguida apontou a aeronave para sudeste e voou mais 300 quilômetros, até um lugar chamado Ifitamin, outra área com potencial para abrigar uma pista de pouso.

ALGUNS DIAS MAIS TARDE, Elsmore escreveu um memorando secreto sobre as descobertas, que encaminhou ao seu comandante, o general George C. Kenney, o oficial da Força Aérea norte-americana de maior patente no Pacífico durante a Segunda Guerra Mundial.

O memorando descrevia os voos de reconhecimento e dedicava uma atenção especial ao vale e a seus habitantes. O major Grimes chamara sua descoberta de Vale Secreto, mas em seu memorando se referiu ao lugar em termos menos poéticos. Ele o chamou de vale do Baliem, nome do rio que o atravessava.

Uma das preocupações que Elsmore expressou ao general Kenney, no tocante à construção de uma pista de pouso no local, era a reação dos nativos. "Não há nenhum acesso ao vale... exceto por via aérea. Por esse motivo, muito pouco se sabe sobre a atitude dos nativos. Sabe-se que há caçadores de cabeças em muitas das regiões adjacentes e existe a suspeita de que os nativos do vale do Baliem também possam ser hostis", escreveu ele. Ainda no memorando, Elsmore fez um sinistro alerta aos colegas pilotos que pretendessem ir até o vale, detalhando como a passagem coberta de nuvens poderia ser traiçoeira, principalmente "para um piloto não familiarizado com o *canyon*".

De qualquer forma, o Vale Secreto, ou vale do Baliem, seja lá qual fosse o nome, não era adequado a uma pista de pouso. A 1.600 metros acima do nível do mar, cercado de montanhas que chegavam a 4 mil metros de altitude, era um lugar perigoso e de acesso extremamente difícil. E havia uma alternativa melhor. Elsmore soube que um missionário australiano descobrira que os nativos de Ifitamin eram amistosos e dispostos a trabalhar, o que se adequava com perfeição ao seu projeto. "Não só estávamos ansiosos para evitar incidentes e derramamento de sangue" — o que se supunha ser uma grande possibilidade no caso dos nativos do Vale Secreto/vale do Baliem —, "como queríamos utilizar mão de obra nativa no desenvolvimento do projeto".

Embora o vale não servisse para nenhum propósito militar, as notícias de sua descoberta se espalharam rapidamente em Hollandia e outros lugares. O interesse aumentou quando Elsmore começou a dizer que achara os habitantes do vale mais altos e corpulentos que os nativos da Nova Guiné que já vira. Em contrapartida, ele descreveu os nativos de Ifitamin como "do tipo pigmeu".

As impressões de Elsmore contribuíram para a rápida disseminação de histórias, ou, mais precisamente, de fábulas que afirmavam que o Vale Secreto era povoado por uma raça de gigantes primitivos até então desconhecida. Alguns os chamavam de super-homens negros — belos modelos de musculosa masculinidade, com dois metros de altura. Logo se começou a dizer que os nativos eram caçadores de cabeças e canibais, selvagens que praticavam sacrifícios humanos em altares de pedra. Dizia-se que os porcos que criavam eram do tamanho de pôneis. Dizia-se ainda que as mulheres nativas, de seios à mostra, eram como as curvilíneas modelos cujas fotos enfeitavam os alojamentos dos soldados, principalmente Dorothy Lamour, uma atriz exótica que usava sarongues e estrelara filmes como *The Jungle Princess* (A princesa da selva). A única diferença era que as mulheres do vale eram descritas como "Dorothy Lamours negras".

Com o tempo, as histórias se multiplicaram, em grande parte porque ninguém podia contradizer qualquer alegação, por mais absurda que fosse. E tudo indicava que jamais seriam desmentidas. Ninguém em Hollandia teria motivos para dar um passeio de 250 quilômetros em meio a incontáveis tropas japonesas, montanhas, pântanos e florestas. E nenhum avião poderia aterrissar em segurança no vale — o solo era macio e irregular demais para constituir uma pista natural. E as hélices dos helicópteros não conseguiriam gerar sustentação suficiente no ar rarefeito para transpor as montanhas circundantes. Além disso, a missão dos soldados da Base G era lutar em uma guerra, não organizar uma expedição antropológica.

Mas o vale fascinava Elsmore. Após conversar com holandeses e australianos, a quem considerava especialistas na Nova Guiné, ele não descobriu qualquer indício de que algum forasteiro já tivesse entrado no vale. No que dizia respeito ao Exército dos Estados Unidos, o coronel Ray T. Elsmore era o Cristóvão Colombo do Vale Secreto, ao passo que Grimes foi rebaixado a "codescobridor".

À medida que as histórias se alastravam, muita gente quis ver o Vale Secreto com os próprios olhos. Voos sobre o local se tornaram um prêmio para oficiais, WACs e soldados. Alguns retornavam com emocionantes histórias de nativos que atiravam flechas e lanças em direção a seus aviões. Os mais aventureiros sonhavam em descer no vale, mesmo que isso acarretasse um desastre aéreo. "Acho que eu me arrependeria disso", escreveu um tenente chamado William J. Gatling Jr. à sua família em Arkansas, "mas teria gostado de fazer um pouso forçado lá, apenas para ter, em primeira mão, uma boa ideia da área. Voar acima dela fez com que eu me sentisse uma criança olhando para um doce fora de seu alcance".

Gatling prosseguiu: "Muitos de nós estávamos céticos a respeito do que tínhamos ouvido antes de fazer o voo, mas na volta o ceticismo já desaparecera. Algumas pessoas continuarão sem acreditar na história, mas outras acreditarão... Além do que tem sido observado do ar, acredita-se que nada se saiba em primeira mão sobre esses nativos, seus hábitos e costumes. Embora isolados em seu Vale Secreto, eles parecem inteiramente autossuficientes. É possível, claro, que exista algum caminho de saída, mas este ainda não foi localizado do ar. Mesmo que pudessem deixar o vale, os nativos enfrentariam uma jornada de 250 quilômetros através de uma floresta pluvial impenetrável se quisessem alcançar a costa norte, banhada pelo Pacífico; ou encontrariam 250 quilômetros de pântanos intransponíveis, inexplorados, que se estendem entre o vale e o mar de Arafura, ao sul."

Após descrever o que vira durante o voo, Gatling concluiu sua carta com um pensamento filosófico: "Provavelmente o governo holandês enviará uma expedição ao vale, ou missionários poderão entrar lá. Até que isso aconteça, os nativos... não saberão nada a respeito do homem branco, exceto que ele voa em um grande pássaro que faz bastante barulho. Talvez, quem sabe, eles estejam melhor do modo como estão. Tenho certeza de que, se soubessem do pandemônio em que estamos envolvidos, ficariam muito felizes em permanecer ignorados pelo mundo 'civilizado'."

O CORONEL ELSMORE REALIZAVA voos frequentes sobre o vale, o qual fotografava de todos os ângulos, fazendo observações e suposições sobre seus habitantes. Em um dos voos ele viu mais de trezentos nativos reunidos em um gramado. Divididos em dois grupos, estavam armados com lanças, arcos e flechas. Seus corpos estavam cobertos com pinturas cerimoniais de guerra. Elsmore empurrou o manche, fazendo o avião mergulhar, e voou baixo sobre o campo. Os guerreiros saíram correndo, interrompendo seus preparativos de batalha, pelo menos temporariamente.

A imprensa ouviu falar do vale. Elsmore foi convencido por dois repórteres de guerra veteranos, George Lait e Harry E. Patterson, a sobrevoá-lo com eles. Lait, em particular, tinha uma grande reputação a zelar. Seu pai era Jack Lait, o combativo editor do *New York Mirror*, que como repórter, em 1934, testemunhou e relatou com exclusividade a história de como o FBI fuzilara o assaltante de bancos John Dillinger. Aos 38 anos, George Lait estava a caminho de se equiparar ao pai. Intrépido correspondente do International News Service, ele era amigo do lendário repórter Ernie Pyle e do colunista de fofocas Walter Winchell. Durante o intenso bombardeio sobre a Inglaterra promovido pelos nazistas, um estilhaço atingira seu capacete e o deixara sem sentidos; mais tarde, fora arremessado para fora de um carro por uma bomba alemã. Ele caçara faisões com George VI, rei da Inglaterra, passara dezoito meses acompanhando o Oitavo Exército britânico e atuara como paraquedista na 11ª Divisão Aerotransportada do Exército norte-americano. Um colega repórter disse a respeito dele: "Como correspondente de guerra, George era um escritor inspirado, um combatente e um colecionador de suvenires. Onde outros correspondentes surrupiavam uma pistola ou um capacete, George surrupiava metralhadoras, bazucas e blindados. Certa vez, ele teve que ser persuadido a não afanar um Messerschmitt.* Era uma grande guerra, disse George, e ele queria algo grande como prova."

Já tendo visto praticamente de tudo, George Lait admitiu que nunca vira nada como o vale. Ao retornar do voo com Elsmore, redigiu uma matéria rica em descrições, embora tisnada de condescendência racial e cultural:

> Com o avião deslizando a menos de 30 metros do chão do vale, foi possível identificar, entre as plantações nativas, inhames, grandes extensões de batata-doce e uma planta que chega à altura do peito e lembra o tabaco.
>
> Entre os animais, avistamos apenas alguns cães e porcos. Os porcos — que fornecem a carne mais consumida na Nova Guiné e são religiosamente cultuados pela maioria dos nativos da ilha — me pareceram excepcionalmente grandes e bem-cuidados. São de duas

---

* Avião de guerra alemão. (N. T.)

variedades: uma toda negra, ou marrom-escura, e outra preta e branca. Esta última alcança um tamanho enorme.

Quando o avião roncou pela primeira vez sobre o vale, multidões de nativos saíram correndo de suas casas e se esconderam nas plantações mais altas ou em grupos de árvores. Mas, depois de sobrevoarmos o vale diversas vezes, sua curiosidade infantil pareceu superar o medo dos motores, e eles reapareceram cautelosamente para observar o avião.

A história de Harry Patterson enfatizava o drama e a intriga: "Ainda hoje, semanas após a descoberta que mantém todo o Pacífico Sul fervilhando com especulações, nenhum homem branco e provavelmente nenhum nativo comum pôs os pés no vale perdido... É um fato bastante conhecido nesta parte do mundo que os selvagens, em sua maioria, eram canibais ou caçadores de cabeças." Citando Elsmore, Patterson descreveu os nativos do vale como "mais altos, mais claros e de compleição mais delicada que os habituais *fuzzy-wuzzies* da Nova Guiné".

Imaginando-se um geólogo amador, além de antropólogo de cabine de avião, o Coronel Elsmore especulou que os ancestrais dos nativos haviam chegado ao vale "centenas, talvez milhares de anos antes". Patterson escreveu: "Ele acha que, depois que eles se estabeleceram nesse paraíso montês, um terremoto ou um brusco soerguimento da crosta da Terra os confinou no vale."

Embora impressionados com o que tinham visto, Lait e Patterson não estavam satisfeitos com o nome de Vale Secreto. Determinados a rebatizá-lo, eles se lembraram de um filme de Frank Capra chamado *Horizonte Perdido*, baseado no romance homônimo de James Hilton publicado em 1933, que fala de uma utopia misteriosa e pacífica, isolada de um mundo depauperado por guerras.

A história de Hilton se desenrola em torno da queda de um pequeno avião numa montanha tibetana. Os sobreviventes, entre eles uma mulher, são resgatados por monges que os guiam até um vale bucólico, cujos habitantes vivem por muito tempo e são felizes, uma terra onde a moderação e a tolerância reinam absolutas. Depois de algum tempo, os sobreviventes precisam escolher se desejam permanecer para sempre no vale ou retornar ao mundo exterior, sabendo que talvez nunca mais consigam voltar ao vale.

Frequentemente lido como um romance de aventura, o livro de Hilton é na realidade uma meditação sobre o encontro da paz e a preservação da humanidade em um mundo que se encaminha para a autodestruição. Hilton via a "civilização" enredada em um ciclo pernicioso, pulando de uma guerra para outra, cada uma mais mortal e destrutiva que a precedente. Em um longo diálogo entre dois personagens principais, *Horizonte Perdido* antecipa uma guerra global de proporções inimagináveis. Mais de uma década antes da primeira bomba atômica, Hilton já temia um futuro em que "um homem com uma única arma poderia se equiparar a um Exército".

Descrevendo um personagem especialmente sábio, Hilton escreveu: "Ele previa uma época em que os homens, exultantes com as técnicas de homicídio, assolariam o mundo com tanta fúria que tudo o que é precioso correria perigo, cada livro, cada quadro, cada harmonia, todos os tesouros acumulados ao longo de dois milênios, as coisas pequenas, delicadas, indefesas — tudo se perderia."

A assustadora previsão de Hilton não permaneceu ignorada. O presidente Roosevelt citou essa passagem de *Horizonte Perdido* num discurso proferido em 1937. Quatro anos antes de Pearl Harbor, Roosevelt utilizou a horrenda antevisão de Hilton para alertar que, em defesa da civilização, os Estados Unidos poderiam ser forçados a neutralizar países agressivos, determinados a desencadear um flagelo mundial. O alerta de Roosevelt se mostrou profético.

Não é de se admirar, portanto, que dois veteranos correspondentes de guerra, ao contemplarem melancolicamente aquele vale fértil, isolado do mundo exterior, com seus nativos que nada sabiam a respeito de nazistas e camicases, pensassem no nome que Hilton dera a seu paraíso fictício. Não importavam os relatos que falavam sobre caçadores de cabeças e canibais, lanças e flechas, torres de observação, sentinelas e lutas entre vizinhos. Não importava a possibilidade de que os nativos vislumbrados pelo coronel Elsmore e pelo major Grimes não fossem pacíficos, mas constituíssem uma prova de que fazer guerra era parte da natureza do ser humano.

Os questionamentos poderiam ficar para outro dia, quando talvez algum forasteiro entrasse no vale e estabelecesse contato com os nativos. Nesse meio-tempo, George Lait e Harry Patterson batizaram o Vale Secreto da Nova Guiné com um novo nome: Shangri-La.

4

O *GREMLIN SPECIAL*

O NOVO NOME do vale pegou.

A unidade de Elsmore chegou a formar um "Clube Shangri-La", que reunia pilotos e passageiros afortunados o bastante para sobrevoar o local. Cada membro do clube recebia um certificado em papel-pergaminho, comicamente ornamentado, que lembrava um diploma verdadeiro, incluindo até fitas azuis e amarelas fixadas com um selo dourado. Assinados por Elsmore e um de seus subordinados, os certificados eram personalizados com o nome do novo integrante e a data de seu voo especial, e incluíam a latitude e a longitude exatas do vale, para que os membros pudessem encontrar o caminho de volta, ao contrário do Shangri-La imaginado por Hilton.

Os repórteres não largavam Elsmore — um deles chegou a chamá-lo de "a maior autoridade sobre o vale e seus habitantes" — título que o coronel aceitou com entusiasmo. Depois de Lait e Patterson, outros correspondentes insistiram em visitar o vale. Elsmore geralmente os atendia. Alguns que não tinham visto o vale com os próprios olhos, mas se limitaram a entrevistar Elsmore e Grimes, alçaram voos imaginários. Um deles se derramou em elogios à beleza do vale, que chamou de "verdadeiro Jardim do Éden". Em seguida, entrevistou Elsmore, perguntando-lhe se tinha medo dos caçadores de cabeças. O coronel exagerou o perigo, com a maior desfaçatez, e disse ao repórter que poderia soltar um missionário de paraquedas sobre o vale, para demonstrar "que estamos chegando como amigos, sem nenhuma intenção de fazer mal. Mas receio que isso vá resultar em mais uma 'cabeça perdida'."

O reverenciado coronel disse a um correspondente da Associated Press que, quando a guerra terminasse, queria ser o primeiro homem branco a pisar no vale e fazer contato com "os nativos gigantes e cabeludos" — nas palavras do repórter. Elsmore disse que seu plano era aterrissar em um planador, "carregado com bugigangas, armas — caso os nativos se mostrassem hostis —, alimentos e o material necessário para implantar uma pista de pouso capaz de suportar aviões de transporte".

A história da Associated Press apareceu nos jornais norte-americanos em 13 de maio de 1945 — o mesmo domingo em que o coronel Peter Prossen, chefe da cabo Margaret Hastings, começou a arrebanhar integrantes da divisão de manutenção da Fee-Ask para uma viagem a Shangri-La.

PARA PROPÓSITOS OFICIAIS, Prossen descreveu o voo como uma missão de "treinamento aeronáutico". A verdade — um passeio no Dia das Mães — não ficaria muito bem num relatório de voo. Embora ele já tivesse realizado outros voos recreativos ao longo da costa da Nova Guiné, aquela seria a primeira excursão que Prossen faria a Shangri-La.

Margaret estava em sua mesa quando recebeu o convite. Ela tinha um encontro, depois do trabalho, com um bem-apessoado sargento da Pensilvânia chamado Walter "Wally" Fleming, com quem vinha saindo regularmente. Ele conseguira obter as chaves de um jipe, e os dois planejavam ir até uma praia isolada onde poderiam nadar. Mas Margaret desejava muito visitar Shangri-La desde que fora trabalhar na Fee-Ask, cinco meses antes. Certa de que retornaria a tempo para seu encontro, ela aceitou prontamente a oferta de Prossen.

A carta que Prossen escrevera à esposa naquela manhã parecia tê-lo predisposto a falar sobre as coisas de sua casa, pois ele parou ao lado da mesa de Margaret e lhe contou as novidades divertidas da última carta de Evelyn. Ele riu quando disse a sua subordinada que o novo cachorro da família — um vira-lata que seu filho Peter Jr. batizara de Lassie — estava ganhando prêmios nas exposições caninas locais.

Margaret se esforçou para terminar todo o trabalho que estava sobre a mesa de Prossen por volta do meio-dia. No almoço, engoliu alguns pedaços de galinha e uma porção de sorvete, que desta vez não saboreou em lentas colheradas, como de costume.

UM C-47 EM VOO DURANTE A SEGUNDA GUERRA MUNDIAL. (CORTESIA DO EXÉRCITO DOS ESTADOS UNIDOS.)

Prossen providenciou para que um caminhão levasse Margaret e mais oito WACs até o vizinho aeródromo de Sentani, próximo ao lago homônimo, enquanto os homens convidados seguiram até lá a pé ou de carona. Quando os passageiros chegaram, encontraram Prossen, seu copiloto e três outros membros da tripulação em frente a um avião de transporte totalmente abastecido, cujos motores já estavam aquecendo. Na vida civil, o avião fora um Douglas DC-3, mas ao ingressar no esforço de guerra se tornou um C-47 Skytrain, um burro de carga nos céus conflagrados. Havia mais de 10 mil deles espalhados nas bases aliadas ao redor do mundo.

Com 20 metros de comprimento e quase 30 de envergadura, o C-47 chegava facilmente a 280 quilômetros por hora. À velocidade máxima poderia, teoricamente, voar 80 quilômetros por hora mais rápido. Tinha autonomia de 2.500 quilômetros, ou cinco vezes a distância da viagem planejada por Prossen, no percurso de ida e volta. A maioria dos C-47s tinha dois motores Pratt & Whitney de 1.200 cavalos. Alguns dispunham de metralhadoras, mas o avião de Prossen estava desarmado. Os C-47s não eram bonitos nem particularmente velozes, mas eram estáveis e tão confiáveis quanto Buicks.* Quando soldados ou suprimentos se faziam necessários em algum lugar, sempre se podia contar com um C-47 para levá-los até lá. Os pilotos costumavam falar carinhosamente do cheiro característico do avião, uma mistura de couro e fluido hidráulico.

A Consolidated Aircraft Corporation construíra o avião de Prossen em 1942, a um custo de US$ 269.276 para os militares. Ao chegar em Hollandia, o avião fora coberto com pintura de

---

* Marca de automóvel fabricada pela General Motors. (N. T.)

camuflagem para se confundir com a selva abaixo, caso fosse avistado de cima por algum caça ou bombardeiro inimigo. Mas havia um problema: se o C-47 descesse na mata fechada da Nova Guiné, sua pintura tornaria quase impossível a localização por grupos de resgate.

Para a Força Aérea, o número de série do avião de Prossen era 42-23952. Mas nas transmissões de rádio seria identificado pelos três últimos números — ou seja, 952. Os C-47s eram frequentemente chamados de "Albatrozes", principalmente na Europa, e cada aeronave recebia, de seu capitão ou seus tripulantes, um apelido exclusivo. No campo de pouso de Sentani, o avião de Prossen era afetuosamente chamado de *Melro*, embora seu apelido mais conhecido fosse *Gremlin Special*.

Era um nome irônico, na melhor das hipóteses. Os gremlins são seres míticos, que os aeronautas acusavam de sabotar as aeronaves. O termo foi popularizado por um livro infantil ilustrado intitulado *Os gremlins*, escrito por um jovem tenente da Força Aérea Real Britânica, que estava destinado a se tornar um escritor de fama mundial: Roald Dahl. Na história de Dahl, as pequenas criaturas chifrudas provocavam todo tipo de falhas mecânicas para se vingar dos humanos, que haviam destruído a príst ina floresta que habitavam para construir uma fábrica de aviões.

ÀS DUAS DA TARDE chegou a hora de partir. Enquanto os passageiros se enfileiravam diante do *Gremlin Special*, Prossen lhes comunicou que a excursão deveria demorar três horas.

— Deixem as garotas entrar primeiro — disse ele —, e depois completem a lotação com os soldados e oficiais que quiserem ir.

Um dos soldados, especialmente ávido para conhecer Shangri-La, resmungou: "Ei, isso é parcialidade." Prossen ignorou o comentário.

Uma após outra, as nove WACs entraram no avião por uma porta perto da cauda. Margaret foi a primeira da fila. Como os bancos ficavam encostados nas paredes da fuselagem, os passageiros de um lado ficavam frente a frente com os passageiros do outro.

Margaret correu em direção à cabine dos pilotos como uma criança brincando de dança das cadeiras e sentou-se no banco mais à frente, certa de que escolhera o melhor lugar. Mas, quando olhou pela janela, não gostou do que viu. As janelas próximas à cabine do C-47 descortinavam as asas da aeronave, o que tornava difícil, se não impossível, ver o que estava diretamente abaixo. Determinada a efetuar uma completa inspeção aérea de Shangri-La, Margaret se levantou com um pulo, deu uma rápida meia-volta, e correu de volta pelo corredor, em direção à cauda. Apoderou-se então do último assento do lado esquerdo do avião, próximo à porta que usara para entrar. A vista era perfeita.

Logo atrás de Margaret entrou a sargento Laura Besley, sua grande amiga e bela parceira de aventuras, que sentou bem em frente a ela, no último assento do lado direito. O corredor era tão estreito que os dedos dos pés das duas mulheres quase se tocavam. Margaret captou o olhar de Laura e piscou. Ambas tinham certeza de que teriam uma boa história para contar no próximo encontro em duplas.

Sentada ao lado de Laura Besley estava a cabo Eleanor Hanna, uma animada garota de cabelos crespos e pele clara que fora criada em uma fazenda de Montoursville, Pensilvânia. Aos 21 anos, Eleanor tinha um irmão mais velho na Força Aérea norte-americana e um mais novo na Marinha. Seu pai servira como médico do Exército durante a Primeira Guerra Mundial e passara algum tempo num campo de prisioneiros de guerra dos alemães. Entre seus colegas da Fee-Ask, Eleanor tinha a reputação de cantar aonde quer que fosse.

— Isso é muito divertido! — gritou ela, superando o barulho dos motores.

Ela usava no pulso um adorno claramente não militar: um bracelete feito com moedas chinesas presas com um arame. Possuía pelo menos mais dois braceletes semelhantes.

Também a bordo estava a soldado Marian Gillis, de Los Angeles, filha do editor de um jornal. Piloto amadora, ela já tivera uma vida agitada, que incluía uma fuga da Espanha com sua mãe, na irrupção da Guerra Civil Espanhola. Nas proximidades estava a sargento Belle Naimer, do Bronx, cidade de Nova York, filha de um fabricante de blusas aposentado. Ela ainda estava abalada pela morte do noivo, um tenente da Força Aérea, ocorrida na Europa alguns meses antes, numa queda de avião.

Outra WAC presente era a sargento Helen Kent, de Taft, Califórnia. Viúva, ela perdera o marido na queda de um avião militar. Esfuziante e brincalhona, apesar da perda, Helen se juntara à WAC para escapar à solidão. Sua melhor amiga na base, a sargento Ruth Coster, deveria acompanhá-la no voo, mas estava às voltas com uma papelada referente a aviões que seriam encaminhados às Filipinas a pedido do general MacArthur. Ruth dissera a Helen que fosse em frente — quando

A SARGENTO RUTH COSTER (À ESQUERDA) E A SARGENTO HELEN KENT, GRANDES AMIGAS, POSANDO COMICAMENTE PARA A CÂMERA. RUTH QUERIA ACOMPANHAR HELEN NO VOO DO *GREMLIN SPECIAL*, MAS ESTAVA COM MUITO TRABALHO. (CORTESIA DE DONA CRUSE.)

retornasse poderia lhe contar como fora o passeio. Ruth ingressaria no "Clube Shangri-La" mais tarde.

Três outras WACs subiram a bordo: a sargento Marion W. McMonagle, uma viúva de 44 anos, sem filhos, oriunda da Filadélfia; a soldado Alethia M. Fair, uma divorciada de 50 anos, proveniente de Hollywood, Califórnia, que trabalhava como telefonista; e a soldado Mary M. Landau, uma estenógrafa de 38 anos do Brooklyn, cidade de Nova York.

O coronel Prossen subiu atrás delas, seguido por seu copiloto, o major George H. Nicholson Jr., de Medford, Massachusetts. Nicholson, que estava com 34 anos, formara-se em arte e cultura clássicas no Boston College, com um mestrado em artes em Harvard e em educação na Universidade de Boston. Após passar alguns anos na reserva militar do país, atuando na frente doméstica como professor de segundo grau, Nicholson ingressara na Força Aérea e obtivera suas divisas de piloto. Ele estava no exterior havia somente quatro meses, durante os quais servira sob o comando de Lorde Mountbatten, comandante em chefe das Forças Aliadas no Sudeste da Ásia, antes de se transferir para a Nova Guiné Holandesa.

Quatro dias antes, George Nicholson deixara de comparecer à festa da "Vitória na Europa", no Clube dos Oficiais da Fee-Ask. Passara a noite sozinho em sua tenda, escrevendo uma extraordinária carta à esposa Alice, uma colega professora com quem se casara poucos dias antes de se apresentar para o serviço ativo.

Em uma caligrafia caprichada, com o senso de proporção de um historiador e um toque de lirismo poético, Nicholson assinalou a vitória aliada sobre a Alemanha compondo um vívido relato de quinze páginas sobre a guerra na Europa e na África. Suas palavras abarcaram exércitos em continentes, belonaves em oceanos, e aviões de guerra

MAJOR GEORGE H. NICHOLSON.
(CORTESIA DE JOHN MCCARTHY.)

nos céus infinitos. Ele interpretou as emoções e as preces das famílias em sua pátria, assim como o medo e o heroísmo dos soldados, fuzileiros, marinheiros e aviadores nas linhas de frente. Ele rastreou a ascensão militar norte-americana — de um bando de colegiais que tomavam sorvetes nas esquinas a um rolo compressor de guerreiros calejados nas batalhas. Ele acompanhou as forças aliadas durante os revezes esmagadores sofridos em Dieppe, na França, e no desfiladeiro Kasserine, na Tunísia. Na batalha de El Guettar, ele as incitou para a vitória em solo norte-africano, contra as experimentadas unidades de blindados dos alemães. E as dirigiu até Salerno e à sangrenta Batalha de Anzio, na Itália.

Assim como os aliados, ele começou a ganhar impulso à medida que se aproximava das praias da Normandia, no Dia D. Escrevia como se tivesse estado lá: "Então, a penumbra da manhã foi rasgada pelos clarões dos canhões dos navios martelando a costa. O ar foi sacudido pela explosão dos projéteis dos canhões e das bombas despejadas pelos aviões. Foguetes descreviam arcos flamejantes nos céus. As águas agitadas do canal provocaram enjoos em muitos dos ocupantes dos barcos de assalto. Com frequência, a artilharia germânica atingia a água. Muitas vezes atingia também os botes de assalto, e os barcos maiores, destruindo-os completamente. Minas explodiam com tremendo impacto. As praias e os botes se aproximaram.

O medo dominava os homens, mas a coragem se derramava deles. As rampas foram baixadas, os homens chapinharam pela água juncada de obstáculos e alcançaram as praias. A invasão havia começado".

Quatro páginas depois, Nicholson descreveu as tropas norte-americanas atravessando o Reno e entrando na Alemanha, aviadores norte-americanos expulsando dos céus os temidos pilotos da Luftwaffe e as Forças Aliadas apertando a garganta do Terceiro Reich para forçar sua rendição. "Podemos ter sido moles, mas somos duros agora", escreveu ele. "A batalha é a recompensa. Nós os surramos até dominá-los."

Só muito no fim a carta se torna pessoal, quando Nicholson expressa seu sentimento de culpa e questiona sua própria virilidade por não ter servido na Europa, junto ao 8º Comando Aéreo. Dirigindo-se diretamente à esposa, Nicholson confessa: "Isso é ilógico, reconheço, mas um homem dificilmente pode ser considerado um homem se não quer entrar na luta quando o combate envolve seu país e seus entes queridos. Não seja muito dura comigo, querida, sei que a prova está na ação. Eu gostaria de ter lutado no Oitavo, mas nunca solicitei meu ingresso."

Após desabafar, Nicholson assinou: "Querida, eu te amo". Então, pela primeira vez em quinze páginas de prosa magistral, ele se repetiu: "Eu te amo".

ALÉM DE PROSSEN E NICHOLSON, havia três outros membros na tripulação. Eram o sargento-chefe Hilliard Norris, um engenheiro de voo de 23 anos, oriundo de Waynesville, Carolina do Norte, e dois soldados: George Newcomer, de Middletown, Nova York, um rádio-operador de 24 anos, e Melvin Mollberg, de Baudette, Minnesota, o engenheiro-assistente.

Mollberg, conhecido pelos amigos como "Molly", era um bem-apessoado e musculoso rapaz do campo. Tinha 24 anos, cabelos louros, um sorriso oblíquo e estava noivo de uma bela jovem de Brisbane, Austrália, seu último posto antes de chegar a Hollandia um mês antes. Fora relacionado para integrar a tripulação do *Gremlin Special* no último momento. O engenheiro-assistente inicialmente relacionado era seu melhor amigo, o cabo James "Jimmy" Lutgring, companheiro de Mollberg durante os últimos três anos no 5º Comando Aéreo, que atuava no Pacífico Sul. Mas Lutgring e o coronel Prossen

CABO JAMES "JIMMY" LUTGRING (À ESQUERDA) E SEU MELHOR AMIGO, O SOLDADO MELVIN MOLLBERG, QUE SUBSTITUIU LUTGRING NA TRIPULAÇÃO DO *GREMLIN SPECIAL*. (CORTESIA DE MEL LUTGRING.)

não se davam bem. O motivo da tensão não estava claro, mas talvez se devesse ao fato de Lutgring achar que não fora promovido a sargento por influência de Prossen. Lutgring não queria passar a tarde de domingo voando com a equipe do coronel, mesmo que isso significasse perder a chance de conhecer Shangri-La. Compreensivo, Mollberg se ofereceu para ocupar a vaga de Jimmy.

No voo, havia mais dez passageiros do sexo masculino: dois majores, dois capitães, três tenentes, dois sargentos e um cabo.

Entre eles estava o segundo-sargento Kenneth Decker, procedente de Kelso, estado de Washington. Musculoso e lacônico, ele trabalhara como desenhista no departamento de engenharia. Antes

PRIMEIRO-SARGENTO KENNETH DECKER. (CORTESIA DO EXÉRCITO DOS ESTADOS UNIDOS.)

da guerra, trabalhara na loja de móveis do pai. Estava na Nova Guiné fazia alguns meses, depois de ter servido na Austrália por mais de dois anos. O voo era um presente especial para Decker: ele estava comemorando seu trigésimo quarto aniversário. Mas, para ele, a presença da cabo Margaret Hastings no avião não era necessariamente um prazer. Semanas antes, Decker a convidara para um passeio e fora rejeitado. Um voo sobre Shangri-La separado dela por alguns assentos parecia ser o mais próximo de Margaret que Decker jamais chegaria.

Outro passageiro era o capitão Herbert F. Good, um homem alto, de 46 anos, oriundo de Dayton, Ohio, que servira nas Forças Armadas norte-americanas durante a Primeira Guerra Mundial. Tendo sobrevivido, retornara à pátria, onde se casara e começara a trabalhar como vendedor de petróleo. Era um líder em sua igreja presbiteriana. A nova guerra irrompera e ele se alistara novamente.

No final da fila estavam os tenentes John e Robert McCollom, de 26 anos, gêmeos idênticos oriundos de Trenton, Missouri. Eram quase indistinguíveis, com seus cabelos cor de areia, ternos olhos azuis e queixos proeminentes. Mas havia uma pequena diferença: John media 1,70 metro e Robert era um pouquinho maior. Robert se prevalecia disso para implicar com seu "irmãozinho". Conhecidos pelos amigos e pela família como "Os Inseparáveis", os gêmeos haviam se tornado extremamente unidos depois que sua mãe os deixara quando ainda eram pouco mais que bebês, abandonando também o irmão mais velho e o pai deles. Aos 8 anos de idade, vestiam-se de forma idêntica e idolatravam o aviador Charles Lindbergh, que atravessara sozinho o Atlântico num voo sem escalas. Certo dia, quando estavam no terceiro ano, chegaram em casa e se derramaram em elogios à professora, a srta. Eva Ratliff. O pai deles, gerente de uma estação ferroviária, decidiu conhecê-la. John, Robert e seu irmão mais velho logo ganharam uma madrasta.

Os gêmeos McCollom haviam sido escoteiros juntos. Ambos eram fanáticos por esportes, embora fossem melhores torcedores que atletas. Juntos, ingressaram no Reserve Officer's Training Corps (Corpo de Treinamento de Oficiais da Reserva), e juntos ocuparam um quarto na Universidade de Minnesota, onde estudaram engenharia aeroespacial. Trabalhavam longas horas para poder arcar com as mensalidades. Também juntos treinavam o time de hóquei da universidade. E partilhavam o mesmo conjunto de livros, já que não tinham como comprar dois de cada. Embora se assemelhassem em diversos aspectos, Robert McCollom era mais calado e introvertido, ao passo que John era o gêmeo sociável. Robert era sempre chamado de Robert, enquanto John era frequentemente chamado de "Mac".

A primeira experiência dos gêmeos McCollom como indivíduos separados fora dois anos antes, no dia 5 de maio de 1943, quando Robert se casara com Cecelia

OS BEBÊS GÊMEOS JOHN E ROBERT MCCOLLOM, DIVIDINDO UMA PATINETE. (CORTESIA DE B. B. MCCOLLOM.)

TENENTES JOHN (À ESQUERDA) E ROBERT MCCOLLOM.
(CORTESIA DE B.B. MCCOLLOM.)

Connolly, uma jovem que conhecera num encontro às cegas. Cecelia era mais conhecida por Adele, seu nome do meio. Na foto de casamento, publicada em um jornal local, ambos estão de uniforme; o único meio de diferenciá-los é através do cativante sorriso de Adele, dirigido na direção de Robert. Depois do casamento, Robert, Adele e John se transformaram em um trio, passando as noites juntos no Clube dos Oficiais. Os McCollom obtiveram juntos suas licenças de piloto e, com exceção de um breve período separados, foram alocados juntos em diversas bases dos Estados Unidos. Seis meses antes do voo até Shangri-La, foram enviados juntos à Nova Guiné.

Seis semanas antes do voo do Dia das Mães, Adele deu à luz uma menina, que ela e Robert batizaram de Mary Dennise e apelidaram de Dennie. Robert McCollom ainda não vira a filha.

Os gêmeos McCollom queriam observar Shangri-La pela mesma janela do *Gremlin Special,* mas não conseguiram encontrar dois bancos contíguos. Robert McCollom andou então na direção da cabine de comando e se aboletou num assento livre. John McCollom sentou-se em um banco vazio ao lado de Margaret Hastings, o penúltimo no lado esquerdo do avião, próximo à cauda.

Margaret conhecia John McCollom das constantes visitas deste ao gabinete do coronel Prossen. Ela também se lembrava de que, poucos meses antes, ele suprira a tenda que ela ocupava com uma tomada dupla.

"Você se incomoda se eu dividir essa janela com você?" perguntou ele.

Margaret teve que gritar para que seu consentimento fosse ouvido acima do ronco dos motores.

A lotação do *Gremlin Special* estava completa: 24 integrantes das Forças Armadas norte-americanas, a maioria pertencente à divisão de manutenção da Fee-Ask. Havia nove oficiais, nove WACs e seis soldados. Quando a porta se fechou, Margaret notou que o soldado que reclamara da regra de "primeiro as damas", imposta por Prossen, não estava no grupo.

5

LÁ ESTÁ!

ÀS DUAS E QUINZE DA TARDE, com o coronel Prossen no comando, o *Gremlin Special* passou roncando pelas palmeiras que margeavam a pista do aeródromo de Sentani e alçou voo em um céu límpido e azul. Quando o aparelho sobrevoou o lago Sentani, os passageiros se retorceram nos assentos para contemplar as tremeluzentes águas azuis e as colinas verdes que descem até suas margens. Prossen apontou o avião para os montes Oranje, estabelecendo um curso que o levaria diretamente ao vale. Pelo intercomunicador, ele anunciou que demorariam 55 minutos para chegar lá.

A WAC que estava sentada perto da cabine entoou:

"Oh!, o que é tão excepcional quanto um dia de junho em maio?"

A caminho de Shangri-La, a WAC estava lembrando a pergunta feita por um cavaleiro da Idade Média que procurava o Santo Graal. Sua exclamação, embora não com as mesmas palavras, aludia ao sentimento transmitido por um poema épico intitulado *A visão de sir Launfal*, de James Russell Lowell, escrito cerca de um século antes, no qual se perguntava: "O que é tão excepcional quanto um dia de junho?" Igualmente apropriadas à ocasião eram as linhas que se seguiam:

Júbilo vem, tristeza vai, sem sabermos a motriz;
Agora tudo é feliz,

> *Tudo começa a se elevar;*
> *É fácil agora o coração ser honrado,*
> *Assim como a grama ser verde e o céu, azulado.**

Colada à janela, Margaret olhou por entre as nuvens fofas e brancas. A luxuriante floresta abaixo lhe pareceu tão macia quanto um amontoado de penas verdes. Aquele colchão seria capaz de amortecer uma queda, pensou ela, mesmo daquela altura. A distância, os passageiros podiam vislumbrar o monte Wilhelmina, assim chamado em homenagem à rainha da Holanda, cujo pico nevado se elevava a mais de 4.700 metros, o que o tornava o mais alto da cadeia montanhosa.

John McCollom estava mais interessado na altitude e no curso do *Gremlin Special*. Ele calculava que o avião deveria estar voando a cerca de 2 mil metros. E a tripulação havia informado que eles estavam em uma rota de 224 graus, ou seja, a sudoeste da base. Esse curso os levaria à extremidade nordeste de Shangri-La, onde se encontrava a estreita passagem entre as montanhas descoberta um ano antes pelo major Grimes.

ENQUANTO SEGUIAM em direção ao vale, o coronel Prossen tomou uma decisão fatídica: desprendeu o cinto do assento e foi até a cabine de passageiros. O objetivo da viagem, afinal, era mostrar a seus comandados o quanto se importava com eles. Aquela era uma oportunidade de confraternização, uma chance para que todos vissem Shangri-La juntos. Mas, tendo em vista que as montanhas ainda não estavam mapeadas, que as condições de tempo eram instáveis e que seu copiloto, o major George Nicholson, era

---

* Joy comes, grief goes, we know not how; / Everything is happy now, / Everything is upward striving; / 'Tis as easy now for the heart to be true, / As for grass to be green or skies to be blue. (N. T.)

relativamente inexperiente, o abandono do posto foi uma imprudência de Prossen.

Tanto Prossen quanto Nicholson estavam realizando seu primeiro voo até Shangri-La. Tudo o que sabiam a respeito da traiçoeira entrada do desfiladeiro era o que haviam lido ou ouvido de outros pilotos. Ao deixar a cabine de comando, confiando a parte mais difícil do voo ao seu copiloto, Prossen subestimou os riscos existentes, ou mesmo os ignorou. Além disso, com Prossen preso a tarefas administrativas na Fee-Ask e com Nicholson recém-chegado à Nova Guiné, não se sabe ao certo quantas vezes ambos haviam voado juntos, se é que isso já ocorrera. Talvez o aspecto mais perturbador de todos fosse o fato de que Prossen negligenciara as palavras do coronel Ray Elsmore, que depois de seu voo inicial a Shangri-La alertara sobre os perigos que aguardavam "um piloto não familiarizado com esse *canyon*".

O C-47 possuía cintos de segurança, mas quando a confraternização começou alguns passageiros se soltaram. Quase todos eram membros da divisão de manutenção da Fee-Ask, e portanto se conheciam bem. Assim, era natural que começassem a conversar. Prossen se juntou ao congraçamento, permanecendo no pequeno cubículo de rádio que ficava entre a cabine de comando e a de passageiros.

Olhando para dentro da cabine, John McCollom percebeu que a sargento Helen Kent se encontrava lá. A curvilínea WAC se instalara no banco à esquerda, que Prossen deixara vago, para usufruir

CORONEL PETER J. PROSSEN.
(CORTESIA DE PETER J. PROSSEN JR.)

de uma vista panorâmica. Ao lado dela, o major Nicholson, o copiloto, controlava o avião sozinho.

Após uma hora de voo, o *Gremlin Special* sobrevoou uma cordilheira, desceu algumas centenas de metros e ingressou num estreito vale que era uma ramificação do vale ao qual se dirigiam. O avião voava a cerca de 1.900 metros acima do nível do mar, ou seja, 400 metros acima do fundo do vale. Montanhas cobertas de florestas ladeavam o *Gremlin Special* de ambos os lados. Nicholson empurrou o manche para a frente, o que abaixou as abas da cauda do C-47. A cauda se ergueu, o nariz do avião se inclinou para baixo e o *Gremlin Special* desceu até a altitude de 300 metros acima do fundo do vale. A descida continuou, e logo eles estavam voando a pouco mais de 100 metros do chão.

— Lá está! — gritou uma eufórica WAC.

Os passageiros correram para as janelas e viram uma pequena aldeia nativa — algumas choças em forma de cogumelos, cercadas por plantações bem-cuidadas de batata-doce, cuidadosamente demarcadas. Margaret estava empolgada, mas faltava alguma coisa. Percebeu então que a aldeia parecia vazia. Não viu nenhum nativo. Sem perceber que aquele era um pequeno povoado num vale lateral — o enorme vale de Shangri-La estava de 15 a 25 quilômetros à frente —, ela se sentiu enganada.

Virando-se para John McCollom, ela reclamou:

"Vou querer voltar aqui de novo!"

McCollom não estava escutando. Com a cabeça totalmente virada para a esquerda, olhava para a cabine de comando. Pela janela da janela da cabine, ele avistou uma massa de nuvens bem à frente do avião. E, em meio às nuvens, distinguiu uma montanha recoberta por uma vegetação verde-escura, que ele calculou ter entre 3.500 e 4 mil metros de altitude. No linguajar dos aviadores, a nuvem "tinha uma pedra dentro".

O corpo de McCollom se enrijeceu.

— Arremeta e vamos dar o fora daqui —, gritou ele em direção à cabine.

Margaret e alguns outros passageiros acharam que ele estava brincando. Mas o major Nicholson sabia que aquilo não era nenhuma brincadeira; ele já percebera o perigo.

Como piloto habilitado, McCollom sabia que a primeira regra dos voos em território montanhoso era estar sempre em posição de virar a aeronave. Mas aquele vale era estreito demais para que Nicholson sequer tentasse. Assim, só restava uma opção. Nicholson segurou o manche e o puxou com força para trás. Com o coronel Prossen no cubículo de rádio e a sargento Helen Kent ainda desfrutando da vista no assento do piloto, o jovem major estava entregue a si mesmo.

Nicholson apontou o nariz do avião para cima, tentando desesperadamente desviar da encosta que se aproximava depressa. McCollom o viu empurrar os manetes para a frente, aplicando força total para subir. Enquanto Nicholson lutava para ganhar altitude, McCollom se virou para olhar pela janela do seu assento. Através dos buracos entre as nuvens, ele avistou árvores logo abaixo, cujos galhos mais altos se estendiam em direção à barriga do *Gremlin Special*. Ele tinha certeza de que as nuvens à frente do avião obstruíam a visão de Nicholson. Isso significava que o copiloto, além de estar voando sem a ajuda de seu superior, o coronel Prossen, que era mais experiente, estava guiando o avião às cegas, contando apenas com o painel de instrumentos e com o visceral instinto de sobrevivência.

NINGUÉM QUE NÃO estivesse dentro da cabine saberia dizer ao certo o que levara o *Gremlin Special* àquela situação perigosa. Talvez uma falha mecânica — obra dos *gremlins* —, embora parecesse altamente improvável. O mais provável era uma combinação de fatores, que incluíam a saída de Prossen, erros de Nicholson e as dificuldades inerentes à entrada no vale chamado Shangri-La.

Com base sobretudo no testemunho de John McCollom e no que aconteceu em seguida, parece que Nicholson, que aprendera a voar apenas três anos antes, ficou desorientado ou avaliou mal a situação quando decidiu voar baixo no vale estreito. Mas os riscos que ameaçavam o *Gremlin Special* podem ter sido agravados por condições além do controle de Nicholson.

Enquanto Nicholson lutava para ganhar altitude, uma forte rajada de vento pode ter atingido o C-47. Turbulências atmosféricas são comuns em desfiladeiros e vales estreitos. Ventos que se precipitam em direção ao solo em uma das extremidades criam um empuxo para baixo, e, quando irrompem para cima, na outra extremidade, criam um empuxo para cima. Esses ventos surgem de repente, sem nenhum aviso. Os vales e *canyons* da Nova Guiné, por estarem a grande altitude, eram especialmente traiçoeiros. Uma das razões era o terreno acidentado. Outra era a tendência a súbitas mudanças de temperatura, resultantes da transformação do vapor das florestas nos cúmulos que, no meio da tarde, rotineiramente se formavam acima e em torno dos picos.

Se um empuxo para baixo ocorreu naquele momento, as 24 pessoas a bordo do *Gremlin Special* correriam um perigo mortal, independentemente de quem estivesse no comando. De fato, um relatório militar sobre o voo sugere que "uma súbita corrente de ar dirigida para baixo" aparentemente bloqueou os esforços do piloto para ganhar altitude. Entretanto, o relatório está incompleto. Não faz menção alguma à ausência de Prossen da cabine de comando nem aos evidentes equívocos cometidos por Nicholson.

ENQUANTO NICHOLSON PELEJAVA e McCollom se preocupava, Margaret não teve sensação alguma de perigo. Estava tão absorta na contemplação das choças dos nativos que nem notou que o coronel Prossen cedera seu assento a Helen Kent e saíra da cabine. Ela sentiu o nariz do avião se levantar, mas não sabia que Nicholson estava voando sozinho. Achou apenas que Prossen pretendia ganhar altitude, com o propósito de levar o avião através de um elevado desfiladeiro entre as montanhas que ela vislumbrara antes.

Nos controles, Nicholson não conseguia fazer o aparelho obedecer a seus comandos. O *Gremlin Special* começou a cortar os topos das gigantescas árvores tropicais, cujos galhos e folhas colidiam e estalavam contra o arcabouço metálico do avião, coberto com pintura de camuflagem. Mesmo que Prossen tivesse percebido o que estava acontecendo, como certamente percebeu, não teria tempo para correr de volta ao seu assento, desalojar Helen e assumir o comando da aeronave.

Apesar de tudo, Margaret permaneceu calma. Sua confiança no chefe era tão grande que, por uma fração de segundo, ela achou que Prossen estava apenas exibindo algumas manobras extravagantes; que estava roçando o topo das árvores para deixar seus passageiros em suspense — voando "rente ao chão" como os pilotos diziam.

John McCollom sabia que não era isso. Ele segurou o braço de Margaret.

— Vai ser por um triz — disse ele — mas acho que vamos conseguir.

Seu otimismo não se confirmou. Pouco depois das três horas da tarde de domingo, dia 13 de maio de 1945, a desesperada luta do major Nicholson para ganhar altitude chegou ao fim. A distância entre o C-47 e o terreno agreste se reduziu a zero. Com um estrondo ensurdecedor de metais se curvando, vidros se estilhaçando, motores gemendo, combustível se inflamando, corpos caindo e vidas se encerrando, o *Gremlin Special* se chocou contra a encosta arborizada.

A CABINE DE PASSAGEIROS se comprimiu na direção da cabine de comando. As paredes da fuselagem ruíram como se tivessem sido sugadas para dentro. Ambas as asas foram arrancadas. A cauda quebrou como se fosse um brinquedo de madeira. Chamas irromperam por entre os destroços. Pequenas explosões ecoaram como tiros. Fumaça negra ocultou a luz. O ar foi tomado pelo cheiro penetrante de metal queimado, couro queimado, borracha queimada, fios queimados, óleo queimado, roupas queimadas, cabelos queimados, carne queimada.

Uma pequena felicidade foi que, em sua tentativa de sobrevoar a montanha, Nicholson conseguira apontar para cima o nariz do avião. Assim, o C-47 atingiu a encosta em um ângulo oblíquo, e não diretamente. Por conseguinte, embora o fogo se alastrasse pela fuselagem, o *Gremlin Special* não explodiu com o impacto. Qualquer pessoa que não tivesse morrido na hora ou sofrido ferimentos mortais poderia ter uma chance.

Quando o avião mergulhou no arvoredo, John McCollom voou pelo corredor central, do lado esquerdo do aparelho para o lado direito, descrevendo cambalhotas. Por alguns momentos, perdeu os sentidos. Quando voltou a si, viu-se engatinhando, a meio caminho da cabine de comando e cercado por chamas. Movido pelo instinto, procurou uma rota de fuga. Vislumbrou um clarão de luz branca no lugar onde estivera a cauda. Como o teto da fuselagem se achatara como uma lata pisada, ele não podia ficar de pé. Arrastando-se na direção da luz, acabou despencando sobre a terra chamuscada da floresta, desorientado, mas praticamente incólume.

Começou então a compreender o horror do que havia ocorrido. Pensou em seu irmão gêmeo e nas outras 22 pessoas a bordo — todas presas dentro do avião e mortas, acreditava ele. Enquanto se punha de pé diante do avião destroçado, disse a si mesmo: "Que droga de lugar para estar numa tarde de domingo: a 250 quilômetros da civilização e sozinho."

QUANDO O *GREMLIN SPECIAL* atingiu a montanha, Margaret quicou dentro da fuselagem como uma bola de borracha. Seu primeiro impulso foi rezar. Mas isso pareceria uma rendição, e Margaret não era do tipo que se rendia. Ela ficou furiosa. Sabia que não era um sentimento racional, mas entre um trambolhão e outro começou a se sentir indignada com o fato de que sua sonhada excursão a Shangri-La tivesse sido arruinada por um desastre de avião. E ela ainda não vira nenhum nativo.

Quando parou de quicar e recuperou os sentidos, viu-se deitada sobre um homem imóvel. Sua queda fora amortecida pelo corpo dele. Ela tentou se mover, mas antes de morrer o homem tinha enroscado seus grossos braços em torno dela. Não estava claro se ele havia tentado salvá-la ou simplesmente agarrara o que estava mais próximo. De qualquer forma, Margaret estava presa no abraço de um homem morto. Sentia chamas lamberem seu rosto, pés e pernas. O ar estava tomado por um cheiro pungente de cabelos queimados. Pensou em relaxar, entregar os pontos. Então, sua fúria retornou e, com ela, suas forças.

Ela se livrou das mãos do homem e começou a se arrastar. Não fazia ideia de quem estava deixando para trás nem de que rumo estava seguindo — para trás, em direção ao buraco deixado pela cauda, ou para a frente, em direção à cabine esmagada e ao inferno. Enquanto se arrastava buscando a salvação, não viu mais ninguém se movendo, nem ouviu ninguém falando ou gemendo no interior da fuselagem em chamas. Fosse por sorte ou por intervenção divina, ela escolheu a direção certa.

Por fim, cambaleou para fora do buraco aberto na traseira e caiu no chão da floresta.

— Meu Deus! Hastings — gritou John McCollom, que tomara o mesmo caminho menos de um minuto antes.

Antes que Margaret pudesse responder, McCollom ouviu uma WAC gritar dentro do avião:

— Me tirem daqui!

O *Gremlin Special* estava agora totalmente em chamas. McCollom achava que não iria explodir, embora sem muita certeza. Sem hesitação, o escoteiro que se tornara tenente do Exército se arrastou para dentro do avião, passando por baixo da fumaça e do fogo, evitando e ignorando o calor tanto quanto possível. Centímetro a centímetro, ele avançou na direção da voz suplicante.

— Me dê sua mão —, ordenou ele.

Alguns momentos depois, Margaret viu McCollom sair do avião com sua amiga Laura Besley. Ele depositou a sargento da WAC no terreno crestado e voltou para o interior da fuselagem em chamas.

Abrindo caminho através da fumaça, ele se aproximou da cabo Eleanor Hanna, que estivera sentada ao lado de Laura Besley, diretamente à frente dele e de Margaret. Eleanor estava gravemente queimada, muito mais que Margaret ou Laura. Brasas ainda crepitavam em seus cabelos quando ele a carregou para fora.

O trabalho de salvar as duas WACs deixara chamuscados os cabelos e as mãos de McCollom. Afora isso, incrivelmente, ele permanecera incólume. Mas já não poderia efetuar uma terceira missão de resgate; o fogo estava cada vez mais alto e mais quente, e explosões ecoavam uma após outra no interior dos destroços. Ele duvidava que qualquer pessoa lá dentro ainda pudesse estar viva.

No entanto, alertado por um movimento, ele olhou para o lado direito do avião e viu um homem cambaleando em sua direção. Qualquer esperança de que fosse seu irmão rapidamente se desfez.

McCollom reconheceu o sargento Kenneth Decker, cujo trabalho na sala de desenho do departamento de manutenção da Fee-Ask ele mesmo supervisionava. Decker estava de pé, mas atordoado e muito ferido. Margaret viu um talho sanguinolento com vários centímetros de comprimento no lado direito de sua cabeça, profundo o bastante para expor o osso cinzento do crânio. Outro corte molhava de sangue o lado esquerdo de sua testa. Havia queimaduras em ambas as pernas e nas costas. Seu braço direito estava esticado rigidamente, devido a uma fratura no cotovelo. De qualquer forma, Decker estava de pé, movendo-se na direção deles como um zumbi.

— Meu Deus, Decker, de onde você veio? — perguntou McCollom.

Decker não conseguiu responder. Ele jamais teria qualquer lembrança do que acontecera entre a decolagem no aeródromo de Sentani e sua chegada à selva. Mais tarde, McCollom encontraria um buraco na lateral da fuselagem e concluiria que Decker escapara por ali, embora também achasse possível que o sargento tenha sido catapultado através da janela da cabine de comando. Enquanto se aproximava de McCollom e Margaret aos tropeços, Decker murmurava repetidamente:

— Que droga de jeito de passar o aniversário.

Margaret pensou que ele estava delirando em função dos golpes que recebera na cabeça. Somente depois ficaria sabendo que Decker nascera em 13 de maio de 1911 e que aquele era realmente o dia de seu trigésimo quarto aniversário.

Olhando para as três WACs sobreviventes, McCollom viu Margaret de pé, parada no lugar, aparentemente em choque. Deixou então de lado sua sensação de vazio e a indescritível dor que sentia por se ver sozinho pela primeira vez na vida. A situação era clara. Entre os cinco sobreviventes, ele era o que estava menos ferido.

E, embora fosse apenas um primeiro-tenente ele era hierarquicamente superior a Decker e às três WACs. Assim, enchendo-se de determinação, assumiu o comando.

— Hastings, você pode fazer alguma coisa por essas meninas? — gritou ele.

Laura Besley e Eleanor Hanna estavam deitadas no chão, no lugar onde McCollom as depositara. Margaret se ajoelhou ao lado de Eleanor. A esfuziante cabo oriunda da Pensilvânia não parecia estar sentindo dor, mas Margaret sabia que era tarde demais para ajudá-la. O fogo havia queimado todas as suas roupas e a deixara com graves queimaduras no corpo inteiro. Somente seu rosto claro e angelical estava intacto.

Eleanor olhou para cima com olhos suplicantes e brindou Margaret com um débil sorriso.

— Vamos cantar — disse ela.

Ambas tentaram, mas nenhuma delas conseguiu emitir um som.

Laura Besley estava chorando descontroladamente, mas Margaret e McCollom não conseguiam entender o motivo. Ela parecia ter sofrido apenas queimaduras superficiais.

McCollom ouviu alguém gritar. Ele contornou o lado direito do avião e pôde ver o capitão Herbert Good deitado no chão. McCollom sabia ser a razão da presença de Good no *Gremlin Special*. Naquela manhã, topara com Good na base de Hollandia. Afável como sempre, McCollom perguntara a Good, membro da equipe do General MacArthur, se ele tinha planos para a tarde. Good estava livre. Assim, McCollom o convidara para participar da excursão a Shangri-La.

Como o capitão Good parecia ileso, McCollom o chamou para se juntar aos outros sobreviventes. Good não pareceu ouvi-lo. McCollom começou então a se arrastar em sua direção, abrindo caminho no chão calcinado. Decker o seguiu, ainda não totalmente alerta, mas instintivamente desejando ajudar. Ou permanecer junto a McCollom. Ou talvez ambas as coisas.

Enquanto os dois tentavam se aproximar de Good, chamas irromperam dos tanques de combustível das asas, que, embora arrancadas, haviam permanecido ao lado da fuselagem. Quando as chamas diminuíram, McCollom correu até Good. Mas era tarde demais — Good estava morto. McCollom nunca soube se ele morrera devido à explosão ou a ferimentos sofridos no desastre. Mas, quando chegou perto do corpo de Good, entendeu por que o capitão não se movera quando ele o chamara: seu pé estava preso nas raízes de uma árvore.

Nada havia que pudessem fazer por aquele homem de Ohio, bom marido, líder de igreja, vendedor de petróleo e veterano da Primeira Guerra Mundial. Deixaram o corpo de Good onde estava, a poucos passos dos destroços do avião, curvado no chão entre moitas e galhos,

O CORPO DO CAPITÃO HERBERT GOOD, FOTOGRAFADO CERCA DE DUAS SEMANAS DEPOIS DO DESASTRE. (CORTESIA DO EXÉRCITO DOS ESTADOS UNIDOS.)

com a cabeça estranhamente inclinada para um dos lados. Seu braço direito estava semienterrado no chão úmido.

Ninguém mais saiu vivo daquele C-47 *Gremlin Special*, que se dirigia a Shangri-La para um agradável passeio em uma tarde de domingo.

Morto estava o coronel Peter J. Prossen, que começara o dia preocupado com sua esposa e seus filhos no Texas, e com sua equipe na Nova Guiné. Dentro de alguns dias, a carta que ele escrevera naquela manhã chegaria a San Antonio — sua família receberia felicitações pelo Dia das Mães enviadas por um homem morto.

Morto estava o copiloto, major George H. Nicholson Jr., um professor de segundo grau oriundo de Massachusetts, que dias antes escrevera à esposa uma carta tão eloquente sobre batalhas que jamais presenciara.

Morta estava a sargento da WAC Helen Kent, de Taft, Califórnia, que deixara para trás sua grande amiga Ruth Coster. Quando soube do que acontecera, Ruth, desolada, achou tragicamente apropriado o fato de Helen ter morrido no assento do piloto, assim como seu marido Earl, cujo avião caíra na Europa dezoito meses antes.

Morta, também, estava a sargento Belle Naimer, do Bronx, que se reunira ao noivo entre as vítimas de desastres aéreos da guerra. Mortas também estavam quatro outras WACs: a sargento Marion W. McMonagle, da Filadélfia, Pensilvânia; a cabo Alethia M. Fair, de Hollywood, Califórnia; a cabo Marian Gillis, de Los Angeles, Califórnia; e a cabo Mary M. Landau, do Brooklin, cidade de Nova York.

Mortos estavam três outros membros da tripulação: o sargento Hilliard Norris, de Waynesville, Carolina do Norte; o cabo George R. Newcomer, de Middletown, estado de Nova York; e o soldado Melvin "Molly" Mollberg, de Baudette, Minnesota, que se oferecera para ocupar a vaga do seu melhor amigo entre os membros da tripulação.

Mortos estavam ainda os seguintes passageiros: major Herman F. Antonini, 29 anos, procedente de Danville, Illinois; o major Phillip J. Dattilo, 31 anos, de Louisville, Kentucky; o capitão Louis E. Freyman, de Hammond, Indiana, que completaria 29 anos no dia seguinte; o primeiro-tenente Lawrence F. Holding, 23 anos, de Raleigh, Carolina do Norte; o cabo Charles R. Miller, 36 anos, de Saint Joseph, Michigan; e o cabo Melvyn Weber, 28 anos, de Compton, Califórnia.

As chamas cremaram os corpos no interior do *Gremlin Special*, transformando os destroços tanto em uma pira funerária quanto em uma vala comum para os passageiros e tripulantes que morreram dentro da fuselagem.

Entretanto, em meio às cinzas, uma aliança de ouro marchetada de branco permaneceu intacta. Inscritos na parte interna havia dois conjuntos de iniciais: "CAC" e "REM". E uma data "5/5/43". Dois anos antes do desastre, John McCollom estivera no altar de uma igreja enquanto sua cunhada, Cecelia Adele Connolly — CAC — colocava a aliança no dedo de Robert Emert McCollom — REM.

Quando a aliança foi descoberta no interior dos destroços, anos mais tarde, forneceu a prova final da angustiante constatação de John McCollom em seus primeiros minutos na selva. Após 26 anos de uma união inseparável, o primeiro-tenente Robert E. McCollom estava morto.

6

CHARMS

NÃO HAVIA TEMPO para lamentações. Enquanto McCollom e Decker olhavam para o corpo do capitão Good, o combustível derramado pelos tanques que explodiam levou o fogo às proximidades das três mulheres sobreviventes, ameaçando aprisioná-las em um anel de chamas.

Margaret percebeu o perigo iminente. Gritou então para McCollom, que ainda estava sendo seguido pelo aturdido Decker: — Tenente McCollom, temos que sair daqui. Vamos ficar cercadas pelo fogo se não sairmos.

Enquanto tentava encontrar um caminho seguro para sair de onde estava, McCollom se esforçou para manter a compostura. Ninguém sob seu comando entraria em pânico. Então respondeu calmamente: — Vocês estão seguras.

Margaret viu uma pequena plataforma rochosa na beira de um barranco, a cerca de vinte metros dos destroços e começou a andar até lá. Do céu, a floresta pluvial lhe parecera uma convidativa almofada verde; mas agora, no chão, ela percebeu que era algo totalmente diferente — um sonho para os botânicos, mas um pesadelo para sobreviventes de desastres aéreos.

Cobrindo o chão rochoso, lamacento e irregular, havia um emaranhado de samambaias gigantes, cipós, arbustos, troncos caídos e musgo esponjoso, tudo sempre molhado. Espinhos e folhas serrilhadas se prendiam em suas pernas, rasgando a roupa e a pele. Enormes arbustos de rododendros preenchiam os espaços onde havia luz com um intrincado dossel de folhas. Havia uma mixórdia de árvores: eucaliptos gigantes, figueiras-de-bengala, palmeiras, bambuzais, dióspiros, grevíleas, pandanos, castanheiras, altíssimas araucárias, casuarinas e centenas de outras espécies — algumas mais abundantes em altitudes mais elevadas, outras, em altitudes mais baixas. As maiores se elevavam a mais de 30 metros de altura.

No céu e nas árvores, viam-se falcões, corujas, papagaios, saracuras, andorinhões, cotovias e talvez as aves mais extraordinárias de Shangri-La: as multicoloridas aves-do-paraíso. A floresta não tinha mamíferos predadores, mas roedores e pequenos marsupiais corriam pela vegetação rasteira. Salamandras, lagartos e cobras dignas do Éden, especialmente uma píton que chegava a quase 5 metros, representavam a classe dos répteis.

Muitas das maravilhas naturais jamais tinham sido vistas por ninguém, além dos nativos. Margaret poderia ter descoberto novas espécies simplesmente estendendo a mão. Mas, em um diário que começou a escrever pouco depois do acidente, ela confessou que estava preocupada demais para apreciar o espetáculo. "Tudo na selva tinha tentáculos", escreveu ela, "e eu estava muito ocupada com eles para me deleitar com a natureza".

AO SUBIR NUM GRANDE TRONCO de árvore derrubado pelo avião, Margaret se deu conta de que não estava de sapatos — haviam se queimado ou desintegrado. Sentou então no toco da árvore para avaliar a situação. Tirando suas meias soquete, examinou os pés. O direito tinha um corte feio e estava sangrando. Para sua surpresa, a meia esquerda não tinha marcas, mas a sola do pé esquerdo estava queimada — o calor atravessara o tecido e atingira a pele. Ambas as pernas tinham queimaduras sérias e alguns cortes na mão direita estavam sangrando. Bolhas cobriam o lado esquerdo de seu rosto.

Margaret tirou a camisa cáqui. Depois, o sutiã de algodão. Por alguns momentos, ficou tão topless quanto as mulheres nativas que queria ver. Vestindo novamente a camisa, abotoou-a até o pescoço, como que se preparando para uma inspeção no campo de treinamento do Fort Oglethorpe. Depois, rasgou o sutiã pela metade e tentou improvisar ataduras para os pés. Mas não adiantou muito. Então, desabotoou as calças, tirou-as e as colocou de lado. Inclinando-se, removeu a calcinha cor de lama — a cor padrão para as roupas de baixo das WACs. Roupas de baixo brancas haviam sido banidas pelos militares, por receio de que pudessem atrair bombas inimigas ao serem colocadas para secar em varais. Margaret voltou a vestir as calças sem recolocar a calcinha, cujo tecido sedoso pretendia utilizar na confecção de bandagens para si mesma e para os outros sobreviventes.

Quando terminou de se vestir, viu McCollom descendo a trilha acidentada que ela percorrera minutos antes, carregando Eleanor Hanna nas costas. As roupas de Eleanor haviam sido queimadas, mas seu bracelete de moedas chinesas ainda pendia em seu pulso. Enquanto caminhava, McCollom escorregou e caiu sobre uma pequena árvore. Recompondo-se, espanou as calças e colocou Eleanor novamente sobre as costas. McCollom saíra ileso da queda do avião, mas acabara de sofrer sua primeira lesão: uma costela quebrada. Ele não contou a ninguém.

Ken Decker e Laura Besley seguiam logo atrás dele. Quando os cinco sobreviventes se reuniram, Margaret ainda não estava raciocinando com clareza. Embora houvesse tirado a calcinha para fazer ataduras, ela se esqueceu do plano logo em seguida. Pedindo um lenço a McCollom, ela o usou para envolver a mão lacerada, apertando bem o tecido para estancar o sangramento.

Durante a caminhada, Decker tentou ajudar McCollom a carregar Eleanor Hanna. Quando chegaram à plataforma rochosa que Margaret avistara, os cinco sobreviventes sentaram-se lá para recuperar o fôlego. Todos pensavam no que acabara de acontecer — a eles, a seus amigos e, no caso de McCollom, a seu adorado irmão gêmeo.

Enquanto descansavam na pedra, a temperatura começou a cair. Eles estavam a mais de 2.700 metros acima do nível do mar. Em seguida, veio uma chuva. Em primeira mão, eles descobriram por que aquela selva era chamada de floresta pluvial. Pequenas árvores lhes davam cobertura, mas, depois de algum tempo, suas roupas estavam encharcadas, enregelando-os até os ossos e aumentando seu sofrimento.

Após um breve descanso, McCollom e Decker deixaram as três mulheres na plataforma e subiram novamente em direção aos destroços. O treinamento de sobrevivência que McCollom recebera como escoteiro entrou em ação. Ele contava encontrar materiais para construir um abrigo, além de comida, roupas e armas. Tinha um isqueiro e um pequeno canivete que carregava sempre consigo, mas essas coisas não seriam de muita utilidade caso se deparassem com os gigantescos nativos armados de lanças que esperavam ver somente do ar.

McCollom se recordava de que um dos tripulantes do avião portava uma pistola calibre 45. Também lembrara que o avião transportava cobertores, galões de água e caixas de ração K.* As rações podiam incluir itens como queijo, presunto, carne, pão e biscoitos; sopa instantânea; café instantâneo; sucos em pó; barras de chocolate resistentes ao calor; caramelos; pequenos maços de cigarros; caixas de

---

* Rações de combate utilizadas pelas Forças Armadas norte-americanas durante a Segunda Guerra Mundial. (N. T.)

fósforos; goma de mascar. Algumas embalagens de ração K podiam conter um dos maiores luxos de que os militares podiam dispor: papel higiênico.

Mas, ao chegarem ao avião, McCollom e Decker descobriram que nada disso poderia ser recuperado. A cabine de comando e a maior parte da cabine de passageiros ainda estavam em chamas. Alimentados pelo combustível da aeronave, os destroços queimariam até a metade do dia seguinte. Era como se o fogo quisesse pôr fim a tudo o que não fora destruído pelas explosões que se seguiram à colisão contra a montanha arborizada — quando a aeronave estava a mais de 300 quilômetros por hora. Ao observar a cena, McCollom compreendeu que, de certa forma, não lhes faltara sorte. Em um dos lados dos destroços, havia um rochedo com 4,5 metros de altura; caso o avião o houvesse atingido de frente, ninguém teria sobrevivido.

Outra notícia relativamente boa foi que a cauda do *Gremlin Special* não se incendiara nem explodira ao se separar do avião após o impacto. Coberta de mato, repousava num ângulo estranho na beirada de um barranco íngreme. O buraco irregular que se formara no local do rompimento estava voltado para o céu, lembrando a boca de um esfomeado filhote de passarinho.

McCollom foi até o local e entrou pela abertura. No interior do compartimento encontrou uma sacola contendo um bote salva-vidas amarelo autoinflável, duas pesadas lonas concebidas como coberturas para o bote e alguns suprimentos básicos. Ele jogou a sacola para fora e saiu da cauda do avião. Depois, inflou o bote salva-vidas e fez um inventário dos suprimentos. Contou diversas pequenas latas de água, um estojo de primeiros socorros com ataduras, alguns frascos de morfina, vitaminas, ácido bórico para desinfetar ferimentos e comprimidos de sulfatiazol, para combater infecções. O único alimento eram pacotes de Charms, balas feitas de açúcar e xarope de milho, que faziam parte das rações dos soldados. McCollom também encontrou um espelho de sinalização e, ainda melhor, uma pistola de sinalização, que poderia usar para atrair a atenção de grupos de resgate. Só havia um problema: ele não conseguiu encontrar nenhum foguete para ser disparado pela pistola.

McCollom e Decker levaram o bote salva-vidas e os suprimentos até a plataforma rochosa. No caminho, o bote roçou em alguma coisa pontuda e se esvaziou. Ao se juntarem às WACs, eles limparam e enfaixaram seus ferimentos e lhes deram um pouco de água para engolir os comprimidos antibióticos. McCollom colocou o bote desinflado por baixo de Laura Besley e Eleanor Hanna, e as cobriu com uma das lonas. Enquanto as cobria, Eleanor sorriu. E disse uma vez mais:

— Vamos cantar.

McCollom lhe deu morfina, na esperança de que isso a ajudasse a dormir.

A saliência rochosa era pequena demais para que todos se estendessem. Assim, Margaret e os dois homens foram para outra plataforma, a poucos metros de distância. Exaustos, enrolaram-se na outra lona. Um maço de cigarros escapara intacto no bolso de McCollom, que pegou um deles, acendeu-o e o ofereceu aos outros. Todos fumaram em silêncio. Quando escureceu, eles puderam constatar, perscrutando a mata fechada, que o avião ainda estava em chamas. Apertaram-se uns contra os outros e se prepararam para uma noite fria e úmida.

Diversas vezes, naquela primeira noite na selva, eles ouviram roncos de aviões e vislumbraram alguns foguetes sinalizadores. Mas, sob o espesso manto vegetal, não tinham como avisar que estavam vivos. Margaret nem mesmo tinha certeza de que as luzes eram foguetes; a distância em que se encontravam, poderiam ser relâmpagos.

Esperançosos, eles conversaram sobre resgates. McCollom já começara a conjeturar se teriam que voltar para Hollandia a pé, percorrendo mais de 240 quilômetros.

De vez em quando, na noite escura como breu, os sobreviventes ouviam barulhos que pareciam ganidos e latidos de cães selvagens.

NA MANHÃ SEGUINTE, segunda-feira, dia 14 de maio, McCollom se levantou antes de todos e foi verificar como estavam Eleanor Hanna e Laura Besley. Ele se ajoelhou ao lado das WACs e o que descobriu não o deixou surpreso. Retornou então ao rochedo onde pernoitara ao lado de Margaret Hastings e Ken Decker.

— Eleanor morreu — disse ele baixinho.

Retornando à outra plataforma, McCollom embrulhou o corpo na lona, com cuidado. Sem ferramentas nem energia para enterrá-lo, eles deixaram o corpo de Eleanor Hanna sob uma árvore nas proximidades.

O silêncio foi quebrado por Laura Besley, que ocupara o banco contíguo ao de Eleanor no avião e dormira ao lado dela durante toda a noite.

— Não consigo parar de tremer — disse ela.

Feridos, em choque, enregelados, molhados, sedentos, famintos e cansados, Margaret e Decker perceberam que também estavam tremendo.

Como já não podiam fazer nada por Eleanor e pouco podiam fazer por si mesmos, McCollom decidiu racionar a água. Assim, cada um tomou alguns goles, acompanhados por uma pílula de vitaminas. Chuparam também algumas balas Charms para se aguentar. Todos continuavam tremendo.

Após o parco café da manhã, McCollom e Decker retornaram ao avião. Ainda na cauda seccionada, eles encontraram duas camas portáteis, outro bote salva-vidas, mais duas grandes lonas amarelas, duas lonas pequenas, duas bússolas, um espesso uniforme de aviador, outros estojos de primeiros socorros, um espelho de sinalização e dezessete latas de água, cada uma contendo o equivalente a uma xícara de líquido. Decker abriu uma caixa de ferramentas e tirou um rolo de fita isolante e um alicate. Levaram então seus achados até o rochedo.

Laura continuava a chorar e tremer, embora não reclamasse de dores. McCollom entregou a ela o uniforme de aviador, para que se aquecesse, e lhe pediu que se deitasse numa das camas portáteis. Ela estava com sede e pedia água, mas todas as vezes que bebia cuspia o líquido. Seu aspecto, entretanto, era bom, e suas queimaduras pareciam superficiais. McCollom temia que ela tivesse sofrido lesões internas.

Margaret examinou suas pernas com mais atenção e descobriu alguns anéis de pele queimada nas panturrilhas. Tinham de sete a quinze centímetros de largura. Para sua surpresa, não doíam muito, ao contrário de seus pés enfaixados, que doíam mais a cada passo. Ela começou a ficar preocupada, achando que não conseguiria ir muito longe com os pés queimados e cobertos de ataduras. Perguntou então a Laura se poderia usar seus sapatos enquanto ela descansava. Laura lhe cedeu os sapatos.

No diário de Margaret, estenografado em pedaços de papel e papelão recuperados do avião, ela confessou que não queria devolver os sapatos da amiga. Mais tarde, quando reescreveu e expandiu o diário, ela escreveu: "Secretamente eu me perguntava se — sem sapatos — eu conseguiria acompanhar os outros. Eu teria de devolver os sapatos a Laura antes de começarmos a descer a montanha. Mas tinha medo de jamais conseguir andar pela mata com os pés cobertos apenas por metade de uma meia e ataduras de algodão."

Os sobreviventes tinham certeza de que aviões de resgate seriam despachados quando o *Gremlin Special* não retornasse ao aeródromo de Sentani no horário previsto. Esta crença fora confirmada na noite anterior, quando eles ouviram aviões voando nas proximidades. Mas McCollom sabia que eles jamais seriam avistados no lugar em que se encontravam. O avião era uma pequena mancha coberta com pintura de camuflagem num denso emaranhado de árvores e cipós. A estrela branca de cinco pontas — emblema de um avião militar dos Estados Unidos — ainda estava visível na cauda seccionada. As folhas e copas que a cobriam, no entanto, impossibilitavam que fosse vista, exceto a curta distância. Do ar, a estrela era tão insignificante quanto uma pétala de flor no oceano.

A fumaça que subia dos destroços poderia ajudar na localização dos sobreviventes, mas somente se os grupos de resgate a avistassem antes que as chamas se extinguissem. Para complicar as coisas, havia o fato de que, embora o avião de Prossen tivesse registrado seu destino como Shangri-La, o *Gremlin Special* caíra em uma montanha a quilômetros do desfiladeiro que conduzia ao vale. Ninguém em Hollandia tinha como saber disso. Sozinho nos controles e concentrado na tarefa de manter o avião voando, Nicholson não emitira um S.O.S. Na verdade, nenhuma comunicação fora trocada entre o avião e os controladores de voo na base desde que Prossen decolara do aeródromo de Sentani.

Como o relógio de pulso de Decker estava em condições melhores do que sua cabeça, eles sabiam como o tempo passava devagar. Por volta das onze da manhã de segunda-feira, menos de 24 horas após o desastre, eles ouviram o som característico de um motor de avião. McCollom pegou o espelho sinalizador que encontrara no bote salva-vidas e, desesperadamente, enviou reflexos de luz solar em direção ao céu. Mas foi inútil. O barulho do motor foi enfraquecendo e o avião se afastou.

Entretanto, McCollom considerou o fato um sinal auspicioso.

— Não se preocupem — asseverou ele aos companheiros. — Eu não sei como, mas eles vão nos tirar daqui.

Uma neblina cobriu a montanha no meio da tarde, levando consigo uma chuva persistente. Eles conversaram sobre suas famílias. Margaret não queria nem pensar em como seu pai, em Owego, receberia a notícia de que o avião em que ela se encontrava caíra e que ela estava desaparecida. Em seu diário, Margaret disse que se sentiu aliviada com o fato de que sua mãe seria poupada da notícia angustiante de que sua filha mais velha desaparecera na Nova Guiné Holandesa. Foi a primeira vez em que se sentiu conformada com a morte da mãe.

O NOME DO MEIO DE MARGARET era Julia, o primeiro nome de sua mãe. A caçula das irmãs de Margaret achava que Margaret era a favorita da mãe. Numa redação que fez na escola, Margaret descreveu a mãe como "a criaturinha mais meiga, boa e adorável que já existiu. Quando meu pai, minhas duas irmãs mais novas e eu vivíamos juntas em nossa casa, ela era o verdadeiro eixo das nossas vidas. Aos 55 anos era ela uma mulher pequenininha, de cabelos prateados, pele branca e rosada, e traços delicados — muito mais bonita que qualquer uma de suas filhas".

Na redação, Margaret descreve como descobriu, através de um médico, que sua mãe estava seriamente doente e não viveria por mais de um ano. "Caiu de repente sobre os meus ombros, tão desacostumados a aguentar responsabilidades, o problema de decidir como enfrentar essa crise. Eu deveria contar tudo às minhas irmãs mais novas, ao meu pai e aos irmãos da minha mãe? Durante dias eu pesei os prós e os contras. Por fim, resolvi agir do modo que causaria menos infelicidade à minha mãe. Eu tinha certeza de que ela não queria morrer — não quando, pela primeira vez na vida, estava se divertindo tanto. Eu não sabia se minhas irmãs mudariam de atitude caso soubessem a verdade. Assim, só contei ao meu pai. Até hoje não sei se agi certo ou errado, mas a decisão era minha e eu fiz o que achei melhor." A mãe dela morreu três meses depois.

POR VOLTA DAS TRÊS HORAS daquela tarde — por causa dos ferimentos, da falta de alimentação e do pouco que haviam conseguido dormir na noite anterior —, os quatro sobreviventes se sentiam exaustos. Prepararam, então, as duas camas portáteis.

Margaret e Laura compartilharam uma delas, cobrindo-se com uma lona e se abraçando com força para não caírem no chão. Margaret tentava dormir, ao mesmo tempo que esperava escutar o ronco de algum avião de resgate. Laura não conseguia parar de tossir. McCollom lhe deu morfina e apertou a lona em torno dela. Os olhos de Margaret ardiam de fadiga e ela queria muito dormir. Mas mesmo após ingerir a morfina Laura continuava irrequieta. Suas contorções na cama estreita mantiveram Margaret acordada.

A pergunta retórica que Laura fizera a McCollom, quando este a arrumava na cama, ainda pairava no ar. Levantando os olhos, ela lhe perguntara: — Todo mundo morreu e nós estamos sozinhos, não é?

Margaret acabou mergulhando em um sono agitado. Quando acordou, por volta da meia-noite, sentiu uma calma inesperada. Laura parara de se remexer. Margaret pousou a mão no peito da amiga. Nada. Procurou pulsação em seu pescoço. Nada novamente.

Margaret gritou:

— McCollom, por favor, venha aqui. Laura morreu!

Despertado de um sono muito necessário, McCollom achou que Margaret estava exagerando. Laura estava ferida, claro, sua incapacidade de engolir água era um mau sinal. Mas ele pensava que seus ferimentos não eram fatais. Decker estava ainda mais certo disso e não escondeu sua contrariedade.

— Não seja boba, Hastings — gritou ele. — Ela está bem.

McCollom foi até a cama e segurou as mãos de Laura. Dúvidas começaram a surgir em sua mente. Em vão, tentou encontrar pulsação. Margaret estava certa.

Sem dar uma palavra, McCollom tirou da cama o corpo de Laura Besley e o embrulhou em uma das lonas. Depois o colocou ao lado do corpo de Eleanor Hanna, ao pé da árvore.

Mesmo em meio à tristeza, Margaret e McCollom sabiam como haviam tido sorte. Margaret trocara de lugar para obter uma vista melhor, e McCollom entrara no avião tarde demais para sentar ao lado do irmão. Ambos foram parar nos dois últimos bancos no lado esquerdo do avião. Sobreviveram. Laura Besley e Eleanor Hanna, que tinham sentado em frente a eles, morreram.

"Eu deveria ter chorado", escreveu Margaret em seu diário. "Deveria ter sentido uma tristeza horrível pela morte dessa amiga querida. Mas tudo o que consegui fazer foi me sentar na cama e tremer. Nem consegui pensar que Laura estava morta. Sentada ali, tremendo, tudo o que consegui pensar foi: 'Agora os sapatos me pertencem.'"

A lista de mortos chegava a vinte e um. Os sobreviventes do *Gremlin Special* estavam reduzidos a três: John McCollom, um estoico primeiro-tenente de 26 anos, proveniente do Meio-Oeste que acabara de perder seu irmão gêmeo; Kenneth Decker, primeiro-sargento, oriundo do Noroeste, que tinha acabado de completar 34 anos e estava com graves ferimentos na cabeça; e Margaret Hastings, uma cabo da WAC originária do Nordeste, ansiosa por aventuras, que deixara de comparecer a um passeio numa praia da Nova Guiné. McCollom era o mais jovem dos três, mas era o militar mais graduado e o que sofrera menos ferimentos. Esses atributos, combinados com sua tranquila competência, fizeram dele o líder natural do grupo.

Os três sobreviventes se conheciam da base, mas não eram realmente amigos. Consideravam-se apenas conhecidos que partilhavam uma horrível experiência. Assim, por enquanto, seguiriam o protocolo e chamariam uns aos outros pelo posto, pelo sobrenome ou por ambos, como "sargento", "Decker" ou "Sargento Decker" em vez de Ken ou Kenneth.

Mas mulheres nas Forças Armadas ainda eram novidade, e chamar uma mulher pelo sobrenome não era uma coisa natural. A menos que McCollom estivesse lhe dando uma ordem ou Decker precisasse de sua ajuda, a "Cabo Hastings" longo se transformou em Maggie. A bem da verdade, ela preferia ser chamada de Margaret, pois odiava o apelido de Maggie. Mas jamais reclamou com eles nem os corrigiu.

MARGARET HASTINGS APÓS O ACIDENTE. (CORTESIA DE B.B. MCCOLLOM.)

Depois de acomodar o corpo de Laura Besley, McCollom voltou para perto de Margaret, que permanecia no leito. Acendeu, então, um cigarro e o passou a ela. Depois, sentou ao lado dela para compartilhá-lo. Ela escreveu em seu diário: "Nenhuma noite jamais será tão longa quanto esta."

McCollom permaneceu ao lado de Margaret na cama até o

alvorecer. Enquanto as horas transcorriam, ele acendeu vários outros cigarros, cujas pontas incandescentes se moviam entre ambos no escuro. Nenhum deles falou nada.

JOHN MCCOLLOM APÓS O ACIDENTE.
(CORTESIA DE B.B. MCCOLLOM.)

KENNETH DECKER APÓS O ACIDENTE.
(CORTESIA DE B.B. MCCOLLOM.)

7

TARZAN

EM UMA DAS VIAGENS entre a plataforma rochosa e os destroços, McCollom subiu numa árvore e inspecionou a área. Viu o que parecia uma clareira, a alguns quilômetros de distância. Usando uma das bússolas que encontrara na cauda do avião, estabeleceu uma rota para alcançá-la. Com os ferimentos de seus companheiros infeccionando, pouca água e nenhum alimento a não ser as balas, eles precisavam chegar à clareira tão logo Margaret e Decker se sentissem fortes o bastante para caminhar até lá.

A recomendação que se dá aos aeronautas, caso sobrevivam a desastres aéreos, é que permaneçam junto aos destroços. Assim, a chance de serem encontrados será maior. Mas os procedimentos normais, naquela época, raramente se aplicavam à Nova Guiné. McCollom sabia que, se permanecessem onde estavam, ocultos sob o manto da selva, a morte seria certa. Mesmo que alcançassem a clareira, a probabilidade de resgate ainda parecia pequena.

AS FLORESTAS DA NOVA GUINÉ eram enormes cemitérios militares. Em abril de 1944, quando a esposa de um piloto da Força Aérea desaparecido quis saber as perspectivas de seu marido, um oficial lhe respondeu com uma carta inusitadamente sincera: "Em quase todos os voos feitos na ilha é preciso atravessar altas cadeias de montanhas cobertas por matas fechadas quase até os picos. Esquadrilhas inteiras podem desaparecer por completo sob as folhagens. Por mais meticulosa que seja a busca, a possibilidade de localizar o avião é remota. Houve muitas ocorrências semelhantes, e não tivemos notícia alguma sobre as tripulações e os aviões. O clima e o terreno respondem por mais aviões [perdidos] que os combates aéreos."

Mais de seiscentos aviões norte-americanos caíram na ilha desde o início da guerra, alguns em combate, mas muitos devido ao tempo inclemente, a falhas mecânicas, a erros de pilotagem, a montanhas não mapeadas ocultas em nuvens, ou de combinações destes fatores. Centenas de aviões de Japão, Austrália, Grã-Bretanha, Nova Zelândia e Países Baixos também caíram na Nova Guiné. Alguns foram localizados depois da queda, mas muitos foram recobertos pelas verdejantes florestas pluviais. Em 1945, a Nova Guiné já abrigava mais aviões desaparecidos que qualquer país na Terra.

Dois anos e meio antes, em novembro de 1942, uma forte corrente de ar descendente atingiu um C-47 norte-americano que transportava tropas e suprimentos para outra parte da ilha. O avião caiu em uma montanha a mais de 2.700 metros, em condições quase idênticas às encontradas pelos sobreviventes do *Gremlin Special*. Aviões de busca voaram uns após outros, mas não encontraram nenhum sinal do C-47, que foi apelidado de *Holandês Voador*.*

Dezessete dos 23 homens a bordo sobreviveram ao desastre, alguns com ferimentos graves. Como nenhum grupo de resgate apareceu, oito dos homens sentiram-se fortes o bastante para caminhar pela selva. Dividiram-se, então, em dois grupos de quatro e deixaram o local do acidente. No quinto dia de marcha, o primeiro grupo chegou a um estreito desfiladeiro onde corria um rio de águas rápidas. Sem poder atravessá-lo, eles tentaram descer as corredeiras agarrados

---

* Lendário navio-fantasma do folclore marítimo internacional. (N. T.)

a troncos. Dois se afogaram. Os outros dois acabaram encontrando nativos amistosos que os guiaram de uma aldeia a outra. Trinta e dois exaustivos dias mais tarde, chegaram a uma base aliada. Os integrantes do segundo grupo encontraram menos dificuldades: dez dias após iniciarem a jornada, receberam a ajuda de nativos, e, um mês depois, seus quatro integrantes já estavam em completa segurança.

O aparecimento de sobreviventes do *Holandês Voador* desencadeou uma nova onda de buscas pelos homens que haviam ficado para trás, mas sem resultados. Como último recurso, uma recompensa foi oferecida a quaisquer nativos que encontrassem os destroços. Mais de 60 dias após o desastre, um grupo de nativos se deparou com um amontoado de corpos em decomposição e um único sobrevivente, um capelão do Exército norte-americano descrito em um relato como "cego devido à desnutrição, e tão leve que 'parecia um bebê'". Em torno dele havia um semicírculo de terra nua — próximo ao final de sua provação ele se alimentava do musgo da montanha que conseguia alcançar. Os nativos lhe ofereceram banana cozida, mas ele morreu em seus braços. Eles deixaram o corpo onde estava e levaram de volta a Bíblia do capelão, como prova de que tinham localizado o *Holandês Voador*.

Muito tempo depois, um grupo de busca retornou ao local dos destroços e encontrou uma porta do avião onde os sobreviventes haviam improvisado um diário, escrito a carvão. As primeiras entradas eram simples relatos em um tom quase militar. Cada registro tinha apenas algumas palavras, informando quando o desastre ocorrera, quando cada grupo de sobreviventes saudáveis partira, como os homens restantes tinham tentado lançar um balão para atrair grupos de resgate que alimentos haviam encontrado e comido. O racionamento de uma barra de chocolate e de uma lata de suco de tomate ocupou quase cinco dias de entradas.

Após algum tempo, quando os alimentos, o suco de tomate e os cigarros acabaram, as anotações rabiscadas na porta do avião se tornaram pessoais, revelando esperança, medo e lampejos ocasionais de humor amargo. No dia 27 de novembro de 1942, sexta-feira, dezessete dias após o desastre, uma entrada dizia: "Baldes cheios [de] água hoje de manh... nossa moral ainda está alta." Dois dias mais tarde: "Rapaz, nós estamos ficando fracos." Mas o diarista acrescentou: "Ainda temos esperanças." No dia seguinte: "Ainda apelando para refeições imaginárias." Na segunda-feira, dia 7 de dezembro, aniversário de Pearl Harbor, um registro assinalava: "Neste dia, um ano atrás, a guerra começou. Rapaz, nós nem pensávamos nisso naquela época." Dois dias depois, um mês após o desastre: "Foi só trinta dias atrás. Podemos aguentar, mas seria ótimo se alguém aparecesse." Uma semana depois, quando os pensamentos se voltavam para o Natal: "Estamos ficando sem refeições imaginárias. O pessoal já deve estar chegando — ainda teremos seis dias de compras natalinas." Seis dias mais tarde: "Esta noite é a véspera do Natal. Que Deus abençoe o pessoal lá de casa." Seis dias depois: "Johnnie morreu hoje."

As entradas desapareceram dois dias mais tarde, sete semanas após o desastre. O registro final observava que era véspera do Ano-novo. Os três sobreviventes restantes assinaram seus nomes: Pat, Mart e Ted. Dias depois, os nativos encontraram os destroços. O último homem a morrer — o capelão cego e desnutrido, que se alimentava apenas de musgo — foi o capitão Theodore Barron, conhecido pelos amigos como Ted.

NO ALVORECER DO DIA 15 de maio de 1945, terça-feira, segundo dia após a queda do *Gremlin Special,* McCollom anunciou que mudara de ideia. Eles não poderiam esperar que Margaret e Decker se sentissem mais fortes antes de iniciar a jornada até a clareira que ele avistara da árvore.

McCollom temia que, com ataduras sujas e úmidas sobre as queimaduras, seus companheiros piorassem em vez de melhorar. Já estavam se movendo lentamente, como que nadando em mel, um efeito colateral de seus ferimentos, da falta de sono, dos estômagos vazios e do ar rarefeito de uma altitude superior a 2.700 metros acima do nível do mar. Um nativo consideraria a floresta pluvial um refeitório repleto de frutas, raízes, pássaros e pequenos mamíferos. Mas, para os sobreviventes, era tão misteriosa quanto um menu escrito em mandarim. Confiavam apenas em suas balas Charms.

McCollom embrulhou a maior parte dos suprimentos em uma das lonas amarelas. Fez um embrulho menor para Decker carregar e deu a Margaret um balde que encontrara na cauda do avião, em cujo interior estava a ração diária dela: duas latas de água e algumas balas Charms embrulhadas em celofane.

Depois, retornou ao local onde deixara o corpo de Laura Besley para uma tarefa lúgubre, mas necessária. Desenrolando a lona que envolvia o corpo, ele removeu o uniforme de aviador que dera a Laura para que se aquecesse. Depois, usou seu canivete para cortar 30 centímetros de cada perna da calça, encurtando o uniforme — como a própria Margaret fizera ao chegar a Hollandia. Margaret poderia agora usar o uniforme de aviador sem tropeçar nas pernas da calça.

Quando McCollom lhe entregou o uniforme, Margaret sabia que ele o retirara do corpo de sua boa amiga e companheira de aventuras. Mas ficou feliz em recebê-lo. Assim como os sapatos de Laura, o uniforme poderia significar a diferença entre a vida e a morte. Margaret ainda tinha a calcinha de raiom que despira após o desastre, com o propósito de confeccionar bandagens. Então a rasgou em pedaços e cobriu com eles as queimaduras das pernas, de modo a protegê-las do atrito contra o tecido grosso do uniforme.

Mais tarde, Margaret lamentou em seu diário que não tivessem feito uma prece ao deixar o local do acidente — ou erguido uma cruz, ou deixado algum tipo de marco em homenagem aos 21 amigos e camaradas que estavam deixando para trás, entre eles o irmão gêmeo de McCollom. Até um minuto de silêncio a teria feito se sentir melhor. Mas, na ocasião, o único foco de todos era alcançar um lugar de onde pudessem ser vistos do ar.

— VAMOS — ORDENOU MCCOLLOM ao seu pelotão de duas pessoas, assumindo a vanguarda da fila, seguido de perto por Margaret e com Decker na retaguarda.

Primeiramente, eles tiveram de subir a encosta que partia da plataforma onde haviam pernoitado e passar pelos destroços. A vegetação era tão densa que foram obrigados a se arrastar durante

A CAUDA SECCIONADA DO *GREMLIN SPECIAL*. (CORTESIA DO EXÉRCITO DOS ESTADOS UNIDOS.)

grande parte do caminho. Em alguns lugares, um passo em falso poderia representar uma queda na ladeira rochosa. Em outros, significaria um mergulho mortal num despenhadeiro. Após meia hora de extenuantes esforços, eles haviam passado apenas 25 metros de onde o avião estava.

Margaret amarrou seus longos cabelos na nuca. Mas foi inútil. A todo momento eles se prendiam nos cipós e galhos que os circundavam. O grupo tinha que interromper a jornada para desprendê-los. Em desespero, Margaret desamarrou os cabelos e pediu:

— Por favor, McCollom, corte os meus cabelos.

Com seu canivete, o tenente aparou os bastos cabelos de Margaret, deixando as mechas caírem no chão. Depois, tentou dar um acabamento no corte, obtendo o que Margaret chamou de "dez centímetros de penas arrepiadas e patéticas". Eles reiniciaram a marcha, mas a vegetação ainda se agarrava aos cabelos dela.

— Pelo amor de Deus, McCollom, tenho que me livrar desses cabelos! — berrou ela.

McCollom os cortou ainda mais curtos.

As queimaduras de Margaret faziam doer cada um de seus passos. Decker, ainda em pior estado, cambaleava devido ao ferimento na cabeça. Mas nunca reclamava.

Abrindo caminho através da lama e do matagal que cobriam o chão da floresta, o trio topou com o que Margaret considerou um milagre: o leito seco de um riacho, que formava uma trilha estreita montanha abaixo. Chamar esse fato de milagroso revela como era difícil a travessia da mata. A grota se inclinava abruptamente para baixo, em alguns lugares, o que os forçava a deslizar ou pular pela encosta pedregosa. O terreno era instável, mesmo nos segmentos mais planos da trilha, com pedras soltas que lhes escorregavam sob os pés. Em outros pontos, eram obrigados a passar sobre pedregulhos ou troncos de árvores caídos. Mas era uma trilha, apesar de tudo.

"Era bobagem pensar que poderíamos abrir caminho naquela mata fechada tendo um canivete como única ferramenta", escreveu Margaret em seu diário. "A grota prometia duas coisas: um sustentáculo na selva, ainda que precário, e, eventualmente, água."

Mesmo caminhando no leito seco, os sobreviventes tinham que parar para descansar a cada meia hora. Após duas pausas, eles notaram alguns filetes de água gelada que desaguavam na grota, provenientes de minúsculos riachos da montanha. No início, eles ficaram deliciados. Margaret e Decker, mortos de sede, anunciaram que pretendiam encher os estômagos tão logo a água se tornasse profunda o bastante para ser coletada. McCollom foi contra a ideia, alertando que germes existentes na água poderiam atacar seus intestinos. Mas eles estavam eufóricos demais para ouvi-lo. Os afluentes logo se tornaram mais largos, e eles conseguiram muito mais água do que tinham desejado. A corrente na grota foi aumentando de nível até ficar tão forte que poderia carregá-los montanha abaixo, caso não tomassem cuidado.

Eles atravessaram os pontos mais difíceis escorregando sobre os traseiros, o que os deixou encharcados. Nos lugares mais íngremes, cascatas caíam de alturas que variavam de 50 centímetros a 2 metros. A floresta ladeava ambos os lados da grota, e troncos caídos repousavam sobre as cachoeiras. Sempre que possível, eles usavam esses troncos como apoio para descer. Quando não havia nenhum tronco, McCollom descia o barranco cuidadosamente e se posicionava na base da cachoeira, com a água se derramando sobre sua cabeça. Margaret descia então o bastante para apoiar os pés em seus ombros e deslizar por entre seus braços. McCollom a pousava em alguma parte rasa do que já se tornara um riacho e voltava as atenções para Decker.

A certa altura, eles chegaram a uma cachoeira com 3,5 metros de altura, alta e íngreme demais para que McCollom executasse seu artifício com os ombros. Tentando encontrar um meio de contorná-la, ele entrou na mata. Margaret e Decker permaneceram à beira do riacho. Como a vegetação era fechada demais naquele ponto, McCollom acabou retornando com uma nova ideia.

Segurando um grosso cipó que pendia de uma árvore à beira da água, ele o testou com seu peso. Deu então uma pequena corrida, transpôs a queda-d'água pendurado no cipó e mergulhou no riacho. Quando se levantou, sacudiu a água e se posicionou na base da cachoeira. Depois, arremessando o cipó de volta, pediu aos outros que o imitassem.

Margaret não hesitou. Agarrou o cipó e se projetou no espaço. McCollom conseguiu segurá-la quando ela largou o cipó. Decker foi em seguida.

Ao se ver são e salvo ao lado de seus companheiros, o sargento declarou com seu sotaque do Oeste:

"Pomba, nunca pensei que imitaria o Johnny Weissmuller."

A menção ao astro de cinema que representava o Tarzan e costumava se balançar em cipós fez Margaret sorrir. Mas ela ignorou a implicação óbvia: ela seria Jane, a mulher de Tarzan.

Enquanto avançavam, Margaret se sentia cada vez pior. Estava com frio, molhada e exausta. Todo o seu corpo doía. Lágrimas escorriam de seus olhos, mas ela fazia questão de não chorar.

De vez em quando eles ouviam aviões. Quando o ronco dos motores se aproximava, McCollom movia freneticamente o espelho de sinalização. Mas ele sabia que o dossel de folhagens tornava inúteis seus esforços. Mas o som era o bastante para lhes ressuscitar a confiança de que a Força Aérea não iria desistir.

O plano de McCollom era caminhar até o início da tarde e montar acampamento antes que a neblina e a chuva começassem. Mas a selva que margeava o riacho era tão densa que eles não conseguiam encontrar um lugar largo o bastante para se esticarem. Assim, caminharam até não aguentar mais e acabaram se instalando num lugar que estava longe do ideal.

McCollom estendeu uma lona sobre o solo encharcado e outra lona sobre eles, como uma coberta. Após chuparem algumas Charms, eles se amontoaram para conservar o calor enquanto dormiam. McCollom se deitou entre Decker e Margaret para poder atendê-los, caso precisassem. Decker achava que McCollom parecia uma galinha cuidando de seus pintinhos, mas apreciava seu esforço e não comentou nada.

O terreno do acampamento se inclinava acentuadamente na direção do regato. Diversas vezes, durante a noite, o trio rolou como uma bola pela ribanceira e caiu na água gelada. Eles se levantavam, recolhiam as lonas e se arrastavam barranco acima para tentar dormir de novo.

Algo que tinham visto mais cedo também lhes perturbava o sono. Enquanto vadeavam o riacho, viram um sinal inconfundível de que não estavam sós: uma pegada humana recente impressa na lama da margem. Mais tarde, surgiram outros indícios. Aninhados entre as lonas, eles ouviram estranhos latidos a distância.

TANTO QUANTO SABIAM, eles eram os primeiros forasteiros a andar naquela parte das selvas montanhosas da Nova Guiné. Mas estavam enganados. A distinção cabia a um rico zoólogo amador norte-americano, que sete anos antes liderara uma expedição à Nova Guiné em busca de espécimes da flora e da fauna ainda não descobertos.

Um dos resultados infelizes dessa expedição de 1938 fora um ato de violência mortal. A questão agora era saber se esse legado ameaçaria a vida dos três sobreviventes do *Gremlin Special*.

8

O EXPLORADOR CAVALHEIRO

DURANTE O ANO anterior ao acidente com o *Gremlin Special*, o coronel Ray Elsmore posara diante do público como o descobridor do vale. Mas nem ele nem o Exército norte-americano sabiam que Elsmore estava para a Nova Guiné assim como o explorador Robert Falcon Scott estava para a Antártida. Scott alcançara o Polo Sul acreditando que fora o primeiro homem a realizar tal façanha, mas ao chegar lá percebeu que o norueguês Roald Amundsen o precedera. Em outras palavras, Elsmore era o segundo forasteiro a descobrir Shangri-La, ou o terceiro, se o major Myron Grimes fosse incluído na contagem.

O verdadeiro descobridor do vale ocidental foi Richard Archbold, um jovem que contava com a boa sorte de ter nascido extremamente rico. E, ao contrário de Elsmore e Grimes, Archbold visitara o vale por via terrestre.

Archbold herdara a fortuna de seu avô, John D. Archbold, presidente da Standard Oil e sócio de John D. Rockefeller. Os milhões da família garantiram que Richard Archbold jamais precisasse trabalhar em um emprego convencional. O que era conveniente, já que ele nunca fora um aluno comum. Menino magricela, tímido, socialmente desajeitado, com um olhar penetrante e modos bruscos, Archbold passou por vários colégios particulares, um deles no Arizona, onde sua atividade favorita fora acampar. Depois estudou no Hamilton College, no norte do estado de Nova York, e na Universidade Columbia, em Manhattan, mas não permaneceu tempo suficiente em nenhuma das instituições para se formar em alguma coisa.

O que de fato agradava a Archbold era a vida ao ar livre. Em 1929, desejando que o filho trilhasse um caminho produtivo, o Archbold mais velho concordou em contribuir financeiramente para uma expedição conjunta — britânica, francesa e norte-americana — à ilha de Madagascar. Só impôs uma condição: seu filho inadaptado teria que ser um dos participantes. Os organizadores da expedição adoraram receber o dinheiro, mas não sabiam muito bem o que fazer com o jovem Archbold, que se tornara um homem alto, magro e razoavelmente bem-apessoado, com bastos e ondulados cabelos negros, um espesso bigode e um fraco por gravatas-borboleta.

Depois de ter pensado em utilizar Archbold como fotógrafo, um dos membros graduados da expedição sugeriu: — Por que você não captura mamíferos?

Archbold praticou a captura de mamíferos na propriedade de sua família, na Geórgia, algo equivalente a se preparar para um grande safári num zoológico. Mas aprendeu com seus muitos erros. Ao chegar a Madagascar, suportou estoicamente os mosquitos e as sanguessugas, os muitos desconfortos da vida ao relento e o estigma, entre os cientistas sérios, de ser o garoto rico que pegara carona na expedição. Em meio a tudo isso, Richard Archbold encontrou sua vocação de biólogo.

Ao retornar de Madagascar, Archbold soube que seu pai falecera. Recebeu então sua herança, da qual fazia parte um apartamento em Manhattan, no Central Park West. E arranjou um emprego humilde, de pesquisador-assistente no departamento de mamíferos do Museu Americano de História Natural, do qual seu avô fora um grande benfeitor.

Trabalhando em um gabinete no outro lado do corredor, no quinto andar do museu, estava um jovem ornitólogo alemão chamado Ernst Mayr, que mais tarde se tornaria uma lenda no campo da biologia evolucionária. O novo conhecido de Archbold o encorajou a se concentrar nas selvas da Nova Guiné, onde o próprio Mayr passara meses estudando a vida das aves. Lançando mão de sua herança, Archbold organizou, financiou e liderou diversas expedições importantes à ilha, sob os auspícios do museu. No início, seu projeto era nada menos que realizar "um abrangente levantamento biológico" da Nova Guiné. Ao contrário de Mayr, que realizava seu trabalho junto a pequenos grupos de cientistas-exploradores, Archbold arregimentou um verdadeiro exército de pesquisadores para sua ambiciosa empreitada.

Ele obteve marcante sucesso nas duas primeiras viagens, uma delas iniciada em 1933, e a outra, em 1936. Ele e suas bem-custeadas equipes pesquisaram territórios antes inexplorados e forneceram ao museu numerosos exemplares de plantas e animais ainda desconhecidos. Mas ele se sentia cada vez mais desanimado diante dos desafios logísticos impostos por aquela ilha enorme, entre eles o terreno hostil e a ausência de animais de carga nativos. Napoleão já dizia que os exércitos marcham sobre seus estômagos; o mesmo poderia ser dito a respeito de expedições científicas grandes e complexas. As incursões de Archbold à Nova Guiné dependiam de linhas de abastecimento eficientes; isto significava que alguém ou alguma coisa teria de carregar toneladas de provisões para os exploradores, que se viam apartados da civilização durante meses a fio.

Na falta de cavalos, mulas, bois ou camelos, e diante da impossibilidade de utilizar caminhões no interior da ilha, onde não havia estradas, carregadores humanos eram a única opção. Mas Archbold aprendera que não poderia confiar nos nativos da Nova Guiné. Um dos motivos era o medo que tinham, não dos exploradores, mas uns dos outros. As inúmeras tribos e clãs da ilha viviam guerreando entre si. Portanto, no momento em que um carregador nativo deixava seu território, tinha boas razões para temer que algum vizinho o matasse.

Archbold concluiu que a melhor forma de conquistar a Nova Guiné, pelo menos cientificamente, seria com apoio aéreo. Assim, ele se tornou piloto e começou a comprar aviões. No início de 1938, ele comprou o maior avião não militar existente no mundo — a primeira versão comercial de um bombardeiro da Marinha norte-americana, conhecido como PBY. Com mais de trinta metros de envergadura, um enorme compartimento de carga e uma autonomia de voo que superava 6.400 quilômetros, o PBY de Archbold atendia perfeitamente às suas necessidades. O maior atrativo do avião era ter sido concebido como um "barco voador". Equipado com flutuadores, era capaz de decolar e pousar na água, inclusive em lagos e rios da Nova Guiné situados em altitudes elevadas. Archbold acrescentou equipamentos de navegação e comunicação especiais à aeronave e a batizou com o nome de *Guba* — palavra nativa que significava "tempestade violenta". Com *Guba* à disposição, Archbold poderia transportar suprimentos, pessoal e espécimes para onde fosse preciso, o que tornou possível sua terceira e mais ambiciosa expedição à Nova Guiné.

Archbold obteve a permissão e o aval dos holandeses, que controlavam a área que ele desejava explorar, para iniciar a empreitada. As autoridades esperavam que a expedição suprisse o governo da Holanda com informações mais aprofundadas a respeito de sua colônia, não só sobre flora e fauna, que eram os maiores interesses de Archbold, mas também sobre os povos e os recursos existentes na ilha.

Em abril de 1938, a equipe de Archbold montou um acampamento-base em Hollandia, com cerca de duzentas pessoas, inclusive cientistas do Museu Americano de História Natural; 72 integrantes da tribo dyak, levados da ilha vizinha de Bornéu para trabalhar como carregadores; dois cozinheiros; um piloto suplente; um navegador; um rádio-operador; e dois mecânicos. O governo holandês contribuiu com cerca de sessenta soldados, entre eles um capitão e três tenentes. Também como "cortesia" do governo holandês foram incluídos trinta presos políticos — militantes anticolonialistas principalmente —, condenados a trabalhos forçados como "presidiários-carregadores".

A expedição tinha o propósito de coletar mamíferos, pássaros, plantas e insetos em diversas altitudes — desde o nível do mar até os desolados picos com mais de 6 mil metros da área menos estudada da Nova Guiné, a face norte das Montanhas Nevadas, uma das várias cadeias de montanhas do interior da ilha. Com o *Guba*, os carregadores dyak e os prisioneiros transportando os mantimentos que os alimentariam, Archbold e sua equipe de cientistas reuniram um tesouro de exemplares notáveis, como cangurus que subiam em árvores, ratazanas com quase um metro de comprimento e uma ave canora até então desconhecida, que capturava insetos em voo com seu longo bico. Mas nada foi tão espantoso quanto o que eles encontraram na manhã de 23 de junho de 1938.

O EXPLORADOR RICHARD ARCHBOLD NO *GUBA* EM 1938, DEPOIS DE POUSAR NA ÁREA ENTÃO CONHECIDA COMO BAÍA CHALLENGER, EM HOLLANDIA. (CORTESIA DA ESTAÇÃO BIOLÓGICA ARCHBOLD.)

ARCHBOLD ESTAVA PILOTANDO O *Guba* em direção a Hollandia, após um voo de reconhecimento, quando o avião atravessou as cerradas nuvens que cercavam a montanha chamada Rainha Wilhelmina, com quase cinco mil metros de altura. Logo à frente, Archbold avistou um vale largo, plano e densamente povoado que não figurava em seus mapas e era desconhecido, exceto por seus habitantes. Ele calculou que o vale tinha aproximadamente 65 quilômetros de comprimento por 15 quilômetros de largura. Mais tarde, adotando um ar de aristocrático desprendimento e a linguagem desapaixonada da ciência, ele minimizou a emoção que sentira e classificou o incidente como "uma agradável surpresa".

Um soldado holandês a bordo do *Guba* chamou o que estava vendo de *Groote Vallei*, ou Grande Vale, e Archbold declarou que este passaria a ser o nome do lugar.

Inicialmente, ele estimou a população do vale em 60 mil pessoas, embora talvez fosse o dobro, se incluídos os nativos que viviam nas montanhas circundantes. Mas mesmo pelas contas de Archbold seria possível classificar imediatamente aquela área como a mais densamente povoada de toda a Nova Guiné Holandesa. A descoberta de Archbold podia ser comparada a um botânico que estivesse procurando mamangabas no Meio-Oeste norte-americano e desse de cara com Kansas City.

Era quase inacreditável. A Nova Guiné era remota, mas não desconhecida. Exploradores haviam penetrado muitas partes do interior da ilha, por via terrestre, e alguns alpinistas já tinham escalado seus picos mais elevados. Diversas expedições realizadas em 1907, nos primeiros anos da década de 1920 e em 1926 chegaram perto do Grande Vale de Archbold e fizeram contato com alguns nativos da região, embora nunca tivessem encontrado o próprio vale. Um grupo de exploradores, integrantes da expedição Kremer, realizada em 1921, atingiram uma área vizinha, chamada de Vale Swart. A antropóloga Denise O'Brien, que estudou o Vale Swart durante cerca de quarenta anos, mais tarde escreveu que, quando encontraram

Kremer e sua equipe pela primeira vez, os nativos "ficaram intrigados com o fato de que os homens de pele clara, que deviam ser fantasmas ou espíritos, não traziam mulheres com eles. Por fim, eles concluíram que as mulheres daqueles espíritos estavam sendo transportadas em caixas, caixas que os espíritos também usavam para carregar alimentos e cozinhá-los. Às vezes, os espíritos das mulheres saíam das caixas, e para os nativos eles se pareciam com cobras, mas para os espíritos do sexo masculino, eles se pareciam com mulheres". A reação dos nativos à expedição, escreveu O'Brien, foi de medo, acrescido de uma grave epidemia de disenteria.

Mesmo que os exploradores que viajavam por terra não tivessem encontrado o vale, era de se esperar que um piloto da Força Aérea ou de alguma empresa privada tivesse notado uma área com quase 800 quilômetros quadrados, com centenas de aldeias habitadas por dezenas de milhares de homens, mulheres e crianças, para não falar dos porcos. Entretanto, alguns dos mais célebres aviadores do mundo não repararam no vale. Em julho de 1937, um ano antes da descoberta de Archbold, Amelia Earhart sobrevoou parte da Nova Guiné quando tentou circum-navegar a Terra. Sua última parada conhecida foi em uma pista de pouso na cidade de Lae, na extremidade oriental da ilha, após a qual seu avião desapareceu em algum lugar do Pacífico. Mas ela, também, jamais viu o Grande Vale.

Por volta do final da década de 1930, a maior parte dos antropólogos acreditava que todos os centros populacionais relevantes do planeta já haviam sido descobertos, mapeados e, na maioria dos casos, modernizados por missionários, capitalistas, colonizadores ou uma combinação dos três. Ninguém duvidava que grupos de aborígenes percorriam as florestas pluviais da Amazônia e de outras regiões. Mas os habitantes do Grande Vale de Archbold eram agricultores e guerreiros sedentários, vivendo em aldeias claramente definidas numa área descampada, coberta apenas pelas nuvens. Cem mil pessoas que permaneciam invisíveis, embora totalmente expostas. Sessenta anos mais tarde, o mastozoólogo Tim Flannery, uma autoridade nas maravilhas naturais da Nova Guiné, afirmou que a descoberta de Archbold assinalou "a última vez na história de nosso planeta em que uma civilização tão significativa, numerosa e ainda desconhecida entrou em contato com o Ocidente".

Uma das explicações é que uma inusitada combinação de fatores manteve o vale fora dos mapas. Quando Archbold descreveu sua descoberta para a revista *National Geographic*, um editor argumentou que "as matas eram tão cerradas e o terreno tão acidentado que os primeiros exploradores passaram a poucos quilômetros da área mais populosa da região sem suspeitar de que havia uma civilização nas proximidades". As montanhas circundantes, por sua vez, desencorajavam voos sobre o vale e incursões comerciais por via terrestre. O estilo de vida dos nativos também contribuiu. Eles eram agricultores autossuficientes, ao contrário dos caçadores-coletores, que viajavam longas distâncias em busca de alimentos e implementos. Sua tendência ao sedentarismo era cimentada pelas guerras, que levava a maioria deles a passar a vida a uma distância curta, e relativamente segura, de suas choças.

QUANDO ARCHBOLD AVISTOU o vale pela primeira vez, o mau tempo o impediu de mudar de curso ou descer mais com o *Guba* para obter uma visão melhor. Mas, nas semanas que se seguiram, ele executou diversas missões de reconhecimento, fotografando o vale e forçando os nativos a procurar abrigo, juntamente com seus porcos — tal como o coronel Elsmore faria seis anos mais tarde.

O botânico-chefe de Archbold, L.J. Brass, descreveu o que viu do alto: "As pessoas viviam em aldeias cercadas por muros ou paliçadas, muito bem-arrumadas e limpas. A quantidade de residências variava de três a cinquenta. As choças tinham paredes duplas, construídas com metades de troncos, e tetos de palha. Não possuíam pisos. As casas dos homens eram redondas, com um diâmetro que variava de três a cinco metros, com tetos em forma de domos; as casas das mulheres eram longas e estreitas. A indumentária dos homens, no dia a dia, consistia apenas de um canudo, feito com uma cabaça estreita e alongada, que lhes envolvia os órgãos genitais; e, às vezes, uma rede nos cabelos, feita com cordões trançados. As mulheres usavam saiotes curtos feitos de cordões pendentes, que iam até abaixo das nádegas, ou um arranjo feito com cordas enrolado nas coxas. Elas sempre carregavam uma ou mais sacolas de rede penduradas nas costas. Essas sacolas eram amarradas em suas testas. Como armas ou implementos diversos, os nativos possuíam arcos e flechas de vários tipos, lanças, machadinhas e machados de pedra."

Archbold demonstrava apenas um leve interesse pelos nativos, mas estava fascinado com seus métodos de cultivo. Ao contrário de todas as outras tribos conhecidas da Nova Guiné, os nativos do vale plantavam batatas-doces — seu alimento-base — em canteiros claramente definidos, dotados de labirínticas valas de irrigação e cercados de muros. Archbold disse que isso o fazia se lembrar com carinho dos campos que ele vira na Europa central, quando estivera lá a passeio.

Os assistentes de Archbold montaram um acampamento a cerca de 25 quilômetros a oeste do vale, próximo a um lago chamado Habbema, onde o *Guba* podia pousar e decolar. Certo dia, dois nativos se apresentaram aos forasteiros. "Um deles era evidentemente um homem importante", escreveu Archbold. "O outro, que era mais jovem, talvez um guarda-costas, permanecia atento a tudo. Eles se acocoraram com as costas voltadas para a aldeia deles e seus arcos e flechas à mão. Nós nos sentamos em frente a eles, de costas para o nosso acampamento."

Archbold presenteou os dois homens com pequenas conchas — brancas como pérolas e naturalmente lisas —, que eram largamente usadas como moeda e como joias na África e em outros lugares. Ele também lhes deu açúcar, cigarros e peixe seco. Os homens aceitaram os presentes, mas os devolveram após um polido intervalo, um gesto que Archbold interpretou como "sinal de independência". Ele notou, no entanto, que o homem mais velho aceitou dar algumas baforadas no charuto do oficial holandês mais graduado da expedição, um capitão chamado C.G.J. Teerink. Quinze minutos mais tarde, os dois nativos deixaram o acampamento dos exploradores.

Depois, Archbold formou duas equipes de exploradores, com a missão de percorrer o vale. Eram formadas por soldados holandeses, presidiários-carregadores e membros da tribo dyak, todos acostumados a coletar exemplares da flora e da fauna. Uma das equipes era liderada pelo capitão Teerink, e a outra, por um tenente chamado J.E.M. Van Arcken. Elas deveriam iniciar suas jornadas em extremidades opostas do vale, para que pudessem se encontrar mais ou menos no meio.

Em agosto de 1938, as duas equipes começaram a caminhar através do alto capinzal que crescia no vale, passando de uma aldeia a outra. Se os forasteiros tivessem vindo de outras partes do vale, é provável que fossem recebidos com lanças e flechas. Mas os exploradores brancos eram tão estranhos e exóticos, tão apartados da guerra permanente que fazia parte do cotidiano das tribos, que foram recebidos com apenas uma leve curiosidade pelos homens adultos — e com timidez pelas mulheres e crianças. Os exploradores perceberam sinais de que os nativos praticavam o canibalismo, mas as tropas holandesas, fortemente armadas, nada tinham a temer.

Por vezes, alguns nativos tentavam desencorajar os exploradores a rumar para a próxima aldeia. Para isso, enterravam gravetos no caminho, imitavam o disparo de flechas e permaneciam de braços dados à frente deles, formando uma barreira humana. As dificuldades linguísticas impediram o capitão Teerink e o tenente Van Arcken de encontrar uma explicação satisfatória, mas, na opinião de Teerink, tal atitude parecia mais protetora que hostil. Aparentemente, os nativos não queriam que seus novos conhecidos fossem atacados pelos inimigos que viviam na aldeia seguinte.

Esse foi o padrão, até um incidente que envolveu um grupo de nativos e a equipe de exploradores liderada pelo tenente Van Arcken.

Em agosto de 1938, ao se aproximar do rio Baliem, no centro do vale, o grupo de Van Arcken foi recebido por um grande número de nativos portando lanças, arcos e flechas. "Aparentemente, nós não merecíamos confiança, pois estávamos indo da direção de um território inimigo", escreveu Van Arcken em seu diário de viagem. Ele evitou o confronto com algumas conchinhas. Mais tarde, naquela noite, quatro nativos chegaram ao acampamento, pedindo para dormir por lá. "Despachamos aqueles cavalheiros na mesma hora", escreveu Van Arcken, "com um tiro no ar para assustá-los".

No dia seguinte, Van Arcken descobriu que o caminho da equipe fora "fechado com galhos de árvores, atrás dos quais se escondiam alguns jovens armados com lanças". Seus comandados ergueram suas armas, e os jovens nativos fugiram. A coluna de soldados continuou a avançar. Dois soldados fechavam a retaguarda; um deles era um cabo chamado Pattisina. Van Arcken escreveu que dois nativos agarraram Pattisina por trás. Quando o outro soldado foi em socorro de Pattisina, um dos nativos "fez menção de cravar a lança no cabo, que então o alvejou". O relatório de Van Arcken revela que Pattisina matou um nativo, e a versão oficial ficou sendo a de que ele o fez em legítima defesa.

Mas o capitão Teerink, o oficial holandês mais graduado, que liderava a outra equipe, não aceitou a explicação. Redigiu então um anexo ao relatório de Van Arcken, cujo teor sugere que ele tinha uma visão mais humanística dos nativos. "A meu ver, este tiro fatal é lamentável. O cabo Pattisina teria que dar um tiro de aviso antes. Em minha experiência com tribos como esta, um tiro de aviso é geralmente o bastante. Solicito que você instrua seus homens nesse sentido."

AINDA ANTES DE retornar aos Estados Unidos, Archbold publicou artigos sobre a expedição no *New York Times* e em outros periódicos. Em maio de 1941, escreveu um longo artigo para a revista *National Geographic* descrevendo diversos encontros com os nativos, a maioria deles amigável, embora houvesse alguns carregados de tensão. Ele falou sobre sua surpresa quando, com seus homens, passava pelas aldeias e os nativos lhes prestavam pouca atenção. "Os nativos pareciam não estranhar a presença de nossa equipe. Alguns observavam a longa fila de carregadores passar, enquanto outros continuavam a escavar a rica terra negra de seus canteiros e nem levantavam os olhos."

Mas, em nenhum de seus relatos, Archbold descreveu o que os nativos devem ter considerado o momento mais terrível da visita dos forasteiros.

Em junho de 1942, quatro anos após o incidente entre o grupo de Van Arcken e os nativos, Archbold finalmente reconheceu que alguma coisa ocorrera. Mas o modo como ele relatou o incidente e a publicação que ele escolheu para fazê-lo asseguraram que o significado do que ocorrera seria negligenciado. Escrevendo no Bulletin of the American Museum of National History (Comunicado do Museu Americano de História Natural), Archbold descreveu como, em 10 de agosto de 1938, a trilha por onde caminhava o grupo de Van Arcken fora bloqueada com galhos e homens portando lanças. "Aqui ocorreu o único incidente ao longo de toda a expedição, em que algo mais que uma demonstração de força se fez necessário." Sem explicar o que acontecera, nem muito menos reconhecer e discutir a morte de um nativo a tiros, Archbold seguiu em frente, informando a hora do dia em que a equipe chegara ao rio e a largura exata de sua bacia fluvial.

Van Arcken utilizou uma abordagem ainda mais enganosa ao confeccionar o primeiro mapa conhecido do vale. No lugar onde o confronto ocorrera, ele desenhou uma seta e escreveu: "Local em que um nativo morreu devido a um ataque com lança." A menos que a pessoa que examinasse o mapa estivesse bem-informada, a observação de Van Arcken parecia sugerir que os exploradores haviam testemunhado um duelo fatal entre dois nativos.

Em outra parte do relatório ao museu, Archbold esboçou sua filosofia no que dizia respeito aos nativos, expurgando inteiramente o fuzilamento do nativo: "Quando nos aventuramos em uma área desconhecida, a recepção dos nativos é imprevisível. É certo que, de modo geral, os nativos tendem a se mostrar mais amistosos com uma expedição grande e bem-armada do que com uma expedição pequena e fraca. Nossas expedições à ilha costumavam pertencer à primeira categoria. Assim, não ocorreu nenhum incidente desagradável em nossos contatos com os nativos."

A EXPEDIÇÃO DE ARCHBOLD e seus artigos sobre o vale passaram despercebidos pelo coronel Elsmore. Quando lhe falaram sobre Archbold, após o acidente com o *Gremlin Special*, Elsmore o desconsiderou, certo de que seu Vale Oculto, seu Shangri-La, não tinha nada a ver com o Grande Vale de Archbold. A Nova Guiné, afinal, era enorme e inexplorada. Quem poderia saber ao certo quantos vales isolados e ignorados ainda haveria na ilha?

Mas o Grande Vale e Shangri-La eram o mesmo lugar. E o primeiro contato entre seus habitantes e o mundo exterior fora manchado de sangue.

9

CULPA E GANGRENA

APÓS SE DEPARAREM com a pegada de um nativo, os três sobreviventes passaram o que Margaret chamou de "aquela noite torturante e miserável" nos barrancos lamacentos do riacho da montanha. Encharcados e exaustos por causa das repetidas quedas na água fria, eles acordaram à fraca luz do alvorecer da quarta-feira, dia 16 de maio, e reiniciaram sua caminhada em direção à clareira que McCollom avistara ao longe.

Quando Margaret tentou se levantar, uma dor atravessou seu corpo, e, com ela, o medo se apoderou. Ao longo da noite, suas juntas haviam endurecido, e a pele queimada das pernas tinha se comprimido em torno dos músculos. As queimaduras obstruíam a circulação sanguínea, impedindo a carne saudável de se alimentar. A simples ideia de chapinhar e escorregar corrente abaixo já era dolorosa. E ela não conseguia se aprumar. Escreveu em seu diário: "Minhas pernas estavam tão queimadas que eram horríveis até de se olhar."

Uma rápida inspeção mostrou que uma infecção já havia se instalado em seu corpo. Ela omitiu os detalhes hediondos em seu diário — o pus escorrendo, a tonalidade negro-azulada do tecido morto. Mas ela fazia uma aterrorizante ideia das causas e dos perigos do que ela descreveu como "feridas grandes, malcheirosas e purulentas".

A Nova Guiné estava repleta de bactérias, e os organismos microscópicos estavam se refestelando no sangue estagnado de suas feridas mal-limpas. A combinação de carne queimada, condições insalubres e acúmulo de bactérias era uma receita para a gangrena. Caso não fosse revertida, provocaria a morte da parte do corpo afetada e, por fim, do corpo inteiro. A gangrena ocorre em duas variedades: a úmida e a seca. Ambas são terríveis, mas a gangrena úmida é pior. A gangrena seca costuma surgir aos poucos, como resultado da interrupção do fluxo sanguíneo nas artérias. Décadas de tabagismo podem causar gangrena seca, matando lentamente os pés de um fumante. Não era essa a preocupação de Margaret. Seus ferimentos infectados estavam prontos para hospedar a gangrena úmida. Quanto mais tempo os ferimentos permaneciam sem cuidados, maior era a chance de que suas pernas tivessem de ser amputadas. E mesmo essa medida radical poderia não ser o bastante. A gangrena úmida pode acarretar uma infecção sanguínea conhecida como sépsis. Na selva, a sépsis é fatal. A única dúvida é se matará sua vítima dentro de horas ou dias.

Margaret tomou coragem e lutou para permanecer de pé sobre seus pés lesionados. Sofrendo dores horríveis, ela andou de um lado para outro no barranco íngreme, tentando amolecer as juntas e obter agilidade suficiente para continuar a jornada. Ela olhou para Decker, sabendo que ele deveria estar sentindo, no mínimo, tanta dor quanto ela. E ficou admirada com o estoicismo dele.

McCollom olhou para seus dois companheiros. Ele se sentia responsável por eles, mas não era só isso. Sentia também grande respeito por eles, além de uma crescente admiração. E afeição. Durante toda a caminhada, todos os escorregões corrente abaixo, todo o desconforto, Decker não reclamara nem uma vez de seu ferimento na cabeça nem de seus outros ferimentos. E a pequenina cabo da WAC — àquela altura, McCollom já pensava nela, carinhosamente, como Maggie — mostrara ser muito mais durona do que ele esperava. Mesmo com graves ferimentos nas pernas, que ameaçavam gangrenar, e uma queimadura no lado esquerdo do rosto, que escurecera, ela seguia em frente. Ocorreu-lhe que as outras WACs que ele conhecera, assim como alguns soldados do sexo masculino, não teriam sobrevivido à metade do que ela já suportara.

Mas, com os ferimentos se agravando e as infecções se apoderando de seus corpos, McCollom notara que seus companheiros estavam começando a esmorecer. Ele tinha certeza de que ambos já estavam com gangrena úmida e temia que, se os aviões de busca não os localizassem logo, ele seria o único sobrevivente.

McCollom jamais revelaria a Margaret ou Decker, mas ele estava lutando contra um sentimento de medo. Mais tarde ele explicou: "Nós nos encontrávamos no que diziam ser território de caçadores de cabeças, sem medicamentos nem abrigo. Estávamos no meio de lugar nenhum. Eu sabia que meu irmão gêmeo estava morto dentro dos destroços. Eu tinha que cuidar dos sobreviventes. Não queria nem pensar que estava sozinho naquele lugar, então fiz o que podia por mim mesmo e pelos outros."

Embora determinado a salvar Margaret e Decker, McCollom tomou uma resolução: se os grupos de busca não conseguissem localizá-los, de alguma forma ele encontraria um rio navegável e construiria uma jangada. Ou, se tivesse que ser assim, continuaria a caminhar. Flutuaria ou caminharia até o oceano, a 250 quilômetros de distância, se fosse o único jeito de sair dali. Retornaria a Hollandia e, depois, à sua família. Ele não podia salvar seu irmão, mas estava determinado a se salvar e a colaborar para a criação da filhinha de Robert.

Ele faria tudo o que estivesse a seu alcance para ajudar Decker e Margaret. Mas, se a gangrena levasse a melhor sobre os dois, McCollom prosseguiria sozinho.

O DESJEJUM FOI SOMENTE ÁGUA e balas Charms — ainda o único alimento de que dispunham no terceiro dia após o desastre. Eles separavam as balas por cor. Comiam as vermelhas primeiro, até se cansar delas; então, passavam para as amarelas, e assim por diante. Decker, de brincadeira, disse que o método das cores era uma boa maneira de variar a dieta. Eles tinham cigarros, mas o isqueiro de McCollom estava seco, e os fósforos, molhados. Enquanto se preparavam para reiniciar a caminhada, embrulhando os suprimentos nas lonas amarelas, começaram a pensar em café.

— Eu adoraria estar agora no refeitório bebendo aquela maravilha de ácido de bateria — disse Decker.

— Eu também! — disse Margaret.

Ela não entendia por que, embora não tivesse comido nada desde seu almoço de frango e sorvete três dias antes, não se sentia particularmente faminta.

O barranco era íngreme demais para que pudessem caminhar nele, e as ramagens da floresta eram implacáveis. Então, desajeitadamente, eles desceram os 2,5 metros que os separavam do riacho e reiniciaram sua encharcante caminhada. Uma vez mais, eles desceram por troncos caídos e deslizaram em quedas-d'água.

"A esta altura, meus pés, minha perna e minha mão ferida estavam infeccionados", escreveu Margaret em seu diário. "Todos nós estávamos nos últimos estágios da exaustão, e o pesadelo do dia anterior tinha começado novamente."

Lágrimas encheram seus olhos, enquanto ela lutava para prosseguir. Seus pés latejavam a cada passo. Decker ficou para trás com ela, enquanto McCollom seguia em frente, ansioso para alcançar a clareira. Ele se adiantou tanto que eles o perderam de vista.

Margaret se encontrava à beira do pânico.

— McCollom foi embora e nos abandonou, e levou toda a comida — gritou ela para Decker. — E nós vamos morrer de fome.

Ela se deixou cair no riacho. Foi o mais perto que chegou de desistir, desde que esse pensamento bruxuleara em sua mente no avião em chamas.

Decker, em geral o mais calado dos três, já ouvira o suficiente. Com o rosto vermelho, ele se virou nos calcanhares como um sargento. Margaret não quis citar tudo o que ele disse em seu diário, mas humildemente admitiu que ele a chamou de "egoísta" e "molenga". Tenha ele usado alguma técnica motivacional ou estivesse de fato furioso, Decker encontrou as palavras certas.

"Fiquei tão furiosa com ele que senti vontade de matá-lo", escreveu ela. "Mas me levantei e recomecei a cambalear rio abaixo. Logo nos emparelhamos com McCollom."

Margaret não era pessoa que reconhecesse facilmente que estava errada, mas quase em seguida se sentiu arrependida. McCollom tinha se mostrado forte e leal, guiando e ajudando seus companheiros enquanto ocultava os próprios sentimentos a respeito da morte do irmão — que deveriam doer ainda mais que as queimaduras dela, suspeitava Margaret. Ela escreveu em seu diário: "Estou muitíssimo envergonhada por ter duvidado dele, mesmo que histérica e apenas por um momento."

EM HOLLANDIA, o desaparecimento do *Gremlin Special* provocara ondas de choque no quartel-general da Fee-Ask. A ausência do avião e a falta de comunicação pelo rádio significavam quase certamente uma queda, e uma queda significava uma busca. Desde o início, a ideia que se instalou na Fee-Ask foi a de organizar uma missão de resgate, destinada a encontrar sobreviventes, em vez de uma missão de recuperação, destinada a devolver restos mortais às famílias.

Situado em uma grande base aérea, a Fee-Ask tinha acesso quase ilimitado a pilotos e aviões. O fato de que a tripulação e os passageiros desaparecidos fossem colegas, amigos e subordinados do alto escalão do Comando era uma dupla garantia de que os organizadores das operações de busca teriam à disposição tudo de que necessitassem. Para piorar, havia nove fatores especiais: as WACs a bordo.

Não há indícios de que o coronel Ray Elsmore e outros oficiais do quartel-general teriam sido menos determinados se todos os desaparecidos fossem do sexo masculino. Mas aviões de transporte caíam regularmente durante a guerra, sem que a imprensa tomasse conhecimento. Elsmore, conhecedor dos hábitos dos repórteres, devia saber que as WACs a bordo do *Gremlin Special* iriam despertar mais interesse.

CENTENAS DE MULHERES norte-americanas já haviam morrido no teatro da Segunda Guerra Mundial, mas as estatísticas são imprecisas, em parte porque algumas eram civis que trabalhavam para a Cruz Vermelha e outras organizações assistenciais. E algumas morreram em trânsito para regiões em conflito ainda em solo norte-americano. Das mulheres que morreram servindo às Forças Armadas em funções que não as de combate, muitas eram enfermeiras, entre elas heroínas condecoradas, como a tenente Aleda Lutz, uma enfermeira da Aeronáutica que participou de quase duzentas missões. Em novembro de 1944, ela estava a bordo de um avião-hospital C-47, evacuando soldados feridos de um campo de batalha na Itália quando o avião encontrou mau tempo e caiu, matando todos a bordo. Trinta e oito das militares que morreram eram integrantes do Women's

Auxiliary Ferrying Squadron, o WAFS (Esquadrão Auxiliar Feminino de Transporte Aéreo) e do Women Airforce Service Pilots, o WASP (Serviço Feminino de Pilotos da Força Aérea), que pilotavam aviões militares em missões não combatentes, de modo a disponibilizar pilotos do sexo masculino para operações de guerra.

Todas as mortes de mulheres que serviam às Forças Armadas na Segunda Guerra Mundial atraíam a atenção, mas na maioria dos casos ocorriam uma ou duas mortes de cada vez. As exceções incluem as seis enfermeiras mortas quando os alemães bombardearam uma área hospitalar durante a Batalha de Anzio. E, pouco antes da queda do *Gremlin Special*, seis enfermeiras estavam entre os 28 tripulantes do navio-hospital norte-americano *Comfort* mortos ao largo da ilha de Leyte, entre Guam e Okinawa, quando um piloto japonês camicase atirou seu avião contra o navio.

Até o acidente com o *Gremlin Special*, apenas uma WAC morrera na base de Hollandia. Fora em fevereiro de 1945, quando uma soldado oriunda de West Virginia se afogara enquanto nadava nas águas do Pacífico. Um dia antes de seu sepultamento, suas desoladas amigas quiseram homenageá-la hasteando a bandeira da WAC, um estandarte verde e dourado, com uma franja e o perfil de Palas Atena, a deusa grega da guerra, estampado no centro. Mas não havia nenhuma dessas bandeiras na Nova Guiné. Como disse uma WAC lotada em Hollandia, o material necessário para confeccionar a bandeira estava "tão fora de alcance quanto uma bola de neve". Não obstante, algumas WACs permaneceram acordadas até as quatro da manhã improvisando uma bandeira com lençóis australianos coloridos com uma tintura feita de Atabrine, comprimidos antimalária de cor amarela, e Mertiolate, que na época era vermelho — medicamentos que furtaram da enfermaria. Para a imagem de Palas Atena elas usaram tinta verde emprestada pelo departamento de engenharia. Para fazer a franja, elas usaram velhas cordas de paraquedas. Exaustas, elas terminaram o trabalho a tempo para o funeral. Ignorando as cores borradas, o tamanho irregular e a franja improvisada, elas saudaram orgulhosamente a bandeira, que ondulava à brisa morna como se estivesse acenando para a amiga que haviam perdido.

Essa foi a reação à morte de uma WAC em Hollandia. Agora, nove WACs de Hollandia estavam desaparecidas e possivelmente mortas no selvagem interior da ilha.

QUANDO O *GREMLIN SPECIAL* não chegou no horário previsto, telefonemas foram dados aos aeródromos de toda a região, para verificar se o coronel Prossen e o major Nicholson não teriam por acaso aterrissado o C-47 em outro lugar. O resultado foi negativo. Diante disso, os estrategistas da Fee-Ask pegaram seus mapas — reconhecidamente inadequados — e dividiram a ilha em setores onde seria possível que os pilotos tivessem feito o que, por eufemismo, chamavam de "aterrissagem forçada".

Embora prejudicados pelas chuvas incessantes, os grupos de busca passaram três dias esquadrinhando esses setores. Ao todo, 24 aviões participaram da operação: uma frota de C-47s, um avião de transporte C-60, e um conjunto de bombardeiros pesados, incluindo alguns Liberator B-24, Mitchell B-25 e e um Flying Fortress B-17. Como voluntário em um dos aviões estava o cabo James Lutgring. Mesmo contra todas as evidências, ele esperava resgatar seu melhor amigo Melvin Mollberg, que o substituíra no *Gremlin Special*.

Supervisionando os esforços de resgate estava o coronel Elsmore, que conhecia a área do Vale de Shangri-La melhor do que qualquer outro militar das Forças Armadas dos Estados Unidos.

POR VOLTA DE ONZE HORAS da manhã de quarta-feira, dia 16 de maio, após cinco horas avançando penosamente pelo riacho, McCollom começou a subir o barranco de uma das margens, uma ladeira com cerca de 2,5 metros de altura. — Venham — gritou ele — é aqui.

Decker subiu a ladeira com dificuldade, seguido de perto por Margaret. Ao chegarem ao terreno plano do topo, Margaret caiu de bruços, sem conseguir dar mais um passo. Mas Decker e McCollom seguiram em frente, e ela teve que acompanhá-los, engatinhando. Meia hora depois, ela alcançou os dois companheiros, que estavam estendidos no chão, ofegantes, a cerca de 50 metros do riacho. Margaret se estirou ao lado deles, tentando recuperar o fôlego. Quando sentiu o calor do sol, ela reparou que, pela primeira vez em dias, estava conseguindo ver um grande trecho do céu. Eles tinham alcançado o objetivo, uma clareira na floresta pluvial, no alto de um pequeno outeiro.

Em questão de minutos, eles ouviram o ronco de quatro poderosos motores. Olharam para cima e viram um bombardeiro B-17, cuja silhueta inconfundível se perfilava no céu azul. O trio acenou para chamar a atenção dos tripulantes, mas o Flying Fortress se afastou sem avistá-los. Eles descansaram e chuparam seu almoço de balas Charms, desapontados por não terem sido localizados, mas animados com a visão do avião.

Uma hora mais tarde, outro B-17, ou talvez o mesmo, passou novamente sobre a clareira. Desta vez, McCollom não quis deixar nada ao acaso. Ficou de pé com um pulo e gritou: — Vamos pegar as lonas!

McCollom e Decker correram para desembrulhar os suprimentos e estender na clareira as lonas que haviam salvado do *Gremlin Special*. O B-17, com o capitão William D. Baker no comando, estava voando sobre a selva a grande altitude. Juntamente com sua equipe habitual, ele levara no voo um passageiro incomum para um poderoso bombardeiro: o major Cornelius Waldo, o capelão católico da base de Hollandia.

Margaret temia que o piloto não os visse de novo e declarasse aquele setor da montanha como já pesquisado, sem nenhum sinal de destroços ou sobreviventes. Então pediu aos companheiros que se apressassem.

Justamente quando os sobreviventes tinham a impressão de que o B-17 estava prestes a se afastar, o capitão Baker virou o grande bombardeiro e circulou a clareira. Mas não emitiu nenhum dos sinais tradicionais de tê-los avistado. McCollom gritou para os céus.

— Desça mais, desça mais e desligue os motores. Desligue os motores e abane as asas.

Margaret o aparteou: — Eu sei que eles estão nos vendo, eu sei disso.

Decker acrescentou uma nota de otimismo: — Eles já devem ter visto a gente.

Embora estivesse voando a grande altitude, Baker não tinha como confundir as pessoas que estavam na clareira com nativos. Uma diferença óbvia era que todos os três usavam roupas. Mas a verdadeira indicação era a lona. Menos de cinco minutos após os sobreviventes terem acenado para o B-17, o avião retribuiu a gentileza e abanou as asas.

Eles haviam sido encontrados.

McCollom fizera a coisa certa quando dera a ordem de abandonar o local da queda e descer a montanha através do gélido riacho. É como explicou um piloto com experiência em resgates na selva: "Um avião que cai cria uma abertura muito pequena num interminável mar de verde." Ao levar os companheiros até uma clareira e estender a lona amarela, McCollom lhes dera uma chance de resgate.

Mais tarde, um pensamento divertido passou pela cabeça dele: um bote projetado para a sobrevivência no oceano os salvara numa floresta.

MAS, EMBORA NÃO O SOUBESSEM, os sobreviventes não estavam sozinhos. Um grupo de nativos de uma aldeia próxima se achava escondido na mata, bem junto a eles. Um garoto chamado Helenma Wandik fazia parte do grupo.

— Eu vi aquelas pessoas — lembrou ele. — Elas estavam acenando na clareira.

MARGARET, MCCOLLOM E DECKER, que mal conseguiam ficar em pé alguns minutos antes, pulavam, dançavam, gritavam e agitavam os braços cansados. Pela primeira vez, desde que haviam entrado no *Gremlin Special*, eles riram.

Baker balançou as asas do B-17 novamente, para se certificar de que eles o tinham visto. Depois calculou a longitude e a latitude em que estavam e pediu à tripulação que jogasse dois botes salva-vidas o mais próximo possível da clareira, para que servissem de indicadores. Com uma violenta tempestade se aproximando do vale, nenhum outro voo poderia ser realizado até a manhã seguinte. Baker então se afastou em direção à costa norte da ilha e transmitiu uma mensagem para o aeródromo de Sentani: três pessoas de uniforme cáqui, acenando, haviam sido avistadas em uma pequena clareira numa encosta arborizada, a cerca de 14 quilômetros do fundo do vale.

— Provavelmente estaremos em Hollandia no domingo — disse Decker, que àquela altura já se estendera no chão novamente.

— Hollandia, aqui vou eu — respondeu Margaret.

Ela escreveu em seu diário que planejava se redimir por ter deixado na mão o sargento Walter Fleming, com quem iria passear na praia. Ela fantasiava ver Wally ao lado de sua cama, no hospital, olhando para ela com ar de adoração e lhe dizendo como ela fora corajosa. Mas não contou nada a McCollom ou a Decker, sabendo que seria alvo de chacotas.

Decker aproveitou a ocasião para fazer uma brincadeira irônica. Com uma entonação desolada, disse a McCollom: — Acho que um de nós vai ter de se casar com Maggie, para que essa aventura tenha o final romântico adequado.

McCollom entrou na brincadeira. Olhando para a pobre WAC, cansada, abatida e ferida, ele fez o seu gracejo. — Ela vai ter que botar mais carne nesses ossos para eu me interessar.

Margaret bufou e defendeu seu orgulho ferido: — Eu não me casaria com você nem que você fosse o último homem no mundo. Eu vou me casar com Decker!

Decker, que fora rejeitado por Margaret algumas semanas antes do voo, não quis deixar a última palavra com ela e aproveitou para obter sua revanche: — Uma ova que você vai!

Aliviados, eles se sentaram no chão e conjeturaram sobre quanto tempo demoraria até que mais aviões retornassem com suprimentos. Acima de tudo, Margaret queria comida de verdade, para que pudessem jogar fora "aquelas drogas de balas duras".

ENQUANTO OS TRÊS SOBREVIVENTES descansavam e conversavam, ocorreu a Margaret que a floresta não devia ter parado de crescer espontaneamente naquela clareira. Alguém tinha se dado ao trabalho de cortar as árvores e arrancar os arbustos. Eles estavam em uma plantação de batata-doce, ou camote, combinada com alguns pés de ruibarbo silvestre.

Seus proprietários acabariam aparecendo para cuidar das plantas, ou colher algumas, e isso poderia significar encrenca. Mas retornar ao riacho estava fora de questão. Aliás, eles não poderiam deixar o lugar onde tinham sido avistados pelo B-17. Teriam de permanecer ali e rezar pelo melhor. Talvez os agricultores morassem longe e apenas raramente visitassem aquela gleba. Eles não tinham escolha, a não ser esperar.

A espera não demorou muito.

Uma hora depois que o B-17 se afastou, a selva ganhou vida. E eles começaram a ouvir sons que julgaram ser os latidos de uma longínqua matilha de cães.

— Vocês estão ouvindo uma coisa engraçada? — perguntou Decker.

Os sons se aproximaram. As criaturas que os estavam produzindo eram seres humanos.

Os sobreviventes não tinham ideia de como enfrentariam cães selvagens. Mas ainda era uma opção melhor que lutar contra os caçadores de cabeça, que comiam carne humana e faziam sacrifícios humanos que esperavam ver apenas do ar, pelas janelas do *Gremlin Special*.

Seus efetivos consistiam de um sargento magricela com dolorosas queimaduras e um enorme ferimento na cabeça, uma WAC baixinha com queimaduras gangrenosas e um tenente faminto com uma costela quebrada e um canivete de escoteiro. Eles não poderiam oferecer muita resistência.

Margaret teve a impressão de que outras vozes tinham se juntado ao estranho coro. Os sobreviventes disseram uns aos outros, com otimismo, que talvez os latidos fossem gritos de crianças brincando. De qualquer forma, seria bom que os emissores dos ruídos continuassem seu caminho sem notá-los. Mas a preocupação de Margaret era que o crescente número de vozes significasse que "um jantar saboroso estava à espera na plantação de camotes".

Mas eles não viram ninguém, mesmo quando o barulho estava bem perto e já não parecia vir de todas as partes. O barulho provinha da extremidade mais afastada da clareira, a cerca de 25 metros, onde havia uma vala.

Então, a floresta se agitou. Enquanto os sobreviventes olhavam desamparadamente naquela direção, seus temores adquiram forma humana: dezenas de negros quase nus emergiram da cortina de folhas. Seus olhos brilhavam. Seus corpos, cobertos de fuligem misturada com banha de porco, também brilhavam. Nas mãos, eles carregavam machadinhas feitas de madeira e pedra afiada.

10

EARL WALTER, JÚNIOR E SÊNIOR

AS BOAS NOTÍCIAS SE ALASTRARAM por entre as fileiras da Fee-Ask.

A informação de que o capitão Baker avistara sobreviventes na floresta, perto do Vale de Shangri-La, deixou o coronel Elsmore e sua equipe em Hollandia em estado de grande agitação. Baker divisara apenas três pessoas vestidas com roupas cáqui na clareira, mas seu B-17 havia sobrevoado a área por somente alguns minutos, a grande altitude. Ele não pôde se comunicar com as pessoas que viu e não avistou destroços. Havia margem para otimismo. Se três pessoas estavam vivas, por que não as 24?

Talvez o coronel Prossen, de alguma forma, tivesse conseguido fazer um pouso de emergência com o *Gremlin Special*. Talvez os três sobreviventes que Baker vira fossem apenas um grupo de batedores; talvez as outras pessoas a bordo do C-47 ainda estivessem vivas, embora feridas. Ou talvez tivessem se dividido, como fizeram os sobreviventes do *Holandês Voador*, e algumas estivessem seguindo em outra direção à procura de socorro.

Essas esperanças adquiriram uma forma material. A equipe de Elsmore reuniu o que um observador chamou de "equipamento suficiente para abastecer uma pequena loja do interior". Grupos especializados em abastecimento prenderam paraquedas a caixas repletas de artigos essenciais, como rações militares, cobertores, tendas, estojos de primeiros socorros, rádios bidirecionais, baterias e sapatos. Com o que parecia uma WAC tendo sido avistada, eles incluíram artigos menos convencionais para a sobrevivência na selva, como batons e grampos de cabelo. Sem saber quantos tripulantes e passageiros haviam sobrevivido, os resgatadores juntaram provisões que dariam para alimentar, vestir e temporariamente abrigar as 24 pessoas que estavam a bordo do *Gremlin Special*.

Empolgação à parte, Elsmore e seu estado-maior sabiam que encontrariam um sério problema. Eles não faziam ideia de como poderiam chegar até os sobreviventes e, pior, não faziam ideia de como levá-los de volta a Hollandia. Se houvesse um modo de aterrissar e decolar com um avião em Shangri-La, Elsmore já teria feito isso. E provavelmente levaria repórteres com ele, para que pudessem retratá-lo subjugando os nativos, ou fazendo amizade com eles. Ou talvez ambas as coisas. Ou, ainda, fincando uma bandeira com o brasão de sua família e reivindicando o vale como seu território soberano.

As autoridades holandesas e australianas, que haviam mantido contato com Elsmore durante a busca, ofereceram ajuda e pessoal qualificado para realizar uma incursão por terra. Mas tal ideia foi descartada quando ficou claro que uma expedição desse tipo exigiria um grande número de carregadores nativos e uma quantidade indeterminada de soldados para defendê-la contra tribos hostis e milhares de soldados japoneses que se ocultavam nas matas. E havia algo ainda mais problemático que o custo em homens e equipamentos: a expedição poderia levar semanas para alcançar o vale e, quando o fizesse, as vítimas do desastre já poderiam estar mortas devido aos ferimentos, à hostilidade dos nativos ou ao ataque de tropas inimigas. E, mesmo que sobrevivessem à demora, poderiam estar sem forças para suportar o regresso a Hollandia — uma jornada de um mês através de montanhas, selvas e pântanos.

Aventou-se a possibilidade de utilizar helicópteros, mas foi igualmente rejeitada. Tanto quanto os estrategistas da Fee-Ask sabiam, nenhum helicóptero seria capaz de voar naquelas altitudes. O ar era rarefeito demais para que as hélices gerassem a sustentação necessária para que os veículos sobrevoassem os montes Oranje.

Considerou-se também usar os pilotos de resgate da Marinha norte-americana, que poderiam pousar com um avião no rio Baliem. Também foram apresentados planos dignos de Júlio Verne, envolvendo aviões leves, dirigíveis, planadores e lanchas torpedeiras da Marinha norte-americana, que podiam operar em águas rasas, alcançando o interior do território por via fluvial. Se houvesse algum submarino disponível, seu uso com certeza seria sugerido por alguém da equipe.

Mas todas as ideias tinham falhas logísticas, algumas piores que as outras. Portanto, uma operação de resgate teria que esperar. A preocupação imediata de Elsmore era levar ajuda aos sobreviventes onde eles se encontravam. Alguns deviam estar feridos, precisando de cuidados médicos. Também com urgência, considerando as histórias que circulavam sobre os nativos, os sobreviventes necessitariam de proteção. Uma das soluções era lançar sobre a clareira uma equipe de paramédicos e paraquedistas bem-armados — indivíduos que não se importariam em se encontrar tremendamente inferiorizados em número por "selvagens" que, presumia-se, adotavam práticas canibais.

O grande desafio seria encontrar voluntários para essa missão. Um problema ainda maior era a disponibilidade. Paraquedistas com treinamento em infantaria estavam participando de batalhas. Tanto quanto Elsmore e sua equipe soubessem, não havia nenhum nas proximidades de Hollandia.

A região do Pacífico Sudoeste contava com duas célebres unidades aerotransportadas: os Regimentos de Infantaria Paraquedista

503 e 511. Ambos haviam desempenhado papéis importantes na guerra do Pacífico, notada e heroicamente nas Filipinas. Três meses antes, em fevereiro de 1945, o 503 recapturara a ilha de Corregidor e ajudara o general MacArthur a cumprir sua promessa de retornar às Filipinas. No mesmo mês, na ilha de Luzon, o 511 tinha realizado, 40 quilômetros atrás das linhas inimigas, um ataque-relâmpago que libertara do Campo de Internamento de Los Baños mais de 2 mil norte-americanos e civis aliados, incluindo homens, mulheres e crianças.

Ambos os regimentos ainda estavam travando combates nas Filipinas, e vencer a guerra tinha precedência sobre o resgate de um punhado de sobreviventes da queda de um avião que passeava sobre as florestas da Nova Guiné.

Quando tudo indicava que as opções envolvendo paraquedistas haviam se esgotado, um dos estrategistas de Elsmore, um jovem e brilhante oficial chamado John Babcock teve uma ideia.

Antes da guerra, Babcock ensinava biologia e dirigia o departamento de ciências de uma escola particular de cadetes na cidade de Los Angeles. Quando os Estados Unidos ingressaram na guerra, em dezembro de 1941, ele trocou o giz pelo posto de tenente-coronel no Exército norte-americano. Sua formação científica o levou ao destacamento de guerra química da Fee-Ask.

Poucas semanas antes do acidente, Babcock descobriu que um dos seus antigos alunos estava lotado em Hollandia. Ele sabia duas coisas a respeito deste jovem, que se chamava C. Earl Walter Jr.: primeiro, que ele fora expulso da escola como encrenqueiro; e, segundo, que ele era agora um paraquedista com treinamento em infantaria e se sentia frustrado por estar marcando passo em Hollandia.

A JUVENTUDE DE C. EARL WALTER JR. foi centrada em torno de seu pai, C. Earl Walter Sr.

A maior parte dessa juventude fora passada nas Filipinas, onde o Walter mais velho, deixando o Oregon, se estabelecera com a esposa e o filho bebê, depois que aceitara um convite para trabalhar como executivo de uma madeireira. Antes que o garoto completasse 9 anos, sua mãe contraiu malária. Ela retornou aos Estados Unidos para se tratar, mas sentiu tanta falta do marido e do filho que acabou tomando o primeiro navio de volta para as Filipinas. Morreu algumas semanas depois.

Os dois C. Earl Walter, o sênior e o júnior, ficaram sozinhos. Como nenhum deles gostava do primeiro nome, Cecil, ambos eram conhecidos apenas por Earl. Na época da Depressão, pai e filho moraram na ilha de Mindanao, na parte sul das Filipinas. Tinham uma casa grande, uma cozinheira e alguns criados, que atendiam a todas as suas necessidades. O jovem Earl Walter possuía um cavalo, seu próprio bote e montes de amigos que viviam num bairro próximo. Ele era inteligente, mas, com tantas distrações e um pai ocupado, a escola era a última de suas prioridades. De tal forma que, durante dois anos, Earl Jr. não frequentou nenhuma. Preferia visitar recantos selvagens da ilha acompanhando o pai, nas viagens que este fazia para

CAPITÃO C. EARL WALTER JR.
(CORTESIA DE C. EARL WALTER JR.)

supervisionar as atividades madeireiras. Sua lembrança de infância favorita é de uma dessas viagens.

— Nós caminhamos o dia inteiro e encontramos uma pequena clareira na floresta, com um pequeno regato que formava uma piscina — recorda-se Walter. — Então ele e eu tiramos a roupa, mergulhamos na água e ficamos patinhando lá, só para tirar o suor. Foi muito engraçado. Quando saímos nus da água, vários nativos estavam à beira do riacho olhando para nós. Papai perguntou para o nosso guia o que estava acontecendo, e o guia disse: "Eles queriam saber se vocês eram totalmente brancos."

Aos 14 anos o rapaz alto, bem-apessoado, com cabelos louros ondulados, olhos azul-acinzentados e um pai abastado já era mais que uma curiosidade, principalmente entre as garotas locais. E vice-versa.

— Nessa idade a gente já é velho o bastante para sentir curiosidade sobre as mulheres — explicou Walter. — A gente quer saber como elas são.

O pai de Walter percebeu para onde as coisas se encaminhavam e não gostou do rumo que estavam tomando. Acima de tudo, ele estava preocupado com o fato de seu único filho não estar obtendo uma boa educação. Após a morte da esposa, ele voltara a se casar. A mãe de sua nova esposa, que vivia em Portland, Oregon, se prontificou a tomar conta de Earl Jr. Entre outras vantagens, a mudança daria ao garoto a chance de se equiparar nos estudos aos seus confrades norte-americanos. É possível que o Earl Sr. também tivesse outras preocupações. Mesmo antes de Pearl Harbor, o Walter mais velho já temia uma invasão japonesa: — Quando eu morava com papai, ele costumava dizer: "Vou colocar uma metralhadora aqui, outra ali, e quando os japoneses vierem nós estaremos preparados para eles."

Earl Jr. retornou aos Estados Unidos. Primeiro foi morar na casa da mãe de sua madrasta e depois na casa de sua avó paterna, que fez o possível para estragá-lo com mimos. Foi quando Earl Sr. decidiu que um pulso mais firme se fazia necessário.

— Acho que papai sentiu que eu precisava ter uma educação militar, que isso me endireitaria.

Earl Jr. ingressou, então, no Instituto Militar Black-Foxe, em Los Angeles, uma pomposa escola particular que tinha até uma equipe de polo. Localizado entre o Wilshire Country Club e o Los Angeles Tennis Club, o Black-Foxe oferecia uma boa opção para os astros de cinema que queriam dar um jeito em seus filhos problemáticos. Em épocas variadas, o Black-Foxe se orgulhou de ter como alunos os filhos de Buster Keaton, Bing Crosby, Bette Davis e Charlie Chaplin. Sydney, o filho de Chaplin, descreveu o Black-Foxe como "um internato para os filhos dos ricos de Hollywood".

Lá, Earl Jr. atingiu sua altura de 1,95 metro e se tornou um excelente nadador especializado no nado de costas, chegando a obter um recorde na prova de revezamento. Uma das matérias que mais o agradavam era biologia — o que significava que ele matava menos aulas de biologia do que das outras matérias. Seu professor de biologia era um futuro tenente-coronel do Exército norte-americano chamado John Babcock.

De modo geral, o plano de Earl Sr. para endireitar o filho fracassou. Earl Jr. não era um adolescente mal-intencionado, mas encontrava infinitas maneiras de evitar os estudos.

— A escola não me endireitou. Na verdade, aprendi mais coisas ruins lá do que em qualquer outro lugar.

Sua madrasta cometera o erro de lhe conceder uma generosa mesada, de modo a suavizar a transição para uma nova escola. Os administradores da Black-Foxe controlavam o dinheiro, mas

Earl descobriu um modo astucioso de contornar a barreira. Retirava dinheiro de sua conta na escola e o gastava em profusão na loja da escola, comprando livros, cadernos e outros artigos escolares. Depois os revendia pela metade do preço a outros alunos, em dinheiro. Mesmo com os descontos, ele "tinha mais dinheiro do que podia gastar".

— Em que tipo de confusões eu me metia? Bem, eu estava sempre procurando companhia feminina — lembra-se o Earl Walter mais novo. — Eu tinha um grande amigo chamado Miller. A gente costumava ir de carona até o centro de Los Angeles. Naquele tempo, se você tinha dinheiro e altura suficiente, conseguia beber. Então, eu sempre tomava umas doses de gim. Era a área de Los Angeles onde havia espetáculos de variedades. Como Miller e eu gostávamos de ver mulheres peladas, a gente ia para lá.

O Black-Foxe decretou que o jovem Earl exercia "má influência" sobre os outros garotos e o expulsou. Ele voltou para a casa de sua avó e terminou o segundo grau em Portland. Nesta época ele estava com quase 20 anos.

— Eu soube que alguns pais avisavam às filhas para ficar longe de Earl Walter, porque eu era velho o bastante para correr atrás de mulheres e gostava disso.

Uma das garotas com quem ele saiu o apresentou à amiga Sally Holden. A mãe dela não gostava de Earl, mas Sally gostava.

— Ela era uma menina linda — disse ele —, e nós nos apaixonamos. Depois que começamos a namorar firme, eu não me interessei por mais ninguém.

APÓS ESTUDAR DOIS SEMESTRES na Universidade do Oregon, Earl foi convocado em agosto de 1942, quando estava com 21 anos. Ele ingressou na escola preparatória de oficiais, em Fort Benning,

Geórgia, onde recebeu treinamento como paraquedista. Quando estava prestes a ser enviado para o *front* europeu, o tenente C. Earl Walter Jr. recebeu uma notícia inesperada de seu pai. A última vez em que tivera notícias dele fora em uma carta de 1941, pouco antes de Pearl Harbor, na qual seu pai escrevera que "muito provavelmente permaneceria nas ilhas caso houvesse guerra".

Na condição de território dos Estados Unidos, as Filipinas enviavam um comissário a Washington para representar seus interesses. Ele não tinha direito a voto no congresso. Na época, o comissário-residente era Joaquín Miguel "Mike" Elizalde, membro de uma das famílias mais ricas das Filipinas. Os Elizaldes tinham participação na empresa em que o Earl Walter mais velho trabalhava como executivo. Mike Elizalde soube que o Earl sênior seguira seu plano de permanecer nas Filipinas quando a guerra estourasse. Em vez de se

C. EARL WALTER, SÊNIOR E JÚNIOR. (CORTESIA DE C. EARL WALTER JR.)

render, submetendo-se à prisão ou à morte, ou tentar fugir para a Austrália ou os Estados Unidos, o Earl mais velho se embrenhou nas selvas de Mindanao, onde liderava um grupo de guerrilheiros filipinos. Sua bravura lhe granjeara elogios, medalhas e o posto de major do Exército norte-americano, a caminho de se tornar tenente-coronel.

Um livro a respeito de outro líder guerrilheiro das Filipinas o descreve como um "guerreiro determinado e durão", e como "um homem na casa dos cinquenta, calejado e bom de briga". O texto diz também que ele fora agraciado por bravura na Primeira Guerra Mundial e retomara as atividades militares na Segunda Guerra Mundial. Walter e seus guerrilheiros "organizavam temíveis ações de infantaria, tocaiando soldados japoneses em estradas costeiras e rondando as guarnições japonesas durante a noite".

Mike Elizalde, comissário-residente das Filipinas em Washington, enviou uma carta para o jovem Walter, informando-lhe que seu pai estava vivo, com saúde e dando uma lição nos japoneses. Walter disse a um de seus comandantes, na época, que "as informações que Elizalde me forneceu sobre meu pai foram suficientes para acabar com meus temores por sua segurança e me deixar orgulhoso de seu trabalho".

As notícias tiveram outro efeito: C. Earl Walter Jr. perdeu o interesse em lutar contra os alemães e os italianos na Europa. Segundo um relatório feito na época por um tenente-coronel, Walter dissera que não sabia muito a respeito das atividades de seu pai na guerrilha, mas o que sabia era suficiente para deixá-lo "com inveja do tipo de trabalho que ele estava fazendo".

Com a ajuda de Elizalde, o tenente Walter se ofereceu para integrar uma unidade especial que organizava operações de comandos e de inteligência nas Filipinas, o Batalhão de Reconhecimento 5217, constituído quase inteiramente de voluntários filipino-americanos. A ideia era despejar soldados filipino-americanos nas ilhas, mediante submarinos ou paraquedas, na esperança de que eles logo se misturassem aos nativos civis. Uma vez instalados, os membros da unidade organizariam operações de guerrilha e de abastecimento aos membros da resistência. Esta pareceu a atividade ideal para C. Earl Walter Jr.

Tendo crescido nas Filipinas, Walter conhecia a cultura do país e o dialeto *visayan*, o que o tornava o oficial perfeito para o 5217. Como paraquedista qualificado, ele era a escolha ideal para criar uma escola de saltos para o batalhão conhecido como Campo X, nas cercanias de Brisbane, Austrália. O melhor de tudo era que, quando chegasse às Filipinas, Walter Jr. poderia lutar ao lado de seu pai. Pelo menos, este era o plano.

Após se casar com Sally, Walter embarcou no início de 1944 e iniciou o trabalho de transformar membros do Recon 5217 em paraquedistas qualificados — às vezes com resultados divertidos. O Exército dos Estados Unidos usava grandes paraquedas, e muitos soldados filipino-americanos pesavam menos de 55 quilos. Alguns pulavam e simplesmente flutuavam nas correntes de ar.

— Teve um cara miudinho que começou a gritar: "Tenente, eu não estou descendo."

Ele acabou conseguindo, mas depois do incidente um dos sargentos de Walter passou a equipar os homens mais leves com pesados cinturões de munição, para acelerar a descida.

Em julho de 1944, quando chegou ao Pacífico Sul, Walter preencheu um questionário para oficiais, onde assinalou como atividade de interesse uma "missão especial" nas Filipinas que deveria ocorrer antes da invasão dos aliados. Ele explicou melhor sua escolha em um extenso memorando que escreveu ao seu novo comandante.

Detalhou sua criação nas Filipinas, seu conhecimento das ilhas e dos idiomas lá falados; descreveu também o trabalho de seu pai e suas próprias ambições. "Em resumo", escreveu ele, "eu odeio extremamente os japoneses. Vim até este teatro de operações esperando integrar uma unidade de paraquedistas combatentes e ajudar a exterminar os japoneses".

Mais adiante no memorando, Walter escreveu que faria o melhor possível se fosse alocado em um trabalho de inteligência ou de propaganda, mas que gostaria realmente de ocupar um posto no centro da ação. Embora ainda não tivesse dado nenhum tiro, ele acreditava que saberia como reagir se e quando a oportunidade se apresentasse. Apesar de sua disciplina e treinamento, escreveu Walter, ele poderia não conseguir controlar sua vontade de apertar o gatilho em uma missão não combatente. "Meu único desejo é que me deem um trabalho que envolva um possível contato com o inimigo, pois receio que minha vontade de lutar contra os japoneses possa assumir o controle, quando deveria ser controlada".

Apesar da sede de combate de seu chefe, a unidade de Walter não participou da invasão das Filipinas nem acompanhou MacArthur quando este retornou às ilhas em outubro de 1944 — o que ocorreu cerca de três meses depois de Walter solicitar um papel na ação. Mesmo quando a batalha pelo controle das Filipinas prosseguiu, Walter e seus homens permaneceram estacionados. Mas muito contra a vontade.

Enquanto reprimia sua frustração e aguardava uma missão interessante, Walter continuou seu trabalho com os membros do batalhão. Muitos deles eram levados secretamente às ilhas, em submarinos, para missões de inteligência. Uma das viagens foi à ilha de Mindanao e ele conseguiu uma vaga. Quando o submarino chegou ao lugar de desembarque, uma surpresa o aguardava: seu pai estava esperando por ele. Walter ficou extasiado — não o via fazia sete anos, desde que retornara aos Estados Unidos para terminar os estudos.

    Mas sua felicidade teve curta duração. O Walter mais velho lhe disse que não queria que ele fizesse parte de nenhuma missão secreta, fosse por intermédio de submarinos, fosse por qualquer outro meio. Disse também que pretendia informar o alto-comando do Exército norte-americano sobre este desejo. Se dependesse de C. Earl Walter Sr. os aliados teriam que vencer a guerra sem a ajuda de C. Earl Walter Jr.

11

UWAMBO

QUANDO O CAPITÃO BAKER e sua tripulação relataram ter visto três sobreviventes em uma clareira da floresta, não mencionaram a presença de nativos nas cercanias. Mas, mesmo que os tivessem avistado na mata, aproximando-se de Margaret, McCollom e Decker, nada poderiam ter feito. Não estavam preparados para atirar, não podiam aterrissar e não transportavam paraquedistas nem armas para lançar sobre a clareira.

Os sobreviventes do *Gremlin Special* estavam entregues a si mesmos e prestes a ter seu primeiro encontro com o povo de Shangri-La.

MARGARET, MCCOLLOM E DECKER não haviam caído em um mundo que o tempo esquecera. O tempo jamais soubera que ele existia.

Em seu isolamento, os habitantes do chamado Shangri-La seguiram um caminho peculiar. Haviam dominado o fogo, mas não descoberto a roda. Cobriam seus corpos de barro, em sinal de luto, mas não desenvolveram a cerâmica. Falavam línguas complexas — o verbo que significava "golpear" ou "matar" podia ser flexionado em mais de duas mil formas —, mas só dispunham de uma palavra para descrever tempo e lugar: *"O"*. Usavam apenas três números: um, dois e três; além desses, tudo era "muitos". Em um mundo inundado de cores, só dispunham de palavras para duas: *"mili"*, para preto, castanho-avermelhado, os marrons-escuros, os verdes e os azuis; e *"mola"*, para branco, os vermelhos, os laranjas, os amarelos, os marrons-claros e os roxos.

Eles se enfeitavam com colares e penas, mas não criavam nenhuma obra de arte duradoura. Acreditavam que a lua era um homem e o sol, sua mulher, mas ignoravam as estrelas que enxameavam o céu noturno. Quatrocentos anos após Copérnico ter declarado que a Terra girava em torno do sol, o povo que ocupava o vale e suas cercanias, achava que o sol circulava ao seu redor. Acreditava que o astro cruzava os céus durante o dia, passava a noite em uma casa sagrada e, de madrugada, viajava por baixo do solo até seu ponto de partida. A lua tinha sua própria casa.

Eles temiam os espíritos de seus ancestrais, mas não adoravam nenhum deus. Eram gentis com as crianças, mas decepavam dedos das meninas para homenagear parentes mortos. Tratavam os porcos como gente da família — as mulheres amamentavam leitõezinhos quando necessário —, mas os abatiam sem qualquer remorso. Construíam torres de observação com dez metros de altura, mas a única mobília que possuíam era uma cadeira funerária para os mortos. Cultivavam tabaco, mas nunca transformavam vegetais em bebida. Praticavam a poligamia, mas homens e mulheres geralmente dormiam separados. Valorizavam a inteligência, mas não a curiosidade. A lealdade tinha um significado especial. Para saudar parentes e amigos íntimos, eles diziam *Hal-loak-nak* — "Me deixe comer suas fezes". O verdadeiro significado da frase: "Eu faria o impossível por você."

Os cerca de 60 mil nativos que habitavam o vale principal e os milhares que ocupavam as áreas adjacentes se organizavam em pequenas aldeias ou aldeolas cercadas. Na maioria delas, de 30 a 50

NATIVOS *DANIS*, FOTOGRAFADOS POR EARL WALTER EM 1945. (CORTESIA DE B.B. MCCOLLOM.)

pessoas viviam comunalmente em choças dispostas em torno de um pátio central, embora as aldeias maiores pudessem ter muito mais habitantes. Os homens da aldeia costumavam dormir juntos em uma choça redonda, normalmente proibida às mulheres. As mulheres viviam com os filhos em outras choças redondas e trabalhavam juntas em uma longa cozinha ovalada. Os porcos também viviam nas choças para que não se desgarrassem durante a noite e fossem roubados pelos inimigos.

Quando se referiam a si mesmos, os nativos do vale poderiam dizer que eram *ahkuni*, ou "pessoas". Chamavam seus inimigos de *dili*. Às vezes, eles se identificavam pelo nome da vizinhança, ou do clã; ou ainda pelo nome de seu líder, o *kain*, que comandava a confederação militar a que pertenciam. Eles também podiam se descrever em relação ao rio que cortava o vale: *Nit akhuni Balim-mege*, ou "Nós, povo do Baliem". Embora fossem membros das tribos yali ou dani, a filiação tribal era menos importante que a vizinhança, o clã ou as alianças. Diferentes clãs ou vizinhanças dentro da mesma tribo eram muitas vezes inimigos, yalis e danis estavam sempre transpondo os limites tribais para combater inimigos comuns.

Uma caminhada de alguns minutos poderia levar o morador a qualquer das dez ou quinze aldeias semelhantes que compunham uma vizinhança. Diversas vizinhanças que se uniam para guerrear formavam uma confederação, e diversas confederações constituíam uma aliança de 4 a 5 mil pessoas. As guerras nativas, chamadas de *wim*, eram travadas entre alianças. Embora partilhassem a mesma língua, etnia e cultura, as alianças mantinham profundas e prolongadas hostilidades mútuas, cuja origem era muitas vezes desconhecida. Elas sempre haviam sido inimigas, portanto permaneciam inimigas.

Na verdade, as hostilidades entre alianças caracterizavam a vida dos nativos. Se fosse coberto por um teto de vidro, o vale seria um terrário de conflitos humanos, um ecossistema alimentado pela luz do sol, águas fluviais, porcos, batatas-doces e guerras entre vizinhos.

Os ancestrais dos nativos lhes haviam dito que guerrear era uma obrigação moral e uma necessidade vital. E os homens repetiam: "Se não houver guerra, nós morreremos." A continuidade da guerra chegava a fazer parte da língua. Quando um homem dizia "nossa guerra", ele estruturava a frase do mesmo modo como descreveria um fato irrevogável. Quando expressava alguma relação de posse como "nossa madeira", usava elocuções diferentes. O significado era claro: a posse da madeira poderia mudar, mas as guerras eram para sempre.

Se comparados com as causas da Primeira Guerra Mundial, os motivos subjacentes às guerras nativas eram de difícil compreensão para os forasteiros. Eles não lutavam por terra, riquezas ou poder. Nenhum dos lados estava tentando repelir ou conquistar outro povo para proteger um modo de vida ou modificar as crenças do inimigo, que ambos os lados já compartilhavam. Nenhum dos lados considerava a guerra um mal necessário, um fracasso da diplomacia ou uma interrupção da paz desejada. A paz não era a recompensa ao final da guerra. Não *havia* um final para a guerra. As guerras no vale passavam por diversas fases. Aumentavam e diminuíam de intensidade.

Mas jamais terminavam. Uma vida em guerra era a herança de todas as crianças.

No Vale do Baliem, o combustível inesgotável da guerra era a necessidade de aplacar espíritos, ou fantasmas, chamados de *mogat*. Os vivos construíam choças para que os espíritos pudessem ter um lugar para descansar e para fumar seu tabaco. Os vivos também organizavam rituais para agradá-los, acreditando que os *mogat* poderiam escolher entre lhes prestar ajuda ou lhes fazer mal. Assim, era melhor que fossem mantidos felizes. Quando uma pessoa morria na guerra, seus amigos e sua família tentavam apaziguar seu espírito matando um dos odiados inimigos — fosse um guerreiro, uma mulher, um ancião ou mesmo uma criança. Isso poderia ocorrer durante uma batalha ou em uma incursão a uma plantação de batata-doce. Os sobreviventes acreditavam que as almas desses mortos permaneceriam em desequilíbrio, e seus *mogat* os atormentariam enquanto não fossem satisfeitos. Quando a desforra era obtida, os nativos celebravam o fato com danças e banquetes, nos quais a carne dos inimigos era às vezes cozinhada e comida. Enquanto os bem-sucedidos guerreiros e suas famílias comemoravam, seus inimigos cremavam seus mortos, oficiavam elaborados rituais de luto e começavam a tramar sua própria desforra. Como os combatentes compartilhavam as mesmas crenças espirituais, um lado ou outro sempre tinha uma morte para vingar, um assassinato para planejar e um espírito para aplacar. E o "olho por olho, dente por dente" se prolongava *ad infinitum*.

Apaziguar os espíritos era o principal motivo da guerra, mas não o único. Em um vale isolado, onde as pessoas geralmente gozavam de boa saúde e tinham água e comida em abundância, um lugar de clima temperado e sem mudança de estação, onde nada parecia mudar, as guerras animavam as comunidades e uniam as pessoas.

Satisfaziam uma necessidade básica dos seres humanos: as festividades. As mortes resultantes da guerra e os consequentes funerais criavam obrigações, dívidas, inimizades compartilhadas e lembranças em comum. De vez em quando, as guerras acarretavam modificações nas alianças e nas perspectivas, para o bem ou para o mal. Elas também beneficiavam alguns: guerreiros mortos significavam menos homens, o que permitia aos sobreviventes masculinos possuir várias esposas sem o perigo de lotar as aldeias com solteiros insatisfeitos.

A prática da guerra era tão anormal quanto seus motivos. As batalhas eram geralmente combinadas mediante um convite ao inimigo, feito aos gritos em uma terra de ninguém. Caso o inimigo declinasse o convite, todos voltavam para casa.

As lutas eram travadas apenas durante o dia, para impedir que espíritos malignos da noite se envolvessem nelas. Para que a chuva não borrasse as pinturas de guerra, as batalhas eram canceladas em caso de mau tempo. Os gritos de guerra não eram berros ameaçadores, mas pios semelhantes aos dos cucos. Os nativos usavam penas

NATIVOS DANIS, FOTOGRAFADOS POR EARL WALTER EM 1945. (CORTESIA DE B.B. MCCOLLOM.)

nos cabelos, mas não em suas flechas; quando disparadas, as flechas descreviam padrões irregulares, como pássaros em voo. Durante pausas nas batalhas, os guerreiros descansavam, cantavam e tagarelavam. Eles sabiam detalhes sobre a vida de seus inimigos e proferiam insultos através das frentes de batalha. Um comentário sórdido sobre a esposa de algum inimigo poderia fazer com que ambos os lados rissem às gargalhadas. Em seguida, todos pegavam suas lanças e, novamente, tentavam matar uns aos outros.

O êxito na guerra era visto como uma necessidade para o bem-estar da comunidade, e os guerreiros bem-sucedidos obtinham status social, com acesso a mais esposas em potencial, algo extremamente valioso em uma cultura em que os casais se abstinham de sexo por até cinco anos após o nascimento de uma criança. Mas seria errado exagerar o papel da poligamia e da abstinência na guerra. Para muitos homens, a guerra era sua própria recompensa, uma fonte de prazer e recreação, além de um ambiente de camaradagem. Um divertido evento esportivo, em que tinham chances razoáveis de serem feridos ou mortos. Paradoxalmente, quando os nativos não estavam travando batalhas, a vida nas aldeias costumava ser tranquila, perturbada apenas por ocasionais discórdias matrimoniais e discussões sobre furtos de porcos. Entre amigos e parentes, o método mais comum de lidar com conflitos não era a violência, mas a desistência. Um dos lados simplesmente se retirava.

Aparentemente, a guerra trazia poucos benefícios para as mulheres. Cada caminhada que uma mulher e suas filhas faziam até as plantações ou até poços de água salgada para coletar sal constituía um perigo. Expedições de inimigos poderiam atacá-las.

As guerras moldavam as crianças desde a mais tenra idade. A educação dos meninos consistia em imitar homens mais velhos, simulando guerras e incursões a território inimigo. Os brinquedos eram pequenas flechas feitas de bambu ou de longos talos de capim.

Essas flechas costumavam atingir os olhos dos meninos, deixando-os cegos de um olho, mas não menos desejosos de se transformar em guerreiros. Para as meninas, as guerras significavam ter a metade de um dedo da mão decepada a cada vez que um parente era abatido, para satisfazer o espírito do morto. Quando uma garota atingia a idade de se casar, seus únicos dedos poderiam ser apenas os polegares. Um antropólogo que acompanhou os sobreviventes do *Gremlin Special* ao vale, anos mais tarde, descreveu o processo: "Várias meninas são levadas à câmara mortuária no segundo dia. Um homem, especialista nesta prática, está à espera delas. Primeiro, ele amarra um cordel acima do cotovelo da garota, com bastante força. Depois, ele bate no cotovelo dela com uma pedra, ou um pedaço de madeira, atingindo a extremidade da ulna, de modo a entorpecer os nervos dos dedos. Depois, alguém segura a mão da menina sobre uma tábua. O especialista pega uma machadinha de pedra e, com um golpe, corta um ou dois dedos dela na primeira junta."

Guerrear e aplacar os espíritos não era tudo o que os nativos faziam. Eles construíam choças e torres de observação, cultivavam batatas-doces e outros vegetais, criavam porcos, formavam famílias e preparavam refeições. A maior parte do trabalho duro recaía sobre as mulheres. Os homens construíam residências e torres de observação, e lavravam a terra, o que lhes deixava bastante tempo livre. Eles o dedicavam às guerras — planejando as batalhas, celebrando as vitórias, pranteando suas perdas e planejando novos combates. Entre uma coisa e outra, falavam sobre guerras, afiavam as armas, furavam os narizes e enfiavam presas de porcos nos buracos, de modo a parecer ferozes. Eles costumavam enrolar fibras de orquídeas nas flechas para provocar infecções, caso os ferimentos infligidos não fossem instantaneamente fatais. Também passavam horas vigiando os movimentos dos inimigos a partir das torres de observação que ladeavam a ampla terra de ninguém que separava suas casas e plantações.

Quando a antropóloga Margaret Mead conheceu o Vale do Baliem, percebeu uma conexão entre "o passado distante e o futuro para onde a humanidade estava caminhando". Ela escreveu: "Eles são claramente seres humanos como nós, aprisionados em um horrível modo de vida, no qual o inimigo não pode ser aniquilado, conquistado ou absorvido, pois é preciso que haja um inimigo para possibilitar a troca de vítimas, cujo único desfecho possível é mais uma vítima. A humanidade tem se envolvido em muitos círculos viciosos. Reinos e impérios têm desmoronado por não conseguir enfrentar invasores menos tolhidos por amarras culturais. Há milhares de anos, nas terras altas da Nova Guiné, não existe outra ocupação a não ser o cuidadoso trabalho nas lavouras e a criação de filhos que serão assassinados."

Ao evocar o nome do pacífico paraíso do filme *Horizonte Perdido*, os correspondentes de guerra George Lait e Harry E. Patterson, calculadamente, elaboraram uma fantasia. Seus leitores suspiravam por um Shangri-La, após uma rotina diária de notícias de guerra. Entretanto, eles não poderiam ter imaginado um nome mais irônico mesmo que tentassem. O Vale do Baliem era um lugar lindo e extraordinário, mas não era nenhum paraíso na terra.

APESAR DA ESPECULAÇÃO do coronel Elsmore a respeito de terremotos, ninguém sabia como aquelas pessoas tinham chegado ao vale, nem há quanto tempo. Uma das hipóteses aventava que talvez fossem descendentes de povos do litoral da ilha que haviam sido empurrados para o interior pela chegada de outros povos. A origem de suas crenças e costumes também era um mistério.

Mas pistas do passado podiam ser encontradas nos mitos contados em torno das fogueiras. As primeiras linhas de um mito dani que explicava a Criação, traduzidas por um forasteiro, eram as seguintes: "No começo havia o Buraco. Do Buraco saíram os homens danis. Eles se estabeleceram nas terras férteis que havia em torno do Buraco. Depois vieram os porcos. Os danis domesticaram os porcos. Depois vieram as mulheres, e os danis ficaram com as mulheres". As pessoas que viviam nas proximidades do local que todos acreditavam ser o Buraco chamavam a si mesmas de *iniatek*, ou "originais".

Outro mito descrevia como, após deixar o Buraco, os seres humanos se separaram das outras criaturas do vale. No início, explicava o mito, os humanos saíram do Buraco juntamente com pássaros, morcegos, insetos, répteis e mamíferos da floresta. Essas criaturas se reuniram e pediram ao primeiro ser humano, chamado Nakmatugi, que as diferenciasse. Então, ele as organizou por tipos e lhes deu identidades individuais. No princípio, juntou pássaros e homens. Mas os pássaros não concordaram e se afastaram voando, deixando seus irmãos no solo.

A crença dos nativos em um antigo elo entre os homens e os pássaros era um tema recorrente. O mito do Pássaro e da Cobra descreve ambas as criaturas discutindo sobre a morte, a imortalidade e o destino da humanidade. A Cobra insistia que os homens deveriam retornar dentre os mortos, assim como as cobras se livram de suas peles e renascem. Mas o Pássaro disse que os homens deveriam permanecer mortos, como os pássaros que caem, e que os sobreviventes deveriam se cobrir de lama em sinal de luto. Para decidir qual das crenças prevaleceria, o Pássaro e a Cobra apostaram uma corrida. O Pássaro venceu. Então os humanos, tal como os pássaros, devem morrer. As pessoas levavam a fábula ao pé da letra. As mulheres cobriam seus corpos de lama quando estavam de luto, e as armas, os ornamentos e outros troféus tirados dos inimigos mortos em combate eram chamados de "pássaros mortos".

Nos mitos dos nativos, os primórdios da vida humana no vale jamais eram descritos como um paraíso ou um Jardim do Éden. Mortes violentas e alianças hostis datavam do início dos tempos. Quando as pessoas emergiram do Buraco, de acordo com um dos mitos, uma luta irrompeu, e matanças ocorreram. Os parentes das vítimas uniram forças e disseram: "Vamos nos vingar dos nossos inimigos." Foi o que fizeram. E, como os inimigos retaliavam, o ciclo de guerras jamais cessava.

A população do vale tinha também uma lenda chamada Uluayek, que falava sobre os espíritos que viviam no céu acima do vale e de um cipó que pendia do céu até o chão. Em tempos remotos, segundo a lenda, as pessoas do vale e os espíritos do céu visitavam uns aos outros, subindo e descendo pelo cipó. Alguns dos nativos diziam que os espíritos do céu tinham cabelo longo, pele branca e olhos claros. Alguns diziam que tinham braços cabeludos, que mantinham cobertos. Ninguém sabia ao certo, pois os espíritos roubaram porcos e mulheres, e o povo do vale cortou o cipó, interrompendo o contato. A lenda afirmava que um dia os espíritos do céu arranjariam um novo cipó e desceriam até o chão novamente.

O retorno dos espíritos anunciaria o Fim dos Tempos.

O AGLOMERADO DE CHOÇAS que os passageiros do *Gremlin Special* haviam avistado pouco antes da queda era uma aldeia que os nativos chamavam de Uwambo. Quando o avião roncou nos céus pela primeira vez, os moradores da aldeia — membros da tribo yali — estavam ocupados com suas tarefas diárias. O som do avião voando a baixa altitude fez com que eles se escondessem nas plantações de batatas-doces ou corressem para a selva circundante. Foi por esse motivo que Margaret não viu nenhum nativo perto das choças.

Os moradores de Uwambo já haviam visto aviões antes, principalmente no ano anterior, quando o coronel Elsmore e outros pilotos efetuavam voos regulares sobre suas casas. Entretanto, não sabiam o que pensar deles. Segundo alguns ocidentais, os nativos pensavam que os aviões eram pássaros gigantes, mas o povo de Uwambo sabia como os pássaros alçavam voo e se moviam pelos céus. Eles não faziam barulho, exceto pelos trinados e grasnidos. Os aviões não pareciam nem se moviam como pássaros. Algumas crianças nativas achavam que deviam ser homens enormes, com os braços esticados. Poucos imaginavam que traziam pessoas em seu interior.

Uma coisa que os nativos conheciam com certeza era o som dos aviões. Para identificá-los, eles usavam sua palavra para "barulho", *ane* (cuja pronúncia é anê), e lhe acrescentavam sufixos — *woo* ou *kuku* — que lembravam o ruído do motor. Os aviões entraram no vocabulário nativo como *anewoo* ou *anekuku*.

Enquanto os passageiros a bordo do *Gremlin Special* olhavam pelas janelas, tentando avistar nativos, um garoto yali chamado Helenma Wandik observava o *anewoo* de seu esconderijo na mata. Ele sempre se lembraria de que aquele *anewoo* parecia estar voando inusitadamente próximo ao chão. Sua prima, uma adolescente chamada Yunggukwe Wandik, que pouco tempo antes ganhara seu primeiro porco, estava trabalhando nas plantações de batata-doce quando viu o avião. Com medo, ela se jogou no chão e agarrou as pernas de uma mulher que trabalhava ao seu lado.

Tanto Helenma quanto Yunggukwe achavam que o *anewoo* sobrevoara duas vezes o pequeno vale, antes de apontar o nariz para um lugar que chamavam de serra de Ogi, perto de um riacho chamado Mundi. Nenhum deles viu o aparelho mergulhar nas árvores, mas Helenma achou estranho ouvir trovões em um dia tão claro.

QUANDO A NOITE CAIU, o povo de Uwambo avistou chamas em algum ponto da serra de Ogi, onde o *anewu* desaparecera. Um líder da aldeia, de nome Yaralok Wandik, rastejou pelo alto da serra, em meio à floresta, para verificar o que estava acontecendo. Ao se aproximar, sentiu um cheiro estranho. Chegou, então, aos limites da clareira formada pela queda do avião. Oculto na selva, avistou os destroços e alguns seres com aspecto humano. Mas não se pareciam com ninguém que ele jamais tivesse visto. A pele de seus rostos era clara, e eles tinham cabelo liso. A pele de seus corpos era estranha. Eles tinham pés, mas os pés não tinham dedos. Só mais tarde ele aprendeu que coisas chamadas "roupas" protegiam suas peles, e coisas chamadas "sapatos" envolviam seus pés.

Yaralok se afastou sem ser visto. Ao retornar a Uwambo, não falou a ninguém sobre o que tinha visto. Outros homens fizeram o mesmo. Entre eles estava Nalarik Wandik, cujo primeiro nome significava "Perdendo-se", e Inggimarlek Mabel, cujo nome significava "Nada nas Mãos". Outro homem, Pugulik Sam-bom, também esteve na serra, e talvez tenha sido quem mais ficou perturbado pelas coisas que vira. Mas nenhum deles, no início, falou sobre as criaturas que pareciam ter saído do *anewoo* destroçado.

Esse silêncio se enquadrava em uma idiossincrasia cultural dos yali. O portador de más notícias corria o risco de ser responsabilizado por elas. Em vez de espalhar as notícias sobre o que tinham visto, os homens ficaram calados e se juntaram às pessoas amedrontadas que fugiam pelo meio da selva, carregando batatas-doces ainda não amadurecidas.

No dia seguinte, Yaralok retornou ao local da queda e viu o que pensou serem três homens e uma mulher, embora, com as roupas estranhas que usavam, ele não pudesse ter certeza. Um dos homens — provavelmente Decker — tinha uma cobertura em sua cabeça que lembrou a Yaralok uma crista branca na cabeça de uma ave. Ele achou ter visto os homens tirando um corpo do que restava do *anewoo*. Ouviu alguns estalos e o som de uma pequena explosão. Após observar os acontecimentos por mais algum tempo, afastou-se de novo, certo de que aquelas criaturas eram espíritos vindos do céu.

Para um agricultor-guerreiro yali de Uwambo, essa explicação era perfeitamente adequada. Desde a infância, ele ouvia a lenda de Uluayek, que previa o retorno dos espíritos, cuja corda fora cortada. A lenda descrevia com perfeição os seres do *anewoo*: pele branca, cabelo longo, olhos claros, braços cobertos. O *anewoo* também fazia sentido. Na ausência de uma corda, os espíritos haviam encontrado outra forma de descer no vale. Yaralok, no entanto, não tinha pressa alguma de divulgar suas conclusões.

Como explicou seu sobrinho Helenma:

— Uma coisa catastrófica estava acontecendo. Ele não queria causar pânico nem ser responsabilizado pelos acontecimentos. Aqueles eram espíritos. A lenda dizia que pessoas de cabelos longos desceriam do céu. As testemunhas estavam apavoradas. Aquilo poderia ser o Fim dos Tempos. Era uma história que os nativos tinham ouvido e contado ao longo de gerações.

Depois que outros moradores da aldeia começaram a falar sobre as chamas vistas na mata, Yaralok quebrou o silêncio. Para seu alívio, ninguém o responsabilizou. Todos estavam ocupados demais especulando sobre o que a chegada dos visitantes estaria pressagiando. Um líder da aldeia, Wimayuk Wandik, ouviu a história de Yaralok com especial atenção.

Uma das opções dos moradores de Uwambo era dar boas-vindas aos espíritos, mesmo que sua vinda significasse o fim do mundo, tal como eles o conheciam.

A outra opção, mais natural para um povo aguerrido, era matá-los.

12

WIMAYUK WANDIK, TAMBÉM CONHECIDO COMO "CHEFE PETE"

OS NATIVOS QUE SE APROXIMAVAM dos sobreviventes, moradores de Uwambo e das aldeias próximas, já haviam dançado para celebrar a morte de inimigos. Todos haviam chorado perdas de parentes e amigos em guerras. Muitos tinham sangrado nas batalhas e derramado o sangue de seus inimigos. Alguns haviam tirado uma vida, ou várias. Todos poderiam contar onde essas mortes tinham ocorrido e os nomes dos inimigos caídos. Alguns haviam esquartejado os inimigos mortos e provado carne humana como recompensa pela vitória.

— Quando nós matávamos alguém, fazíamos a dança da vitória — recordou-se Helenma Wandik, na época, um garoto.

Ele acusou seus inimigos, membros de um clã denominado Landikma, de comer os corpos inteiros de suas vítimas. Ele considerava esse um comportamento bárbaro. Em contraposição, disse Helenma Wandik, seu povo só comia as mãos dos inimigos, decepadas após a morte e assadas em um poço forrado de pedras quentes.

A má notícia, portanto, era que pelo menos algumas das histórias de bicho-papão que Margaret, McCollom e Decker tinham ouvido e davam conta de que os nativos comiam a carne de seus inimigos, eram verdadeiras. Os homens seminus portando machadinhas que emergiam da floresta não tinham escrúpulos em matar.

E tinham vários motivos para achar que atacar os forasteiros antes que estes os atacassem seria uma boa ideia.

Os nativos dividiam as pessoas em três categorias: eles mesmos, seus aliados e seus inimigos. Eles conviviam ou cooperavam com as duas primeiras. E tentavam matar ou não ser mortos pela terceira. Margaret, McCollom e Decker, obviamente, não pertenciam às duas primeiras categorias. Mas também não se pareciam com os inimigos habituais dos nativos. Embora os sobreviventes não soubessem disso, sua melhor chance de permanecerem vivos era que os nativos continuassem a pensar que eles eram espíritos.

Para a sorte de Margaret, McCollom e Decker, os yalis de Uwambo não estavam entre os nativos que haviam entrado em contato com a expedição de Archbold. Eles não tinham desforra pendente para apaziguar o espírito do homem morto a tiros sete anos antes.

SENTADOS NO MEIO da plantação de batata-doce, separados por uma vala e 10 mil anos do que geralmente se chama de progresso, os sobreviventes e os nativos esperavam que alguém fizesse o primeiro movimento.

Em todos os aspectos imediatos, os nativos levavam vantagem. Superavam os sobreviventes em uma proporção de dez para um. Estavam saudáveis e bem-alimentados. Nenhum deles havia sofrido queimaduras, ferimentos na cabeça ou estava com gangrena. Nenhum deles passara três dias quase sem dormir, alimentando-se de água e balas Charms. Suas machadinhas de pedra faziam com que o canivete de escoteiro de McCollom parecesse um brinquedo.

Fora de Shangri-La, claro, a situação era diferente.

Pelos padrões convencionais de riqueza, educação, medicina e conquistas tecnológicas, o mundo representado por Margaret, McCollom e Decker superava em muito o mundo dos nativos de

Shangri-La. Entretanto, vista de outra forma, a civilização dos sobreviventes não se distanciara muito da Idade da Pedra, período em que se encontravam aqueles guerreiros que usavam canudos para proteger o pênis. Os sobreviventes do desastre aéreo eram parte de uma organização militar envolvida na guerra mais abrangente e mortal da história, e que estava prestes a se tornar ainda mais mortal.

Enquanto Margaret, McCollom e Decker observavam os nativos, líderes políticos norte-americanos estavam considerando o uso de uma nova superbomba, que poderia arrasar uma cidade, arrastando seus sobreviventes para uma existência primitiva. Os cientistas que trabalhavam na bomba ainda não sabiam ao certo se o artefato funcionaria. Mas, caso funcionasse, tornaria realidade o alerta de Hilton em *Horizonte Perdido*, segundo o qual "um homem com uma única arma pode se equiparar a um exército".

ALBERT EINSTEIN DISSE UMA VEZ: "Eu não sei que armas serão usadas em uma Terceira Guerra Mundial, mas na Quarta Guerra Mundial serão usados paus e pedras". Visto sob essa perspectiva, os habitantes de Shangri-La eram os guerreiros mais avançados do planeta.

Mas, no momento, Margaret não estava pensando na relatividade moral e prática da guerra moderna e da guerra tradicional. Apenas olhava para os homens com machadinhas de pedra, cuja pele escura reluzia sob uma camada de banha de porco. Enquanto esperava ordens de McCollom, um pensamento lhe atravessou a mente: como seria terrível ter escapado da queda de um avião para terminar em um ensopado nas panelas dos nativos.

DEPOIS QUE O B-17 terminou de abanar as asas e se afastou, McCollom relaxou pela primeira vez desde o acidente. Com os nativos se aproximando, ele agiu com rapidez, gritando ordens para seus companheiros.

— Nós não temos nenhuma arma — disse ele a Margaret e a Decker, sabiamente negligenciando o valor de seu pequeno canivete. — Não há nada que a gente possa fazer, a não ser agir de forma amistosa. Sorriam como nunca sorriram antes, e rezem a Deus para que isso funcione.

McCollom lhes pediu que estendessem as mãos, oferecendo as últimas balas Charms — de qualquer forma, eles já estavam fartos daquelas balas. E acrescentou o canivete às oferendas de paz.

— Fiquem de pé e sorriam — disse ele.

Desde sua descoberta pelo avião de busca uma hora antes, Margaret e Decker tinham permanecido sentados em meio à plantação da clareira. Exausta e dolorida, Margaret não sabia se conseguiria se levantar novamente. Mas, diante da ordem de McCollom, ela se pôs de pé com dificuldade, assim como Decker.

McCollom percebeu que os nativos começavam a se alinhar por trás de uma árvore caída, a uns 25 metros de onde ele estava. Pelas suas contas, havia cerca de quarenta deles, todos homens adultos. Possivelmente exagerando, devido ao medo, Margaret calculou o número em cerca de cem. Eles carregavam nos ombros o que ela chamou de "machados de pedra de aspecto sinistro". Pelo menos um deles segurava uma longa lança.

Margaret sentiu a mão tremer, chocalhando as balas Charms como se fossem dados. Como ela escreveu em seu diário: "Eu parecia ter um buraco no estômago. Cabeças negras começaram a surgir de trás das árvores. 'Sorriam, droga!', gritou McCollom. Nós sorrimos. Ahhh... sorrimos para valer. Sorrimos por nossas vidas. Sorrimos e oferecemos as balas e o canivete. Depois, ficamos aguardando, enquanto os negros se aproximavam".

McCollom ouviu um de seus companheiros refletir:

— Bem, talvez eles nos alimentem antes de nos matar.

Ele não se lembrou de quem disse isso, mas parecia coisa de Decker.

Os barulhos que os sobreviventes achavam parecidos com ganidos de cães pararam. Após uma breve pausa, o silêncio foi substituído pelo que Margaret definiu como "uma algaravia esquisita e frenética, acompanhada de muita gesticulação. Nós não sabíamos se era bom ou mau sinal. Só o que podíamos fazer era manter os sorrisos o maior tempo possível."

Uma vala separava a clareira dos sobreviventes de um outeiro na fímbria da floresta, de onde os nativos emergiam. Um longo tronco de árvore servia de ponte sobre a vala. Um homem mais velho deu um passo à frente. Era musculoso, tinha uma expressão alerta e estava nu, exceto por um colar feito com um pedaço de concha e uma cabaça com mais de 30 centímetros de comprimento, que envolvia seu pênis e apontava para o céu. McCollom e os outros presumiram que ele fosse o chefe.

Ele acenou para os sobreviventes, indicando o tronco que funcionava como ponte. Depois acenou novamente, com mais veemência desta vez.

— Acho que temos que ir — disse McCollom. — É melhor fazer o que eles querem.

Margaret não se mexeu. Seus pés e pernas doíam tanto que ela mal conseguia ficar de pé. E tinha certeza de que cairia do tronco escorregadio. Mas não só por isso ela hesitou — estava desesperada com o fato de que, após sobreviver ao desastre e à descida da montanha, e de ter sido localizada pouco antes por um avião de resgate, estavam pedindo que ela se entregasse a homens que ela julgava selvagens e, pior, canibais.

— Honestamente, McCollom, eu não vou conseguir atravessar — disse ela. — Sinceramente, não vou.

— Eu sei, Maggie — respondeu ele. Depois de pensar por alguns minutos, ele decidiu: — Vamos deixar que eles venham até nós.

Com suas mãos cheias de balas, os sobreviventes acenaram para os nativos, indicando que se aproximassem. Após uma breve discussão com suas tropas, o líder nativo subiu sozinho no tronco. McCollom achou que seria uma boa ideia encontrá-lo no meio do caminho, homem a homem. Se estava com medo, jamais admitiria. Enquanto atravessava devagar o tronco, gritou para Margaret e Decker, pedindo que continuassem a sorrir.

Os nativos no outro lado da vala continuavam a falar e a observar os sobreviventes. De repente, ficaram em silêncio. "O silêncio deles parecia mil vezes mais sinistro e ameaçador que seus ganidos ou sua tagarelice", escreveu Margaret. Ela e Decker esticaram mais os braços, oferecendo seus presentes de forma submissa.

Caminhando no tronco, os líderes se aproximaram. Quando se encontraram a meio caminho, McCollom estendeu a mão, segurou a mão do nativo e — como se fosse um cruzamento entre um político, um vendedor de automóveis e um parente há muito afastado — começou a sacudi-la.

— Como vai você? Prazer em conhecê-lo! — disse ele repetidamente.

Nas recordações de Margaret, foi o nativo quem primeiro estendeu a mão e McCollom, "bambo de alívio, agarrou a mão dele e a sacudiu".

Fosse como fosse, McCollom atraiu a atenção do líder para os sorridentes ofertadores de balas.

— Olhe lá! Apresento a cabo Hastings e o sargento Decker.

Independentemente de quem tenha estendido a mão em primeiro lugar, a tensão foi quebrada e os dois grupos sorriram um para o outro. O líder nativo apertou as mãos de Margaret e Decker e, imediatamente, os demais nativos fizeram o mesmo. Margaret descreveu esse momento em seu diário: "Naquele morrinho nós fomos tão bem-recebidos quanto se estivéssemos em uma festa da sra. Vanderbilt. O negro que jamais vira um homem branco e o homem branco que jamais conhecera um nativo em seu próprio território acabaram se entendendo. Os sorrisos tiveram esse efeito."

Quando seu medo começou a diminuir, Margaret teve a impressão de que os nativos não eram ferozes. Pareciam tímidos, talvez até amedrontados por aqueles intrusos sujos e molhados. Ao perguntar a Decker se ele tivera a mesma sensação, este retrucou:

— Shhh, não conte isso a eles!

McCollom apelidou seu novo parceiro de "Pete", lembrando-se de um colega de escola. Os sobreviventes não sabiam que "Pete" e seus companheiros achavam que eles eram espíritos do céu nem nunca souberam o verdadeiro nome de "Pete".

"PETE" ERA WIMAYUK WANDIK, um dos líderes de Uwambo, embora não um "chefe".

Wimayuk ouvira com atenção Yaralok Wandik, membro de seu clã, descrever o que tinha visto no local do acidente. Embora seu nome significasse "Temente da Guerra", Wimayuk era mais cauteloso que medroso. Já estivera em muitas batalhas e conhecia o custo das guerras — seu irmão mais novo, Sinangke Wandik, fora mortalmente ferido em batalha. Ele e Yaralok Wandik dividiam a responsabilidade de conclamar à luta os homens de Uwambo. Uma função que ele não encarava de forma leviana.

Ele disse a Helenma Wandik, o segundo de seus cinco filhos, que recebera as criaturas de forma calorosa por achar que eram espíritos do céu, como descritos na lenda de Uluayek. Embora o retorno dos espíritos significasse o fim de uma era, Wimayuk acreditava que alguma coisa boa poderia surgir daí. Esperava que a nova era beneficiasse seu povo.

Além disso, Wimayuk Wandik era um homem que gostava de ser flexível sempre que a oportunidade se apresentasse. Ele e os outros membros da aldeia eram mercadores. Costumavam caminhar mais de 30 quilômetros até as terras de uma tribo dani, no Vale do Baliem, situadas no coração do que os forasteiros chamavam de Shangri-La. Lá, trocavam penas de aves-do-paraíso, cordéis, arcos e flechas por conchas coloridas, porcos e tabaco. Se alguma batalha irrompesse enquanto as trocas estivessem em andamento, eles lutariam lado a lado com seus parceiros de negócios, mesmo que não tivessem nenhuma rixa com os agressores. Isso era bom para os negócios, e também divertido. Portanto, quando viu os sobreviventes sorrindo e oferecendo presentes na clareira que eles chamavam de Mundima — o lugar do rio Mundi —, Wimayuk vislumbrou uma oportunidade de fazer amizade com os espíritos.

JOHN MCCOLLOM COM WIMAYUK WANDIK ALGUMAS SEMANAS APÓS O ACIDENTE. (CORTESIA DE B.B. MCCOLLOM.)

EMBORA MARGARET CONTINUASSE a se referir aos nativos como "selvagens" em seu diário, ela percebeu que havia muita ficção sobre os nativos circulando em Hollandia:

Longe de terem 2 metros de altura, eles tinham uma média de 1,65 a 1,75 metro de altura. E, observados com mais atenção, eles com certeza não pareciam muito ferozes. Eram negros como um ás de espadas e andavam nus como pássaros na época da mudança de penas. A roupa deles consistia apenas de uma correia em torno da cintura que, na parte da frente, segurava um canudo suspenso. Uma folha grande lhes cobre o traseiro. Alguns deles usavam braceletes acima dos cotovelos. Havia dois tipos de braceletes: os que são tecidos com finos raminhos e os que são feitos de pele... Todos, exceto Pete, o chefe, usavam redes amarradas nos cabelos, cuja parte de trás, bem longa, pendia em suas costas. Ao menos pareciam redes. Eram feitas de cordões grossos, como uma sacola de feira, e com certeza eram o equivalente, na Nova Guiné, a uma sacola para todos os fins. Nessas redes os nativos enfiavam tudo o que precisavam carregar. Afinal de contas, eles não tinham bolsos.

Margaret franzia o nariz diante do forte cheiro almiscarado de suor misturado com a banha de porco queimada que os nativos espalhavam no corpo. "Pete e seus rapazes certamente precisavam de banhos e um bocado de leite de rosas", escreveu ela. "Como a brisa estava soprando na direção errada, eu rezei para que eles se cansassem logo de nos olhar e fossem para casa."

O sentimento era mútuo, ao menos no que se referia ao cheiro. Wimayuk e Yaralok disseram a seus filhos que os espíritos tinham um cheiro horrível. Considerando as feridas gangrenosas de Margaret e Decker, combinadas aos dias que os três sobreviventes haviam passado sem se lavar, todos eles com certeza fediam.

Margaret se horrorizava com os enxames de moscas que esvoaçavam em torno dos cortes e arranhões dos nativos. E se maravilhava com "os pés maiores e mais chatos que qualquer um de nós já vira". Os sobreviventes pensavam que todos os nativos na orla da floresta eram adultos, mas, durante as saudações e os apertos de mão, Margaret notou um grupo de garotos que tinha seguido os homens. Eles ficaram afastados até que relações amistosas fossem estabelecidas.

Enquanto as saudações prosseguiam, um dos nativos acendeu uma fogueira — rachando um graveto e nele esfregando rapidamente uma vareta de ratã até obter uma fagulha — para assar batatas-doces, que os nativos chamavam de *biperi*. McCollom se inclinou e puxou uma planta parecida com os ruibarbos que cultivava em sua casa no Missouri. Então, limpou a terra que a recobria e deu uma mordida no caule. Fumaça começou a sair de suas orelhas.

— É a coisa mais ardida que eu já provei! — disse McCollom mais tarde.

Ele cuspiu tudo fora, fazendo os nativos rirem às gargalhadas. Com exceção de um.

O nativo que não tinha achado graça começou a reclamar com "Pete", fazendo os sobreviventes pensarem que tinham pisoteado no lote dele. Margaret sentiu medo do homem, a quem chamou de "Encrenqueiro". Mas "Pete" interferiu.

— Era o nativo que cuidava daquela plantação — lembrou-se McCollom. — Parece que ele começou a azucrinar o chefe. Mas o chefe se virou e disse: "Cala a boca." Daí por diante, nós ficamos amigos.

O HOMEM DESCONTENTE era quase com certeza Pugulik Sambom. Suas objeções, de acordo com Yunggukwe, a filha de Yaralok, não diziam respeito à lavoura pisoteada, mas aos próprios sobreviventes.

— Pugulik estava gritando para todo mundo que alguma coisa ruim iria acontecer por causa dos espíritos — disse ela através de um

MARGARET COM UMA CRIANÇA NATIVA. (CORTESIA DE B.B. MCCOLLOM.)

intérprete. — Ele dizia: "Eles são espíritos! Eles são espíritos! São fantasmas! Não cheguem perto deles."

Yunggukwe observou Pugulik andar de um lado para outro sobre um tronco caído, mais amedrontado que furioso, repetindo seu aviso de que os forasteiros eram *mogat* — espíritos ou fantasmas — e certamente levavam notícias ruins. A mulher cujas pernas Yunggukwe agarrara na plantação, quando o *Gremlin Special* passara acima delas, era a mulher de Pugulik, Maruk, cujo nome significava "Ruim". Maruk fez coro aos avisos do marido. Por sorte, para os sobreviventes, os Wandik eram mais numerosos que os Sambom e lhes deram as boas-vindas, fossem espíritos ou não.

OS SOBREVIVENTES TENTARAM fazer os nativos aceitarem o canivete de McCollom como presente. E os encorajaram a provar as balas Charms.

"Eles pegaram o canivete com curiosidade", escreveu Margaret.

"Nós tentamos lhes mostrar que as balas eram para comer. Abríamos a boca, jogávamos uma bala lá dentro, estalávamos os lábios e assumíamos uma expressão extasiada — embora já estivéssemos detestando aquelas balas. Aparentemente eles não nos entenderam. Então, decidimos dar as balas aos dez ou doze meninos que acompanhavam Pete e seus homens. Mas, quando começamos a entregar as balas aos garotos, o "Encrenqueiro" pulou de um lado para o outro, gritando de tal forma que nós recuamos na mesma hora".

Alarmada, Margaret enfiou a mão no bolso, retirou sua caixinha de pó compacto, abriu-a e virou o pequeno espelho na direção de "Pete". Encantado ao ver a própria imagem, Wimayuk Wandik passou o espelho de homem para homem. "A melhor coisa que já foi concebida para fazer amigos e influenciar pessoas entre os selvagens foi essa caixinha de pó compacto vermelha distribuída pelo Exército", escreveu ela. "Aqueles nativos nus sorriam e falavam pelos cotovelos ao verem os próprios rostos."

— Maggie — disse Decker —, você deveria escrever para os missionários e lhes dizer para estocar caixinhas de pó compacto.

FÍSICA E EMOCIONALMENTE exausta, com as pernas e os pés latejando, Margaret se deixou cair outra vez no chão. Um grupo de nativos se acocorou ao redor dela para observá-la. Margaret entendeu a curiosidade.

Em seu diário, ela escreveu que, além de ser a primeira mulher branca que os nativos viam, era também "a primeira pessoa preta e branca que estavam vendo". As queimaduras do desastre tinham escurecido o lado esquerdo de seu rosto, enquanto o direito estava intacto. Suas sobrancelhas e pestanas haviam sido chamuscadas e seu nariz estava inchado. O salão de beleza silvestre de McCollom não tinha melhorado em nada sua aparência. Seus cabelos, antes lustrosos, estavam espetados em tufos curtos no alto de sua cabeça. Ela não sabia, mas o que mais interessava para os nativos eram seus olhos azul-claros.

Enquanto os nativos olhavam para ela e ela olhava para os nativos, Margaret começou a sentir alívio — que logo se transformou em afeição. "Naquele momento, eu amava Pete e seus seguidores tão ternamente como se eles fossem meus irmãos de sangue", escreveu ela. "Eles haviam se transformado em um grupo de cavalheiros de rostos negros, em vez de um bando de caçadores de cabeças ou canibais. Eu me sentia devidamente grata."

McCollom mostrou a "Pete" os ferimentos de Margaret e Decker. O líder nativo acenou com a cabeça solenemente. Margaret detectou solidariedade em sua reação.

"Ele olhava e murmurava *hã, hã*, sem parar. Nós sabíamos que ele estava tentando nos dizer que sentia muito e que queria ajudar. Mas a única palavra que conseguíamos captar era esse *hã, hã* repetido", escreveu Margaret. Na verdade, *hã* não era nenhuma palavra nos idiomas yali ou dani. Era uma interjeição, o equivalente local a um educado ouvinte civilizado dizendo "hummm" para expressar interesse.

"Pete" examinou o corte na cabeça de Decker. Depois, aproximou-se e soprou sobre o ferimento. Margaret conta: "Pela primeira e única vez pensei que Decker iria desmaiar. Então, o velho Pete se aproximou de mim e soprou sobre minhas pernas e minha mão. E eu pensei que iria desmaiar. Pete, sem dúvida, sofria do pior caso de mau hálito em todo o mundo."

"Decker, McCollom e eu chegamos à conclusão", continuou Margaret, "de que o sopro do chefe sobre um ferimento era provavelmente algum tipo de curandeirismo nativo, como pousar as mãos sobre alguma parte do corpo no resto do mundo. Mas Decker e eu não apreciamos a honraria."

A conclusão dos sobreviventes foi correta, mas não captou a verdadeira importância do momento. Margaret e Decker haviam acabado de receber um presente extraordinário, cujo significado era que as pessoas que os tinham encontrado feridos e famintos na plantação de batata-doce queriam muito que eles sobrevivessem.

QUANDO UM YALI ou um dani é ferido em batalha, o dano físico é quase uma preocupação secundária. Mais preocupante é a possibilidade de que o ferimento possa desalojar a essência do ser, as *etai-eken,* ou "sementes da canção". Uma tradução melhor: a alma.

As pessoas do vale com boa saúde física e espiritual acreditam que as *etai-eken* residam na parte superior do plexo solar, pouco abaixo do arco frontal das costelas. O colar usado pelo líder nativo, cuja concha pendia exatamente nesse ponto, poderia estar ali para proteger suas *etai-eken.* Submetidas a dores ou constrangimentos, segundo as crenças locais, as *etai-eken* se retiram da parte frontal do peito e se alojam nas costas de uma pessoa. Esse deslocamento é uma calamidade espiritual, uma ameaça para o bem-estar individual que requer uma ação urgente.

Em primeiro lugar, um especialista remove quaisquer resquícios da flecha ou lança que provocou o ferimento. Depois, faz diversas incisões na barriga da vítima para drenar o que os nativos chamam de *mep mili,* ou "sangue negro", o qual, segundo os nativos, provoca dores e doenças. Em seguida, vem o tratamento mais importante. Um indivíduo que seja próximo do guerreiro ferido, ou muito habilidoso nas artes curativas, fala diretamente com os *etai-eken* da vítima. Dirige, então, a substância da alma de volta ao seu verdadeiro lugar, soprando e sussurrando súplicas especiais no ouvido da vítima. Ele também sopra sobre os ferimentos.

Pouco tempo antes, os sobreviventes temiam ser mortos e comidos por Wimayuk Wandik, o nativo que chamavam de "Pete". Agora ele estava cuidando de suas almas.

POR VOLTA DO MEIO-DIA, os sobreviventes já estavam esgotados. Mas os nativos haviam ficado tão fascinados com os espíritos do céu que não davam nenhum sinal de que iriam embora. Então, perto das quatro da tarde, as frias chuvas do fim do dia começaram a cair. Os nativos recolheram as batatas-doces assadas — "Eles estão levando a comida!", reclamou Decker —, mas deixaram para trás o canivete, a caixinha de pó compacto e as balas. Seria mais uma noite de fome para os sobreviventes.

Os três encontraram um trecho de terra descampada, estenderam uma das lonas, usaram a outra como cobertura e foram dormir, "fracos demais para fazer muita coisa e felizes demais para se importar com isso", escreveu Margaret. Eles tinham conseguido abrir caminho através da mata, ser localizados por um avião de busca e fazer amizade com os nativos. Margaret resumiu tudo isso de forma modesta: "Foi um grande dia."

Quando acordou no meio da noite, ela sentiu que alguém estava de pé ao lado dela. Antes que pudesse gritar, reconheceu o rosto do homem: "Pete."

"Era bastante claro que ele estava preocupado conosco e tinha voltado para ver como estávamos. Ele andou entre nós como uma galinha cuidando de seus pintinhos. Eu acordei McCollom. Ele olhou para Pete e disse: 'Minha nossa! Já temos um guardião.'"

Mais tarde, ao conversar com McCollom e Decker, Margaret soube que, quando um deles acordava naquela noite, via o chefe Pete/Wimayuk Wandik tomando conta deles.

13

VENHA O QUE VIER

EM NOVEMBRO DE 1944, Earl Walter e 66 paraquedistas do Batalhão de Reconhecimento 5217 estavam marcando passo na guerra como "reserva estratégica", enfiados na calorenta mas tranquila Hollandia, na Nova Guiné Holandesa. A coisa mais próxima a uma agitação ocorreu quando o batalhão foi rebatizado de 1º Batalhão de Reconhecimento (Especial), conhecido como 1º Recon. O novo nome de nada serviu para mudar o ócio em que eles estavam mergulhados. Assim como de nada serviu a promoção de Walter, de tenente para capitão.

Enquanto os meses passavam, as forças aliadas sob o comando do general MacArthur se mantinham ocupadas retomando as ilhas das Filipinas — uma após outra, de Leyte a Luzon, de Palawan a Mindanao. Foi no decorrer desse esforço que os paraquedistas dos regimentos 503 e 511 cumpriram suas heroicas missões em Corregidor e Luzon.

Enquanto isso, Walter e seus homens ansiavam por saltar do calor de Hollandia para o fogo da guerra. O despreocupado lema do 1º Recon era *Bahala na!*, uma frase do dialeto tagalo, das Filipinas, que pode ser traduzido como "Venha o que vier!". Quanto mais tempo se passava sem que eles tivessem uma missão, mais o lema parecia um escárnio. O problema, na visão de Walter e seus homens, era que nada estava seguindo na direção deles.

Enquanto aguardavam ordens em Hollandia — a quase 3 mil quilômetros a sudoeste de Manila — os homens de Walter o pressionavam para obter notícias. Com famílias e raízes nas Filipinas, eles desejavam ter a honra e a satisfação de expulsar o inimigo de sua pátria. Queriam se desforrar dos mais de dois anos de ocupação japonesa. Ansiavam por se vingar da Marcha da Morte de Bataan, ocorrida em 1942, quando tropas japonesas mataram ou brutalizaram milhares de prisioneiros filipinos e norte-americanos durante uma marcha forçada de 160 quilômetros até um campo de prisioneiros. Os jornais haviam detalhado as atrocidades, alimentando uma onda de ódio contra os japoneses. Em nenhum lugar, talvez, esse sentimento fosse tão intenso quanto entre os homens da unidade de Walter. Um deles, o cabo Camilo "Rammy" Ramirez, sofrera os horrores de Bataan antes de sua ousada fuga.

Para manter seus homens bem-condicionados, Walter os conduzia por exaustivas marchas nos arredores de Hollandia, que também serviam para elevar o moral da tropa. Entretanto, particularmente, Walter receava que isso fosse uma perda de tempo. Achava que passaria o resto da vida respondendo "nada de mais" quando alguém lhe perguntasse o que fizera na guerra.

— Meus homens vinham até mim e diziam (eu ainda era tenente): "Tenente, quando é que nos vamos para as Filipinas?" — recordou-se Walter. — E eu dizia: "Assim que eu consiga levar vocês até lá."

Um dos obstáculos, pelo menos sob a perspectiva de Walter, era que os japoneses estavam se retirando mais rápido que o esperado, tornando potencialmente desnecessárias as singulares habilidades de seus paraquedistas nos domínios da linguística e da espionagem.

Walter propunha uma missão de combate após outra a seus superiores, sem nenhum resultado. Demonstrando certa audácia, ele tentou contornar a burocracia do Exército norte-americano concebendo planos para um ataque de paraquedistas por trás das linhas inimigas. Ele explicou esses planos a um conhecido — um tenente que, por acaso, era o filho do general Courtney Whitney, que supervisionava a resistência dos guerrilheiros nas Filipinas e era o mais próximo confidente de MacArthur.

Quando seu ardil não obteve resultados, Walter decidiu escrever uma carta objetiva diretamente ao general Whitney, o que fez no dia 13 de março de 1945. Na carta, ele reclamava por estar ocioso e pedia que lhe fosse confiada uma missão de combate nas Filipinas. Caso não fosse possível, ele deseja ser transferido para uma unidade na Europa ou em qualquer lugar onde houvesse combates, antes que a guerra fosse vencida e ficasse tarde demais.

"Como o senhor sabe", escreveu Walter ao general, "eu vim para este teatro de operações porque assim solicitei. Na verdade trabalhei por esta indicação, mas agora estou achando que meus esforços foram em vão". Após expressar seu ponto de vista, ele reconheceu que violara o protocolo e saltara diversas etapas na cadeia de comando ao enviar a carta. "Para encerrar, devo admitir que transgredi os limites, mas receio que este seja um traço que herdei de meu pai."

Ao que parece, Whitney admirou a determinação de Walter. E lhe respondeu duas semanas depois com uma carta cheia de elogios e encorajamentos. O general de brigada explicou gentilmente ao jovem oficial que assuntos mais prementes que ambições pessoais — por mais corajosas ou bem-intencionadas que fossem — tinham prioridade na reconquista das Filipinas. Whitney instou a Walter que mantivesse seus homens de preparados para a invasão do Japão e ofereceu algumas sugestões elogiosas e estimulantes. "O trabalho do Batalhão e a preparação de seus paraquedistas para o serviço ativo tem sido brilhante", escreveu o general. "Sua liderança nesta última área tem sido motivo de muita satisfação para todos os oficiais deste

Quartel-General[...] O conselho que lhe dou é fazer todo o possível para manter seus homens em forma e ter um pouco mais de paciência. Tenho certeza de que seu desejo de utilizar esses homens nas funções em que foram treinados será plenamente satisfeito nas campanhas que ainda restam pela frente."

A carta de Whitney encorajou Walter, que respondeu ao general: "Tomei a liberdade de lê-la para os meus paraquedistas. Eles ficaram entusiasmados e seu moral atingiu um patamar muito mais elevado. Todos estão ansiosos para desempenhar seu papel. Posso garantir que o trabalho que nos for confiado, por mais difícil que seja, será um completo sucesso. Os homens serão mantidos em forma, e, quando nossa vez chegar, estaremos preparados. Muito obrigado por dar novas esperanças aos meus oficiais e soldados. Falando em nome de todos, posso dizer com certeza que o senhor pode contar conosco para qualquer eventualidade."

O general Whitney voltou suas atenções outra vez para a guerra. Semanas se passaram sem que nada mais fosse dito sobre o papel do 1º Recon. O entusiasmo de Walter começou a diminuir. Ele ficou tão frustrado que começou a devanear. Estava convencido de que seu pai cumprira a ameaça que fizera no desembarque do submarino. Earl sênior, acreditava Walter, havia expressado sua inquietação com a segurança do filho e, assim, relegara os paraquedistas do 1º Recon a um papel secundário.

— Eu era filho único e acho que meu pai ficou preocupado — explicou Walter. — Meu pai era bastante poderoso no movimento guerrilheiro e bem conhecido no Exército. Quando ele dizia "Eu não quero que vocês usem meu filho em guerra aberta", o pessoal escutava.

Não se sabe ao certo se o pai de Walter tinha mesmo esse poder. Não existem registros de que Earl sênior tivesse feito objeções quanto à participação do filho em missões arriscadas. Mas o fato era que, em maio de 1945, quando o capitão C. Earl Walter Jr. se aproximava de seu vigésimo quarto aniversário e a guerra parecia estar perdendo o ímpeto, ele e sua unidade ainda não tinham uma missão.

OS HOMENS QUE SERVIAM sob as ordens de Walter, no 1º Recon, tinham motivos para estar igualmente desalentados. Talvez até mais motivos. Todos os soldados de origem filipina haviam enfrentado muitas dificuldades para ingressar nas Forças Armadas norte-americanas.

As raízes das complicadas relações entre filipinos e norte-americanos remontavam a 1898, quando fora assinado o Tratado de Paris, que assinalava o término da Guerra Hispano-Americana. O tratado entregara aos Estados Unidos o controle das Filipinas, para o descontentamento do povo filipino, que clamava por independência, após três séculos de dominação espanhola. Mas os Estados Unidos, já uma grande potência, estavam dominados pelo deslumbramento imperialista. Em sua famosa e às vezes questionada frase, o presidente William McKinley havia declarado que era dever dos Estados Unidos "educar, soerguer e cristianizar os filipinos".

Poucas semanas após o tratado, patrulhas norte-americanas e filipinas trocaram tiros nos arredores de Manila, desencadeando a contenda de 41 meses que se tornou conhecida como Guerra Filipino-Americana, a mais esquecida da história dos Estados Unidos. Antes de seu término, os Estados Unidos já haviam sofrido mais de 4 mil baixas em combate. Os filipinos perderam possivelmente quatro vezes mais soldados, assim como cerca de 100 mil civis, que morreram de fome e doenças. No dia 4 de julho de 1902, o presidente Theodore Roosevelt anunciou a vitória. A partir de então, as Filipinas se tornaram território norte-americano, embora as escaramuças ainda tenham se prolongado por muitos anos. As atrocidades cometidas pelos soldados norte-americanos foram encobertas, e o ministro da guerra de Roosevelt parabenizou os militares por conduzirem uma "guerra humana" em face das "selvagens provocações" de um "inimigo traiçoeiro".

As três décadas seguintes assistiram a um afluxo de imigrantes filipinos para os Estados Unidos. A maioria dos recém-chegados se dirigiu à Califórnia e ao Havaí. Ao mesmo tempo, um relacionamento comercial mutuamente proveitoso se desenvolveu através do Pacífico. Um dos recursos que os norte-americanos prezavam de forma especial era a madeira de lei — foi assim que C. Earl Walter Sr. se tornou gerente de uma madeireira em Mindanao. Mas muitos filipinos não eram bem-recebidos nos Estados Unidos. Os sentimentos antifilipinos eram fortes, e os imigrantes sofreram ataques raciais e restrições legais que os proibiam, por exemplo, de adquirir terras. Leis contra a miscigenação nos estados do oeste os impedia de se casar com mulheres brancas. Para a maioria, as oportunidades econômicas se limitavam ao trabalho nos campos, às ocupações domésticas, aos trabalhos manuais e aos empregos de pouca qualificação em fábricas.

Enquanto isso, a luta pela independência filipina continuava. Em 1934, o presidente Franklin D. Roosevelt assinou uma lei estabelecendo que, após um período de dez anos, as Filipinas teriam sua própria democracia ao estilo norte-americano. Até lá, a imigração de filipinos para os Estados Unidos seria severamente restringida e leis de repatriação pressionariam os filipinos que viviam no país a voltar para as ilhas.

Então, veio o dia 8 de dezembro de 1941. Um dia depois de Pearl Harbor, o Japão desfechou um ataque surpresa, por terra e por mar, contra as Filipinas, concentrando-se na ilha de Luzon. Superadas em número, as forças filipinas e norte-americanas sob o comando do general MacArthur rapidamente se retiraram para a península de Bataan e para a ilha de Corregidor, na entrada da baía de Manila. As forças filipino-americanas se renderam em abril de 1942. Com a ajuda de ninguém menos que o coronel Ray Elsmore, MacArthur escapou para a Austrália, onde começou a preparar seu retorno. As tropas norte-americanas e filipinas que sobreviveram não tiveram tanta sorte; enfrentaram a Marcha da Morte de Bataan e sofreram um tratamento brutal como prisioneiros.

Notícias dos ataques a Pearl Harbor e às Filipinas deixaram os filipinos que residiam nos Estados Unidos ansiosos para enfrentar os japoneses. Àquela altura, mais de 100 mil filipinos viviam no Havaí e no continente. Mas em um estranho limbo. Eram moradores legais dos Estados Unidos, mas não tinham direito à cidadania. Assim, não podiam ser alistados nem se apresentar como voluntários para o serviço militar.

Individualmente e através de seus representantes em Washington, os filipinos peticionaram a Roosevelt, a seu ministro da guerra e a membros do congresso em defesa de seu direito de lutar. Alguns deles queriam servir nas Forças Armadas por motivos práticos, como oportunidades e benefícios que, esperavam eles, seriam concedidos aos veteranos após a guerra. Mas a maioria queria vingança. Embora os Estados Unidos tivessem sido atacados pelo ar, em Pearl Harbor, as Filipinas haviam sido invadidas. Lembrando um recruta colonial durante a Guerra da Independência norte-americana, um voluntário filipino declarou: "A vida é uma coisa pequena para se arriscar comparada à luta para emancipar um país de[...] um tratamento sórdido, vergonhoso, bárbaro e desumano".

Poucas semanas após a invasão, Roosevelt assinou uma lei que permitia que os filipinos ingressassem no serviço militar. O que levou à criação do 1º Batalhão Filipino, cuja missão, desde o início, foi ajudar na retomada das ilhas, mediante ações abertas ou secretas. Em maio de 1942, mais de 2 mil descendentes de filipinos haviam se apresentado. Os recrutas foram tantos que o batalhão foi elevado para 1º Regimento Filipino. Logo depois, o Exército norte-americano criou o 2º Regimento Filipino. No fim, já havia mais de 7 mil descendentes de filipinos servindo nos dois regimentos. Roosevelt recompensou tal fervor permitindo que esses soldados obtivessem, caso desejassem, a cidadania norte-americana. E milhares deles aproveitaram a chance.

Um repórter norte-americano que esteve com os militares filipino-americanos poucos meses após seu engajamento os descreveu com incontida admiração: "Os homens do regimento filipino estão levando a sério esse negócio de guerrear. Os oficiais norte-americanos têm elogiado seu ardor e sua incrível conscientização, e os têm encorajado a acrescentar um viés puramente filipino aos métodos ortodoxos de guerrear. Nas simulações de lutas na selva, esses filhos e netos de guerrilheiros[...] gostam de se aproximar do inimigo com baionetas entre os dentes. De repente, pulam sobre ele, brandindo as baionetas como se fossem *bolos** nativos."

Na primavera de 1944, o 2º Regimento Filipino foi incorporado ao 1º Regimento Filipino e enviado para fora do país como 1º Regimento Filipino de Infantaria. Seus integrantes chegaram às Filipinas em fevereiro de 1945. Em uma batalha na ilha de Samar, o regimento matou 1.572 soldados japoneses, perdendo apenas cinco

---

* Faca tipicamente filipina. (N. T.)

de seus homens. Em maio de 1945, enquanto Walter e seus homens ainda aguardavam alguma atribuição em Hollandia, o 1º Regimento Filipino de Infantaria travava um renhido combate contra os japoneses na ilha de Leyte.

POUCAS SEMANAS ANTES da queda do *Gremlin Special*, Walter foi convidado para almoçar com seu antigo professor, o tenente-coronel John Babcock. No refeitório dos oficiais, Babcock ouviu Walter falar sobre os paraquedistas filipinos que treinara para atuar atrás das linhas inimigas. Walter externou seu desespero por estar imobilizado na Nova Guiné, sem conseguir encontrar um meio de entrar em ação.

Babcock dera aulas no Instituto Militar Black-Foxe durante seis anos antes de ingressar na Força Aérea. Portanto, sabia quando um garoto se tornava um homem. A transformação de Walter não poderia ter escapado à sua atenção. Walter ainda tinha o aspecto de garotão tipicamente norte-americano, com a cintura fina e os ombros largos do nadador que fora na escola. Mas o garoto indisciplinado que matava aulas e vendia cadernos aos colegas pela metade do preço para financiar visitas a clubes de *strip-tease* se transformara em um sóbrio e determinado capitão. Se ouvisse com mais atenção, Babcock também perceberia que Walter estava decidido a provar para seu pai, e para si mesmo, que poderia liderar tropas em missões perigosas e retornar triunfante.

Babcock e Walter terminaram o almoço com a promessa de se reencontrar. Mas, antes que tivessem chance, Babcock se envolveu no planejamento do resgate dos sobreviventes da queda do *Gremlin Special*. Soube, então, que o coronel Elsmore acreditava não haver paraquedistas disponíveis em Hollandia.

— Quando Babcock ouviu isso — lembra-se Walter —, disse: "Eu tenho o pessoal que, com certeza, vai tirar os sobreviventes de lá."

UMA DESCIDA DE PARAQUEDAS em Shangri-La não poderia ser considerada uma missão de combate ou de inteligência, pelo menos não no sentido convencional. Mas, comparada ao interminável e aparentemente inútil treinamento físico em Hollandia, era uma ótima alternativa. Quando Babcock lhe disse o que estava acontecendo, Walter agarrou a oportunidade. Ele não sabia o que seu pai acharia daquela missão, mas, como o Walter mais velho estava atrás das linhas inimigas em algum lugar das Filipinas, o Walter mais novo não precisaria se preocupar em perguntar. Assim, Babcock transmitiu o interesse de Walter através da cadeia de comando.

Seguiu-se uma série de encontros programados às pressas, durante os quais Walter conheceu Elsmore e os outros oficiais graduados que coordenavam os esforços de busca e recuperação. Os encontros, sem muitos rodeios, tinham o propósito de apurar se Walter entendia a situação e os perigos que ele e seus homens iriam enfrentar.

Após ouvir todos os avisos, Walter retornou às tendas ocupadas por sua unidade, onde foi cercado por seus homens. O mais alto deles era uma cabeça mais baixo que seu capitão. Antes mesmo que ele começasse a falar, eles já se mostravam entusiasmados, sentindo que — ao menos para alguns — os meses de espera haviam terminado.

Depois de se acalmarem, Walter explicou a situação. A notícia do acidente já se espalhara pela base, mas a informação de que havia sobreviventes ainda transitava na área cinzenta entre os fatos, os boatos e a tagarelice. Walter comunicou que os paraquedistas do 1º Recon haviam sido escolhidos para uma missão especial: proteger os sobreviventes da queda do *Gremlin Special* no solo e resgatar essas

O CAPITÃO C. EARL WALTER JR. (FILEIRA DE TRÁS, AO CENTRO) E OS MEMBROS DO 1º BATALHÃO DE RECONHECIMENTO EM FRENTE AO "CLUBE BAHALA NA, EM HOLLANDIA. (CORTESIA DE C. EARL WALTER JR.)

pessoas. Ele precisava de dez voluntários para acompanhá-lo, entre eles dois paramédicos. Mas, antes de anotar nomes, ele fez um aviso dividido em quatro partes.

Em primeiro lugar, disse Walter, a área onde saltariam estava marcada como "desconhecida" nos mapas. Portanto, eles só poderiam contar com as bússolas e a própria inteligência para se guiar.

Em segundo, os dois paramédicos deveriam saltar o mais próximo possível dos sobreviventes, em uma mata fechada a ponto de ser o que Walter chamava de "a pior área de saltos que pode haver". Ele e os oito voluntários restantes saltariam no fundo do vale de Shangri-La, a uma distância de 30 a 50 quilômetros. Lá, estabeleceriam um acampamento-base com o objetivo de conduzir até o vale os paramédicos e os sobreviventes que estavam na área do desastre.

Em terceiro lugar, caso sobrevivessem aos saltos, os onze homens poderiam se defrontar com o que Walter descreveu como "uma boa possibilidade de que os nativos se mostrem hostis". Eles teriam vantagem em termos de armas, mas era provável que, em caso de confronto, fossem superados em número numa proporção de cem para um.

Walter deixou o pior para o final. Quarto: ninguém tinha um plano, nem mesmo tosco, para tirar os sobreviventes do vale. Eles poderiam ter que caminhar cerca de 250 quilômetros em direção à costa norte ou sul da Nova Guiné, através de um dos territórios mais hostis da Terra, levando sobreviventes de um desastre que poderiam estar feridos e incapazes de andar sozinhos. Para complicar as coisas, se eles andassem para o norte, atravessariam uma área "dominada por caçadores de cabeças e canibais". Se andassem para o sul, passariam por selvas e pântanos ocupados por, talvez, cerca de 10 mil japoneses que se mantinham escondidos desde que os aliados haviam conquistado o litoral da Nova Guiné.

Walter não mencionou o fato, mas, se tivesse de escolher o caminho para a costa, ele preferiria enfrentar os japoneses, em vez dos caçadores de cabeças. A morte parecia uma forte possibilidade em ambos os casos, mas pelo menos eles sabiam como os soldados japoneses reagiriam a um grupo de paraquedistas norte-americanos. Além disso, ao contrário dos nativos, os japoneses não teriam a vantagem de conhecer o terreno. Mas o melhor de tudo é que, lutando na selva contra tropas japonesas tremendamente mais numerosas, Walter estaria seguindo os passos de seu pai.

De pé diante de seus homens, Walter entendia que cada um deles tinha suas próprias razões para estar ali, fosse vingança, patriotismo, oportunidade ou todas as três. Uma qualidade que todos tinham em comum era a boa vontade. Todos haviam ingressado no serviço militar como voluntários. Depois, todos se ofereceram para o trabalho de reconhecimento e para o treinamento como paraquedistas. Agora, Walter os estava testando mais uma vez.

Ao terminar sua ladainha de avisos, ele esperou um segundo e solicitou voluntários. Segundo suas lembranças, todos os membros da unidade de paraquedistas levantaram a mão. Em seguida, deram um passo à frente. Walter inchou de orgulho.

— *Bahala na* — muitos disseram, entoando o lema do batalhão. *Venha o que vier.*

14

CINCO POR CINCO

APÓS OUTRA NOITE maldormida, os sobreviventes acordaram no alvorecer da quinta-feira, dia 17 de maio, ainda cansados, enregelados, molhados e famintos. Sabendo que outros aviões retornariam ao local onde o capitão Baker jogara os botes salva-vidas para servirem de marcadores, eles comeram mais algumas balas e conversaram sobre o resgate. Alheio às limitações técnicas, McCollom previu que a Força Aérea usaria um helicóptero para tirá-los da selva e levá-los para Hollandia sem perda de tempo. Os únicos obstáculos eram as árvores, mas ele considerava isso uma inconveniência menor.

— Nós podemos limpar um espaço suficiente para que o helicóptero aterrisse — disse ele aos outros.

Por volta das nove da manhã, eles avistaram o primeiro avião — um C-47. Pela primeira vez, Margaret, McCollom e Decker puderam ver a aparência do *Gremlin Special* sob o ponto de vista dos nativos, antes do desastre.

Quando o avião estava sobre a clareira, uma porta se abriu para despejar sua carga: caixas de madeira presas em grandes paraquedas vermelhos. Margaret observou o primeiro deles se abrir no céu, como uma imensa tulipa virada para baixo. Oscilando na brisa, a caixa caiu a cerca de 100 metros da clareira. McCollom e Decker mergulharam na floresta para pegá-la, enquanto Margaret ficou onde estava, na relativa segurança do pequeno outeiro. Ela se manteve ocupada anotando os locais em que os outros paraquedas aterrissaram.

Os dois homens levaram algum tempo para arrastar a caixa, mas, ao retornarem, carregavam uma recompensa mais preciosa que comida: um rádio FM portátil que podia ser usado para transmitir e receber mensagens. Quase certamente, era um robusto rádio à prova-d'água, com cerca de 15 quilos e o tamanho de uma pequena mala. Desenvolvido pela Motorola para o Army Signal Corps (Corpo de Sinalização do Exército), o aparelho podia ser transportado nas costas de um soldado, daí seu apelido imortal: *walkie-talkie*.* Seu projeto fora um marco que contribuíra para revolucionar a comunicação sem fio e portátil, mas seu valor para os sobreviventes era imediato e imenso.

"McCollom rapidamente o ajustou", contou Margaret em seu diário. "Em uma ansiedade febril. Decker e eu olhávamos para ele e para o avião, que ainda circulava sobre nossas cabeças."

Segurando o fone do aparelho perto dos lábios, McCollom sentiu aflorarem as emoções que reprimia desde que se arrastara para fora do avião. E, pela primeira vez desde a morte do irmão, sua voz ficou embargada. Ele teve que engolir em seco uma, duas vezes, antes de conseguir falar.

— Aqui é o tenente McCollom — grasnou ele por fim. — Respondam. Respondam. Vocês estão me ouvindo? Câmbio.

A resposta chegou rápida e claramente.

— Aqui é o *três-um-um*, disse o rádio-operador, um amável sargento nova-iorquino chamado Jack Gutzeit, identificando-se pelos três últimos números de série do avião, conforme o protocolo da Força Aérea. — *Três-um-um* chamando *nove-cinco-dois* — os números finais do *Gremlin Special*.

---

* Na tradução ao pé da letra, algo como "anda e fala". (N. T.)

Usando o jargão dos operadores de rádio para descrever a potência e a clareza do sinal, Gutzeit acrescentou:

— Estou recebendo vocês cinco por cinco — uma conexão perfeita.

Com lágrimas escorrendo pelo rosto, Margaret olhou para seus dois companheiros. Seus amigos. Viu que McCollom e Decker também estavam chorando. Eles ainda estavam perdidos na floresta, mas já não se sentiam tão sós. Agora tinham uma linha de comunicação com sua gente, ou pelo menos com uma voz com sotaque do Brooklyn, proveniente de um avião norte-americano que circulava acima.

Recuperando a compostura, McCollom descreveu sucintamente o voo do *Gremlin Special*, o desastre e o que ocorrera depois. Ao fazer isso, deu a dolorosa notícia que Gutzeit teria de transmitir aos seus superiores, para que fosse repassada a todos os militares e a quem mais interessasse: não havia outros sobreviventes.

As primeiras pessoas a perderem as esperanças estavam em Hollandia; eram os amigos e camaradas dos 21 passageiros e tripulantes mortos, inclusive Ruth Coster, que esperava uma boa notícia a respeito de Helen Kent, e James Lutgring, que rezava pela vida de seu camarada Melvin Mollberg. De Hollandia, através de telegramas distribuídos pela Western Union, a notícia chegaria a algumas famílias norte-americanas que ainda ostentavam estrelas azuis em suas bandeiras. Cartas formais de condolências iriam em seguida.

UM CAPITÃO-MÉDICO da Aeronáutica chamado Frank Riley, que estava a bordo do *três-um-um*, pediu a McCollom que informasse as condições físicas dos sobreviventes. Margaret e Decker sabiam que suas queimaduras tinham se tornado gangrenosas e seus outros ferimentos estavam infeccionados, ou quase. Margaret disse em seu diário que Decker e ela estavam "quase fracos demais para se mexer".

McCollom não sabia ao certo o que dizer, então olhou para os companheiros em busca de uma resposta.

— Diga a eles que estamos bem — disse Margaret.

Decker concordou.

— Diga que estamos em boas condições. De qualquer forma, não há nada que eles possam fazer.

McCollom seguiu as instruções. Só mais tarde os sobreviventes revelariam a verdadeira extensão de seus ferimentos.

O avião, pilotado pelo capitão Herbert O. Mengel, de St. Petersburg, Flórida, continuou a circular acima. O rádio-operador Jack Gutzeit disse aos sobreviventes que um plano estava sendo arquitetado para resgatá-los, mas ainda não havia nada de concreto. Primeiramente, assim que possível, paramédicos seriam lançados de paraquedas.

— Enquanto isso, vamos jogar bastante comida — garantiu ele.
— Vamos jogar de tudo. Desde camarão até nozes.

Não se sabe se Gutzeit estava exagerando a respeito dos acepipes, mas os sobreviventes nunca encontraram camarões na mata.

QUANDO O AVIÃO se afastou, os nativos retornaram.

"No outeiro em frente ao nosso, vimos Pete e seus camaradas", escreveu Margaret. "Eles estavam acocorados, sorrindo e nos observando como uma plateia numa peça da Broadway." Ela se sentiu agradecida, ainda que com um toque de condescendência: "Os nativos, que poderiam ser caçadores de cabeças, olhavam para nós com um prazer infantil."

Os nativos acenderam uma pequena fogueira para se proteger da friagem da manhã e sentaram-se em torno dela, fumando curtos charutos verdes com ar satisfeito. Margaret, McCollom e Decker os observavam com inveja. Eles tinham cigarros nos bolsos, mas o isqueiro de McCollom estava sem fluido, e os fósforos estavam molhados. Com o ânimo renovado após a conversa com os homens no C-47, McCollom disse aos companheiros:

— Acho que vou pedir uma xícara de açúcar aos nossos vizinhos.

Ele foi até onde os nativos estavam, acendeu um graveto na fogueira e dividiu a chama com Margaret e Decker.

"Os nativos fumavam no morrinho deles e nós fumávamos no nosso", escreveu Margaret. "Nenhum cachimbo da paz já teve um sabor melhor."

Margaret começou a fantasiar sobre "as deliciosas rações K e latas de fiambre que provavelmente os aguardavam a poucos metros de distância". Apesar de sua fome, ela disse aos amigos que não comia certos alimentos:

— Um é tomate enlatado e outro é passas — disse ela. — Quando eu era pequena, comi dos dois até passar mal. Agora não posso nem ver.

McCollom respondeu.

— Eu comeria os tomates, com lata e tudo, se pudesse.

Ele se levantou e saiu em busca dos suprimentos. Margaret admirava a resistência e o espírito de liderança de McCollom. E estava ainda mais impressionada com o homem que o seguiu mata adentro.

"Decker estava extenuado, seus olhos pareciam buracos queimados em um cobertor", escreveu ela. "Nós sabíamos que ele estava ferido, mas só descobriríamos a gravidade dos ferimentos algumas horas depois. Nunca saberei como Decker conseguia se pôr de pé. Mas ele conseguia e seguia McCollom cambaleando, sem reclamar, decidido a fazer sua parte no trabalho."

Embora McCollom tivesse explicado, durante as conversas através do rádio, que restavam apenas três sobreviventes, o C-47, de forma otimista, fora carregado com suprimentos para duas dúzias. As ordens eram lançar os suprimentos, e o capitão Mengel e seus tripulantes não tinham a menor intenção de desobedecê-las. O céu acima de Shangri-La se encheu com paraquedas de carga.

Enquanto Decker e McCollom procuravam os suprimentos, Margaret se preocupava com a possibilidade de que os nativos recolhessem as caixas de ração que ela vira cair no outro lado de uma colina próxima. "Decidi avaliar a situação", escreveu ela. "Mas ficar de pé sobre minhas pernas queimadas e infeccionadas me provocava uma dor excruciante. Assim, durante parte do caminho, eu engatinhava. Quando minha mão infeccionada começava a doer muito, eu me sentava e pulava sentada pelo chão."

Quando chegou ao outro lado da colina, Margaret ficou perplexa ao se deparar com uma cerca de troncos cortados lateralmente, que parecia saída do Velho Oeste. Um pouco além dela, havia uma aldeia nativa. Ela escreveu:

> Era um estranho e fascinante conjunto habitacional da Nova Guiné, com uma construção grande e algumas pequenas ao redor. As choças eram redondas, com paredes de bambu e tetos de palha, e pareciam ser interligadas, pelo menos em parte. Os tetos estavam cheios de nativos, todos esticando os pescoços negros para me olhar melhor. Vi um grande buraco em um dos tetos. Tive, ao mesmo tempo, um palpite e uma sensação de náusea. Ocorreu-me que uma de nossas caixas de suprimentos poderia ter atravessado o teto. E eu estava certa, como McCollom descobriu mais tarde. Eu me perguntei se os nativos não estariam zangados por causa disso, se não estariam em pé de guerra porque uma de suas casas fora danificada. Mas eles apenas me olhavam, extasiados com o espetáculo grátis que eu lhes proporcionava. Então, decidi deixar as coisas como estavam e retornar ao meu outeiro.

A CAIXA QUE atravessara o teto não causou nenhum dano além da necessidade de tapar o buraco. Mas outra caixa, lançada sem paraquedas, deixou um morador de Uwambo permanentemente ressentido contra os espíritos do céu.

Yunggukwe, filha de Yaralok, uma garota às vésperas da idade adulta, ganhara seu primeiro porco pouco antes. Este acontecimento memorável era de extrema importância para uma garota yali. O valor do porco era tão grande para Yunggukwe — tanto no plano emocional quanto, futuramente, no plano gustativo — que só poderia ser superado pela posse de dois porcos.

Naquela manhã, ela amarrou seu porco a uma estaca em frente à sua choça, achando que ele estaria seguro ali. Mas, quando o avião de suprimentos roncou sobre Uwambo, o porco não teve como fugir. Para economizar tecido de paraquedas, algumas caixas contendo itens inquebráveis, como tendas, eram rotineiramente jogados em queda livre pela porta de carga do C-47. Isso aconteceu com uma das caixas lançadas naquele dia.

Não há nenhuma prova de que foi proposital, mas nenhuma bomba atirada durante a guerra atingiu seu alvo com tanta precisão. A caixa caiu sobre o porco de Yunggukwe e o matou instantaneamente. A colisão foi tão forte que o animal foi feito em pedaços. Yunggukwe jamais recebeu uma desculpa, ou compensação, e jamais esqueceu o fato, nem o perdoou.

— Foi o meu porco que morreu — disse ela rancorosamente, 65 anos depois.

MARGARET RETORNOU à clareira bem no momento em que McCollom e Decker retornavam da selva, "sorrindo de orelha a orelha". Nos braços, carregavam o único alimento que tinham conseguido encontrar: tomates enlatados e suco de tomate.

— Vamos, Maggie — disse Decker. — Seja uma mocinha e coma uns tomates.

Ela se forçou a engolir quatro pedaços de tomate, mas acabou desistindo. Vendo Decker e McCollom se empanturrarem com o fruto carnudo, ela ficou tão irritada que exigiu que ambos retornassem à mata e encontrassem outra coisa para ela comer. Eles seguiram na direção em que julgavam estar as caixas, mas encontraram apenas meia dúzia de "kits de selva", cheios de comprimidos contra a malária, pomadas para ferimentos, tabletes para purificação de água e sacos para recolher água de rios ou lagos. Também havia canivetes, mosquiteiros, ataduras e gaze. Os únicos alimentos nas caixas eram barras de chocolate, que Margaret achou apenas um pouco melhor que os tomates. "Àquela altura, eu estava quase tão enjoada de doces quanto de tomates", escreveu ela.

Uma vez mais, Margaret admirou a firmeza de Decker. Determinado a fazer sua parte, ele pegou os sacos de água e foi enchê-los no riacho gelado. "Ele demorou tanto a voltar que comecei a me preocupar", escreveu Margaret. "Ele precisou de cada grama de energia para retornar ao nosso morrinho. Quando chegou, deixou-se cair lentamente sobre a terra dura."

McCollom também estava preocupado com seus companheiros. Decidiu, então, que já era hora de cuidar melhor dos ferimentos deles. Seguindo as ordens de McCollom, Margaret enrolou as pernas das calças e expôs as queimaduras em forma de anéis que cobriam suas panturrilhas. Sem receber tratamento havia quatro dias, estavam secretando pus e recendiam a carne putrefata. As queimaduras e os cortes em seus dois pés haviam se tornado gangrenosos, assim como parte de sua mão.

"Decker e McCollom olharam para mim, e percebi que estavam alarmados. De repente, fiquei aterrorizada, com medo de perder as pernas", contou ela em seu diário. Ela se esforçou para permanecer calma, receando entrar numa espiral de pânico caso abaixasse a guarda. McCollom lhe aplicou a pomada que encontrara nos kits de selva e enrolou gaze sobre seus ferimentos.

Mesmo sem se observar no pequeno espelho, Margaret sabia que estava imunda e desgrenhada, muito diferente da animada e autoconfiante WAC, que cuidava da aparência e passava noites reformando seus uniformes, para que se ajustassem ao seu tamanho diminuto. Decker, com o jeito brusco que já estava se tornando sua marca registrada, não segurou a matraca:

— Maggie, você está bem ruinzinha mesmo.

McCollom, sabiamente, manteve a boca fechada. Mas isso não foi o suficiente para poupá-lo da cólera de Margaret, que olhou para os dois homens — igualmente sujos, com os rostos encovados e a barba por fazer — e disparou:

— Nenhum de vocês está parecendo um Van Johnson.

TRIPULANTES DE UM C-47 SE PREPARAM PARA LANÇAR SUPRIMENTOS PARA OS SOBREVIVENTES DA QUEDA DO *GREMLIN SPECIAL*. (CORTESIA DE C. EARL WALTER JR.)

Ela se referia ao ator cuja boa aparência sempre lhe granjeava papéis heroicos nos filmes de guerra da MGM.

Depois de Margaret, chegou a hora de cuidar de Decker. O talho em sua cabeça era profundo e estava excretando pus. O sopro de Wimayuk Wandik podia ter salvado a alma de Decker, mas não contribuíra para a cura do ferimento. Margaret e McCollom receavam que qualquer tentativa de tratá-lo sem instrumentos esterilizados e medicamentos adequados poderia piorar as coisas. Portanto, não fizeram nada. Eles também não mexeram no que parecia ser um cotovelo quebrado e se concentraram em um problema de Decker que parecia menos complicado. Por diversas vezes, ao longo dos últimos dias, ele havia reclamado de um desconforto causado pela aderência de suas calças ao seu traseiro. Isso poderia ser consequência de queimaduras, mas, como o tecido das calças não estava rasgado nem chamuscado, eles não acreditavam que fossem queimaduras sérias. McCollom ordenou, então, que Decker abaixasse as calças e se deitasse de bruços no chão.

"O que nós vimos nos deixou horrorizados", escreveu Margaret, "e nos fez perceber pela primeira vez quantas dores Decker estava sofrendo em silêncio".

As nádegas e a parte de trás das pernas de Decker estavam cobertas por queimaduras horríveis, que haviam se tornado gangrenosas. Para Margaret, foi uma visão repulsiva. Assustadora também. Pela expressão no rosto de McCollom, ele estava sentindo a mesma coisa. Como não queriam angustiar Decker, não disseram nada. Apenas tentaram remover delicadamente a pele morta. Depois de limparem a área o melhor que podiam, eles a recobriram com uma generosa camada de pomada.

Decker não fazia a menor ideia de como fora queimado. Uma das possibilidades era que ele tivesse se encostado em uma peça de metal candente. Seria o mesmo que passar as calças a ferro sem tirá-las: as calças ficariam ótimas, mas a pele por baixo seria destruída.

Decker aceitou o tratamento com estoicismo até que McCollom cobriu as queimaduras de seu traseiro com uma atadura grande, triangular, que lembrava uma fralda. "Isso deixou Decker momentaneamente abatido", escreveu Margaret. Tanto quanto possível, eles vinham troçando um do outro desde a queda do avião, trocando piadas de humor negro que ajudavam a levantar o moral e a selar a camaradagem. A atadura de Decker poderia ter sido um ótimo mote para brincadeiras, mas seus companheiros tinham sensibilidade. "Todos nós estávamos preocupados, mas não falávamos nada para que ele não soubesse disso", escreveu Margaret. Temendo que suas pernas tivessem que ser amputadas e que as infecções envenenassem fatalmente o sangue de Decker, ela escreveu: "Estávamos todos conjeturando se os paramédicos conseguiriam nos alcançar a tempo."

APÓS A SESSÃO de enfermagem, McCollom ordenou que seus pacientes se deitassem e ficassem imóveis. Todos os três se mantiveram bem juntos, ouvindo os aviões que, segundo esperavam, lançariam os medicamentos prometidos antes do cair da noite. Mas nuvens de chuva surgiram e o tempo fechou antes das duas da tarde. Um pesado nevoeiro caiu sobre o vale e acabou com as esperanças dos sobreviventes. Eles sabiam que nenhum paraquedista se atreveria a pular naquela sopa, sobretudo quando sob o nevoeiro havia uma densa floresta, onde poderiam acabar presos nas ramagens ou empalados nos galhos. Assim, nada mais restava aos sobreviventes que estender as lonas no chão e tentar permanecer aquecidos.

Quando anoiteceu, apenas McCollom conseguia andar. Decker mal podia se mexer, exaurido por seus ferimentos, seus esforços e seu embaraço. Margaret sentia-se igualmente mal. Ela escreveu no diário que, apesar de seu óbvio cansaço, McCollom cuidava dela com paciência, "como se eu fosse um bebê".

Margaret se sentia indefesa, doente demais e fraca demais para caminhar. Tudo o que podia fazer era rezar. Em seu diário, ela escreveu que jamais rezara tanto em sua vida.

15

AÇÃO DE GRAÇAS PERDIDA

DEPOIS QUE TODOS OS PARAQUEDISTAS do 1º Recon se ofereceram para saltar em Shangri-La, apesar dos lúgubres avisos, o capitão Earl Walter escolheu dez deles. Imediatamente, selecionou seu braço direito, o primeiro-sargento Santiago "Sandy" Abrenica, que Walter considerava um bom amigo e o melhor soldado que já conhecera. Aos 36 anos, Abrenica era magro como um galgo. Tinha olhos escuros e encovados, e uma expressão cautelosa. Nascido em Luzon, nas Filipinas, imigrara para os Estados Unidos em 1926, sozinho, quando estava com 17 anos. O endereço que declarou como destino era um prédio da ACM em Seattle. Como civil, ele trabalhara como jardineiro. Seu hobby era o aeromodelismo.

Em seguida, Walter decidiu escolher os dois paramédicos, que seriam, no seu entender, quem arcaria com o trabalho mais duro. Teriam que descer de paraquedas em uma mata fechada para tratar os sobreviventes, enquanto o restante da unidade desceria em um terreno plano e quase sem árvores do vale de Shangri-La, a cerca de 50 quilômetros de distância, onde montariam um acampamento-base. Após conversar com seus homens e vistoriar suas folhas de serviço, Walter selecionou o sargento Benjamin "Doc" Bulatao e o cabo Camilo "Rammy" Ramirez. Tanto Doc quanto Rammy eram afáveis e sorridentes — o sorriso de Rammy chamava mais a atenção, pois revelava dois dentes de ouro na parte frontal. Afora isso, eram completamente diferentes. Doc Bulatao era quieto, quase tímido, enquanto Rammy Ramirez tinha o dom da loquacidade e um ego desmesurado para um homem com apenas 1,55m de altura.

Como Abrenica e a maioria dos outros integrantes do 1º Recon, Bulatao, então com 31 anos, migrara para os Estados Unidos ainda jovem. Tinha sido trabalhador rural antes da guerra e servira no 1º Regimento Filipino na Califórnia antes de ser alocado na unidade de Walter.

O caminho de Rammy Ramirez até Hollandia era mais tortuoso e perigoso. Nascido na cidade de Ormoc, na ilha de Leyte, Ramirez se alistara dez meses antes da guerra. Fora designado para os Batedores Filipinos, uma unidade do Exército dos Estados Unidos constituída por filipinos nativos, que servia nas ilhas sob comando norte-americano. Quando os japoneses invadiram as Filipinas, após Pearl Harbor, Ramirez fez parte das inferiorizadas e mal-equipadas forças que enfrentaram o inimigo, a fome e a disenteria por mais de quatro meses na península de Bataan. Depois que as tropas filipinas e norte-americanas se renderam, em abril de 1942, Ramirez suportara a Marcha da Morte de Bataan, sofrendo não só a falta de comida e água, como também a brutalidade de seus captores, a malária e a dengue. Somente uma manobra ousada evitou que ele fosse parar em um campo de prisioneiros de guerra.

Em um campo temporário durante o trajeto, Ramirez notou um buraco em um canto da cerca, que fora tapado com arame farpado.

— Eu disse a mim mesmo: "Vou passar por ali" — lembrou-se ele.

Na noite seguinte, ele esperou até que um guarda japonês abaixasse o rifle e parecesse cochilar em seu posto.

— Então, eu rolei devagarinho até o buraco na cerca.

Ele tentou afastar o arame farpado para aumentar a abertura, mas não teve forças.

— É meio difícil, pois eu sou pequeno, como você sabe.

Enquanto ele se arrastava por baixo do arame farpado, um talho se abriu em seu tronco.

— A uns três metros da cerca, havia muitas, muitas moitas e árvores. Então, segui na direção das moitas depois que passei pelo arame. E nem notei o corte.

Ele estava a cerca de 150 metros da cerca, correndo pela mata, quando ouviu tiros atrás de si — "bum, bum, bum, bum, bum". Mais tarde, Ramirez soube que guardas japoneses tinham aberto fogo quando outros prisioneiros tentaram segui-lo através do buraco.

— Eu continuei a correr, com a cabeça latejando muito. Eu estava com febre, uma mistura de febre da malária e febre da dengue.

Ramirez se arrastou até uma casa próxima, onde moradores simpatizantes lhe deram roupas para substituir seu uniforme. Ele escondeu sua placa de identificação no sapato e, evitando as estradas principais, rumou para Manila, uma "cidade aberta", presumivelmente a salvo de bombardeios de ambos os lados. Ao ver uma ambulância, ele pegou uma carona até um hospital. Mas o pessoal e os equipamentos do hospital estavam sendo evacuados para um navio-hospital que se dirigia à Austrália. Manila estava com as luzes apagadas, mas ele conseguiu chegar ao cais e ver a silhueta do navio à luz da lua. Conseguiu ser admitido a bordo e se deitou em um lugar aquecido do convés, em meio a um grande número de doentes e feridos.

Após convalescer em um hospital de Sydney, Ramirez recuperou as forças exatamente quando o 1º Regimento Filipino estava chegando à Austrália. Ele ainda estava oficialmente vinculado às Forças Armadas norte-americanas, portanto parecia um candidato natural.

O CAPITÃO C. EARL WALTER JR. COM O CABO CAMILO "RAMMY" RAMIREZ (À ESQUERDA) E O SARGENTO BENJAMIN "DOC" BULATAO. (CORTESIA DE C. EARL WALTER JR.)

— Eles providenciaram minha baixa do hospital e me levaram.

Depois de algum tempo, Rammy foi indicado para treinamento de comando, paramédico e paraquedista em Brisbane, sob as ordens do capitão Walter, na condição de integrante do Batalhão de Reconhecimento 5217, que antecedeu o 1º Recon. Agora com 26 anos e uma cicatriz indelével, Rammy Ramirez queria ajudar Margaret, McCollom e Decker a realizar sua própria fuga.

Walter estava particularmente feliz por ter Ramirez na equipe.

— Eu simplesmente gostava do entusiasmo dele. Ele era feliz. Outros paramédicos, inclusive Bulatao, tinham mais experiência no tratamento de pacientes.

— Mas não eram tão extrovertidos nem descontraídos quanto Rammy. Eu achava que os dois sobreviventes que estavam muito feridos precisavam de alguém alegre e bem falante, que gostasse de conversar. Foi assim que escolhi aqueles dois — explicou Walter. — Ben era o mais qualificado e Rammy, o mais corajoso.

Depois de Abrenica, Bulatao e Ramirez, Walter completou sua equipe de paraquedistas com sete de seus homens mais experientes e capazes: seis sargentos — Alfred Baylon, Hermenegildo Caoili, Fernando Dongallo, Juan "Johnny" Javonillo, Don Ruiz e Roque Velasco — e um cabo, Custodio Alerta.

Na vida civil, eles haviam sido jardineiros, cozinheiros, trabalhadores rurais e operários, acostumados com a desconsideração e a discriminação sofridas pelos filipinos radicados nos Estados Unidos. Agora, eram soldados norte-americanos, que haviam se oferecido para saltar de paraquedas em território não mapeado para proteger e resgatar três companheiros. Quando Walter estava selecionando sua equipe, ele e seus homens não sabiam que os primeiros nativos que haviam feito contato com os sobreviventes eram amistosos. Tudo o que sabiam era o que Walter havia informado: não havia mapas, não havia uma área segura para os saltos, não havia como prever a reação dos nativos, não havia plano de fuga. Ainda assim, todos queriam saber quando iriam saltar sobre Shangri-La.

Walter conversou novamente com o coronel Elsmore e o coronel T.R. Lynch, subcomandante da Fee-Ask, que estava profundamente envolvido nos esforços de busca e resgate. Em um encontro anterior, Lynch deixara claro que Walter teria ampla liberdade para escolher seus homens e determinar a melhor maneira de realizar a missão.

— Vai ser a sua operação — disse ele. — Você será totalmente responsável pelo sucesso dela.

Segundo Walter Lynch queria dizer o seguinte: caso alguma coisa saísse extremamente errada, caso a WAC, o tenente e o sargento que estavam vivos aparecessem mortos, ou se os dez paraquedistas falhassem de alguma forma, Walter seria responsabilizado. A resposta de Walter: *Bahala na*.

Após se reunir com seus superiores, Walter efetuou diversos voos de reconhecimento sobre o vale, o local do desastre e a clareira onde estavam os sobreviventes. Depois, voltou a falar com os superiores.

— Nós já sabíamos como entrar lá — recordou-se Walter. — Eu estava muito preocupado, pois teríamos que saltar de paraquedas. Era o único modo. Nós achávamos que o território ao norte do vale era habitado por caçadores de cabeças. E no território ao sul havia tropas japonesas. Portanto, não tínhamos nenhuma forma de entrar no vale a pé, a menos que quiséssemos entrar em combate, e eu não tinha o menor interesse nisso.

Walter instruiu seus homens a preparar os suprimento e os paraquedas. Como nenhum deles voltara a saltar desde o treinamento na base de Brisbane, meses antes, ele providenciou para que fizessem um ou dois saltos em Hollandia, como forma de praticar.

— Foi uma encrenca, porque o único lugar que poderíamos usar era um capinzal — disse Walter. — Os homens e eu rimos muito mais tarde, mas na época foi um sofrimento. Nós estávamos em uma área coberta com um capim chamado *kunai,* que tem bordas afiadas e chega a três metros de altura. O capinzal era muito denso e cobria quase todo o terreno. Nós dávamos dois ou três passos e nos jogávamos no chão de propósito, para abrir espaço. Depois, dávamos mais dois ou três passos e nos jogávamos de novo. Uma droga.

Walter voltou a perguntar aos seus paramédicos:

— Vocês querem mesmo fazer isso?

Segundo Walter, eles responderam: "Sim, senhor. Queremos fazer isso porque aquelas pessoas precisam de nós."

— Eu sei que precisam — disse Walter. — Eu não posso fazer isso. Vocês podem, porque sabem prestar socorro médico.

Mais tarde, Walter comentou o momento.

— Eu gostaria que as pessoas pensassem a respeito disso. Eles não tinham que fazer aquilo, mas queriam.

Walter registrou em seu diário que essa conversa final com seus paramédicos ocorreu no dia de seu vigésimo quarto aniversário, sexta-feira, dia 18 de maio de 1945. Mas, finalmente engajado em uma missão real, ele estava ocupado e absorto demais para comemorar. Após mais um salto de treinamento, ele retornou à base, embrulhou os paraquedas e foi dormir.

EM SEU SEXTO dia em Shangri-La, os sobreviventes passaram a manhã aguardando o reconfortante som do avião de suprimentos. Quando o 311 apareceu e o céu se encheu de paraquedas com caixas de madeira, eles fizeram contato com a tripulação do avião através do *walkie-talkie*. Alertaram então que, por mais que o terreno parecesse ruim visto do céu, era muito pior em terra.

Margaret escreveu em seu diário que avisou à tripulação: "Não deixem que nenhum paraquedista salte aqui se houver risco de que ele morra. Eu prefiro morrer aqui a que alguém seja morto tentando me salvar." McCollom e Decker também pensavam assim. "Já tínhamos visto muitas mortes e tragédias", escreveu ela. "Deus sabe que nós queríamos viver, mas não às custas da morte de alguém."

Seus temores em relação aos paraquedistas permaneceriam com eles por pelo menos mais um dia, pois o nevoeiro se instalou cedo cobrindo a floresta e as encostas adjacentes. A densa cortina tornou impossível que aviões sobrevoassem a área e, mais ainda, que paraquedistas saltassem lá.

Quando o avião se afastou, McCollom foi perambular pela mata, à procura de suprimentos. "Eu não conseguia mais me mover", escreveu Margaret. "Decker estava tão branco e febril que McCollom lhe ordenou severamente que ficasse onde estava. Nós tínhamos emagrecido muito, inclusive McCollom."

Após sucessivas viagens, McCollom trouxe uma embalagem repleta de calças e camisas, mas de tamanho pequeno. Serviriam apenas para Margaret. Ela se sentiu grata, mas gostaria de ter achado também calcinhas e sutiãs, para substituir a roupa de baixo que removera cinco dias antes para confeccionar ataduras. Em outra incursão, McCollom encontrou cobertores grossos, em número suficiente para improvisar leitos em sua enfermaria da selva. Ele preparou um para Margaret e outro para ser compartilhado por Decker e ele.

Naquela noite, as pulgas que se alojavam nos cobertores atormentaram Decker. Mas ignoraram McCollom, o que aborreceu Decker ainda mais.

Retornando ao outeiro que ocupavam após mais uma perambulação, McCollom gritou:

— Finalmente! Vamos comer!

Nos braços, ele trazia caixas de rações militares.

"Comida, comida de verdade, enfim, depois de quase seis dias", escreveu Margaret. Ele confessou que seu estômago doía de fome. Os homens também reconheceram isso, embora tivessem se refestelado com os tomates sem a colaboração dela. Quando McCollom abriu as embalagens, Margaret recuperou o ânimo: "Era uma visão tão linda. Bacon fatiado em lata, presunto com ovos em lata, carne enlatada, café, chá, chocolate, limonada, laranjada, manteiga, açúcar, sal, leite enlatado, cigarros, fósforos e até doces para a sobremesa."

Os três escolheram latas de bacon e presunto, que abriram apressadamente com pequenos abridores. Mergulharam, então, naquele desjejum improvisado — diante das circunstâncias, uma iguaria —, sem nem mesmo pensar em acender uma fogueira. Entre outros motivos, porque a mata estava encharcada devido às chuvas incessantes. "Mas o motivo principal", escreveu Margaret "era que até McCollom estava debilitado demais para fazer qualquer coisa que exigisse esforço extra".

Apesar de sua fome, Margaret sentiu-se empanturrada após apenas alguns bocados. Ela parou de comer antes de terminar uma pequena lata, constatando que uma dieta constante de balas Charms, água e uns poucos tomates havia encolhido seu já pequeno estômago.

Enquanto os sobreviventes esperavam pelos paramédicos, a preocupação com os ferimentos de Margaret e Decker só fez aumentar.

A pomada e a gaze que haviam encontrado nas caixas de suprimentos em nada tinham contribuído para reduzir o avanço da gangrena. Depois que todos comeram, McCollom fez o que pôde para tratar dos ferimentos. Começou, então, a desenrolar as ataduras das pernas de Margaret, liberando o fedor nauseabundo das infecções. Mas, quando tentou remover os curativos, não conseguiu. Estavam grudados na carne queimada. Ele fechou os olhos, sabendo da dor que causaria a Margaret quando os arrancasse.

— Sinceramente, Maggie, isso vai doer mais em mim que em você — disse ele.

No espaço de uma hora, os novos curativos que ele fizera estavam encharcados de pus malcheiroso. Eles, então, repetiram o doloroso processo. Margaret escreveu: "Eu tentei não demonstrar meu pavor de perder ambas as pernas, mas o sentimento crescia dentro de mim como uma maré montante. Às vezes, eu achava que iria desmaiar de medo."

Os medos de Margaret aumentaram quando ela tentou ajudar McCollom a tratar Decker. A gangrena nas pernas e no traseiro do companheiro havia piorado muito nas últimas doze horas. "Ele sentia muita dor e nós sabíamos disso, embora ele jamais dissesse uma palavra", escreveu ela. "Ele passava o dia deitado de barriga para baixo, com uma expressão de dor e paciência exaurida."

Durante a tarde, o líder nativo que chamavam de Pete, retornou com sua maior demonstração de confiança até aquele momento: uma mulher que Margaret julgou ser sua esposa. Ambos pararam no outeiro em frente ao acampamento dos sobreviventes e Pete acenou para que eles se aproximassem. Como Margaret e Decker não podiam caminhar, McCollom foi sozinho ao encontro deles. Os dois líderes apertaram as mãos e tentaram se comunicar, mas com pouco sucesso. Às vezes, quando uma resposta parecia apropriada, McCollom murmurava: "hã, hã", como ouvira os nativos fazer quando os dois grupos haviam se encontrado. A conversa não passou muito disso.

Em outra parte de seu diário, Margaret falou sobre os nativos: "Eles se dirigiam a nós, falando pelos cotovelos. Nós ouvíamos com atenção e, de vez em quando, murmurávamos 'hã, hã'. Eles ficavam encantados, como aqueles chatos para quem a gente fala 'hã, hã' quando a conversa fica longa demais. 'Hã, hã', nós dizíamos, enquanto os nativos tagarelavam. Eles sorriam para nós e começavam a falar duas vezes mais rápido."

Enquanto McCollom falava com seu congênere, Margaret observava a mulher nativa e ficou satisfeita ao descobrir que a primeira mulher que via de perto em Shangri-La era "menor que meu metro e cinquenta e seis". A mulher trazia uma sacola trançada nas costas, amarrada a um barbante enrolado em sua cabeça. Estava "totalmente nua", com exceção do que Margaret descreveu como uma "estranha tanga, tecida com raminhos finos", que de alguma forma permanecia no lugar.

Embora Margaret não soubesse, o nome da mulher era Gilelek. Era a única mulher de Pete/Wimayuk Wandik, embora a prática da poligamia entre os nativos permitisse que ele tivesse mais de uma esposa.

"Ela e as outras mulheres nativas eram as criaturas mais leves e graciosas que qualquer um de nós jamais vira", escreveu Margaret. "E eram tímidas como corças."

O CASAL FOI EMBORA e, no fim da tarde, os sobreviventes permaneceram em seus cobertores. Menos de uma hora depois, Wimayuk retornou, acompanhado de um grande grupo de seguidores. Ao que parecia, sua esposa tinha aprovado os forasteiros e lembrara a ele que suas obrigações com os hóspedes iam além da cordialidade.

"Eles estavam trazendo um porco, batatas-doces e algumas bananinhas verdes, as primeiras frutas que víamos ali", escreveu Margaret.

— Eles querem dar um banquete para nós — disse McCollom.
— Maggie, mesmo que nossas vidas dependam disso, eu não vou conseguir me levantar e confraternizar com os nativos.
— Amém — concluiu Decker.

Se a festança tivesse sido ofertada alguns dias antes, os sobreviventes teriam ficado encantados. "Mas naquela noite", escreveu Margaret, "pela primeira vez em dias nossos estômagos estavam cheios de rações do Exército. E nós estávamos exaustos". Usando, então, a linguagem dos sinais, eles explicaram aos nativos, o mais polidamente possível, que estavam cansados demais, doentes demais e empanturrados demais para apreciar outra refeição.

CASAL NATIVO EM UMA ALDEIA DANI, FOTOGRAFADO EM 1945.
(CORTESIA DE C. EARL WALTER JR.)

Ao declinar o jantar, Margaret, McCollom e Decker cancelaram o que teria sido a primeira celebração de Ação de Graças em Shangri-La. O homem a quem chamavam de Pete teria desempenhado o papel do Chefe Massassoit, e os sobreviventes teriam representado os peregrinos.

Além disso, e mais significativo, eles inadvertidamente perderam a chance de se ligar aos nativos através do mais importante ritual comunitário da tribo: uma festa do porco. Como um antropólogo explicou mais tarde: "É a lembrança dos porcos que mantém [esta] sociedade coesa. Em todas as grandes cerimônias, porcos são ofertados de uma pessoa para outra e, depois, mortos e comidos. Mas deixam nas memórias lembranças de obrigações que serão pagas mais tarde; e, quando isso acontece, novas obrigações são criadas. Assim, através dos porcos, as relações sociais da sociedade são constantemente renovadas. Durante seu tempo de vida, um homem está ligado a seus semelhantes pelos laços estabelecidos por centenas, talvez milhares, de porcos que ele e seu povo trocaram com outros povos."

Apesar do profundo simbolismo de sua oferta, os nativos aparentemente não se ofenderam com a recusa dos sobreviventes em compartilhar um porco.

"Pete, que devia ter um coração maravilhosamente compreensivo naquele corpo negro e musculoso, entendeu na mesma hora", escreveu Margaret. "Ele enfiou o porco embaixo do braço e ordenou a seus homens que apagassem a fogueira que haviam acendido com algum processo mágico que só eles conheciam. Depois, cacarejou alguma coisa para nós, com expressão tranquilizadora, e levou seus seguidores de volta."

Os sobreviventes se enfiaram em suas camas e foram dormir, sentindo-se saciados e relativamente confortáveis, pela primeira vez, desde que haviam saído de Hollandia. No que Margaret chamou de "ironia da má sorte", eles foram acordados algumas horas depois por uma súbita pancada de chuva. O ninho de cobertores de Margaret, situado em terreno mais baixo, se transformou em um pântano lanoso. A cama partilhada por McCollom e Decker, mais acima, ficou molhada, mas não encharcada. Margaret, então, lhes ordenou que abrissem espaço e se aninhou junto a eles.

— Meu Deus — disse McCollom, com fingida indignação. — Será que a gente nunca vai se livrar dessa mulher?

Para se proteger do frio e da umidade, eles passaram a noite espremidos um contra o outro sob os cobertores, conversando as vezes sobre helicópteros, paramédicos e operações de resgate.

16

RAMMY E DOC

SOBREVOANDO A CLAREIRA dos sobreviventes em um C-47, Earl Walter estava suando.

O avião que o transportava, juntamente com os paramédicos Rammy Ramirez e Doc Bulatao, decolara do aeródromo de Sentani por volta das oito da manhã, no sábado, dia 19 de maio. Depois, passara diversas vezes sobre a chamada "área de saltos". A cada uma delas, a operação parecia cada vez mais traiçoeira do que Walter pensara, quando sobrevoara a área pela primeira vez, dois dias antes. Para aumentar sua preocupação, havia a imprevisibilidade dos ventos da montanha. Ele já deixara cair cinco "bonecos de vento" — embrulhos pesados usados para avaliar a turbulência — sem nenhum resultado.

— Soltei cinco bonecos — explicou ele —, porque cada um deles seguiu numa direção diferente. Assim, eu não fazia ideia da direção em que os ventos levariam os paramédicos.

Para que os paramédicos não tivessem que carregar seus equipamentos desde o ponto em que aterrissassem, Walter lançou seus equipamentos perto do acampamento dos sobreviventes — o que também não proporcionou nenhuma informação útil sobre as condições dos ventos. Enquanto observava os bonecos e os equipamentos girar e guinar ao sabor das correntes de ar, Walter guardava seus temores para si mesmo.

— Eu não disse nada para Ben ou Rammy porque, bem, não adiantaria nada — disse Walter. — Quer dizer, não faria nenhuma diferença. Nós tínhamos que colocar aquelas duas pessoas lá, não importava como.

O jovem capitão sabia que Bulatao e Ramirez estavam para se tornar o que os paraquedistas chamam de "bonecos de vento humanos". Se eles fossem oficiais como Walter, em vez de oficiais subalternos, receberiam a alcunha mais formal de "testadores de turbulência". De qualquer forma, os ventos imprevisíveis acrescentavam mais um perigo a uma operação que já era amedrontadora.

A maior preocupação de Walter era a área de saltos, um terreno coberto de mato alto, pedras irregulares e tocos de árvore pontiagudos que pareciam ter passado por um incêndio recente.

— Eu me lembro de ter passado por ali a cerca de trinta metros de altura, porque queria ver como era — disse ele. — E era o inferno. Quer dizer, tinham ocorrido incêndios, havia formações rochosas e tocos, árvores que tinham sido quebradas ou sei lá o quê. Não me lembro de ter ouvido falar de uma área de saltos como aquela.

Uma área de saltos ideal era plana, macia, desobstruída, com pouco ou nenhum vento. Aquela era exatamente o oposto.

Walter a escolhera por se situar a cerca de 3 quilômetros do acampamento dos sobreviventes. E ainda era melhor, embora não muito, do que saltar de paraquedas em uma floresta densa. Saltar no próprio acampamento não era uma opção, por ser um alvo muito reduzido.

O plano de Walter exigiria que os paramédicos saltassem do avião a poucas dezenas de metros do solo, para reduzir as chances de que eles fossem arrastados para longe do ponto onde os sobreviventes aguardavam desesperadamente sua ajuda. Mas aumentar as chances dos sobreviventes aumentava igualmente os riscos a serem enfrentados por Bulatao e Ramirez.

Cordas chamadas linhas estáticas corriam das mochilas de seus paraquedas até um cabo de ancoragem dentro do avião. Se tudo corresse conforme o planejado, as linhas garantiriam a abertura dos paraquedas assim que os homens pulassem do avião. Mas pular tão próximo ao chão significava que eles não teriam tempo para acionar o paraquedas de reserva caso o principal falhasse. A altitude constituía um perigo adicional. Eles estavam a mais de 2.400 metros acima do nível do mar. O ar rarefeito faria com que eles caíssem mais depressa. Eles teriam pouca chance de se desviar de árvores e outros perigos puxando as cordas de náilon do velame do paraquedas.

Um homem leve no ar rarefeito, em um paraquedas com 8,5 metros de diâmetro, pode descer a uma velocidade de 4,5 metros por segundo. Se essa velocidade estivesse correta, Ramirez e Bulatao chegariam ao chão — ou ficariam presos em uma árvore, ou seriam empalados em um toco pontudo, ou se perderiam em uma garganta rochosa — em menos de trinta segundos. Isso se os ventos não emaranhassem suas cordas e transformassem seus paraquedas em estreitas "flâmulas". Sem um paraquedas de reserva, uma flâmula seria, quase com certeza, sinônimo de morte.

Após conferenciarem sobre a velocidade e a direção do vento, Walter e o piloto concordaram com o que, segundo eles, seria a melhor abordagem. Mas ambos sabiam que seus cálculos seriam apenas um pouco mais úteis que palpites.

Ramirez e Bulatao se levantaram dos bancos e andaram arrastando os pés até a porta, como fazem os paraquedistas, para não perder o equilíbrio devido ao peso de sua carga. Walter os "acompanhou até a porta" — gíria dos paraquedistas para a preparação do salto — e conferiu novamente a determinação deles.

— Vocês estão preparados? — gritou ele, para suplantar o barulho dos motores e do vento.

Ramirez e Bulatao responderam em coro:

— Sim, senhor!

Descrevendo a cena mais se sessenta anos depois, os olhos de Walter se enevoaram de orgulho.

Os paramédicos pularam no vazio, um após outro. Seus paraquedas se abriram como o esperado e se encheram de ar. No início, eles pareciam rumar para uma área abaixo da clareira onde Walter achava que poderia aterrissar em relativa segurança. Então, os ventos sopraram novamente e os desviaram da trajetória.

NAQUELA MANHÃ, Margaret, McCollom e Decker acordaram na expectativa da chegada dos paramédicos. "Estava claro para nós — embora nunca tocássemos no assunto — que Decker morreria e eu, com certeza, perderia minhas pernas se os paramédicos não chegassem imediatamente", escreveu Margaret.

Os três estavam "encharcados, infelizes e cheios de dores", após a tempestade da noite anterior. McCollom estava servindo rações a Margaret e a Decker, quando os ouvidos de todos captaram o som do avião. McCollom acionou o rádio. "Eles nos disseram que dois paramédicos paraquedistas estavam a bordo", escreveu Margaret, "e pulariam a 3 quilômetros do vale assim que o avião lançasse seu carregamento de tendas, ponchos, cobertores mais suprimentos médicos e comida".

Um rádio-operador no avião lhes assegurou que os paramédicos estariam cuidando deles dentro de 45 minutos. Quando McCollom retransmitiu a mensagem, Margaret fez um muxoxo. McCollom e Decker a acompanharam. "Nós já conhecíamos bem a selva", escreveu Margaret, "e sabíamos que, mesmo seguindo uma trilha dos nativos, os paramédicos levariam horas para percorrer os 3 quilômetros".

Os sobreviventes observaram as duas figuras pular do avião e seus paraquedas se abrirem no ar. Um único pensamento passou pela mente de Decker: "Que Deus os abençoe." Para ele, os paramédicos eram "a diferença entre a vida e a morte para nós".

Quando perderam os paraquedistas de vista, escreveu Margaret, eles sabiam que a nada poderiam fazer, exceto esperar e rezar. "Eu rezei mais 'pai-nossos' e 'aves-marias' nas duas horas seguintes do que jamais tinha rezado antes."

Parado diante da porta aberta do avião, Walter fez a mesma coisa.

DURANTE A DESCIDA, lutando contra o vento em um esforço inútil de retornar à trajetória, Rammy Ramirez compreendeu melhor a missão a que se candidatara.

— Nós estávamos 30 metros acima da área de saltos — lembrou-se ele. — Eu podia ver os tocos e as pedras. E disse a mim mesmo: "Tem muita coisa, é perigoso." Então, virei-me a favor do vento e tentei pilotar o paraquedas em direção à mata, onde não estava vendo pedras. Consegui evitar os tocos, mas não consegui evitar uma rocha.

Cambaleante, ele se pôs de pé, apertando o tornozelo esquerdo. Livrou-se, então, do paraquedas e examinou seu tornozelo. Ficou aliviado ao constatar que o osso não estava quebrado e que ele não estava sangrando. Doc Bulatao aterrissou em segurança nas proximidades. Essas eram as boas notícias.

Tão logo aterrissaram, os paramédicos foram cercados por nativos. Ramirez pegou seu rifle, um M1 semiautomático, com um cano de 16 polegadas e um pente de quinze balas.

— Os nativos estavam com lanças, arcos e flechas — disse ele. — E eu preparei o rifle, caso alguém ameaçasse arremessar uma lança ou atirar uma flecha.

Um dos nativos, que Ramirez chamou de "chefe da aldeia" se adiantou. Era Wimayuk Wandik, que os paramédicos logo conheceriam como Pete. Eles não entendiam os respectivos idiomas, mas, fazendo sinais com as mãos e com o corpo, Ramirez se explicou.

— Eu informei minha missão. Disse que um avião tinha caído e se incendiado. E que eu estava ali para ajudar.

Wimayuk assentiu com a cabeça. Chamou um grupo de garotos e os instruiu a conduzir os paramédicos até Mundima, o lugar próximo ao rio Mundi, onde os sobreviventes estavam acampados.

— Nós os seguimos através da mata como se fôssemos coelhos — disse Ramirez.

Prejudicado pela torção no tornozelo, ele não conseguia acompanhar os ágeis meninos descalços, que pulavam de toco em toco, corriam sobre escorregadios troncos caídos e enxergavam trilhas onde nenhum forasteiro as teria notado. Bulatao ficou para trás com seu amigo. Após diversas horas, em que perdiam os garotos de vista e voltavam a vê-los depois, abrindo caminho por entre as samambaias, os cipós e as árvores, eles chegaram à clareira.

Margaret, McCollom e Decker se levantaram para apertar as mãos dos paramédicos.

— Quando cheguei perto deles — contou Ramirez —, Margaret estava chorando. Ela me abraçou e eu continuei a sorrir.

Margaret narrou a cena em seu diário:

Quando eu os avistei na trilha dos nativos, não consegui segurar as lágrimas por mais tempo. Elas se derramaram por vontade própria e escorreram pela minha bochecha empolada e pela minha bochecha saudável. À frente da dupla, mancando levemente, estava o cabo Rammy Ramirez, paramédico. Rammy tinha um coração de ouro, como viemos a saber, e um sorriso dourado. Mesmo enquanto mancava pela trilha, ele sorria calorosamente, fazendo resplandecer seus dois dentes de ouro. Rammy era melhor para levantar o moral que uma nota de mil dólares. Eu me senti melhor só de olhar para ele através das lágrimas. O sargento Ben Bulatao, paramédico, ia atrás dele. Quando o sargento chegou ao nosso acampamento para cuidar de nós, fomos presenteados com o homem melhor e mais gentil que Deus já colocou no mundo. [...] Quero dizer agora que os melhores homens que existem são filipinos. Se algum dia eles ou suas ilhas precisarem de ajuda ou de uma defensora, bastará me mandarem um telegrama para que eu me junte à causa.

Rammy percorreu a mata, recolhendo os suprimentos que Walter lançara do avião. Para poupar seu tornozelo, ele "pulava em um só pé, como um pardal alegre", escreveu Margaret. Ele acendeu uma fogueira, pôs uma dúzia de batatas-doces para assar e ferveu água. Raspando pedaços de chocolate em uma xícara, ele preparou a primeira bebida quente que os sobreviventes tomaram em quase uma semana.

"Era uma coisa divina", escreveu Margaret. "Nós engolimos a primeira xícara como se fôssemos animais famintos, e depois as estendemos, pedindo mais." Na manhã seguinte, Rammy e Doc os acordariam com os ricos aromas de café quente e bacon frito.

Os sobreviventes também devoraram as batatas-doces, divertindo Rammy com sua empolgação por um vegetal que estivera sob seus pés o tempo todo.

— É que eles vinham da cidade. Na cidade, a gente vê muitas frutas, mas não as árvores frutíferas. Então, eles não sabem como elas nascem.

Os paramédicos começaram com Decker, espalhando peróxido e um pó antisséptico chamado sulfanilamida em seus ferimentos e nas queimaduras gangrenosas em suas nádegas. O talho em sua cabeça era largo demais para ser costurado com pontos. Doc Bulatao — que assumia a liderança nas questões médicas, com a assistência de Rammy — massageou suavemente a pele em torno do ferimento, empurrando as duas bordas para que, futuramente, elas pudessem ser unidas. Rammy trabalhou no cotovelo quebrado de Decker. Depois de moldar um pedaço de casca de árvore, ele a segurou contra o braço de Decker, enquanto o imobilizava com ataduras. Os paramédicos decidiram não tentar reposicionar o osso, temendo que, sem raios x, isso poderia trazer mais malefícios que benefícios.

Então, voltaram as atenções para Margaret e passaram as duas horas seguintes trabalhando em suas pernas. As ataduras que McCollom aplicara estavam profundamente enterradas nas queimaduras. Doc Bulatao sabia que sua remoção seria uma tortura.

"Ele tentou remover as bandagens sem me machucar muito", escreveu Margaret.

SARGENTO KEN DECKER EM UMA LATRINA IMPROVISADA NA SELVA. (CORTESIA DE C. EARL WALTER JR.)

"Mas se contraía tanto quanto eu. 'Vou lhe mostrar como eu arranco ataduras!', dizia McCollom para encorajá-lo. 'Eu não quero machucar a moça', respondia Doc."

Mas Margaret estava mais preocupada com a possibilidade de perder as pernas.

— Se eu estivesse na Fee-Ask — disse ela a Bulatao —, o médico arrancaria as ataduras e esfregaria minhas pernas com uma escova. Vá em frente, puxe.

Foi o que ele fez. "Só muito mais tarde ele me contou como ficou chocado com a minha aparência", escreveu Margaret. "Eu estava pele e ossos. Acho que não estava pesando nem 40 quilos naquela época."

Bulatao sabia que pouco poderia fazer, naquela primeira noite, para tratar a gangrena de Margaret e de Decker. Seria uma luta demorada e penosa. Ele e Rammy cortariam a pele podre, lavariam o que restasse com peróxido, passariam pomada por cima e fariam um curativo sobre o ferimento. Repetiriam o processo dia após dia. Se já não fosse tarde demais, a gangrena acabaria cedendo e o processo de cura teria início. Caso contrário, ele teria que considerar medidas mais drásticas, inclusive a amputação.

"Doc deve ter lido o medo em meu coração", escreveu Margaret. "No primeiro dia do tratamento, enquanto estava enrolando as bandagens nas minhas pobres pernas, ele sorriu para mim e disse: 'Dentro de três meses, você já vai estar dançando.' Mas eu sabia que ele não tinha certeza. Nem eu."

17

CUSTER E A CAVALARIA NORTE-AMERICANA

ENQUANTO MARGARET HASTINGS sofria com a remoção de suas ataduras na selva montanhosa, Earl Walter finalmente teve uma chance de enfrentar o perigo a serviço de seu país. Não foi durante um combate nem numa patrulha de reconhecimento nas Filipinas, mas era a melhor coisa disponível: uma missão de resgate em Shangri-La.

O coronel Elsmore e os estrategistas da Fee-Ask ainda não sabiam ao certo como tirar todo mundo *de* Shangri-La, mas tinham certeza de que precisavam de mais soldados *em* Shangri-La. Eles queriam que Walter e cinco integrantes de sua equipe de paraquedistas estabelecessem um acampamento-base no vale principal, fossem até a clareira dos sobreviventes, retornassem com eles e os dois paramédicos ao acampamento-base e aguardassem o resgate ou novas instruções. Enquanto Walter e seu grupo estivessem a caminho do acampamento dos sobreviventes, os três paraquedistas que ficassem no vale principal deveriam, além de cuidar do acampamento-base, remover mato, árvores, lama, areia movediça e outros obstáculos de algum terreno próximo, de modo a criar uma pista de pouso improvisada.

A ideia da pista de pouso surgiu quando as opções de resgate foram se estreitando. Um helicóptero já fora descartado, em virtude de sua incapacidade de voar sobre as montanhas. A equipe de Elsmore também vetou o uso de uma aeronave anfíbia. Ignorando que, sete anos antes, Richard Archbold pousara com o *Guba* em um lago perto do vale, eles erradamente acreditavam que esse tipo de avião era inadequado para a missão. Caminhar 250 quilômetros até Hollandia estava entre as últimas opções, juntamente com a ideia de subir um rio numa lancha torpedeira da Marinha norte-americana, desde a costa sul da Nova Guiné até algum ponto a cerca de 80 quilômetros do vale. Entre a meia dúzia de alternativas restantes, algumas eram muito bizarras: pousar com um C-47 no vale — um projeto duvidoso, devido às condições desfavoráveis do lugar; e a igualmente implausível ideia de lançar planadores no vale, esperar que os sobreviventes e a equipe de Walter entrassem neles e utilizar aviões em voos rasantes para rebocá-los de volta.

Enquanto isso, no aeródromo de Sentani, às dez horas da manhã de domingo, 20 de maio, Walter e oito de seus homens carregados com paraquedas, armas, munição, facas *bolo* e diversos tipos de suprimentos, entraram em um C-47 com destino a Shangri-La.

Walter pediu ao piloto, o coronel Edward T. Imparato, que voasse baixo, a algumas dezenas de metros do fundo do vale. Walter, que estava prestes a completar seu quadragésimo nono salto, não queria que os ventos rodopiantes transformassem os paraquedas em pipa, espalhando seus homens e ele por um raio de quilômetros. Ele também esperava que um salto baixo escapasse à atenção dos nativos, já que uma descida longa e lenta seria vista por muitos habitantes do vale.

Como área de saltos, Walter e Imparato escolheram uma área sem choças nem plantações de batata-doce nas vizinhanças, um trecho de terra relativamente plana à sombra de um elevado paredão rochoso, com umas poucas árvores, arbustos e lombadas quebrando uma extensão ininterrupta de capim *kunai*. Pouco antes do meio-dia, quando Imparato voava a apenas 100 metros acima do chão do vale, os paraquedistas saltaram do avião. Os paraquedas se abriram, como esperado, e os nove homens chegaram ao chão sem nenhum incidente.

Eles se reuniram na formação defensiva que haviam combinado — bem próximos um do outro, mas não aglomerados. Através das transmissões de rádio, Walter soubera pelos sobreviventes e pelos dois paramédicos que os nativos que viviam próximo ao local do desastre eram amistosos. Mas a área de saltos estava de 25 a 30 quilômetros deste quadro feliz. Os nativos do vale principal poderiam ser completamente diferentes e muito menos hospitaleiros.

— Quando nós aterrissamos — contou Walter —, todo mundo estava espalhado por diversos lugares. Não estávamos muito separados, mas eu queria que eles se espalhassem mais um pouco, para que não fôssemos todos alvejados com lanças, ou o que fosse, logo de início.

Sua esperança de que os saltos passassem despercebidos se revelou uma ilusão. Antes mesmo que os paraquedas chegassem ao chão, uma multidão de homens com lanças, arcos e flechas correu de todas as direções até o campo onde os paraquedas desceram. Walter calculou que mais de duzentos guerreiros da Idade da Pedra cercaram seus homens e ele. O primeiro-sargento Santiago "Sandy" Abrenica estimou o número em trezentos.

Tenso, Walter pegou seu rifle. Abrenica se postou ao seu lado, igualmente preparado para o combate.

— Capitão — disse Abrenica —, o senhor sabe o que isso me lembra?

— Não, não sei, Sandy. O quê?

— A última batalha de Custer.*

Abafando uma risada, Walter manteve o rifle sob um dos braços, com a mão próxima ao gatilho. Na outra mão, ele segurava uma pistola calibre 45 — presente de seu pai. Ele sentia que os nativos eram hostis, mas hesitava em atacar. Então, gritou para que seus homens se mantivessem preparados, mas não atirassem até que ele desse a ordem.

— Pelo amor de Deus — gritou ele —, não fiquem com coceira na mão e apertem o gatilho só para assustar alguém. Eu não quero que nada disso aconteça. Se nós ferirmos ou matarmos algum deles, aí realmente vamos ter problemas.

Abrenica não estava gostando do grito de alarme dos nativos, um "som estranho e assustador, que lembrava o chamado do *kookaburra*".** Abrenica, erradamente, achou que o som fosse proveniente da fricção de lanças, mas na verdade era produzido nas gargantas dos nativos.

Embora estivessem inferiorizados na proporção de vinte para um, ou mais, Walter acreditava que o poder de fogo de seus homens lhes assegurava a supremacia bélica.

— Tínhamos muitas armas, é claro — disse ele. — Nada de morteiros ou coisas assim, mas tínhamos metralhadoras, submetralhadoras e nossos próprios rifles.

---

* Também conhecida como a Batalha do Little Bighorn (nome de um rio), travada em 25 de junho de 1876, que opôs o sétimo regimento da cavalaria norte-americana, comandado pelo general George Armstrong Custer, a uma coalizão de índios lakotas, cheyennes e arapahoes. O resultado foi uma estrondosa derrota da cavalaria norte-americana e a morte de Custer. (N. T.)

** Pássaro australiano cujas vocalizações lembram gargalhadas. (N. T.)

Abrenica contou:

— Estávamos equipados para uma missão de combate, portanto logo erguemos uma barricada e posicionamos nossas metralhadoras por trás dela. Achávamos que teríamos de abrir caminho a bala.

No meio de Shangri-La, guerreiros modernos e pré-históricos mantinham suas posições, paralisados por um impasse.

WALTER E SEUS HOMENS haviam descido na parte noroeste do vale, em uma área conhecida pelos nativos como Wosi. Especificamente, na parte de Wosi chamada de Abumpuk, não muito longe de uma aldeia chamada Koloima. Não havia choças nas proximidades porque a área de saltos dos paraquedistas estava no meio de uma terra de ninguém — um campo de batalha — que separava as terras de dois grupos de danis que viviam em pé de guerra: os clãs de Logo-Mabel, de um lado, e os de Kurelu, de outro.

Os danis daquela parte de Shangri-La estavam separados pela distância, pela política e pelas tradições dos yalis de Uwambo que viviam próximo à clareira dos sobreviventes. Eles não tinham visto nem ouvido nada relacionado à queda do *Gremlin Special*. Com inimigos por toda a volta, algo que ocorresse a 30 quilômetros poderia muito bem ter acontecido na China. Isto é, se eles soubessem que a China existia.

Como os yalis que moravam nas vizinhanças do local do acidente, os danis de Wosi haviam se acostumado a ver aviões, que chamavam de *anekuku*. Mas não tinham feito nenhuma conexão entre as coisas barulhentas que voavam sobre seu vale e as nove criaturas de aparência estranha que apareceram em seu campo de batalha. Em vez disso, tal como os moradores de Uwambo, pensaram que os estranhos eram a corporificação de uma antiga lenda. Ou, pelo menos, alguns pensaram.

— Quando nós vimos aqueles homens, pensamos que eles tinham descido por um cipó pendurado no céu — disse Lisaniak Mabel, que presenciou a chegada dos paraquedistas quando era garoto.

Embora alguns nativos pensassem que os visitantes eram espíritos, outros acreditavam que eram guerreiros como eles mesmos, que haviam escapado ao massacre de seu povo. As coisas que cobriam os corpos dos forasteiros reforçavam essa impressão. Quando os danis estão de luto, cobrem os ombros ou o corpo inteiro com lama de tonalidade clara. Com certeza, acreditavam eles, as coberturas de cor cáqui dos estranhos deviam ser lama.

Os homens e meninos que cercaram os paraquedistas pertenciam aos clãs de Logo-Mabel. Seu líder era um poderoso guerreiro com muitas mortes em batalhas e uma grande coleção de "pássaros mortos" capturados de inimigos abatidos. Ele era dani, mas seu nome era Yali, e pertencia ao clã de Logo.

Após observarem Walter e seus homens por algum tempo, Yali Logo e seu clã ficaram certos de uma coisa: os forasteiros não eram seus inimigos kurelus. Portanto, não tinham nenhuma urgência em matá-los.

WALTER NÃO FAZIA nenhuma ideia dos pensamentos que passavam pelas mentes daqueles homens com canudos nos pênis e lanças nas mãos que cercavam seu grupo. Mas sentia que os olhos que o observavam estavam mais curiosos que hostis. Nenhuma daquelas pessoas se mexeu para arremessar uma lança ou apontar uma flecha. Por sua vez, nenhum dos soldados usou uma arma de fogo. Aquele primeiro contato, cuja imobilidade faria jus a um diorama de museu, continuou por três horas.

Antes do salto, os estrategistas do resgate informaram a Walter que um sinal universal de amizade entre os nativos da Nova Guiné era sacudir folhas sobre a cabeça. Como a confrontação se prolongava, Walter tentou fazer isso.

— Eu sacudi aquelas drogas de folhas durante horas — contou Walter — e ao não obter resposta, comecei a perceber que estava parecendo um bobo e parei.

Finalmente, após o que Walter descreveu como uma enérgica "troca de acenos e gestos — ambos os lados relaxaram e baixaram as armas. Os paraquedistas fizeram uma fogueira e sentaram-se ao redor. Os nativos fizeram o mesmo.

— Quando eles começaram a se familiarizar conosco, acho que perceberam que não tinham nada a temer de nós — disse Walter. — E nós percebemos que não tínhamos nada a temer deles, porque eles definitivamente não eram canibais, pelo menos em relação a nós. Até onde pudemos perceber, eles só comiam pessoas das tribos inimigas. Era aí que o canibalismo entrava.

Naquela noite, no diário que escreveu durante a missão, Walter registrou sua primeira impressão da população local: "Os nativos não vestem nada, a não ser um canudo oco em torno do pênis, e amarram os testículos com cordéis; todo o conjunto fica suspenso em outro cordel que usam em torno da barriga. Eles parecem muito saudáveis. Seus dentes estão em excelente condição, mas seus pés são deformados porque só andam descalços. Todos eles têm cabelos pixains. Alguns usam cabelos curtos. Outros, cabelos longos e emaranhados; parecem poodles. Não vi nenhuma malformação em seus corpos. Acho que cada família tem diferentes marcas e penteados. Alguns têm traços caninos; outros, levemente simiescos. E outros, ainda, têm traços tão finos quanto uma pessoa mediana de raça branca. Nós somos as primeiras pessoas de fora neste vale." Walter assinalou que os nativos cheiravam a banha de porco e suor. E, ao que parecia, "nunca tomavam banho".

EARL WALTER FALANDO PELO *WALKIE-TALKIE* COM UM AVIÃO DE SUPRIMENTOS, APÓS DESCER DE PARAQUEDAS NO VALE. (CORTESIA DE C. EARL WALTER JR.)

Quando ambos os lados ficaram à vontade, os nativos também examinaram a aparência dos soldados. Em uma entrada em seu diário, Walter descreveu uma inspeção particularmente extravagante por parte dos homens e meninos do clã Logo-Mabel, que se transformou em um clássico mal-entendido cultural.

Assim que os dois grupos se aproximaram para se examinar melhor, os nativos gentilmente esfregaram os braços, as pernas, as costas e os tórax dos soldados. Depois, iniciaram o que Walter descreveu como "uma seção de abraços."

— Isso deixou meus homens perturbados. Eles não conseguiam entender o que diabo estava acontecendo.

Os nativos murmuravam enquanto massageavam Walter e seus homens.

Constrangido com aquelas aparentes demonstrações de afeto, Walter e seus homens concluíram que os nativos haviam, de alguma forma, concluído que os paraquedistas eram mulheres. Que outra explicação poderia haver para que homens quase nus esfregassem as mãos sobre os corpos de outros homens?

A esfregação prosseguiu até que Walter e seus paraquedistas não aguentaram mais. O capitão, com seu 1,95 de altura, um gigante perto dos nativos e de seus próprios homens, tentou de todas as maneiras comunicar que eles eram homens. Sem sucesso. A esfregação recomeçou. Até chegar a um ponto que Walter descreveu como "fazer amor".

Quando os nativos não demonstraram nenhum sinal de que iriam parar com as massagens, Walter concebeu uma estratégia de guerra totalmente anticonvencional, jamais abordada em qualquer manual das Forças Armadas. Primeiro, ele desafivelou o cinto e abaixou as calças, mostrando que tinha o equipamento capaz de preencher um canudo, se quisesse. Mas, depois de se mostrar por algum tempo, percebeu que a estratégia não estava funcionando. Ordenou, então, aos seus comandados do 1º Recon que o imitassem, constituindo assim a mais inusitada demonstração de força da Segunda Guerra Mundial.

— Que droga, vamos todos tirar as calças — disse Walter a seus homens — e mostrar a eles que somos homens, não mulheres. Já estou cansado disso.

Walter tirou a camisa, as calças e a cueca. Seus homens fizeram o mesmo. Então, andaram nus durante algumas horas, enquanto os nativos perambulavam entre eles, decentemente vestidos com seus canudos no pênis.

— Foi a primeira vez que tive que provar que era homem — disse Walter.

Usando de artilharia pesada, Walter tirou da carteira a foto de sua esposa.

— Eles ficaram loucos de interesse.

No que dizia respeito a Walter, sua demonstração de masculinidade e a foto de sua mulher tiveram o efeito desejado. Os nativos nunca mais "fizeram amor" com os paraquedistas.

NA VERDADE, OS DANIS do vale não estavam nem um pouco confusos quanto ao sexo dos soldados. Se ficaram confusos com alguma coisa, foi com a súbita nudez dos paraquedistas.

Quando os homens do clã Logo-Mabel se aproximaram, após a confrontação, perceberam, com certa surpresa, que os forasteiros não estavam cobertos de lama. Narekesok Logo, que presenciou a cena quando era garoto, explicou que ele e todos os outros ficaram intrigados com o que os recém-chegados estavam usando para cobrir o corpo. Como nunca haviam visto roupas — ele disse que a expedição de Archbold não passara pelo território deles —, eles ficaram fascinados com aquela segunda pele, macia e, aparentemente, removível.

Outra testemunha, Ai Baga, disse:

— Nós chegamos perto, tocamos as roupas e dissemos: "Isso não é lama!"

Igualmente estarrecedor para os danis foi a reação dos soldados. Quando um dani do sexo masculino atinge cerca de quatro anos, ele jamais fica nu em público. Mesmo quando o canudo é grande demais, ele o usa. O que parecia uma quase nudez para os forasteiros como Walter e seus homens era completamente o oposto para os *danis* que os circundavam. Os canudos de pênis, ou *horim*, são usados no trabalho, nos jogos, na guerra e até durante o sono. Só são retirados quando o indivíduo precisa urinar, fazer sexo ou trocar de *horim*. Um homem usando o *horim* está decentemente vestido na cultura dani. Um homem sem o *horim* está embaraçosamente nu em pelo.

Para os homens e meninos que estavam no descampado naquele dia, Walter e seus homens estavam se exibindo.

A notícia do "espetáculo" oferecido pelos soldados logo se espalhou, disse Lisaniak Mabel. E mais pessoas acorreram à área no dia seguinte, vindas até de vilarejos distantes. Mas, após aquela primeira demonstração, Walter e seus homens vestiram as roupas, e os recém-chegados voltaram para casa desapontados. Os nativos que viram os soldados nus contaram a história, entre risos, pelo resto de suas vidas.

DEPOIS DE SE VESTIR, os paraquedistas montaram acampamento, fizeram o reconhecimento da área e recolheram os equipamentos e suprimentos lançados pelo avião do coronel Imparato, que ele chamava de *A Rainha*. Eles também procuraram alguma fonte de água doce. Bebendo em seus cantis e despejando algumas gotas no chão, os soldados comunicaram essa necessidade aos nativos, que os levaram até uma nascente nas proximidades. Mais tarde, Walter e o sargento Don Ruiz caminharam até uma das aldeias, mas os danis os impediram de entrar, deixando claro que os forasteiros não eram bem-vindos no interior da cerca que protegia as choças.

Após o jantar, Walter fumou alguns cigarros Lucky Strike próximo à fogueira, enquanto espantava esquadrilhas de mosquitos. Depois, organizou seus homens em turnos de guarda, com rodízios a cada duas horas. "Não havia nenhum indício de hostilidades, mas eu não queria correr riscos", escreveu ele em seu diário. Sentindo-se melhor do que se sentia fazia meses, Walter poderia ter passado a noite inteira montando guarda. "Estou aceso demais", escreveu ele. "Está muito difícil conseguir dormir."

NAQUELE MESMO DIA, após o café da manhã, Doc Bulatao voltou a trabalhar nos ferimentos de Decker. Margaret descreveu a cena em seu diário: "Durante seis horas, ele descamou o tecido gangrenado e infeccionado das queimaduras do sargento. Foi um processo muito tedioso e doloroso. Nem a enorme delicadeza de Doc conseguiu aliviar o sofrimento de Decker. O sargento permaneceu imóvel em seu catre. Decker estava muito doente, mas nunca, nem mesmo com um gemido ou um sobressalto, deixou transparecer as dores que estava sentindo [...] Não havia anestesia, nem mesmo uísque ou outra bebida forte para amenizar a provação de Decker." Margaret notou com surpresa, e talvez um pouco de desapontamento, que não havia nenhum indício de que os nativos tinham aprendido a transformar vegetais em bebidas alcoólicas.

McCollom tinha dificuldade em aguentar a agonia de Decker. Meio de brincadeira, ele sugeriu:

— Batam na cabeça dele e aliviem o sofrimento dele por algumas horas.

Margaret notou que o tenente estava tão encharcado de suor quanto Decker e Doc, só de presenciar o torturante processo.

Também interessado estava Wimayuk Wandik — Pete, para os sobreviventes —, que observava tudo com enorme atenção, juntamente com sua "cambada de nativos", como Margaret descreveu o grupo.

Os moradores de Uwambo estavam se sentindo cada vez mais à vontade com os sobreviventes e os paramédicos. Com o passar dos dias, eles demonstravam menos medo dos aviões de suprimento voando a baixa altitude, que no início os faziam se esconder na selva. Eles mesmos passaram a esquadrinhar a mata à procura de caixas e paraquedas, que levavam para o acampamento dos sobreviventes.

Um jovem nativo acabou se sentindo à vontade demais com o que estava vendo.

"Um nativo chegou correndo ao nosso acampamento", contou Margaret em seu diário. "Estava extremamente nervoso e angustiado.

Ele pediu aos nossos companheiros que o seguissem, com tanta urgência que nós compreendemos que alguma coisa grave tinha acontecido. Nossos homens o acompanharam até a orla da clareira. O nativo, muito perturbado, apontou para o topo de uma árvore com 15 metros de altura. Lá no alto estava outro nativo, segurando um paraquedas aberto, preparando-se para saltar!"

A queda poderia tê-lo matado. Os sobreviventes e os paramédicos temiam que, se isso acontecesse, o povo de Uwambo os responsabilizasse. Somente após muitos gritos e pantomimas, o jovem desistiu de seu sonho de voar e desceu da árvore.

QUANDO O AVIÃO de suprimentos passou naquele dia, o rádio-operador informou aos sobreviventes e aos paramédicos que Walter e oito paraquedistas haviam pousado no vale principal. O piloto subestimou a distância e disse que eles estavam a cerca de 15 quilômetros, enquanto Walter a estimava em 30 quilômetros. O piloto disse a eles que Walter e cinco dos paraquedistas logo começariam a se dirigir ao acampamento dos sobreviventes.

— Eles estarão aí ao cair da noite — disse o rádio-operador.

Margaret, McCollom e Decker descartaram a promessa como uma otimista tolice militar.

Margaret sentiu-se mais entusiasmada com outra mensagem transmitida pelo rádio-operador. Essa era a respeito de Walter "Wally" Fleming, o sargento com quem ela planejava ir nadar no dia de sua viagem a Shangri-La. Ela escreveu em seu diário. "Meu namoradinho Wally [...] ficou desvairado demais para falar sobre o desastre de forma coerente, mesmo após saber que, por milagre, eu tinha sobrevivido. Até aquele momento, eu estava constantemente preocupada com a possibilidade de que Walter tivesse ficado triste com duas coisas: em primeiro lugar, com o acidente; e agora, com a minha horrível situação." A mensagem do rádio-operador mudou seu estado de espírito. "Quando eu soube que ele estava era quase morto de preocupação, fiquei feliz como nunca!"

OS CICLOS MENSTRUAIS eram sabidamente desregulados entre as WACs de Hollandia, um subproduto do clima tropical, perda de peso, tensão e um grande número de outros fatores. As WACs tanto podiam menstruar duas vezes ou mais em um único mês quanto podiam passar meses sem menstruar. Quando as oficiais WACs da base souberam que um dos sobreviventes era uma mulher, mandaram um dos aviões de suprimentos pedir a McCollom que perguntasse a Margaret quando ela tivera sua última menstruação. Quando Margaret informou que fora há uns dois meses, McCollom pediu ao avião que na próxima vez lançasse uma caixa de absorventes femininos, como medida de precaução. O que aconteceu em seguida seria digno de figurar em uma comédia de Abbott e Costello.

Quando retornou à base, o rádio-operador Jack Gutzeit procurou a comandante da WAC como um marido enviado a uma farmácia para cumprir uma embaraçosa incumbência.

— Maggie pediu umas caixas de absorventes — disse ele à chefe da WAC.

Ela o despachou, dizendo que os suprimentos médicos para o resgate eram de responsabilidade do comandante do hospital. Gutzeit foi até o hospital da base, onde o comandante lhe disse:

— Procure a comandante da WAC. Ela é quem cuida das coisas das mulheres.

Depois de mais algumas viagens, Gutzeit se cansou daquele jogo de empurra. Retornou, então, ao aeródromo de Sentani e pediu à telefonista que ligasse para a comandante da WAC e para o comandante do hospital. Com todo o destemor dos nativos do Bronx, o sargento disse a ambos:

— O avião vai decolar dentro de uma hora. Se vocês dois não me enviarem os absorventes agora, vou telefonar para o general Clement, no quartel-general do Comando de Apoio à Força Aérea no Extremo Oriente!

Naquele dia, os suprimentos incluíram meia dúzia de caixas de absorventes femininos. Nos dias que se seguiram, a quantidade dobrou, depois triplicou.

— Acho que recebíamos vinte caixas de absorventes todos os dias! — disse McCollom.

AS NECESSIDADES ESPIRITUAIS dos sobreviventes também foram atendidas naquele dia. O major Cornelius Waldo, o capelão de Indianápolis que estivera no avião de busca que localizara os sobreviventes, preparou uma caixa com uma Bíblia, livros de oração e o rosário de Margaret. Os suprimentos religiosos foram muito úteis quando Doc e Rammy começaram a trabalhar em Margaret.

"Foi o mesmo processo de descamação. Depois de cinco minutos eu apertei meu rosário e cerrei os dentes", escreveu ela. "Meu orgulho estava envolvido! Eu estava decidida a ser uma soldado tão boa quanto Decker. Durante quatro horas intermináveis, Doc descamou minhas pernas, meus pés e minha mão. Eu não chorei nem emiti nenhum som. Mas, por dentro, eu estava aos berros, o tempo todo."

Rammy se lembrou da reação dela de forma diferente.

— Nós tínhamos que escamar pouco a pouco, escamar e escamar até que começasse a sangrar... Ela chorava. Chorava, chorava, chorava. Doía quando eu cortava, mas acho que ela tentava esconder. Era doloroso. Era doloroso até para mim.

UMA PÁGINA DO DIÁRIO DE MARGARET, ESCRITA EM TAQUIGRAFIA. EM PARTE, DIZ O SEGUINTE: "DOC É A PESSOA MAIS GENTIL QUE JÁ VI, PRINCIPALMENTE PARA UM MÉDICO. NO DIA EM QUE CHEGOU, ELE SÓ COMEÇOU A TRATAR DAS MINHAS PERNAS TARDE DA NOITE, DEPOIS DE TER CUIDADO DE DECKER. ENTÃO, ELE COMEÇOU A RETIRAR AS ATADURAS DAS MINHAS PERNAS, QUE ESTAVAM PÉSSIMAS. HAVIAM SANGRADO CONSIDERAVELMENTE, E AS ATADURAS TINHAM GRUDADO DE TAL FORMA QUE ERA IMPOSSÍVEL DIZER O QUE ERA PELE QUEIMADA E O QUE ERA ATADURA. ELE PUXAVA AS ATADURAS COM MUITA DELICADEZA, DIZENDO O TEMPO TODO: 'ESTOU COM MUITO MEDO DE MACHUCAR VOCÊ.'"

Os tratamentos deixaram os paramédicos exaustos. Decker e Margaret ficaram de cama. Margaret sentia tanta dor que precisava ficar deitada de costas, com os joelhos dobrados, de modo a impedir que suas roupas roçassem nas feridas. Apesar de sua agonia, ela começou a acreditar que Doc salvaria suas pernas.

Naquela noite, ela gritou para os quatro homens ao seu lado:

— É maravilhoso ir dormir sabendo que a gente está no caminho da recuperação, em vez de no caminho da destruição.

18

HORA DO BANHO DE YUGWE

MARGARET ACORDOU na manhã seguinte ansiosa para se livrar de uma dura semana repleta de suor, sangue, descamação de tecido gangrenoso e sujeira da selva.

Grata, ela aceitou uma escova de dentes que Doc Bulatao enfiara no bolso antes da descida. Depois, pediu a Rammy Ramirez para ajudá-la a tomar um banho. Ele concordou, mas a questão era onde. McCollom e os paramédicos se banhavam no riacho gelado, a cerca de 100 metros do outeiro onde Rammy e Doc haviam levantado um pequeno vilarejo: uma tenda de cozinha e um abrigo para os suprimentos feitos com o tecido de paraquedas, e pequenas tendas para todos dormirem. Eles também escavaram e cobriram uma latrina. A ideia de Margaret de se banhar sozinha no riacho os deixava preocupados, mas eles não queriam invadir a privacidade dela se mantendo por perto.

Rammy resolveu o problema com a banheira universal dos soldados: um capacete. Manquitolando nas muletas que confeccionara com galhos para poupar seu tornozelo machucado, ele encontrou uma área razoavelmente reservada em uma das extremidades do outeiro e encheu seu capacete com água aquecida na fogueira. Pegou sabonete, toalhas, um pano para servir de bucha e um pequeno uniforme cáqui, que fora marcado com o nome de Margaret em uma das caixas lançadas pelos aviões.

A PARTIR DA ESQUERDA: CABO CAMILO "RAMMY" RAMIREZ, CABO MARGARET HASTINGS E SARGENTO BENJAMIN "DOC" BULATAO.
(CORTESIA DE C. EARL WALTER JR.)

Com a ajuda de McCollom, os paramédicos carregaram Margaret até seu banheiro improvisado e a deixaram se lavar no que esperavam ser de total privacidade. Ela tirou sua camisa suja e a calça esfarrapada. Nua, ela friccionou o sabonete no pano e começou a se esfregar. Quase imediatamente, sentiu olhares pesando sobre ela.

"Olhei em volta e, num outeiro vizinho, vi os nativos", contou ela em seu diário. "Nunca consegui saber se eles estavam observando o estranho ritual que eu estava executando ou a minha pele, tão diferente da deles."

McCollom também os avistou, com "grandes sorrisos nos rostos". Como não conseguiu afastá-los por meio de gestos, Margaret bravamente continuou seu banho. Depois se secou, vestiu as roupas novas e chamou seus carregadores para que a levassem de volta. O banho se tornou uma rotina diária para Margaret e uma festa para os homens e garotos de Uwambo.

QUANDO ENCONTRARAM os visitantes pela primeira vez, os nativos ficaram fascinados com os cabelos lisos e louros de McCollom. O banho de Margaret superou a atração. Um dos sorridentes espectadores do show era o jovem Helenma Wandik.

— Nós vimos que ela tinha seios, então sabíamos que era mulher — disse ele. — Ela fazia sinais para que nós fôssemos embora, mas nós achávamos aquilo interessante. Então, ficávamos lá até ela terminar.

Após terem certeza de que Margaret era uma mulher, os nativos chegaram a uma conclusão. Embora ainda achassem que os sobreviventes eram espíritos, eles presumiram que os três fossem "um homem, uma mulher e o marido da mulher", segundo Helenma Wandik. O "marido" era o homem que os nativos chamavam de "Meakale", que era o modo como pronunciavam McCollom.

Embora os sobreviventes e os paramédicos não soubessem os nomes dos moradores de Uwambo, estes tentavam descobrir como chamar seus visitantes. Eles ouviam McCollom chamar Margaret de "Maggie", mas a seus ouvidos isso soava como "Yugwe" — então era assim que a chamavam. Em seu diário, Margaret escreveu que "sempre detestara" o apelido de Maggie, "mas adorava o modo como os nativos o pronunciavam". Ela disse que eles alteravam levemente a pronúncia. Na verdade, o que ela ouvia não era Yugwe, mas "Mah-gy".

Os nativos jamais presenciaram relações sexuais ou íntimas demonstrações de afeto entre "Meakale" e "Yugwe/Mah-gy". A base para a presunção de que ambos eram casados, segundo Helenma Wandik, era a própria cultura dos nativos. Nas sociedades yali e dani, dominadas pelo sexo masculino, uma mulher saudável que atingisse a maturidade sexual não permanecia solteira por muito tempo. Os habitantes de Uwambo não sabiam que Margaret estava com 30 anos, mas uma olhada em seu corpo nu lhes informou que ela já havia passado dos 13. Como identificavam Meakale/McCollom sendo o líder do grupo, acharam que ela devia ser sua esposa.

EM SEU PRIMEIRO dia completo no vale, Earl Walter e os oito paraquedistas do 1º Recon comeram rações militares no café da manhã. Depois, Walter chamou o primeiro-sargento Sandy Abrenica e dois outros sargentos, Hermenegildo Caoili e Juan "Johnny" Javonillo, para uma caminhada de 12 quilômetros — considerando a ida e a volta — através do vale, que descreveu em seu diário como "um breve reconhecimento". Além de trilhas dos nativos e de uma cidade abandonada, eles se depararam com "um esqueleto com carne podre" próximo a uma lança quebrada. Walter escreveu em seu diário que "a causa da morte não foi determinada". Mas ele desconfiava que o corpo fosse um indício de batalhas entre os nativos e incursões de inimigos.

Durante a caminhada, Walter viu uma mulher nativa pela primeira vez. Em seu diário, ele julgou sua aparência sob um implacável ponto de vista ocidental: "Cabelos feios arrumados de forma detestável [...] muito menos cabelos que os homens. Ela usava um tecido frouxo sobre a virilha e outras partes íntimas (muito mirradas). Nenhuma outra roupa. Parecia estar grávida."

Quando o grupo retornou ao acampamento, Walter descobriu que os homens que haviam permanecido lá tinham erguido um paraquedas na forma de uma tenda, para proteger os equipamentos da chuva. "O circo chegou ao Vale Oculto", escreveu ele. No meio da tarde, um C-47 lançou água, suprimentos e, o melhor de tudo, um maço de cartas dos entes queridos. Ainda empolgado com a aventura, Walter escreveu em seu diário: "Todo mundo está bem-disposto [...] Esta promete ser uma das partes mais interessantes de nossas vidas."

Enquanto os paraquedistas arrumavam o acampamento, os habitantes de Wosi se aglomeravam para observá-los. Os homens de Walter ficavam nervosos com sua proximidade, suas constantes apalpadelas e o cheiro de seus corpos. Walter apontou um rifle para o ar.

"Dei alguns tiros para ver o efeito nos nativos. A maioria deles não parou de correr até sair de vista", escreveu ele. Seus homens o imitaram, e um deles disparou uma submetralhadora Thompson, a famosa "Tommy Gun". Os nativos fugiram "como se tivessem fogo no rabo", escreveu Walter, com homens pisoteando meninos pequenos. Alguns de seus paraquedistas acharam graça naquilo, mas Walter ordenou cessar-fogo. "Os homens estavam fazendo aquilo só por diversão, para ver os nativos correrem, gritarem e sei lá mais o quê", contou ele.

O barulho das armas assustou os nativos, mas Walter escreveu em seu diário: "Eles não compreendem o poder mortal das armas de fogo modernas." Pareciam mais assustados quando os soldados seguravam gravetos ou ramos de árvore como se fossem lanças.

Mais tarde, naquele dia, Alfred Baylon, um sargento entroncado que fumava charutos e recebera treinamento como paramédico, caminhou até o rio Baliem, seguido por um grupo de nativos. Quando uma revoada de patos alçou voo, ele abateu um deles com sua carabina. Os nativos foram buscá-lo e Baylon levou o pato para o acampamento. Naquela noite, em seu diário, Walter elogiou o "excelente jantar, com churrasco de pato". Sobre os nativos, ele escreveu: "Imagino que agora eles sabem que nossas armas podem matar."

MAIS DE SEIS DÉCADAS depois, os tiros de advertência disparados pelos paraquedistas e o pato abatido por Baylon — a quem os nativos chamavam de "Weylon" — ainda reverberavam nas mentes de alguns anciãos, que eram meninos quando presenciaram as demonstrações.

— Um homem chamado Mageam foi até o acampamento dos homens brancos — disse Lisaniak Mabel. — Ele chegou perto demais. Os homens brancos ficaram irritados e dispararam alguns tiros para que ele mantivesse distância. Nós não conhecíamos aquele som e corremos [...] Então, Weylon atirou no pato. Nós entendemos que ele fez aquilo com a arma de fogo.

Muitos ainda se lembravam das caminhadas de Walter pela área de Wosi. Em uma delas, Walter parou em um lugar chamado Pika, próximo aos limites da terra de ninguém, quase em território inimigo. Os nativos acreditavam que ele estava montando guarda em Pika. E viram isso como um ato de bravura, uma advertência aos inimigos deles. Então passaram a chamar Walter de "Pika", como tributo à sua aparente coragem.

— Pika atirou muito, para dizer aos inimigos que não viessem — disse Ai Baga. — Nós gostávamos quando Pika ia até lá. Nós pedimos a Pika que ficasse lá, para que nossos inimigos não nos atacassem.

Narekesok Logo, com várias cicatrizes de flechadas em seu corpo musculoso, lembrou-se da visita dos paraquedistas como uma época de paz.

— Pika e Weylon ficavam lá com suas armas, então nossos inimigos não vinham.

Igualmente memorável para os nativos era a prática de cavar um buraco no chão, coberto por uma tenda, onde todos os homens defecavam. O costume nativo era que as necessidades fisiológicas fossem feitas discretamente, em meio à selva ou ao capinzal. Por mais repugnante que os soldados considerassem a higiene dos nativos, isso não se comparava ao nojo que os nativos sentiam ao verem os soldados usarem uma casa para depositar uma *inalugu* — pilha de fezes.

NO DIA SEGUINTE, terça-feira, 22 de maio de 1945, Walter se abasteceu com um desjejum de presunto, ovos, biscoitos, marmelada e chocolate quente. Depois, ele e cinco de seus homens — os sargentos Hermenegildo Caoili, Fernando Dongallo, Juan "Johnny" Javonillo, Don Ruiz e o cabo Custodio Alerta — se prepararam para iniciar a jornada até o acampamento dos sobreviventes. O primeiro-sargento Sandy Abrenica ficou a cargo do acampamento-base, acompanhado pelos sargentos Alfred Baylon e Roque Velasco.

Walter recrutou um grupo de danis como carregadores e "guias nativos". Após convencer a si mesmo de que eles entendiam para onde estavam indo, o grupo se afastou destemidamente do acampamento-base.

Após três horas de subida pelas encostas, eles fizeram uma pausa para almoçar. "Só Deus sabe por que as montanhas são tão altas", escreveu ele. "Agora estamos descendo novamente. Passamos por algumas aldeias nativas e tivemos que parar em cada uma para que as pessoas pudessem se juntar à nossa volta e satisfazer sua curiosidade." Ao longo do caminho, os seis soldados ganharam e perderam diversos grupos de guias, "pois parece que eles nunca vão muito além de suas próprias aldeias".

Sem mapas, Walter e seus homens calcularam que haviam percorrido cerca de 11 quilômetros, quando pararam e montaram acampamento para passar a noite. O instinto de Walter lhe dizia que os nativos não representavam uma ameaça — em seu diário ele se referiu a suas lanças e flechas, e acrescentou que "seus únicos instrumentos cortantes são machados de pedra". Como os paraquedistas precisavam de repouso, Walter os dispensou de montar guarda naquela noite.

HORA DO BANHO DE YUGWE

A DECISÃO DE WALTER de dispensar a guarda não acarretou nenhum incidente, mas não apenas porque sua conclusão de que os nativos "parecem muito amigáveis", como escreveu em seu diário, revelou-se correta. Sem que ele soubesse, os líderes das tribos ao longo da rota que ia do acampamento-base, em Wosi, até a serra de Ogi, onde o avião caíra, haviam deixado de lado suas tradicionais inimizades — e permitiram que os forasteiros passassem em segurança.

— Foi feita uma declaração, chamada *maga*, de que ninguém atacaria os forasteiros — disse Yunggukwe Wandik, filha de Yaralok Wandik, o líder de Uwambo. — Foi dito: "Não matem eles. Eles são espíritos. Não matem eles. Eles não são humanos."

Se não fosse a *maga*, os seis soldados adormecidos poderiam ter sido emboscados e massacrados por centenas de guerreiros armados com lanças, que um chefão regional poderia convocar em um piscar de olhos.

Nem todos concordavam com a *maga*. Limites territoriais bem-definidos estavam profundamente arraigados entre os habitantes do vale, e alguns deles não digeriam bem a ideia de que forasteiros andavam perambulando por suas terras.

— Tinha gente que achava que matar os forasteiros era uma boa ideia — contou Yunggukwe Wandik.

Se não fosse a cor da pele dos soldados — mais a pele branca de Walter que a cor de café dos filipino-americanos — a *maga* poderia não ter se mantido.

— Você acha que a gente já tinha visto pele branca antes? — perguntou ela. — As pessoas ficaram com medo.

Apesar da *maga*, Walter e seus homens foram recebidos com hostilidade ao se aproximar de algumas aldeias, enquanto se dirigiam ao acampamento dos sobreviventes.

— Em alguns casos, eles realmente surgiram na trilha e nos detiveram — contou ele. — Não queriam que nós entrássemos em suas aldeias.

Walter atribuiu essa atitude defensiva à falta de mulheres disponíveis.

— Sandy Abrenica e eu concluímos mais tarde que eles estavam com medo que nós roubássemos suas mulheres. Isso acontecia por lá. Havia roubos de mulheres entre as tribos.

O relato de Walter, dando conta de nativos bloqueando seu caminho, lembra o confronto que culminou com a morte de um nativo durante a expedição de Archbold, sete anos antes. Não está claro se Walter e seus homens passaram pelas mesmas aldeias, mas os paraquedistas nunca acharam necessário usar — na eufemística frase de Archbold para os tiros — "mais que uma demonstração de força". Os nativos que os paraquedistas encontraram poderiam jamais ter ouvido falar da morte do homem a tiros ou, se ouviram, decidiram não vingá-la por motivos que se perderam no tempo.

Walter nada sabia a respeito da expedição de Archbold ou da lenda de Uluayek sobre os espíritos do céu e seu cipó pendurado no vale. Portanto, estava alheio ao fato de que os nativos tinham boas razões para esperar violência, furto de porcos e roubo de mulheres por parte dele e de seus homens.

Walter disse que queria evitar violência tanto quanto possível. Quanto aos porcos, ele não tinha tempo para preparar um churrasco. E a última coisa que eles e seus homens queriam eram mulheres nativas.

— Bem, elas quase nunca apareciam — contou ele mais tarde. — E eu disse aos meus homens que não queria aquelas coisas, de jeito nenhum. De qualquer maneira, não acho que elas fossem atraentes para eles.

CANSADO APÓS TANTOS ESFORÇOS, Walter mergulhou em sono profundo. Na manhã seguinte, ele e seus homens tomaram o café da manhã e esperaram pelo avião de suprimentos, tanto para saber ao certo onde estavam quanto para recolher novas provisões. Acreditando que estavam no último trecho de sua jornada, começaram o dia bastante animados. Mas o avião não apareceu e o último grupo de carregadores nativos se mostrou inoperante. "Até agora os nativos atrapalham mais do que ajudam", escreveu ele, "pois não querem carregar nada".

Desmontando o acampamento, eles reiniciaram a marcha, acreditando que tinham conseguido comunicar aos guias da vez para onde queriam ir. Mas, após uma fatigante jornada de 20 quilômetros, Walter e seus homens se encontraram de volta ao ponto de partida. E o tom esperançoso do diário de Walter desapareceu. "Eles não entenderam que nós queríamos subir até o local dos destroços, e não voltar para o acampamento. Estamos um pouco desanimados, para dizer o mínimo. Caminhamos muito antes de montar acampamento e fomos apanhados pela chuva. Ficamos completamente molhados. Montamos acampamento e jantamos. Que droga de vida."

No terceiro dia de caminhada, eles acordaram enregelados, encharcados e exaustos. Tendo planejado uma caminhada de um dia ou dois, Walter e seus homens estavam sem comida. Ainda sem saber sua localização, eles seguiam em frente, guiados pelo inato senso de direção de Walter e pelo "curso estimado" — uma trajetória em uma direção fixa, baseada numa localização anterior conhecida, no caso, o acampamento-base. Assim, eles se encaminharam para uma depressão entre dois picos que Walter chamou de "a sela".

"As coisas parecem estar indo mal", escreveu Walter. "Nossas últimas rações terminaram e ainda estamos longe de nosso objetivo.

Desmontamos o acampamento e continuamos a avançar em direção à sela, que fica mais ou menos no topo deste desfiladeiro." Mais tarde, naquela manhã, eles finalmente contataram o avião de suprimentos e pediram rações. Enquanto elas não vinham, continuaram seu caminho sem almoçar. Durante grande parte do trajeto, eles abriam uma nova trilha à medida que avançavam, derrubando a vegetação rasteira e as altas touceiras de capim. Um rápido banho em um riacho gelado os refrescou, mas o bem-estar não durou muito tempo. Logo estavam exaustos. Mas "continuaram a avançar, cada vez mais para cima".

No fim da tarde, as chuvas reapareceram. Por volta das cinco da tarde, encharcados, famintos e enregelados, os soldados montaram acampamento e foram dormir sem jantar.

"Só Deus sabe onde fica esta última encosta", escreveu Walter à noite. "Nós ainda podemos aguentar mais alguns dias desse jeito, mas eu queria saber em que droga de lugar nós estamos. Não gosto de ficar perambulando por aí sem nenhum mapa."

19

"NÃO CHORE, MENINA, NÃO CHORE"

COM OS ESTÔMAGOS VAZIOS e roncando, Walter e sua equipe acordaram cedo e tomaram um desjejum de água quente e esperança. A maior prioridade de Walter era receber uma carga de rações militares. Ele tentara chamar, através do *walkie-talkie*, o C-47 de suprimentos, que voava nas proximidades, mesmo receando que seu acampamento na orla da floresta não fosse visível do ar. Avançar em direção ao acampamento dos sobreviventes apenas os mergulharia mais sob as copas das árvores. Portanto, eles permaneceram onde estavam, conversando e esperando.

"Finalmente, eles passaram sobre nós e nos localizaram", escreveu ele em seu diário na sexta-feira, dia 25 de maio, seu primeiro registro otimista em dois dias. "Rações lançadas. Melhor coisa que eu já vi em muito tempo. Os homens recolheram as rações e eu fiquei sabendo que estamos a 3 quilômetros, em linha reta, a oeste dos destroços."

Faminto, Walter se empanturrou. E pagou o preço depois que levantaram acampamento: "A primeira hora foi terrível. Comida demais." Mas, ansiosos para chegar ao destino, eles foram em frente, mais devagar que de costume e fazendo mais pausas. Após várias horas, chegaram ao topo de uma crista rochosa e começaram a caminhar encosta abaixo. Walter esperava que já estivessem perto.

O RÁDIO-OPERADOR do avião de suprimentos 311 informou aos sobreviventes e paramédicos que os paraquedistas estavam nas proximidades.

— Earl vai chegar aí daqui a pouco. Vocês vão escutar a chegada dele.

No fim da tarde, Margaret ouviu o que chamava de "aqueles latidos típicos dos nativos". Quando o ruído chegou mais perto, foi substituído por um som inconfundivelmente norte-americano:

> "Shoo, shoo my baby, shoo.
> Goodbye baby, don't you cry no more.
> Your big tall papa's off to the seven seas."*

Walter entrou alegremente no acampamento, sacudindo a faca *bolo* para limpar a trilha e cantando o recente sucesso das Andrews Sisters, "Shoo, Shoo Baby".

A primeira impressão que Margaret teve de Walter beirou o deslumbramento: "Ele parecia um gigante à frente de seus filipinos e do onipresente cortejo de nativos", escreveu ela, ao narrar a chegada dos paraquedistas. "A chegada do capitão foi como uma brisa suave. Além de ser um oficial capaz e eficiente, ele era um *showman*. Dois minutos após sua chegada, todo mundo no acampamento estava pulando."

Doc e Rammy saíram correndo de suas tendas para receber seus camaradas. Walter ficou feliz em ver os sobreviventes, mas ficou extasiado ao ver os dois paramédicos.

---

* "Não chore, menina, não chore. / Adeus, menina, não chore mais. / Seu grande papai vai percorrer os sete mares." Parte da letra da canção "Shoo Shoo Baby", de grande sucesso na época da Segunda Guerra Mundial. Como a letra sugere, a canção fala sobre um militar prestes a partir para a frente de batalha. (N. T.)

— Eu sabia que eles estavam bem — disse ele —, mas queria me encontrar com eles e lhes dar meus parabéns. Em primeiro lugar, pelo salto, e, em segundo, pelo bom trabalho que tinham realizado. Fiquei feliz apenas por estar de novo com eles. Os outros homens se sentiram da mesma forma. Nós estávamos muito preocupados com eles.

Margaret observou Walter e os paramédicos trocarem apertos de mão, abraços e tapinhas nas costas. E escreveu em seu diário: "Os homens de Walter o adoravam, e a afeição era visivelmente mútua."

Enquanto isso, Walter não pôde deixar de notar que Margaret, apesar de seu corte de cabelo improvisado na selva, de sua perda de peso e de seus ferimentos "era uma garota muito bonita".

COM O ACAMPAMENTO DOS SOBREVIVENTES agora aumentado para dez homens e uma mulher, Walter incumbiu seus comandados de montar mais tendas de dormir. Eles também levantaram uma grande tenda em forma de pirâmide, com um teto pontudo e paredes com cinco metros de cada lado, que serviria como uma combinação de quartel-general, refeitório e centro social para os dois oficiais — Walter e McCollom —, uma WAC e oito soldados.

Logo uma bandeira norte-americana ondulava em um poste improvisado diante da grande tenda, tornando o acampamento quase uma base oficial dos Estados Unidos. Numa entrada em seu diário, Walter chamou o lugar de "O Posto Perdido de Shangri-La". Ele escreveu: "A bandeira agora se ergue acima dos Montes Oranje. Sendo os primeiros brancos aqui, nós poderíamos reivindicar este território para o Tio Sam, mas duvido que os australianos concordem com isso."

Após um banho no riacho e um jantar servido por McCollom, Walter sacou um baralho e organizou o que seria o primeiro de uma série de jogos de pôquer e de *gin*.* Margaret não gostava de pôquer, preferia bridge, mas jogava também, divertindo-se enquanto todos "ganhavam e perdiam milhares de dólares" a cada rodada. Como não possuíam fichas, eles apostavam cigarros Raleigh e Chelsea, juntamente com os fósforos para acender seus ganhos. Ela modelou seu estilo de jogo pelo estilo agressivo do sargento Caoili, que blefava como um louco mesmo quando tinha apenas um par de três. Caoili era decidido em tudo o que fazia; quando não estava ganhando ou perdendo cigarros e palitos de fósforos, fazia jus aos seus apelidos de "Super-Homem" ou "Homem de Ferro", por sua forte compleição e seus incansáveis hábitos de trabalho.

A BANDEIRA NORTE-AMERICANA ONDULANDO SOBRE "O POSTO PERDIDO DE SHANGRI-LA". (CORTESIA DE B.B. MCCOLLOM.)

---

* Jogo de cartas criado no início do século XX.

Enquanto jogavam, sentados em torno da mesa improvisada na tenda grande, Walter se irritava com o estilo de jogo de Margaret. Ele não se conformava com o que via como a teimosa recusa dela em aprender as regras do jogo.

— Deveria haver uma lei proibindo as mulheres de jogar pôquer! — berrava ele.

Ninguém ficou impressionado quando ela inventou um jogo, semelhante ao pôquer, que batizou de "Deuces Wild, Roll Your Own and Fiery Cross". O jogo, que pretendia ser uma mistura destas três modalidades de pôquer, era incompreensível para todo mundo, com exceção da própria Margaret, envolvia uma mixórdia de cartas e uma oportunidade para que os jogadores formassem a melhor mão possível utilizando quinze cartas.

Walter declarou:

— Maggie, você não sabe jogar cartas.

— Eu sei! — respondeu Margaret.

— Bem, provavelmente você sabe jogar bridge, mas eu não sei. Nós estamos jogando pôquer, e aqui a gente usa um par, uma trinca, uma sequência, um *flush* e assim por diante.

No entender de Walter, Margaret jamais conseguia se lembrar da graduação das mãos do pôquer, da melhor para a pior.

— Nós sempre discutíamos porque eu sempre sabia o que estava fazendo e ela não — comentou ele.

Margaret achava que a raiva de Walter poderia ser atribuída a outra coisa: machismo. "O capitão jogava tão a sério que parecia estar apostando dinheiro de verdade", contou ela em seu diário, "e, quando eu blefava e ganhava dele, ele empalidecia".

Depois dos jogos de cartas, os paraquedistas, os sobreviventes e alguns nativos passavam a noite entretendo uns aos outros. Margaret, sentindo-se melhor a cada dia, entoava canções das WACs. Diversos paraquedistas também demonstravam seus talentos vocais interpretando canções de amor das ilhas Visaias, o grupo central das Filipinas, de onde provinha a maior parte deles. Os nativos tocavam os únicos instrumentos musicais que os sobreviventes e os paraquedistas ouviriam em Shangri-La: uma simples gaita de boca, cujo som lembrava aos forasteiros uma marcha fúnebre. Mas só havia mesmo um único astro: o comandante do acampamento de Shangri-La.

"Walter gostava de ser o centro das atenções", escreveu Margaret. "Frequentemente, depois do jantar, ele dava um espetáculo. Podia ser uma admirável imitação de um cantor de boate ou romântico. Depois, ele cantava canções populares, enquanto não somente nós, mas também os nativos, ficávamos olhando para ele deslumbrados. "Shoo, Shoo Baby" era sempre a sua favorita. Walter era maravilhoso para o moral do grupo. Ninguém conseguiria ficar desanimando por muito tempo na presença dele."

À medida que Margaret foi recuperando a saúde, foi recuperando também o apetite. Walter não demorou a perceber que Margaret o achava sexualmente atraente. Ela estava sempre procurando oportunidades para estar perto dele. E ele percebeu sinais de que ela estava à espera de que ele lhe desse uma cantada. Walter pode ter se sentido tentado, mas insistiu que nunca deu em cima dela. Ele levava a sério seu casamento e seu papel como comandante da missão. Ele nunca explicou seu comportamento a Margaret, mas parece que ela entendeu a mensagem.

Walter disse que, como não quis morder a isca, Margaret voltou suas atenções para um de seus homens, o sargento Don Ruiz.

Walter não era nenhum puritano — apenas alguns anos antes, matava aulas para visitar clubes de *striptease* em Los Angeles — e não se importava com o que seu pessoal fazia na vida particular. Mas ele se sentia responsável por tudo o que ocorria sob suas vistas em

Shangri-La. Sabia que não havia controle de natalidade no vale e não desejava consequências indesejadas.

Sem saber a melhor forma de agir, procurou a ajuda de McCollom.

— Eu queria que ele pedisse a Maggie para deixar meus homens em paz — disse Walter. — Um dos meus melhores suboficiais, Don Ruiz, era também um dos caras mais bem-apessoados por lá. Maggie tentou seduzir Ruiz algumas vezes.

Dividido entre seu interesse em Margaret e o respeito pelo capitão, Ruiz chamou Walter para uma conversa particular.

— Capitão — disse ele —, o que eu devo fazer?

— Deixe ela para lá — respondeu Walter. — Fique longe dela, apenas se afaste dela.

O flerte entre os dois continuou, mas, tanto quanto Walter soube, não foi consumado.

Após falar com Ruiz, Walter reuniu suas tropas e informou ao seu esquadrão quais eram as regras:

— Se algum de vocês encostar a mão nela, que Deus me perdoe, mas será rebaixado a cabo no minuto seguinte.

Walter explicou:

— Tive de lembrar aos meus homens algumas vezes que não queria uma WAC grávida andando por ali [...] Isso me daria uma péssima reputação. Então, tive que ser inflexível quanto a isso.

NO DIA SEGUINTE ao de sua chegada ao acampamento dos sobreviventes, Walter observou Doc e Rammy descamando a pele gangrenosa de Margaret e Decker. Ele manifestou sua admiração pelo trabalho dos paramédicos em seu diário, anotando que "ambos merecem todo o crédito do mundo". Mas uma olhada nos ferimentos convenceu Walter de que sua esperança de um rápido retorno ao acampamento-base no vale principal fora extremamente otimista. Ele escreveu que deveriam permanecer no acampamento da selva por pelo menos mais uma semana, senão mais. Ainda assim, achava que seus homens teriam de carregar Margaret e Decker durante parte do trajeto ao longo da mata e das escorregadias encostas montanhosas.

Naquele dia, pouco antes do almoço, o avião de suprimentos lançou seu habitual carregamento de provisões, bem como alguns livros e revistas. Ao recolherem a carga, os paraquedistas encontraram suprimentos para sua difícil tarefa seguinte: enterrar os mortos. Eram vinte e uma plaquetas de identificação, recém-confeccionadas, acompanhadas por vinte cruzes e uma estrela de davi de madeira. Os militares acreditavam que as vítimas do desastre se constituía de dezesseis protestantes, quatro católicos e uma WAC judia, a sargento Belle Naimer, do Bronx, cidade de Nova York. Somente muito mais tarde os militares descobriram que uma segunda estrela de davi deveria ter sido lançada, para a cabo Mary Landau, do Brooklyn, também um bairro de Nova York.

A bordo do avião, naquele dia, ajudando os tripulantes a lançar os implementos funerários, estava a sargento Ruth Coster, que o excesso de trabalho impedira de estar entre os passageiros do *Gremlin Special*, mas cuja melhor amiga morrera no acidente. Além de manter viva a lembrança de Helen, esse gesto era a melhor coisa que Ruth poderia fazer pela amiga.

No domingo, dia 27 de maio, duas semanas após o desastre, Walter acordou às sete da manhã, comeu um farto desjejum e se encaminhou até os destroços acompanhado por cinco sargentos: Bulatao, Caoili, Dongallo, Javonillo e Ruiz. Seguindo as detalhadas indicações de McCollom, eles tentaram fazer o caminho inverso à trilha percorrida pelos sobreviventes, usando o riacho para guiá-los montanha acima. Mas os paraquedistas ficaram confusos a respeito de qual afluente seguir. Deixaram, então, seus equipamentos, as cruzes e a estrela de davi em um lugar fácil de ser encontrado e se dividiram. Walter e Ruiz seguiram em uma direção, enquanto os quatro outros homens seguiram em outra. Atravessar a mata se mostrou impossível, principalmente porque eles não sabiam ao certo que direção seguir. Depois de várias horas, ambos os grupos retornaram ao acampamento, exaustos. Para piorar as coisas, Walter distendera a virilha.

No dia seguinte, Walter enviou Caoili e Javonillo em outra missão de busca ao local do acidente, mas eles não tiveram melhor sorte. Walter sabia do que precisava: de alguém que tivesse estado lá antes. Finalmente, McCollom conduziu um grupo montanha acima em direção aos destroços, orientando-se pelo riacho e por alguns pontos dos quais se lembrava. McCollom sabia que estavam perto quando avistou tufos de cabelos castanho-claros emaranhados nos cipós e nos arbustos. Ele se lembrou de como os longos cabelos de Margaret se prendiam na mata quando eles deixaram o local do desastre e de como ele usara seu canivete para cortar os cabelos dela. Seguindo a trilha dos cabelos de Margaret, McCollom e os paraquedistas logo chegaram aos restos queimados e retorcidos do *Gremlin Special*.

Quando eles entraram na área onde o avião derrubara as árvores e cavara um buraco no manto de vegetação, McCollom ficou para trás.

— É lá — disse ele, apontando a direção para os paraquedistas.

Ele já vira o bastante. Não precisava ver os restos mortais de seu irmão; nem os de seu comandante, o coronel Peter Prossen; nem os de seus amigos, colegas e companheiros de voo.

Mais tarde, naquela noite, McCollom confiou nos relatórios dos paraquedistas, para descrever a situação a Walter. "O relato do tenente Mac sobre os destroços é muito desencorajador", escreveu Walter naquela noite, em seu diário. "Apenas três corpos são identificáveis — capitão Good, sargento Besley e soldado Hanna. As últimas duas são WACs. Os outros corpos se transformaram em uma mistura carbonizada. Ainda não se decidiu como vai ser o enterro." Alguns dias mais tarde, Walter recebeu suas ordens através do *walkie-talkie*: retornar ao local do acidente com as pás e os marcadores dos túmulos.

Eles se puseram a caminho pouco depois do alvorecer e alcançaram os restos do *Gremlin Special* no fim da manhã, junto com os cinco paraquedistas que o acompanhavam desde o vale principal. McCollom não quis se juntar ao grupo. Margaret e Decker estavam feridos demais para ajudar. Mesmo com as orientações de McCollom, a mata era tão fechada que, a certa altura, os paraquedistas chegaram a 20 metros do *Gremlin Special* sem notarem sua presença.

Chegando ao local dos destroços, eles enterraram Laura Besley e Eleanor Hanna lado a lado, em uma área que eles chamaram de cemitério. "Depois disso", escreveu Walter em seu diário, "enterramos o capitão Good e cavamos uma sepultura coletiva para as dezoito pessoas não identificadas".

Ao narrar os acontecimentos do dia, o tom do diário de Walter se modificou. Ele e seus homens haviam saltado no vale antegozando a aventura de uma missão de resgate. Agora que estavam em um serviço fúnebre, a trágica realidade o atingiu:

> Aquelas dezoito pessoas estavam completamente misturadas. A maioria dos corpos havia sido totalmente queimada pelo intenso calor do fogo. Foi o melhor sepultamento que pudemos lhes dar, diante das circunstâncias. Todos nós usamos máscaras antigás, pois o cheiro era terrível. Eu não me abalo com mulheres mortas, mas mulheres mortas nuas é uma coisa diferente. Além disso, os corpos já estavam expostos havia quase um mês. Depois que os enterros

foram terminados, tirei algumas fotos dos destroços e dos túmulos. Só Deus sabe como alguém conseguiu sair do avião com vida. Sem dúvida é o avião mais completamente queimado que eu já vi.

Após cobrirem os túmulos, Walter e seus homens fincaram as cruzes e a estrela de davi na terra úmida, envolvendo cada uma com uma plaqueta de identificação. Esse trabalho os ocupou até o fim da tarde, quando o sol já começava a se pôr e seus raios se refletiam nas encostas das montanhas. A névoa noturna já começava a se infiltrar na floresta.

Enquanto Walter e seus homens trabalhavam, um avião do Exército norte-americano sobrevoava suas cabeças. Em seu interior, estavam dois capelães. Um deles, o coronel August Gearhard, um padre católico de Milwaukee, era um herói de guerra, tendo recebido a

UMA DAS CRUZES ERIGIDAS AO LADO DOS DESTROÇOS DO *GREMLIN SPECIAL* PELA EQUIPE ENCARREGADA DO FUNERAL. (CORTESIA DE C. EARL WALTER JR.)

Cruz dos Serviços Notáveis — que fica atrás apenas da Medalha de Honra — em reconhecimento à sua bravura durante a Primeira Guerra Mundial. O outro era o tenente-coronel Carl Mellberg, de Dayton, Ohio, que conduziu a cerimônia protestante. Um dos capelães também rezou orações judaicas para Belle Naimer e, embora não o soubesse, para Mary Landau.

— Do fundo do abismo clamo a vós, Senhor — entoou o padre Gearhard, pois a cerimônia estava sendo transmitida através de *walkie-talkies* para a área do cemitério e para o acampamento dos sobreviventes.

O capelão Cornelius Waldo, que antes lançara Bíblias e livros de oração para os sobreviventes, disse mais tarde a um repórter que a cena "transmitia uma paz mais vívida e bela que qualquer lugar" onde ele já estivera.

Margaret escreveu em seu diário: "Daquele avião, pelo rádio, veio a cerimônia fúnebre mais triste e impressionante que já ouvi. Nós nos sentamos em torno do rádio do acampamento, em silêncio e com muita humildade, enquanto um capelão católico, um protestante e um judeu que estavam no avião liam orações para as pessoas que morreram no alto da montanha. Nós nos sentíamos muito humildes porque havíamos escapado, enquanto tantos pereceram. O tenente McCollom se manteve de cabeça baixa, controlado como sempre. Mas o coração do sargento Decker e o meu doíam por ele. Em uma das cruzes brancas penduradas naquela montanha cruel, estava pendurada a plaqueta de identificação de seu irmão gêmeo, o tenente Robert E. McCollom, de quem só mesmo a morte poderia separá-lo."

A equipe incumbida do funeral retornou, então, ao acampamento, parando no meio do caminho para se banhar no riacho. Eles se limparam, mas, sem sabonete e água quente, não conseguiram eliminar de seus uniformes o fedor da morte. Mais tarde, Walter pediu mais uniformes, para que eles pudessem jogar fora as roupas que tinham usado durante o trabalho de sepultamento. Após o banho, os soldados ingeriram um almoço tardio, mas Walter, mergulhado em profundas contemplações, dispensou a refeição.

Naquela noite, no acampamento, McCollom se manteve calado. Walter, Margaret e Decker travaram o que Walter chamou de "uma longa discussão sobre o mundo em guerra". Decker desistiu após algum tempo e foi para sua tenda, mas Walter e Margaret continuaram a discutir noite adentro sobre política e o papel das Forças Armadas. "Ela parece ter alguma mágoa do Exército e não escuta nenhum argumento lógico", escreveu Walter. "Caramba, ela é mesmo teimosa."

Mas Walter a respeitava.

— Margaret era uma garota de personalidade — disse ele mais tarde. — Tinha iniciativa e coragem. Talvez fosse por ser a única mulher lá, cercada por um monte de homens, e ela tivesse que se impor. Mas o fato é que ela nunca ouvia ninguém em nada!

A discussão entre os dois estava impedindo os outros de dormir. Rammy gritou que já passava da meia-noite, e o debate terminou. Walter escreveu: "Fomos dormir, mas sem concordar em nada."

OS MORADORES DE UWAMBO viram as criaturas que julgavam ser espíritos fazer repetidas viagens até o alto da serra de Ogi. Os nativos, que cremavam seus mortos, nada sabiam sobre as cerimônias fúnebres. Sem nenhum símbolo religioso, eles também não compreendiam o significado das cruzes e da estrela de davi.

— Quando eles subiram a montanha — disse Yunggukwe Wandik —, nós pensamos que eles queriam saber se, de lá, podiam ver suas casas.

QUANDO OS SERVIÇOS FÚNEBRES foram completados, o Ministério da Guerra dos Estados Unidos enviou duas dúzias de telegramas aos parentes dos tripulantes e passageiros do *Gremlin Special*. Todos, com exceção de três, começavam com o padrão militar para as comunicações de morte: "O Ministro da Guerra lamenta profundamente informar..." Ao receberem essas condolências formais, vinte e uma esperançosas famílias que ostentavam as estrelas azuis se transformaram em vinte e uma entristecidas famílias que ostentavam a estrela dourada.

Margaret Nicholson, de Medford, Massachusetts, mãe do major George Nicholson, recebeu condolências de três dos mais destacados generais norte-americanos: Douglas MacArthur, Clements McMullen e H. H. "Hap" Arnold. Embora existissem suspeitas de falhas na pilotagem, o verdadeiro papel de Nicholson no acidente não era conhecido; e, mesmo depois que se soube que ele estava sozinho nos controles, a Força Aérea jamais culpou alguém pelo desastre com o *Gremlin Special*. Relatos sobre uma investigação se desvaneceram, e vagas suposições sobre correntes de ar descendentes se tornaram a causa presumível nos registros oficiais.

Hap Arnold, comandante supremo da Força Aérea, disse à mãe de Nicholson que este morrera "enquanto voava a serviço de seu País". McMullen, comandante supremo da Fee-Ask, escreveu: "A senhora deve se sentir orgulhosa pelo importante papel desempenhado por seu filho no cumprimento da missão que lhe foi confiada por este comando." MacArthur escreveu: "O consolo que a senhora pode ter pela perda de seu filho é saber que ele morreu a serviço de nosso país, em uma causa justa, que, com a Vitória, libertará todos os povos da opressão."

Para a família de McCollom, os comunicados oficiais enfatizavam a permanente separação dos gêmeos. Um telegrama de condolências foi enviado à jovem esposa de Robert McCollom. Mas as cartas recebidas pelos pais de Ken Decker, em Kelso, Washington, e por Patrick Hastings, o pai viúvo de Margaret Hastings, em Owego, Nova York, foram a materialização de preces atendidas.

No dia 27 de maio de 1945, três longos dias após ter recebido o telegrama inicial informando o desaparecimento de Margaret, Patrick Hastings abriu uma carta do Exército dizendo que "recebemos agora um relatório atualizado indicando que sua filha foi ferida em um acidente de avião [...] e que ela está a salvo, em vez de desaparecida em ação, como foi informado anteriormente". A carta prometia notícias frequentes sobre as operações de resgate e as condições de saúde de Margaret.

Doze dias depois ele recebeu uma carta de Cornelius Waldo, o capelão de Hollandia, esta em termos mais humanos: "O senhor já deve ter recebido a notícia de que sua filha Margaret escapou milagrosamente de um desastre de avião. Devido ao fato de que os sobreviventes estão em um local bastante inacessível, vai levar algum tempo para que ela volte à base e escreva ao senhor pessoalmente. Falei com ela pelo rádio no dia em que lançamos suprimentos e paraquedistas no local. Ela está muito bem, a despeito de sua assustadora experiência."

Waldo não mencionou as queimaduras, a gangrena e os outros ferimentos de Margaret, nem o fato de que os militares ainda não sabiam como iriam levá-la de volta a Hollandia, juntamente com os outros sobreviventes e os paraquedistas.

20

"EI, MARTHA!"

APÓS OS SEPULTAMENTOS, o acampamento na selva caiu em uma rotina de tratamentos médicos, refeições, leitura, jogos de cartas e debates, tudo pontilhado pelos lançamentos de suprimentos, quase diários, e por encontros com os nativos. Ansioso para sair dali, Walter entrou em contato com o major George Gardner, que supervisionava a entrega de suprimentos, e requisitou um helicóptero de transporte, que deveria fazer uma viagem do acampamento na selva até o vale. Deste modo, imaginou Walter, eles não precisariam carregar Margaret e Decker nem esperar que ambos estivessem em condições de viajar a pé.

O pedido de Walter pode ser atribuído a um delírio, falta de conhecimento sobre aviação, fadiga ou às três coisas juntas. Se um helicóptero pudesse voar sobre as montanhas circundantes para tirá-los do acampamento na selva, poderia tirá-los logo do vale, nem que fosse transportando um ou dois de cada vez. E, se um helicóptero fosse uma alternativa viável, o coronel Elsmore e os demais estrategistas de Hollandia não precisariam de Walter, dos paramédicos e dos outros paraquedistas.

A explicação mais provável para o desejo de Walter — que ele expressou diversas vezes no diário — era sua vontade de apressar a volta a Hollandia. Ele achava que poderia aproveitar o sucesso em

A TENDA DO "QUARTEL-GENERAL" NA CLAREIRA DA SELVA. DA ESQUERDA PARA A DIREITA: JOHN MCCOLLOM, KEN DECKER, BEN BULATAO E CAMILO RAMIREZ. (CORTESIA DE C. EARL WALTER JR.)

Shangri-La para ser enviado a uma frente de combate e estava ansioso para usar esse trunfo com o comando militar.

Enquanto aguardava a resposta de Gardner e a opinião dos paramédicos sobre a mobilidade dos sobreviventes, a crescente impaciência do jovem capitão se infiltrou em seu diário:

> 29 de maio de 1945: Decidi arrumar nossa cozinha. Don [Ruiz] e eu trabalhamos nisso e depois esperamos pela chegada do avião. Finalmente, ele chegou, um novo avião e uma nova tripulação [...] Eles lançaram uma caixa a 3 quilômetros de onde estamos e ela se arrebentou. Eles devem pensar que isto aqui é uma festinha. Eu fiquei furioso e o avião voltou para Hollandia [...] Só roupas para Hastings. Ela já tem o suficiente para montar um enxoval. Nenhum suprimento médico. Este show está sendo dirigido por um monte de trapalhões [...] Vamos esperar pelo helicóptero.

30 de maio de 1945: Esperei pelo avião, mas ele não veio. Temos bastante comida, mas nossos suprimentos médicos estão muito baixos [...] Passei a tarde deitado, lendo e conversando abobrinhas. Que vida. A resposta sobre o helicóptero com certeza vai ser positiva. Ou, pelo menos, a resposta de que os pacientes estão bem o bastante para viajar [...] A chuva veio cedo, então todos estão nas tendas, e a maioria dos rapazes está lendo. O moral está bom, só estamos querendo um pouco de agitação [...] Só Deus sabe o que está acontecendo no mundo lá de fora.

31 de maio de 1945: Levantei meio tarde esta manhã, pois não há nada de especial para fazer. Depois do café da manhã, mandei Caoili e Alerta procurarem um caminho mais curto para o vale [...] O avião veio cedo hoje de manhã [...] e o helicóptero foi vetado. Então, vamos ter que caminhar. Espero que os três sobreviventes aguentem.

1º de junho de 1945: Realmente vai ser um inferno, ficar sentando sem fazer nada, esperando a hora de sair daqui [...] Tudo o que desejo é a rápida recuperação dos pacientes.

2 de junho de 1945: O avião chegou às dez e meia, com nossos suprimentos e o correio. Precisávamos mesmo dos suprimentos médicos, e eu recebi oito cartas, o que com certeza ajudou a elevar meu moral. Os tripulantes fizeram para nós um curto resumo das notícias do mundo, que certamente são encorajadoras. Depois do almoço, li *Bedside Esquire* [O pajem de cabeceira], uma coletânea de contos, e depois me preparei para o jantar [...] Gostaria muito que a recuperação dos pacientes fosse um pouco mais rápida.

3 de junho de 1945: Que manhã. Dormi até onze e meia. Primeira vez que isso me aconteceu sem que uma ressaca estivesse envolvida. Comi um pouco de cereais e aguardei o almoço [...] Essa droga de vida está ficando cansativa, mas não posso fazer nada até ter certeza de que a viagem até meu acampamento-base não vai prejudicar os pacientes. Ah, está bem — é um bom descanso.

4 de junho de 1945: No fim da manhã, dei uns tiros com o rifle. É um excelente modo de perder tempo. Depois que a gente termina, tem de limpar a arma, e isso demora um pouco. O jantar de hoje foi realmente especial. Preparado por Dongallo e Bulatao. Caçarola de bacon, carne enlatada, batatas-doces e ervilhas, com uma tigela de arroz. E, para encerrar, pêssegos de sobremesa. O tempo ainda está ruim e o avião não apareceu hoje. O moral está ótimo.

7 de junho de 1945: [...] Fiquei à toa, conversando sobre a minha casa.

8 de junho de 1945: Bem, hoje faz um ano que me despedi da minha esposa, Sal. Com certeza, parece muito mais tempo. Sinto falta dela mais do que nunca neste lugar, e isso é dizer pouco. Don [Ruiz] me acordou hoje de manhã, dizendo que o avião estava lá em cima [...] Dois correspondentes de guerra estavam no avião. Imagino que essa droga de show esteja obtendo muita publicidade nos Estados Unidos. Espero que sim, pois o pessoal tem trabalhado duro nele, e talvez isso abra os olhos de algumas pessoas para as possibilidades dos meus futuros planos. Os dois eram o sr. Simmons, do *Chicago Tribune*, e o sr. Morton da Associated Press.

O "SHOW" — o desastre, os sobreviventes, os nativos e a missão de resgate em Shangri-La — realmente chegara aos Estados Unidos e a outros países. Após quase três semanas sem nenhuma notícia, o coronel Elsmore informou à imprensa que algo notável estava acontecendo no coração da Nova Guiné. Diversos repórteres morderam a isca, mas nenhum com tanta sofreguidão quanto os repórteres que Walter mencionou em seu diário.

Aos 37 anos, Walter Simmons, do *Chicago Tribune* era nativo de Fargo, Dakota do Norte. Seu pai vendia remédios que dispensavam receitas. Após dois anos de faculdade, Simmons ingressou como repórter no *Daily Argus-Leader*, em Sioux Falls, Dakota do Sul. Dez anos depois, em 1942, ele ganhou notoriedade ao cobrir a guerra no Pacífico Sul para o *Tribune*. Por baixo do rude exterior de um tarimbado correspondente de guerra, Simmons demonstrava um grande talento para evocar imagens vívidas e escrever frases bem-torneadas e concisas. "O alvorecer surge como um trovão todas as manhãs, e é assim que as coisas funcionam", foi o início de uma história sobre o dia a dia das tropas norte-americanas na ilha de Leyte. "De repente, ouve-se um som que é como um gigante tirando o pó de um tapete: 'Bum, bum, bum.' É uma bateria de canhões 40mm alertando contra uma incursão inimiga. Soldados e civis se levantam de suas camas."

Nas semanas anteriores ao dia em que Simmons sobrevoou Shangri-La a bordo do avião de suprimentos, ele se manteve bastante ocupado alimentando os leitores do *Tribune* com notícias sangrentas. Acompanhando uma divisão da Guarda Nacional de Illinois, que viajava pelas Filipinas em maio de 1945, Simmons escreveu reportagens cujo tema recorrente se refletia em seus títulos: "Ianques do Meio-Oeste escapam à força de emboscada japonesa", "Canivete de ianque de Chicago encerra luta com japonês", "Ianques colhem safra de 19 japoneses em arrozal" e "Ataque 'banzai' ianque conquista colina japonesa". Além de publicadas no *Tribune*, as histórias de Simmons eram distribuídas pelo *Chicago Tribune News Service*, alcançando mais de sessenta jornais. Eram distribuídas também pela Reuters, agência de notícias britânica.

O colega e rival de Simmons, Ralph Morton, da Associated Press, atingia um público ainda maior. Tal como Simmons, Morton estava com 37 anos e trabalhara em pequenos jornais antes de se tornar conhecido. Oriundo da Nova Escócia, uma província do Canadá, Morton trabalhara para o *Halifax Herald*, o serviço de imprensa canadense, e para o *Protestant Digest*. Havia ingressado na AP em 1943, no escritório de Nova York. No início de 1945, foi promovido a correspondente de guerra e a chefe do escritório da agência na Austrália, onde estava baseado todo o serviço radiofônico referente à guerra. A AP atendia a mais de 1.400 jornais durante a Segunda Guerra Mundial. E, com o enorme alcance do rádio, a voz de Morton foi amplificada milhares de vezes.

Após sobrevoar o acampamento dos sobreviventes, Simmons e Morton enviaram histórias que empolgaram as editorias de jornais do mundo inteiro. Todos os editores dignos do nome reconheceram que os dois correspondentes de guerra haviam encontrado uma história extraordinária — o que era conhecido no ramo como "Ei, Martha!". O jargão nasceu quando alguém imaginou um homem e uma mulher casados há muito tempo e não necessariamente felizes. O marido, vamos chamá-lo de Harold, está em sua poltrona com o nariz enterrado num jornal. A mulher está entretida com seu tricô. De repente, Harold lê uma história particularmente surpreendente e interessante. Quebrando seu costumeiro silêncio, Harold grita para a sofredora esposa: "Ei, Martha, você tem que ouvir isso!"

A base das histórias escritas por Walter Simmons e Ralph Morton era basicamente a mesma: um avião do Exército norte-americano caíra em um vale perdido da Nova Guiné Holandesa, habitado por uma tribo de canibais da Idade da Pedra. Três das 24 pessoas a bordo haviam sobrevivido. Uma delas era uma linda WAC. Outro sobrevivente perdera o irmão gêmeo no desastre. O terceiro sofrera um terrível ferimento na cabeça. Um excepcional esquadrão de paraquedistas saltara sobre o traiçoeiro território para protegê-los. Tensas confrontações com os nativos evoluíram para um entendimento intercultural. Até para uma amizade. Ainda não havia nenhum plano de resgate.

A história de Simmons se iniciava da seguinte forma: "Em um vale oculto, 200 quilômetros a sudoeste de Hollandia, uma WAC e dois soldados estão aguardando resgate, após uma das mais fantásticas tragédias da guerra. Nenhum homem branco jamais havia pisado neste paraíso isolado antes que um avião de transporte C-47 o sobrevoasse no dia 13 de maio, às 3:15 da tarde." No parágrafo seguinte, Simmons revelou que o propósito do voo era permitir que passageiros e tripulantes "observassem as estranhas pessoas nuas que arremessavam lanças contra o avião".

A história de Simmons criou suspense ao destacar que os militares não sabiam dizer como os sobreviventes e o grupo de resgate sairiam daquele vale isolado: "Durante três semanas, a pequenina secretária WAC e os dois homens têm aguardado alegremente o resgate, mas ainda não foi elaborado nenhum plano definitivo. Diversas ideias foram sugeridas — um helicóptero; um hidroavião, que poderia pousar em um lago a cinquenta quilômetros; um planador rebocado; e pequenos aeroplanos, que poderiam transportar um passageiro de cada vez." Simmons assinalou os obstáculos que havia para cada abordagem e lembrou que "uma viagem por terra é possível, mas exigiria semanas".

Uma história da Associated Press baseada nos relatos de Morton, concentrava-se mais nos nativos: "A queda de um avião de transporte do Exército nas selvas da Nova Guiné Holandesa revelou os segredos de um 'Shangri-La' confinado entre montanhas, onde nativos com mais de 1,80m de altura vivem em um estado de feudalismo bárbaro dentro de cidades muradas." Exagerando a altitude das montanhas e presumivelmente o drama, a história da AP afirmava que o avião caíra em um pico a 5 mil metros de altitude. Isso o tornaria 600 metros mais elevado que o mais alto pico da Nova Guiné.

Editores de jornais de todo o país, inclusive os do *New York Times*, publicaram essas histórias na primeira página. As notícias da guerra ainda ocupavam corações e mentes dos norte-americanos. A selvagem Batalha de Okinawa, que já durava dois meses, ainda estava em andamento, com milhares de mortos de ambos os lados. Mas uma história dramática sobre a queda de um avião militar num Shangri-La "verdadeiro", com três sobreviventes — uma WAC e dois soldados — e uma equipe de bravos paraquedistas cercados de nativos da Idade da Pedra, sem nenhum plano de resgate, era uma notícia de guerra com um toque empolgante.

A ampla e entusiástica reação às histórias iniciais confirmou o que Simmons, Morton e seus patrões, sem dúvida, já desconfiavam: a história de Shangri-La era quente. E o melhor era que o desastre do *Gremlin Special* tinha o que os repórteres chamam de "ganchos" — uma sucessão de fatos em desenvolvimento que certamente produziriam mais histórias de primeira página e mais "Ei, Marthas".

UMA ONDA DE INTERESSE acompanhou os relatos de Simmons e Morton. Outros correspondentes de guerra reivindicaram lugares no avião de suprimentos, todos ansiosos para escrever sua própria versão de uma história que, com a concisão jornalística, tornou-se conhecida como "Uma WAC em Shangri-La". O coronel Elsmore, sempre ávido pelas atenções da imprensa, atendeu-os de bom grado.

E até providenciou para que uma estenógrafa da WAC, a cabo Marie Gallagher, voasse a bordo do 311 para transcrever as conversas entre os tripulantes do avião e o pessoal do acampamento, realizadas por meio dos *walkie-talkies*.

Em uma das transcrições, uma das colegas de Margaret, a soldado Esther "Ack Ack" Aquilio, enviou uma mensagem através do rádio-operador. A mensagem descrevia a preocupação de Esther com a segurança de Margaret e perguntava como Margaret estava se sentindo. Margaret disparou de volta:

— Diga a ela que pare de se preocupar e comece a rezar!

Os repórteres adoraram.

Em outra transcrição, Walter descreveu Margaret como "a rainha do vale". Ele disse aos repórteres que, com seus homens, havia obtido pouco sucesso nas negociações com os nativos, mas Margaret ganhava braceletes de ratã trançado "e quase tudo o que ela pede aos nativos". Uma vez mais, os repórteres aproveitaram. Suas histórias chamavam Margaret de "a rainha de Shangri-La". O major Gardner entrou no jogo e, em suas conversas diárias com Walter, ele perguntava: "Como a rainha está hoje?" Ele tentou convencer Margaret a conversar diretamente com ele e os jornalistas. Margaret se recusou.

No acampamento, Walter e McCollom se alternavam nas conversas pelos *walkie-talkies*. Gardner — o rádio-operador — sargento Jack Gutzeit e Ralph Morton faziam turnos para falar do avião. Morton não poderia ter ficado mais feliz com sua participação na história. E até começou a anotar pedidos de suprimentos do pessoal do acampamento. Em uma de suas histórias — intitulada "Shangri-La recebe as últimas notícias pela Associated Press" —, Morton descreveu como costumava ler um sumário das notícias do mundo e da guerra para os sobreviventes.

De modo a não ficar para trás, Walter Simmons começou a incluir em suas histórias a referência: "A bordo do avião de transporte sobre o Vale Oculto". Poucos dias depois, o *Tribune* ofereceu a Margaret, McCollom e Decker mil dólares para cada um por suas histórias "exclusivas" quando retornassem. Enquanto os sobreviventes analisavam a oferta, Walter reconheceu em seu diário que sentira uma pontada de inveja.

A soldado da WAC Thelma Decker, prima de Decker, foi em um dos voos para oferecer encorajamento. Mas, quando se levantou do assento para ir até o compartimento de rádio, ficou enjoada demais para falar.

Em outra ocasião, o rádio-operador Jack Gutzeit levou uma vitrola para tocar discos de Benny Goodman e Harry James. Walter disse, de brincadeira, que seria muito divertido dançar em Shangri-La, mas a transmissão da música foi prejudicada pela estática.

Enquanto isso, Gutzeit desenvolveu uma paixonite a distância por Margaret. Em seu dia de folga, ele pegou carona num voo para Brisbane, Austrália, onde comprou uma caixa de chocolates, que lançou para ela de paraquedas. Alguns dias depois, quando Walter transmitiu um pedido de Margaret, que desejava "uma roupa completa — blusa, camiseta, calça e sutiã", Gutzeit foi atrevido:

— Diga a ela que ela não precisa disso aí embaixo — disse ele. — Ela pode se tornar uma nativa.

Os lançamentos se tornaram tão frequentes que o avião de suprimentos começou a considerá-los rotina. Mas um dos voos sobre o vale quase terminou com a morte de dois tripulantes. Quando o sargento Peter Dobransky, chefe da tripulação, e James Kirchanski, supervisor de carregamento, abriram o compartimento de carga, o vento desprendeu a porta de algumas das dobradiças, sugando Dobransky e Kirchanski em direção à abertura. De acordo com o que Walter Simmons relatou no *Tribune*, os dois homens "se agarraram no umbral de alumínio e, ajudando-se mutuamente, escaparam de cair do avião". A porta ficou batendo na cauda do avião, mas o 311 permaneceu estável. Os dois sargentos sofreram apenas arranhões e contusões e estavam a bordo no voo seguinte.

Durante uma das viagens, Ralph Morton, o repórter da AP, conjeturou se Shangri-La não teria riquezas ocultas. Então, perguntou a Walter se os paraquedistas haviam garimpado ouro no rio Baliem. A resposta de Walter foi desapontadora: além de não ter metais preciosos, o rio não tinha nem peixes.

A maior parte das conversas pelo rádio se resumia a bate-papo de Walter e McCollom com os repórteres, o major Gardner, Jack Gutzeit e o capitão Hugh Arthur, um novo piloto. De vez em quando, Walter e McCollom solicitavam conchas e alguns suprimentos para serem trocados com os nativos. À medida que o tempo passava, os pedidos passaram a incluir caixas de cerveja, o que, pela primeira vez na história registrada, levou o álcool a Shangri-La.

Os voos também levavam correspondência de casa. Para Margaret, isso significava cartas de suas duas irmãs, "que disseram que meu pai estava abatido demais para escrever". McCollom e Decker tinham notícias de seus pais; Walter, de sua esposa; e os paraquedistas, dos amigos, das namoradas e da família. Os lançamentos de correspondência deram uma ideia aos editores do *Chicago Tribune*: eles sugeriram às famílias dos sobreviventes que Walter Simmons retransmitisse suas mensagens pessoais. Embora elas mesmas pudessem fazer isso, através de cartas, as famílias aceitaram a oferta do jornal.

"Estamos todos bem aqui em casa e estamos ansiosos pela sua chegada", dizia a mensagem de Patrick Hastings. "Torço e rezo para que você esteja bem e ilesa. Suas irmãs estão mandando um abraço. É realmente muito bom ter uma filha famosa. Espere até ler os jornais. Agradeço ao *Chicago Tribune* por levar esta mensagem até você. É uma emoção muito grande. Veremos você em breve, eu espero. Com amor, papai."

A mensagem de Bert Decker a seu filho dizia: "Espero que você esteja se recuperando satisfatoriamente e logo esteja de volta ao seu posto. Mamãe e eu estamos bem, mas ansiosos. Papai."

A mensagem enviada por Rolla e Eva McCollom estava ensombrecida por uma tristeza controlada, típica do Meio-Oeste: "Ficamos felizes por você ter sobrevivido. Aguardamos ansiosamente um contato direto com você. Estamos muito tristes por Robert. Todo o nosso amor. Papai e mamãe." McCollom lhes enviou mais tarde uma carta em que tentava amenizar os temores deles, e de sua cunhada, de que Robert tivesse sofrido ou perambulado pela selva ferido e sozinho. Ele escreveu: "Robert morreu na hora e seu corpo foi totalmente queimado. Eu estive nos destroços quinze dias depois do acidente e não consegui encontrar nenhum dos seus pertences. E, mesmo que me fosse possível identificá-lo, seria impossível tirar seu corpo de lá."

Na luta para enviar histórias diárias, Morton e Simmons logo começaram a se exceder. Simmons parecia se deleitar quando relatava um dos pedidos mais insistentes de Margaret: "Que tal me lançarem algumas calcinhas? Podem ser de qualquer tipo." Mas, quando outros repórteres repetiram a história, o pedido acabou deturpado.

"Alguns dias depois", escreveu Margaret em seu diário, "o major Gardner me disse, com enorme excitação, que uma história contando que eu estava pedindo uma calcinha fora publicada. Esse foi um dos poucos incidentes que de fato me aborreceram. Eu sabia que, se meu pai lesse a história e pensasse que eu estava correndo pela mata sem roupa suficiente, ele teria um ataque." Apesar de seus muitos pedidos, Margaret jamais recebeu nenhuma calcinha.

Em outras oportunidades as transcrições das conversas trocadas através dos *walkie-talkies* pareciam cartas enviadas de um acampamento de férias:

Tenente John McCollom: Estamos ouvindo o lindo clube do café da manhã. Câmbio.

Major George Gardner: Aqui fala o clube do café da manhã. O que vocês estão comendo esta manhã? Que tal bater um papo?

McCollom: Tivemos um ótimo café da manhã. Pudim de arroz, presunto, ovos, bacon, café, chocolate e abacaxi — para comer até não aguentar mais. Pulem aqui para nos visitar numa dessas manhãs, pessoal. Temos o melhor refeitório do Pacífico Sul.

À MEDIDA QUE MARGARET e Decker iam melhorando, Doc Bulatao obtinha mais tempo livre. Todas as manhãs, após examinar seus pacientes norte-americanos, Bulatao visitava as pessoas de Uwambo. "Doenças de pele tropicais e feridas infeccionadas eram derrotadas por Doc e pelos medicamentos modernos como que por mágica", escreveu Margaret. As guerras entre os nativos entraram em um hiato enquanto os sobreviventes e os paraquedistas permaneceram na área que os nativos chamavam de Mundima, mas os nativos gostavam de demonstrar suas habilidades com o arco e flecha. Certa vez, no entanto, um nativo se tornou alvo de fogo amigo. Doc teve que cuidar de um ferimento causado por uma flecha no tronco do homem.

Os cuidados médicos proporcionados por Bulatao e Ramirez os tornaram queridos pelos nativos, que os chamavam de "Mumu" e "Mua". Walter e os outros paraquedistas também receberam nomes locais, como Pingkong e Babikama, mas que nome pertencia a que homem é uma informação que se perdeu no tempo.

Enquanto aguardava o momento de partir, Walter registrava longas meditações sobre os nativos em seu diário. Ele era geralmente respeitoso, e suas conclusões demonstravam uma percepção antropológica. Ele admirava as plantações dos nativos, "excelentes exemplos de trabalho duro e bom senso", segundo ele, e elogiava suas habitações, dizendo que eram "bem-construídas e à prova-d'água".

Outras observações, no entanto, estavam baseadas em dados incompletos e suposições errôneas. Como poucas mulheres acompanhavam os homens que visitavam o acampamento, Walter acreditava que havia escassez de mulheres nativas. E, como não via os nativos comerem porco, presumiu que eles eram estritamente vegetarianos. Em outros lugares de seu diário, Walter repetiu estereótipos culturais, afirmando que os nativos eram "infantis em tudo o que dizem ou fazem". Algumas das observações de Walter podem ser classificadas como humorísticas:

> Hoje mostramos aos nativos algumas fotos de modelos seminuas. Um deles pareceu entender imediatamente que eram mulheres e deu umas palmadinhas no canudo que envolvia suas partes íntimas com ar de conhecedor. Alguns garotos o incentivaram um pouco, e logo a cabaça já não podia conter a excitação dele. Parece que o prazer sexual é um acontecimento raro entre os nativos devido à falta de mulheres. Ele acabou batendo em retirada às pressas, quando percebeu que a cabaça já não podia conter seu estado mental. Ao que parece, ele ficou bastante envergonhado, para dizer o mínimo.

Walter também deu boas risadas ao ver um garotinho, com cerca de 6 anos, que não conseguia preencher o canudo, cuja casca seca pendia para o lado, expondo sua virilidade ainda não desenvolvida.

Como parte de sua curiosidade sobre a tribo, Walter conduziu uma experiência em que desenhou formas simples sobre um papel. Então, mostrou os desenhos para o mesmo homem que protagonizara o incidente com a foto da modelo e lhe deu papel e lápis. O nativo "começou a desenhar diversas linhas curvas no papel, como um bebê faria ao usar lápis e papel pela primeira vez. Ele ficou muito orgulhoso de sua façanha e me mostrou o resultado com um sorriso". Walter concluiu: "Está me parecendo que, com os métodos adequados, esses nativos poderiam ser educados facilmente."

Entrevistado por Walter Simmons através de um *walkie-talkie*, Walter descreveu com muitos detalhes a aparência física dos nativos, a "excelente condição" de seus dentes e as aldeias onde residiam. Apesar de sua impressão de que eles formavam uma "raça ágil e forte", Walter afirmou, demonstrando surpresa, que eles não eram bons carregadores, o que atribuiu "ao fato de que eles estão muito

DOIS NATIVOS FOTOGRAFADOS EM 1945. (CORTESIA DE C. EARL WALTER JR.)

acostumados a andar nus, sem carregar nada". Em outra entrevista, ele disse que os nativos "nos tratam como deuses brancos caídos do céu". E acrescentou de modo efusivo: "Provavelmente são as pessoas mais felizes que já vi. Estão sempre se divertindo."

Mais tarde, ele explicou melhor:

— Eles viviam bem, tinham tudo de que precisavam para comer, tinham lugar para morar e formavam um grupo feliz — disse ele. — Viviam em um jardim paradisíaco e ninguém os incomodava. Eles tinham conflitos entre si, mas nenhum problema com o mundo exterior [...] O mundo exterior estava em guerra, e naquele pequeno vale nós tínhamos paz e completa felicidade. O mundo exterior não tinha entrado lá.

Em um ponto importante, os nativos não cederam aos forasteiros. Walter escreveu em seu jornal que "eles ainda não nos querem em suas aldeias, e esse sentimento perdurou enquanto estivemos lá [...] Também somos constantemente advertidos quando estamos na mesma área que suas mulheres. E eles também tentam nos manter afastados de suas plantações de *camote* [batata-doce] tanto quanto possível". Certo dia, ao encontrar uma jovem, Walter foi mais generoso em sua apreciação do que fora antes, ao descrever a primeira mulher nativa que encontrara: "Esta é mais clara que as outras, e bastante atraente para uma garota nativa. Seus seios são grandes e bem-formados, mas não desproporcionais. Ela foi, sem dúvida, a garota mais bonita que nós vimos em nossa permanência no vale."

AS OBSERVAÇÕES REGISTRADAS no diário de Walter refletem o que ele pensava e vivenciava. Mas eram limitadas por sua falta de conhecimento da língua e da cultura dos nativos. Ele não fazia ideia de que o povo de Uwambo considerava os forasteiros — realmente

— como espíritos vindos do céu; nem de que a aparência deles se enquadrava na lenda de Uluayek.

Como o seu retorno havia sido previsto, os sobreviventes e os paraquedistas foram bem-recebidos pelos normalmente aguerridos nativos. Mas havia limites. Nos tempos remotos enfocados pela lenda, os espíritos que desciam do céu por uma corda roubavam mulheres e porcos.

Caso conhecesse a lenda de Uluayek, Walter ficaria menos surpreso com o comportamento dos nativos quando ele se aproximava de suas mulheres.

21

A TERRA PROMETIDA

À MEDIDA QUE O TEMPO passava, Walter encorajava cada vez mais a atenção dos repórteres, que via como uma alavanca em potencial para seus próprios interesses. "Ambos os correspondentes de guerra vieram hoje. Parece que este nosso pequeno incidente está ocupando as manchetes em todo o mundo", escreveu ele em seu diário. "Só espero que isso nos permita obter uma missão de combate." Em outro dia, ele escreveu: "Se esse negócio está obtendo tanta publicidade quanto parece, tenho certeza de que minhas preces serão atendidas."

Alguns dias após escrever estas palavras, Walter soube que suas preces, até certo ponto, haviam mesmo sido atendidas. Não está claro se a cobertura jornalística desempenhou algum papel, mas Walter soube, através dos *walkie-talkies*, que ele e seus homens tinham recebido ordens de embarcar para as Filipinas se e quando retornassem a Hollandia. Os japoneses haviam praticamente desistido de lutar nas ilhas. A resistência em Mindanao estava chegando ao fim, e o general MacArthur estava prestes a declarar as Filipinas uma área "segura". Mas Walter estava tão ansioso quanto sempre estivera para se juntar ao grupo guerrilheiro liderado por seu pai. "As últimas notícias que recebi de papai davam conta de que ele estava bem, mas ainda em ação", escreveu ele após tomar conhecimento de suas ordens.

Quando a empolgação diminuiu, Walter começou a se sentir desesperado, pois a lenta recuperação dos dois pacientes parecia conspirar contra ele. Por duas vezes, Walter teve de cancelar a data que estipulara para o início da caminhada até o acampamento do vale, pois Doc Bulatao afirmou que, embora Margaret e Decker tivessem melhorado muito, ainda não estavam prontos para aquela árdua jornada. Walter relatou, em seu diário, o dilema que o dividia entre a responsabilidade e o desejo: "Não vou correr o risco de ensejar novas infecções nos ferimentos dos pacientes, que talvez resultem em uma amputação." Logo em seguida, ele acrescenta: "Todo o grupo está um pouco desanimado com este atraso, principalmente meus rapazes e eu, que já temos ordens de partir para as Filipinas. Há uma guerra em andamento, e estamos cansados de ficar para trás."

NA SEXTA-FEIRA, DIA 15 DE JUNHO, trinta e três dias após o acidente, Doc Bulatao examinou cuidadosamente Margaret e Decker, para se certificar de que seus ferimentos haviam melhorado o bastante. Após os exames, declarou que ambos estavam em condições de fazer a viagem. Ainda precisariam de tratamento médico — Decker em especial —, mas acreditava que não corriam perigo imediato e poderiam, com ajuda, chegar ao vale principal.

Walter mal podia esperar para levantar acampamento e cair na estrada, mas atrasou a partida até o meio-dia, para que o avião de suprimentos pudesse lançar mais um *walkie-talkie* e foguetes de sinalização extras, para o caso de ocorrer algum problema durante o percurso.

Com Ralph Morton, da AP, funcionando como dublê de repórter e rádio-operador, o avião de suprimentos lançou sua carga. Depois, Walter entrou em contato com o acampamento da selva. Após conversar com John McCollom sobre a rota planejada e sobre alguns detalhes da viagem, ficou claro que seu interesse primário era Margaret. Por mais que McCollom tentasse mudar de assunto, Morton permaneceu à espreita de sua presa jornalística.

Ralph Morton: Como está a cabo Hastings hoje?

Tenente McCollom: Está se sentindo muito bem. Na verdade, todo mundo está se sentindo bem. Estamos bastante ansiosos para sair daqui. Nós três já estamos aqui há mais de um mês, e estamos ansiosos para retornar a Hollandia. E os paraquedistas estão aqui há umas três semanas.

Ralph Morton: Margaret está em condições de carregar alguma coisa?

Tenente McCollom: A cabo Hastings vai carregar um pequeno volume — deve pesar uns 7 quilos. Os outros vão levar volumes com cerca de 20 a 35 quilos. Vai ser uma caminhada dura até a gente arranjar alguns nativos [para servirem de carregadores].

Ralph Morton: Parece um volume bem pesado para uma garota de 45 quilos carregar...

MESMO QUANDO ESTAVAM longe das linhas inimigas, a prática entre os correspondentes de guerra era recolher diligentemente, e depois publicar, os nomes e as cidades de origem dos militares envolvidos nas operações. Assim, as famílias e os amigos destes soldados saberiam como eles eram corajosos e ainda desfrutariam da glória de conhecer alguém envolvido no esforço de guerra. "Nomes são notícia", diziam os repórteres. Os editores encorajavam a prática por motivos comerciais, tanto quanto jornalísticos: imprimir o nome de uma pessoa em um jornal granjeava a lealdade dos leitores e encorajava a aquisição de exemplares adicionais, que seriam guardados para a posteridade.

Com uma gritante e categórica exceção, os repórteres que cobriam o acidente do *Gremlin Special* seguiram fielmente esse costume. Publicaram os nomes e os nomes das cidades de origem dos sobreviventes, dos mortos, dos capelães que sobrevoaram o vale para prestar os serviços fúnebres, dos estrategistas em Hollandia e dos tripulantes do avião de suprimentos — incluindo não só os nomes do piloto, do copiloto e do rádio-operador como também do engenheiro de voo, o sargento Anson Macy, de Jacksonville, Flórida, e dos operadores de carga.

Mas tão óbvia quanto a obsessão com Margaret era a tendência dos repórteres a ignorar os paraquedistas de origem filipina que compunham o 1º Recon. Isso a despeito de todos eles, com exceção de Rammy Ramirez, serem nativos ou residentes dos Estados Unidos e membros efetivos do Exército. Quando conversavam com os repórteres através dos *walkie-talkies*, Walter e McCollom tentavam sempre atrair atenção para os paraquedistas, principalmente para o heroico salto de Bulatao e Ramirez sobre um terreno quase mortífero, e os esforços de ambos para salvar Margaret e Decker.

Entretanto, uma história se seguia à outra, e os paraquedistas não recebiam nenhum crédito. Às vezes, apareciam de forma anônima, tal como nesta típica menção: "Dois paramédicos filipinos, carregados de suprimentos, foram também lançados de paraquedas."

Para seu crédito, Ralph Morton, da Associated Press, acabou gastando um pouco de tinta com os soldados do 1º Recon, assim como fez Walter Simmons, do *Tribune*, que se concentrou mais no sargento Alfred Baylon. O interesse de Simmons no sargento "troncudo e amante de charutos" se devia ao fato de que Baylon era de Chicago e trabalhara como assistente hospitalar no Garfield Park Community Hospital.

Quando o avião de suprimentos lançou recortes de jornais que focalizavam os acontecimentos de Shangri-La, Walter reagiu com raiva diante do pouco reconhecimento que seus homens recebiam: "Pouquíssimos repórteres concederam aos meus homens o merecido crédito. A maioria está sempre elogiando pessoas de fora. Quando eu sair daqui, espero poder dar crédito a quem merece, principalmente aos meus soldados, que tornaram possível o resgate dessas pessoas. Realmente não foi brincadeira saltar nesta terra inexplorada e subir montanhas pelas trilhas mais diabólicas que já existiram. Eles fizeram isso sem nunca reclamar, apenas seguiram em frente, fazendo seu trabalho."

Como líder dos paraquedistas, Walter recebeu menções entusiasmadas nas matérias da imprensa. Ralph Morton lhe conferiu o título de "chefe do resgate", talvez para diferenciá-lo dos chefes nativos. Mas, durante toda a missão, os repórteres utilizaram o nome que não o agradava, "Cecil". E, rotineiramente, acrescentavam um "s" ao seu sobrenome, chamando-o de "Walters".

ANTES DE PARTIREM para o acampamento do vale, os sobreviventes e os paraquedistas examinaram seus suprimentos, de modo a decidir o que levariam e o que deixariam para trás. Enquanto armazenava provisões em sua mochila, McCollom notou as caixas de absorventes femininos ainda não abertas por Margaret. Sempre um engenheiro, uma ideia cruzou sua mente.

— Maggie — perguntou ele —, você vai usar isso?

Quando Margaret riu, McCollom abriu as caixas e distribuiu absorventes a todos os homens, para que estes os colocassem sobre os ombros, embaixo das alças de suas pesadas mochilas. Ao refletir mais tarde sobre sua inovação tecnológica, McCollom disse:

— Caramba, aquelas coisas serviram muito bem.

Ao recolher seus pertences, Margaret observou os nativos. "Nós tentamos nos despedir de Pete e seus homens", escreveu ela no diário. "O termo 'selvagens' dificilmente se aplicaria a homens tão bons, amistosos e hospitaleiros quanto esses nativos. Nós nunca conseguimos entender nossos respectivos idiomas, mas entendíamos os corações e as intenções uns dos outros. O maior milagre que ocorreu com McCollom, com Decker e comigo, além de termos escapado à morte no desastre, foi o fato de que os nativos eram pessoas boas e gentis."

Ansioso para retornar ao acampamento-base, Walter escreveu em seu diário que não viu os nativos ao deixar o acampamento na selva. Mas, antes de começar a descer a trilha, Margaret procurou Wimayuk Wandik, o homem a quem chamava de Pete. E o encontrou chorando pela partida deles.

"Alguns de nós poderíamos ter chorado também", escreveu ela no diário.

Sem que Margaret e os outros forasteiros soubessem, os nativos lhes haviam dado um presente de despedida. Quando Wimayuk e seus homens perceberam que os espíritos pretendiam deixar a clareira e rumar para o vale, o povo de Uwambo entrou em contato com seus aliados. E estes declararam outra *maga* — o salvo-conduto — ao longo da rota a ser seguida.

Ao se alinhar na fila para iniciar a marcha, Margaret olhou para o acampamento por cima do ombro. Pela última vez contemplou a plantação de batata-doce que fora sua salvação após o desastre; o lugar onde ela, McCollom e Decker foram avistados pelo capitão Baker em seu B-17; o "hospital" na selva, onde sua gangrena fora tratada com sucesso e suas pernas foram salvas por Bulatao e Ramirez. Sua última visão do lugar: a grande tenda em forma de pirâmide, com a bandeira norte-americana drapejando acima dela.

DURANTE O MÊS que passaram no pequeno acampamento próximo ao rio Mundi, os sobreviventes e os paraquedistas, repetidamente, ofereceram alimentos excedentes aos nativos. Estes nunca aceitaram nada, nem mesmo para provar. McCollom tentou várias coisas: arroz, carne enlatada, barras de chocolate.

— Nós partíamos o alimento e comíamos um pedaço — disse ele. — Mesmo assim, eles não tocavam em nada.

Quando os visitantes levantaram acampamento, os nativos recolheram a comida deixada para trás e a depositaram em uma caverna.

— Ninguém sabia para quem era a comida — disse Tomas Wandik. — As pessoas tinham medo daquilo, então puseram tudo em um lugar. Aquelas coisas se transformaram em objetos sagrados. Porcos foram abatidos e o sangue deles foi salpicado sobre os objetos, em uma cerimônia de purificação.

Os nativos plantaram uma espécie de bambuzal perto da entrada da caverna, para marcar o terreno como um lugar mágico. E também salpicaram sangue de porco pela trilha que os espíritos seguiram.

Embora não quisesse comer a comida dos forasteiros, Wimayuk Wandik aceitou um facão com uma corda amarrada no cabo que lhe foi oferecido por McCollom. Cortar madeira era uma tarefa diária, que consumia tempo, e a lâmina do facão era valorizada por cortar três vezes mais rápido que uma machadinha de pedra. Ao que se sabe foi o primeiro contato dos nativos com um instrumento de metal. No começo, Wimayuk devolveu o facão todas as manhãs, apenas para, ao longo do dia, recebê-lo de volta como um presente. Quando McCollom foi embora, Wimayuk ficou com o facão.

Embora Wimayuk, Yaralok e outros tivessem ficado tristes em ver os espíritos partirem, nem todos os moradores ficaram infelizes.

— Alguns homens estavam furiosos com Wimayuk porque ele estava se aproximando demais dos espíritos — disse seu filho Helenma. — Eles diziam: 'Devolva esse facão!'

Parte desse rancor pode ter se originado no fato de que os paraquedistas acamparam no meio da plantação comunal.

— Eles destruíram batata-doce e taro — acrescentou Helenma.

Durante a permanência dos espíritos, um consistente esforço de pacificação envolveu cigarros. "Eles adoravam os cigarros", escreveu Margaret, "mas sempre ficavam aterrorizados com os fósforos e os isqueiros. Assim, nós acendíamos os cigarros e os entregávamos a Peter e seus homens." Ela observou que "Pete" acabou se tornando aficionado da marca Raleigh.

Depois que os espíritos partiram, Wimayuk subiu no alto da serra Ogi. Usando o facão que McCollom lhe dera, ele cortou pedaços dos destroços do *Gremlin Special* para confeccionar ferramentas e usar como implementos de construções. Uma das peças se transformou em parte da paliçada da aldeia. E continuou em uso mesmo seis décadas após o desastre.

Nos meses que se seguiram à partida dos espíritos, o povo de Uwambo retornou aos ritmos e rotinas que haviam seguido durante incontáveis séculos. Criaram porcos, plantaram batatas-doces, cuidaram de suas aldeias e suas famílias, e reiniciaram as guerras contra seus inimigos. Com uma diferença: quando contava a seus filhos a lenda de Uluayek, eles agora incluíam a história de Yugwe, Meakale, Mumu, Mua, Pingkong, Babikama e outros espíritos que vieram do céu.

E, tal como a lenda profetizara, o retorno dos espíritos assinalou realmente o fim da vida que eles conheciam.

COM AS SOBRECARREGADAS mochilas pesando em suas costas, absorventes femininos sobre os ombros e nenhuma trilha definida para seguir, os sobreviventes e os paraquedistas iniciaram sua traiçoeira marcha até o acampamento-base.

— Íamos para cima e para baixo, de grota em grota — lembra-se Walter. — Tivemos que seguir o riacho que descia a montanha durante longos trechos. E tivemos que cruzar esse mesmo riacho várias vezes, para não perdermos a orientação e sabermos exatamente para onde estávamos indo.

Margaret partiu sentindo-se forte e cheia de confiança. Enquanto caminhavam em fila indiana pela selva escorregadia, ela se sentia como alguém da tropa. Aguentou firme enquanto o grupo rastejou sobre troncos caídos, bordejou um precipício "que despencava em uma garganta sem fundo" e pulava de um toco de árvore para outro. Mas, depois de meia hora, Margaret se viu lutando para conseguir respirar. Visões da torturante jornada após o desastre, em que ela se via descendo penosamente a encosta, começaram a relampejar em sua mente.

"Eu achava que estava forte, muito mais forte que o sargento Decker, que ainda estava esquelético e parecia doente", escreveu ela em seu diário. Mas descobriu que não era bem assim. "O ritmo rápido e constante imprimido pelos paraquedistas foi demais para mim."

— Por favor, parem! — gritou Margaret para Walter. — Preciso descansar.

— Eu também — disse Decker, para alívio dela.

Ela tinha certeza de que, se não tivesse pedido uma pausa, Decker teria continuado a marchar em um estoico silêncio, até cair no chão.

Walter observou em seu diário que a falta de carregadores nativos e as necessidades dos "dois pacientes" retardaram sua marca. Mas acrescentou: "Devo tirar o chapéu para o sargento Decker e para a cabo Hastings. Ambos estão demonstrando muita fibra."

Naquele primeiro dia, após três horas de caminhada, eles pararam e montaram acampamento para passar a noite. Com a pausa antecipada, os paramédicos tiveram tempo para trocar os curativos dos ferimentos de Margaret e Decker. E aquilo também evitou que o grupo tivesse que enfrentar as chuvas noturnas. Logo um novo acampamento surgiu: Margaret obteve uma tenda só para ela. McCollom e Decker dividiram outra. Alguns paraquedistas se enfiaram em uma terceira. E o restante pendurou redes nas árvores.

Na manhã seguinte, eles levantaram cedo e, antes das oito horas, estavam de volta à trilha. Walter descreveu a rota do dia como "bastante acidentada e íngreme, tanto para cima quanto para baixo". A coxa direita de Margaret começou a doer horrivelmente devido a cãibras — "A cabo Hastings sentiu muitas dores hoje, mas ela é valente", escreveu Walter —, e eles diminuíram o ritmo da marcha.

Quando o avião de suprimentos passou acima deles e eles conseguiram estabelecer uma conexão pelo rádio, Walter conversou com o major Gardner sobre a ausência de nativos que pudessem atuar como carregadores. Ele especulou que os nativos não gostavam que estranhos passassem perto de suas aldeias.

— Eles são hostis? — perguntou Gardner.

— Duvido muito — respondeu Walter. — Não se preocupe, nós estamos preparados. Temos bastante munição, mas não estamos esperando nenhum problema. Eles são muito pacíficos e amistosos. Se ficarmos longe de suas mulheres e de suas plantações de batata-doce, vai correr tudo bem.

Mais tarde, naquele dia, diversos nativos de uma aldeia no caminho se mostraram dispostos a carregar a roupa de cama e os sacos de dormir dos forasteiros. E, quando o grupo montou acampamento, no meio da tarde, Walter havia atingido seu objetivo de avançar 16 quilômetros por dia. "Nosso maior problema é água", escreveu ele em seu diário. "Há muita água nesta selva, mas só Deus sabe onde."

Walter não queria que ninguém soubesse, mas ele torcera o tornozelo esquerdo ao pular de uma pedra para outra.

— Minhas maiores preocupações eram Maggie e os outros dois sobreviventes, Ken Decker e Mac — recordou-se Walter. — Portanto, eu estava desatento e pisei numa pedra coberta de musgo. Escorreguei feio e torci o tornozelo para valer. Essa torção durou um bom tempo.

Como seu tornozelo inchou até o dobro do tamanho normal, Walter pediu a Doc Bulatao que aplicasse no local uma atadura bem apertada. A dor continuou, mas, pelo menos, ele conseguia se manter de pé. "Nós estamos indo muito bem e não vamos atrasar a marcha por minha causa", escreveu ele em seu diário. "Portanto, 'Bahala na'. Vou continuar assim mesmo."

A perna de Margaret parou de latejar, e ela foi ficando mais forte a cada dia. No domingo, 17 de junho, o terceiro dia de jornada, Walter afirmou que ela tinha a resistência de um soldado de infantaria de primeira classe. E escreveu em seu diário: "Tiro o chapéu para a cabo Hastings, o sargento Decker e o tenente McCollom. Pessoas notáveis, com muita fibra. A cabo Hastings merece todo o nosso respeito, sem nenhuma restrição."

Margaret assinalou a mudança em seu diário, escrevendo que se sentia "bem demais". Mas, agora que suas forças haviam retornado, ela tinha uma nova preocupação: admiradores indesejáveis.

SOBREVIVENTES, PARAQUEDISTAS E NATIVOS DESCANSANDO, DURANTE A CAMINHADA DESDE A FLORESTA ATÉ O ACAMPAMENTO DO VALE. (CORTESIA DE C. EARL WALTER JR.)

"Um dos nativos logo foi apelidado de 'Bob Hope'",* escreveu ela. "Ele tinha nariz de fuinha que nem o seu xará. Infelizmente, o nosso Bob desenvolveu uma paixonite terrível por mim. E sua ideia de galanteio era ficar olhando para mim a toda hora." O constrangimento de Margaret com aquela atenção se transformou em aborrecimento quando os paraquedistas começaram a troçar de seu novo romance. Mas as coisas ficaram ainda piores.

"De repente, Bob ganhou um rival", escreveu ela. "Um jovem nativo que ainda devia ser adolescente também se sentiu atraído. E a ideia que tinha de cortejar uma garota era pegar um graveto e o arremessar nela. Presumivelmente, eu deveria atirá-lo de volta. Ele era

---

* Comediante norte-americano — 1903-2003. (N. T)

como um cachorrinho." Os amorosos nativos acabaram desistindo, e a marcha prosseguiu.

Na manhã de segunda-feira, dia 18 de junho, o pequeno grupo maltrapilho transpôs o intervalo entre duas montanhas que Walter chamava de "sela". Seguiram, então, por uma trilha sinuosa que acompanhava o lamacento rio Pae e fizeram uma pausa para o almoço. Após mais duas horas de marcha, os três paraquedistas que haviam permanecido no acampamento-base — os sargentos Sandy Abrenica, Roque Velasco e Alfred Baylon — avistaram o grupo e subiram correndo a trilha. Walter sorriu ao ver os homens que ele chamava de "os melhores soldados de infantaria do mundo".

Quando o avião de suprimentos os sobrevoou para saudar sua chegada, os três sobreviventes deram pulos e acenaram. No comando do avião estava ninguém menos que o próprio estrategista-chefe, o coronel Elsmore, com o repórter Ralph Morton sentado ao seu lado na cabine de comando.

Cinco semanas após terem saído de Hollandia, Margaret, McCollom e Decker finalmente contemplaram, em primeira mão, o vale de Shangri-La.

"Tenho certeza de que os seguidores de Moisés, quando chegaram à Terra Prometida, não viram nada mais bonito", escreveu Margaret em seu diário. "Era uma terra bela e fértil, orlada pelos gigantescos picos dos montes Oranje. Um rio cor de cobre serpenteava pelo vale verdejante. Era a *nossa* Terra Prometida."

Depois que os sobreviventes se acomodaram, souberam que Elsmore tinha uma surpresa guardada.

22

HOLLYWOOD

QUANDO MARGARET SOUBE que o avião de suprimentos trazia uma surpresa, ficou quase certa de que seus admiradores a bordo lançariam algumas caixas de cerveja para uma festa de confraternização no acampamento-base. De certa forma, ela estava certa. As caixas de cerveja foram de fato lançadas — mas no acampamento da selva, após eles terem partido. "E devem estar lá até hoje", escreveu ela. "Duas caixas de excelente cerveja americana para fazer a felicidade do primeiro Robinson Crusoe que tropeçar nelas. Os nativos nunca tocarão nas caixas."

Mas a surpresa, entretanto, tinha alguma coisa a ver com álcool.

APÓS INSPECIONAR BREVEMENTE o acampamento-base, Walter foi chamado por um de seus homens para falar no *walkie-talkie*. O rádio-operador do 311 lhe disse, então, que o avião de suprimentos trazia um cineasta que pretendia realizar um documentário sobre a vida, a morte, os nativos e os esforços de resgate. O cineasta já colocara a mochila do paraquedas e estava se preparando para saltar.

— Esse cara já saltou antes? — perguntou Walter.

— Não.

Aborrecido, Walter soube que um companheiro do 1º Recon, em Hollandia, dera uma aula de meia hora ao cineasta, durante a qual lhe ensinara noções básicas de como evitar a morte certa.

— Pelo amor de Deus — disse Walter —, amarre uma corda no paraquedas dele!

Assim, pelo menos, se o homem ficasse paralisado de medo no ar, o paraquedas se abriria e ele teria alguma chance de escapar.

Os sobreviventes e os paraquedistas observaram o avião mergulhar no vale com a porta de saltos aberta. Mas não viram nenhum sinal do prometido cineasta. Outra passagem, e nada de movimentação na porta. Finalmente, na terceira passagem, um vulto corpulento surgiu tropegamente na abertura, com uma câmera amarrada ao corpo. Logo em seguida, ele pulou e despencou no ar. Um macio dossel branco se enfunou acima dele, e ele flutuou até o chão do vale.

Enquanto o observaram, os paraquedistas sentiram um problema. O paraquedista estava estranhamente imóvel.

A própria Margaret reconhecia que não entendia quase nada a respeito de paraquedismo. Ainda assim, sabia o bastante para rotular aquele recém-chegado como "um completo amador".

"Ele oscilava exageradamente de um lado para outro", contou ela em seu diário. "Nós estávamos com um medo terrível de que ele descrevesse um arco muito grande, ejetasse o ar de seu paraquedas e caísse no chão."

Walter e seus homens gritavam freneticamente com o pêndulo humano que oscilava acima deles.

— Junte as pernas!

— Controle a oscilação!

— Puxe as cordas!

Nenhuma resposta.

Margaret se juntou ao coro, repetindo as instruções abalizadas dos paraquedistas, que pareciam não ser escutadas pelo homem aparentemente sem vida que descia oscilando de um lado para outro.

De alguma forma, o paraquedas conservou o ar. O paraquedista aterrissou e caiu de costas em uma moita de arbustos espinhosos, a alguma distância do acampamento. Temendo que ele estivesse seriamente machucado, diversos paraquedistas correram para prestar socorro. O primeiro a se aproximar foi o sargento Javonillo.

Após uma rápida inspeção, Javonillo emergiu das moitas — "como se tivesse visto um fantasma", escreveu Margaret — e chamou Walter.

— Capitão — disse ele —, esse homem está bêbado!

McCollom chegou aos arbustos pouco depois de Javonillo e confirmou o diagnóstico.

— Completamente bêbado.

Depois que o homem foi retirado das moitas, Walter o observou cuidadosamente. Confirmando o diagnóstico de embriaguez, Walter enviou uma seca mensagem de rádio para o avião de suprimentos.

— Este vale está se transformando em Hollywood, e rápido.

Mal sabia ele como estava certo.

O HOMEM PROSTRADO E EMBRIAgado era Alexander Cann, um atrevido aventureiro de 42 anos que percorrera um improvável caminho desde a respeitabilidade até Shangri-La.

Nascido na Nova Escócia, Canadá, Alex Cann era o filho

ALEXANDER CANN. (CORTESIA DE B.B. MCCOLLOM.)

mais velho de um proeminente banqueiro chamado H.V. Cann e de sua esposa, Mabel Ross Cann, cujo pai era membro da Câmara dos Comuns canadense. Mabel Cann morrera quando Alex ainda era pequeno. Quando o garoto completou 7 anos, H.V. Cann, juntamente com sua família, mudou-se do Canadá para Manhattan — onde, em 1914, colaborou na fundação do Federal Reserve Bank of New York. A família passou sete anos nos Estados Unidos antes de retornar ao Canadá, onde H.V. Cann se tornou um alto executivo do Bank of Ottawa.

Após cursar a Real Escola Naval do Canadá, Alex Cann retornou a Nova York para estudar engenharia de estruturas na Universidade Columbia. O momento não poderia ter sido pior: quando a Grande Depressão irrompeu, a construção de edifícios foi interrompida, o que tornou os engenheiros estruturais tão desnecessários quanto os corretores de títulos.

Para aumentar a desgraça, Alex começou a perder no pôquer sua considerável herança.

— Meu pai era muito estouvado e absolutamente desajuizado no que se referia a dinheiro — disse sua filha e xará Alexandra Cann, uma agente literária de Londres.

Mas estar sem dinheiro não significava que ele não tinha recursos. Alto, moreno, voz profunda, olhos cor de mel, bem-apessoado, forte, engraçado, culto e charmoso, o bem-criado Alex Cann se dirigiu a Hollywood, onde tais qualidades ainda tinham muito valor, a despeito da Grande Depressão. Preocupado em não macular o bom nome de sua família, ele assumiu o nome artístico de Alexander Cross — literalmente um cruzamento entre Cann e Ross, o nome de solteira de sua mãe.

Rapidamente, Alexander Cann/Cross obteve pequenos papéis como ator. Em 1936, ele trabalhou em meia dúzia de filmes, inclusive como um vigia em *Fúria*, um filme com Spencer Tracy dirigido por Fritz Lang; como um detetive em *Smart Blonde* (A loura astuta), com Glenda Farrell; como um tripulante de avião em *O titã dos ares*, estrelado por seu companheiro de copo Humphrey Bogart. Sua carreira de ator se prolongou até 1937, incluindo um guarda de presídio em *San Quentin*, também estrelado por Bogart. Ele chegou a um patamar mais alto em Hollywood ao atuar em papéis mais importantes, representando personagens com nomes, tal como Bull Clanton, no faroeste de 1937 intitulado *Law for Tombstone* (Lei para Tombstone). Sua estrela subiu mais um pouco quando ele conseguiu o papel do bandido Black Jack Carson, na série de filmes de Hopalong Cassidy, estrelados por William Boyd e Gabby Hayes.

Mas, justamente quando o ator Alexander Cross iniciava sua ascensão, Alexander Cann, seu *alter ego* na vida real, desmentiu o antigo ditado de Hollywood: "Qualquer publicidade é boa publicidade."

No dia 28 de março de 1937, o *Los Angeles Times* publicou na primeira página uma reportagem "Ei, Martha!" intitulada "Ator Confessa Roubo de Joias em Palm Springs". A história explicava que um "ator característico" identificado como Alexander Howard Cross Cann confessara ter roubado um bracelete de diamantes e um anel incrustado de pedras preciosas de Alma Walker Hearst, a linda ex-esposa do magnata da imprensa William Randolph Hearst Jr. O artigo descrevia o que possivelmente pode ser classificado como o roubo de joias mais malplanejado da história.

Cann, um sedutor, conhecera a sra. Hearst no Sun Valley, em Idaho, um mês antes da publicação da história. Alguns dias depois, comparecera a uma festa na casa dela, em Palm Springs. Tarde da noite, os convidados resolveram ir até o centro de Palm Springs. Por volta de uma hora da manhã, Cann retornou à casa de Alma

Hearst e embolsou suas joias. Naquele mesmo dia, entrou em uma loja de penhores de Hollywood e as vendeu. Fez um péssimo negócio, pois negociou joias que valiam mais de 6 mil dólares por apenas 350.

"Em sua confissão", relatava a matéria do *Times*, "Cann [...] disse aos policiais que tinha perdido muito dinheiro nas corridas de cavalos e estava numa situação financeira difícil. Então, pegou as joias. Ele também disse que estivera bebendo na ocasião do roubo."

Quando Alma Hearst deu por falta das joias, forneceu à polícia uma lista de criados e convidados. Os investigadores logo se concentraram em Cann, e um xerife-adjunto telefonou para a casa dele. Cann confessou o crime pelo telefone e informou ao policial onde encontrar as joias, que foram retiradas da loja de penhores e devolvidas à proprietária. Ante a insistência do policial, Cann foi até Palm Springs e se entregou. Foi, então, indiciado por furto e levado para a cadeia.

Tendo recuperado suas joias, Alma Hearst achou que já estava farta da atenção que atraíra e de Alex Cann. No dia seguinte, o *Times* publicou uma segunda história relatando que as acusações contra Cann seriam retiradas se ele devolvesse o dinheiro à loja de penhores. Um golpe de sorte: reembolsar 350 dólares seria uma coisa relativamente fácil para Cann.

Um policial declarou que Alma Hearst dissera: "Ninguém gosta de processar um amigo. Mas, quando as pessoas fazem coisas assim, elas devem pagar."

Antes que a história e Cann desaparecessem, as agências de notícias tiveram alguns dias de gala. Jornais muito distantes de Hollywood estamparam manchetes como: "Joias de Anfitriã Roubadas por Ator." Nem mesmo o *New York Times* conseguiu resistir à história.

Ainda como Alexander Cross, em 1939, Cann reapareceu em mais um filme da época da Depressão: *The Human Bomb* (A bomba humana). Ele interpretou o papel-título, um homem anônimo que ameaça uma cidade com uma bomba. Este papel foi um final apropriado para a carreira cinematográfica de Alex Cann, reduzida a estilhaços após sua prisão.

Cann sacudiu a poeira o melhor que pôde e foi em frente. No fim de 1941, ele já se casara e divorciara três vezes, mas ainda não tinha filhos. Sem esposa nem dependentes, e sem nenhuma perspectiva imediata, ele retornou às raízes e ingressou na Real Marinha Canadense. Mas sua sorte não mudou.

A caminho do Pacífico Sul, o navio de Cann foi atingido e explodido por um torpedo japonês. Cann sobreviveu, mas com uma vértebra quebrada que iria afligi-lo pelo resto da vida. Em 1942, enquanto se recuperava na Austrália, Cann frequentava regularmente as boates locais. Beberrão sociável e talentoso contador de histórias, ele falava sobre seus dias em Hollywood.

— Ele conseguiu convencer diversas pessoas de que sabia muito mais sobre a produção de filmes do que realmente sabia — disse sua filha.

Através de contatos que fizera nas boates, Cann soube que o governo holandês no exílio, sediado em Londres, precisava de correspondente e de cineasta para o recém-criado Netherlands Indies Government Information Service (Serviço Governamental de Informações das Índias Holandesas), uma agência cujo objetivo era reagir contra a propaganda nazista e manter vivos no cenário mundial os interesses da Holanda.

Com base nas exageradas assertivas de Cann sobre seus conhecimentos cinematográficos, e também, presumivelmente, devido à limitada utilidade militar de um marinheiro com problemas nas costas e 40 anos de idade, a Marinha canadense "emprestou" Cann ao Serviço de Informações da Holanda, como a agência era conhecida. Lá, ele obteve o título de "Correspondente de Guerra e Cineasta", adquiriu uma câmera de 35mm e, usando seu charme e sotaque canadense, conseguiu que o U.S. Army Signal Corps (Corpo de Sinalização do Exército norte-americano) lhe cedesse os filmes para a câmera, na época muito difíceis de obter.

Mergulhando destemidamente em seu novo papel, Cann cobriu diversas batalhas nas Filipinas e a campanha de Bornéu. E estava a bordo do cruzador *HMAS Australia*, que foi atacado por um avião bombardeiro japonês durante a invasão de Leyte pelas tropas aliadas, em outubro de 1944. O avião japonês, de um modelo conhecido pelos aliados como "Betty", colidiu a toda velocidade contra o *Australia*, ferindo mortalmente o capitão, o navegador e mais 28 tripulantes. Numerosos relatos dão conta de que este foi o primeiro ataque camicase bem-sucedido da guerra. No entanto, como testemunha ocular e sobrevivente, Cann questionou tal alegação. Uma semana após o ataque, ele contou a um repórter da Associated Press que o piloto já estava morto quando o avião atingiu o navio.

— A Betty japonesa atravessou uma terrível barragem de artilharia e ficou fora de controle, com fumaça saindo por todos os lados — disse ele ao repórter.

Àquela altura de sua vida, Cann já havia sobrevivido à dilapidação de sua herança no jogo, três divórcios, uma prisão como ator transformado em ladrão de joias, um ataque de torpedo que lhe quebrara uma vértebra e à queda de um avião japonês sobre seu navio. Sob esse prisma, saltar de paraquedas bêbado sobre Shangri-La parecia um passo quase previsível.

Quando as reportagens escritas por Walter Simmons, Ralph Morton e outros repórteres começaram a falar sobre os sobreviventes, os paraquedistas e as tribos da Idade da Pedra em Shangri-La, Alex Cann decidiu tentar a sorte mais uma vez. Então, no dia 17 de junho, voou de Melbourne a Hollandia. Na manhã seguinte, conseguiu uma carona num avião que sobrevoou o local do acidente. Após retornar ao aeródromo de Sentani, solicitou um paraquedas. Um capitão do 1º Recon chamado Isaac Unciano lhe ministrou algumas noções básicas de paraquedismo, mas Cann, ao que parece, passou a aula inteira fazendo gracejos. Unciano lembrou-se bem dele porque ele prometeu "seis garrafas de uísque e uma festa", caso retornasse com vida.

— Ele sabia que, obviamente, aquilo seria perigoso — disse a filha de Cann. — Mas queria ir até lá. Ele nunca tinha saltado de paraquedas. O pessoal se ofereceu para treiná-lo, mas ele disse: "Não, obrigado. Só vou fazer isso uma vez. Se eu não pular, me empurrem."

CANN JAMAIS CONFIRMOU a história do salto embriagado, mas chegou perto disso. Em um relato distribuído pela Associated Press, ele escreveu: "Não sei se pulei ou fui empurrado, mas fiquei batendo fotos da descida depois que o paraquedas abriu. Depois, aterrissei ileso, deitado de costas sobre alguns arbustos."

Após Javonillo e os outros o soltarem do paraquedas, Cann fez um rombo no estoque de aspirinas do acampamento. Depois, foi arrastado até um jantar de *chow mein* com batatas fritas, ao estilo filipino. Quando ficou sóbrio o suficiente para falar, Walter lhe perguntou como fora parar no vale, anestesiado.

— Eu bebi uma garrafa inteira de gim holandês antes de saltar — disse Cann, segundo Walter.

— Por que você fez isso? — perguntou Walter.

— Eu não queria hesitar.

Após refletir sobre a resposta, Walter deu seu veredito:

— Você deveria ser paraquedista.

Mais tarde, o major Gardner perguntou a Walter, através do *walkie-talkie*, se Cann estava de ressaca. Walter respondeu:

— Ele disse que nunca mais vai fazer isso. Pelo menos até que apareça outra história.

Quando começou a enxergar direito, Cann deu uma boa olhada em Margaret Hastings. Seu olho para uma mulher bonita não fora afetado por sua aterrissagem desastrada. Depois, ele pediu a Walter para transmitir uma mensagem para Ralph Morton, o repórter da Associated Press: "A cabo Hastings é a mais deslumbrante sobrevivente que eu já vi."

Ele acrescentou: "Ela é conhecida, entre os rapazes do grupo de resgate, como a Rainha de Shangri-La."

Perguntada sobre o título real, Margaret finalmente respondeu: "Estou pronta para ir embora e abdicar da minha coroa a qualquer momento."

ALEXANDER CANN FILMANDO EM "SHANGRI-LA". (CORTESIA DE B.B. MCCOLLOM.)

Walter e Cann logo se tornaram amigos. O capitão gostava de absorver a sabedoria oriunda das lições que Cann recebera do que Walter chamava de "experiências e bordoadas". Eles passavam horas conversando, jogando pôquer, nadando no rio, caminhando pelo vale e discutindo sobre ídolos do esporte e políticas militares. Cann achava que os militares não deveriam censurar as histórias que os repórteres enviavam das zonas em conflito. Walter discordava com veemência. Em seu diário, ele escreveu: "Eu gosto de enervar um homem como ele, pois sempre posso aprender alguma coisa." Walter fez seu maior cumprimento a Cann quando disse que ele era "gente finíssima".

Com a chegada de Cann, o acampamento que Walter batizara de "Posto Avançado do Exército dos Estados Unidos em Shangri-La, N.G.H. [Nova Guiné Holandesa]" — "Acampamento Shangri-La", para encurtar — atingiu sua lotação máxima e final de quinze pessoas: capitão C. Earl Walter Jr., oficial comandante; dez soldados paraquedistas; três sobreviventes do desastre aéreo; e um canadense que se tornara engenheiro, depois ator, depois ladrão de joias, depois marinheiro e depois correspondente de guerra.

Eles habitavam "uma linda cidadezinha", nos dizeres de Walter, situada à sombra de um paredão montanhoso na área mais plana do vale. Os três sargentos que haviam permanecido no acampamento-base haviam organizado o acampamento como um aglomerado de toldos e tendas, inclusive uma vermelha, para abrigar os suprimentos, e uma rosada, para servir de refeitório.

O acampamento também contava com um chiqueiro improvisado, feito com galhos, onde havia sete porcos, que Abrenica, Baylon e Velasco tinham comprado dos nativos, usando as conchas coloridas lançadas pelo avião de suprimentos. Um dos animais era uma porquinha bem pequena, "linda como um bebê", escreveu Margaret. Os sargentos a chamaram de "Peggy", em homenagem a ela.*

"Peggy devia achar que era um cachorro", escreveu Margaret. "Ela seguia todo mundo. E, assim que algum de nós sentava, ela pulava no nosso colo. Os paraquedistas limpavam Peggy todos os dias, até ela ficar brilhando."

A estrutura mais elegante do acampamento era uma tenda piramidal equipada para ser o alojamento dos oficiais e das pessoas mais importantes. Uma de suas divisões era o quarto de Margaret, cujo leito fora feito com a palha dourada produzida pelo capim do vale. Acima do leito, havia um dossel amarelo confeccionado a partir de um paraquedas de carga. Uma tela de mosquitos artisticamente disposta completava a decoração, digna de uma rainha. Para que os pés descalços de Margaret não tocassem no chão, sacos de paraquedas vazios se transformaram em tapetes.

"Fiquei tão emocionada que tive vontade de chorar", escreveu Margaret em seu diário. "Tudo no acampamento era um luxo, havia até um banheiro! Os três sargentos tinham montado até uma banheira, feita com caixas de ração à prova-d'água. Como eles tinham cavado um poço ali perto, encher a banheira era um trabalho muito fácil."

Na condição de oficiais, McCollom e Walter tinham leitos no lado masculino da tenda piramidal. Mas Walter insistiu que sua cama fosse dada a Decker, para apressar a recuperação do sargento. Walter e seus homens dormiam em redes. Margaret se divertia ao ver o capitão tentando acomodar seu enorme tamanho na cama pendurada.

---

* "Peggy", assim como "Maggie", é um apelido para "Margaret". (N. T.)

JOVENS GUERREIROS DE MUNDOS DIFERENTES. OS SOLDADOS FILIPINO-AMERICANOS SÃO (DA ESQUERDA): CAMILO RAMIREZ, CUSTODIO ALERTA, DON RUIZ E JUAN "JOHNNY" JAVONILLO. (CORTESIA DE C. EARL WALTER JR.)

No primeiro dia em que todos os quinze estavam presentes no acampamento-base, os paraquedistas comemoraram assando dois leitões numa festa do *lechón* tipicamente filipina, girando-os lentamente em espetos até que adquirissem uma cor marrom-dourada. Margaret se assegurou de que "Peggy" fosse poupada dessa honra. A refeição lembrou a Walter de sua infância; já se passara quase uma década desde que ele comera seu último *lechón*. "Depois de ter comido (porco) como um porco, cambaleei até a tenda de suprimentos e me deitei, com a barriga a ponto de estourar", escreveu Walter em seu diário. "Os rapazes são mesmo grandes cozinheiros."

No dia seguinte, os sobreviventes e paraquedistas colaboraram para que Alex Cann pudesse representar seu papel de cineasta. Embora se esperasse que ele fosse fazer um documentário baseado em fatos, Cann não dispensou um pouco de encenação hollywoodiana. Ele não estivera presente quando os sobreviventes entraram no acampamento-base, mas queria que a chegada fizesse parte do filme. Então, persuadiu todo mundo a recriar o último trecho da jornada. Como os paraquedistas e os sobreviventes não queriam mais descer a montanha com uma mochila de 35 quilos nas costas, encheram as mochilas com caixas de ração vazias, o que lhes deu uma aparência volumosa sem a inconveniência do peso.

Desta vez, eles não usaram os absorventes femininos sobre os ombros.

23

PLANADORES?

DEPOIS QUE A EUFORIA inicial com a descoberta dos sobreviventes se dissipou, o coronel Elsmore e sua equipe na Fee-Ask concentraram seus esforços em descobrir a melhor forma de retirar de Shangri-La os soldados norte-americanos e, agora, um cineasta a serviço do governo holandês.

Ao longo de todas as deliberações, a prioridade dos estrategistas sempre foi a segurança. Quinze vidas dependiam das decisões deles. Até mais, na verdade, levando em consideração os riscos que correriam os pilotos, os tripulantes e quem mais participasse da operação. Os estrategistas deviam saber também que o sucesso ou o fracasso do resgate afetaria suas próprias vidas, pessoal e profissionalmente. Eles se preocupavam com os sobreviventes e os paraquedistas tanto como soldados quanto como indivíduos, e se sentiam responsáveis por Alex Cann. Mas sabiam como as Forças Armadas funcionavam: eles seriam punidos exemplarmente se a história de Shangri-La, amplamente divulgada, terminasse de forma trágica devido a um esforço de resgate malplanejado ou malexecutado.

Elsmore e sua equipe debateram numerosas possibilidades, rejeitando uma a uma como impraticável, ilógica, impossível ou simplesmente fadada ao fracasso. Após descartarem o resgate mediante um dirigível, um helicóptero, um hidroavião, uma lancha torpedeira e uma viagem por terra, eles discutiram por algum tempo a possibilidade de lançar no vale membros de um batalhão de engenharia da Marinha norte-americana — conhecidos como Abelhas do Mar — com pequenas escavadeiras, para que construíssem uma pista de pouso temporária. Este plano soçobrou quando Elsmore concluiu que aterrissar um C-47 a uma altitude elevada numa pista de pouso improvisada, depois decolar e tentar sobrevoar as montanhas circundantes, poderia acarretar uma repetição do que ocorrera com o *Gremlin Special*.

Em seguida, eles discutiram o uso de um avião pequeno e versátil chamado L-5 Sentinel, conhecido afetuosamente como Jipe Voador. Usado durante a guerra em missões de reconhecimento e como ambulâncias voadoras nas linhas de frente, os Sentinels tinham o que o Exército chamava de "capacidade de pouso e decolagem em pistas curtas". Isso significava que poderiam ser úteis no chão esburacado do vale sem necessidade de uma pista construída pelos Abelhas do Mar. Mas os Sentinels também tinham suas desvantagens.

Uma das preocupações era que, para fazer um voo de Hollandia até o vale, um Sentinel levaria cerca de três horas e consumiria todo o seu combustível. Latões de combustível teriam que ser lançados no vale a cada viagem de volta. Além disso, o Sentinel só poderia transportar o piloto e um passageiro, ou seja, quinze viagens de retorno seriam necessárias, correndo sempre os mesmos riscos. De qualquer modo, os estrategistas não descartaram o L-5 Sentinel.

Enquanto pesava os prós e os contras do Sentinel, Elsmore pediu conselhos a um perito: Henry E. Palmer, um tenente de 31 anos originário de Baton Rouge, Louisiana. Palmer, um desengonçado rapaz do interior apelidado de "Vermelho" tinha uma vasta experiência com Sentinels e outros aviões leves. E estava estacionado nas proximidades, em um aeródromo na ilha tropical de Biak, ao largo da costa norte da Nova Guiné.

Elsmore providenciou para que Palmer voasse sobre Shangri-La a baixa altitude em um bombardeiro B-25 e avaliasse a situação. Um simples sobrevoo convenceu Palmer de que o Sentinel era a opção errada para o trabalho. Ele teve outra ideia, que envolvia um tipo totalmente diferente de aeronave. Tal como o Sentinel, essa aeronave fora projetada para aterrissar em espaços curtos e terrenos acidentados. Mas, segundo Palmer, tinha melhores condições de sobrevoar as montanhas com passageiros a bordo. Além disso, não precisaria de nem uma gota de combustível.

Ao retornar a Hollandia, Palmer se dirigiu ao quartel-general dos estrategistas, postou-se em frente a um quadro-negro e esboçou algo semelhante a um desenho de criança, representando um avião-mamãe e um avião-bebê conectados por um cordão umbilical.

O esboço, explicou ele, mostrava uma aeronave sem motor sendo arrastada pelo céu por um avião-reboque de dois motores. O tenente Henry E. Palmer acabara de convencer os presentes a executar a executar a missão mais estranha na história dos planadores militares.

O PRIMEIRO VOO HUMANO sem uso de motor é creditado a Ícaro, cuja mítica jornada terminou em asas derretidas e uma queda vertical no mar. Com um estranho senso de humor, os pilotos de planadores militares adotaram Ícaro como mascote. De fato, o artefato que pilotavam também parecia ter sido projetado para se arrebentar no chão. Nas palavras do general William Westmoreland, "eles eram os únicos aviadores durante a Segunda Guerra Mundial que não dispunham de motores, nem de paraquedas, nem de uma segunda chance."

Os irmãos Wright e outros pioneiros da aviação fizeram experiências com planadores antes de seu voo motorizado. Mas, após seu sucesso em Kitty Hawk, os planadores se transformaram em parentes quase esquecidos dos aviões. Durante as primeiras décadas do século XX, os planadores eram usados principalmente de forma esportiva, por entusiastas que competiam por recordes de distância. Enquanto isso, os aficionados dos planadores construíam artefatos cada vez maiores e mais elaborados, capazes de transportar muitos passageiros e percorrer longas distâncias após serem transportados até uma altura adequada por aviões motorizados.

Na década de 1930, a Alemanha assumiu a liderança na tecnologia de planadores, principalmente porque, após sua derrota na Primeira Guerra Mundial, o país foi proibido de possuir força aérea motorizada. Hitler derrubou essa proibição em 1935, mas não se esqueceu dos pilotos de planadores alemães. Seus generais começaram a arquitetar possíveis usos bélicos para eles. Os engenheiros alemães projetavam planadores que se pareciam com pequenos aviões sem motor, capazes de transportar um piloto e nove soldados, ou uma tonelada de equipamento. Eles podiam aterrissar em terrenos acidentados no coração de áreas de combate, ao contrário das elaboradas pistas exigidas pelos aviões convencionais. Igualmente atraente para os nazistas era o fato de que os planadores podiam ser desatrelados dos aviões a muitos quilômetros de seu destino; e, uma vez livre de suas amarras, voavam silenciosamente.

Os alemães tiveram uma oportunidade para testar suas silenciosas máquinas de guerra em maio de 1940, dezenove meses antes de os Estados Unidos entrarem na guerra. A Polônia já havia caído, e Hitler queria avançar através da Bélgica para invadir a França. Entre ele e Paris havia o recém-construído Eben-Emael, um sólido forte belga na fronteira com a Alemanha. Profundamente encravado no solo e reforçado por uma grossa camada de concreto, o forte era considerado inexpugnável. Um ataque tradicional poderia levar semanas, e sem nenhuma garantia de sucesso. Mesmo que o forte caísse, uma longa e custosa batalha arruinaria as esperanças dos alemães de executar uma *blitzkrieg* — uma invasão-relâmpago. Helicópteros poderiam acelerar o processo, mas o incessante ruído de seus rotores alertaria os defensores do forte muito antes da chegada dos invasores. Paraquedistas sofreriam o mesmo tipo de desvantagem, pois se transformariam em alvos fáceis dos soldados belgas, prevenidos de sua chegada pelo ronco dos aviões.

Planadores ofereciam uma opção silenciosa para os planos de invasão alemães. No dia 10 de maio de 1940, aviões-reboque da Luftwaffe conduziram uma pequena esquadrilha de planadores até as proximidades da Bélgica. Assim que se desconectaram dos aviões, os planadores — cada um deles transportando nove bem-armados soldados alemães — deslizaram silenciosamente na penumbra que antecedia o alvorecer. Dez dos planadores pousaram no "teto" do forte subterrâneo, um terreno gramado do tamanho de dez campos de futebol. Os soldados alemães desceram dos planadores prontos para atacar. Embora tremendamente inferiorizados em número, eles subjugaram os aturdidos belgas, posicionaram poderosos explosivos para destruir os grandes canhões do Eben-Emael e capturaram o forte em um dia. Colunas de blindados alemães puderam, então, passar por ali a caminho do norte da França.

Embora os Estados Unidos ainda não estivessem em guerra, o desastre belga no forte Eben-Emael foi um sinal de alerta, pois sugeria que os planadores poderiam desempenhar um papel significativo em futuros combates. Um programa militar para o desenvolvimento de planadores foi iniciado imediatamente após o ataque a Pearl Harbor. Mil pilotos começaram a treinar com planadores, número que aumentou para 6 mil no espaço de poucos meses. Projetos de planadores para uso militar começaram a ser elaborados em Wright Field, Ohio, onde dois jovens engenheiros de voo, os tenentes John e Robert McCollom foram estacionados. Os gêmeos McCollom não estavam diretamente envolvidos no programa, mas acompanharam seu desenvolvimento com interesse.

A indústria aeronáutica norte-americana já estava trabalhando no limite de sua capacidade, tentando construir aviões em número suficiente para atender à crescente demanda militar. Portanto, o programa de planadores adotou uma abordagem mais arrojada — os contratos do governo para a fabricação de planadores de combate e de carga envolveram uma combinação improvável de licitantes, inclusive um fabricante de refrigeradores, outro de móveis e outro, ainda, de caixões. Os militares acabaram se decidindo pela quarta versão de um planador de carga projetado pela Waco Aircraft Company, de Ohio, chamado Waco CG-4A, ou simplesmente Waco.

Os planadores Waco lembravam mais galinhas que falcões — eram desgraciosos vagões voadores, feitos de madeira compensada

PLANADOR WACO CG-4A EM VOO. (CORTESIA DO EXÉRCITO DOS ESTADOS UNIDOS.)

e tubos de metal, cobertos com lona. Os Wacos, que não transportavam armas, tinham 25 metros de envergadura, 4 metros de altura e 15 metros de comprimento. Cada um deles pesava cerca de 1.700 quilos vazio, mas podia transportar uma carga útil superior a seu próprio peso. Dirigido por um piloto e um copiloto, um planador Waco poderia transportar até quinze soldados completamente equipados, ou um caminhão com um quarto de tonelada e quatro soldados completamente equipados, ou uma poderosa peça de artilharia — como um morteiro de 75 mm com munição e dois artilheiros. A maioria desses planadores era rebocada através de grossas cordas de náilon com cem metros de comprimento, amarradas a aviões C-47, embora os C-46 também fossem utilizados.

Antes que a guerra tivesse terminado, as Forças Armadas norte-americanas já haviam encomendado 14 mil Wacos. Ironicamente, para uma aeronave sem motor, um dos maiores fornecedores era a Ford Motor Company, que construía os planadores a cerca de 15 mil dólares cada. Pelo preço de um planador, o governo poderia comprar dezessete luxuosos carros Ford de oito cilindros.

Os Wacos tiveram sua primeira experiência de combate durante a invasão da Sicília, em 1943. Um ano depois, os planadores desembarcaram tropas na Normandia no dia D, embora muitos tenham caído sobre os espigões de madeira com três metros de altura que o general Erwin Rommel mandara espetar nos campos franceses, nos lugares em que achava que os Wacos poderiam tentar aterrissar. Os planadores também participaram da Operação Dragão, no sul da França, e da Operação Varsity, na Alemanha. Eles entregaram suprimentos durante a Batalha do Bulge e foram usados em diversas outras missões de combate na Europa. Também foram usados nos teatros de operações de China, Birmânia, Índia e Luzon, nas Filipinas.

Uma grande vantagem dos planadores Waco para o transporte de tropas era que o piloto podia parar rapidamente se freasse com força — num espaço 200 metros, mesmo em terreno acidentado. Não era incomum, no entanto, que o planador parasse com o nariz enterrado no chão e a cauda no ar. Alguns chegavam a capotar completamente. Muitos outros erravam a área de aterrissagem em decorrência de mau tempo, cabos de reboque partidos, erros do piloto e outros percalços. Mesmo quando tudo funcionava perfeitamente, os Wacos ofereciam alvos lentos e volumosos para as baterias antiaéreas inimigas.

Os Wacos logo foram agraciados com os seguintes apelidos: "iscas de artilharia", "bombardeiros de bambu" e "caixões voadores". Os pilotos dos planadores eram conhecidos como "jóqueis suicidas", que não faziam mais que "desastres aéreos controlados". Quando se reuniam para beber, os pilotos de planadores brindavam ironicamente: "Aos pilotos de planadores — que foram concebidos de forma irresponsável, atravessaram uma complicada gestação e, finalmente, foram expelidos no lugar errado e na hora errada."

Em setembro de 1944, um jovem repórter da United Press sediado em Londres chamado Walter Cronkite foi incumbido de voar em um planador Waco durante a Operação Market Garden, na Holanda. Mas se recusou. Anos mais tarde, ele admitiu:

— Quase caí em desgraça.

Por fim, ele concordou em ir, mas apenas para não cair em desgraça com seus colegas.

— Eu já tinha visto o que acontecera com os planadores na Normandia. Havia destroços de centenas deles espalhados pelos campos.

Cronkite aterrissou em segurança, mas jamais se esqueceu da experiência.

— Vou lhe dizer uma coisa com toda a sinceridade: se um dia você tiver de entrar em combate, não vá de planador. Caminhe, se arraste, pule de paraquedas, nade, flutue... qualquer coisa. Mas não vá de planador!

Na primeira fase da guerra, os planadores Waco eram considerados quase descartáveis — depois que aterrissavam e descarregavam suas tropas ou suprimentos, eram abandonados. Mas, à medida que os custos aumentavam, esforços começaram a ser feitos para recuperar os Wacos que não tivessem sido reduzidos a gravetos. No entanto, como a maioria pousava em áreas distantes das pistas de pouso convencionais, os aviões-reboque não poderiam simplesmente pousar, reconectar as amarras e levar os planadores de volta. Para solucionar o problema, os engenheiros desenvolveram um sistema de recuperação no qual aviões voando a baixa altitude — algo como seis metros acima do chão — passariam próximo a um planador Waco e o "fisgariam".

Cerca de quinhentas recuperações de planadores foram realizadas em campos na França, na Birmânia, na Holanda e na Alemanha, com quase todos os artefatos vazios, exceto pelos pilotos. Mas em março de 1945 dois Wacos equipados como ambulâncias aéreas aterrissaram em uma clareira perto de Remagen, Alemanha. Vinte e cinco soldados feridos, norte-americanos e alemães, foram colocados a bordo. Aviões C-47 fisgaram os Wacos, que logo depois pousaram em segurança em um hospital militar da França.

Agora, três meses após aquela bem-sucedida pescaria, o tenente Henry Palmer queria repeti-la, embora com um grau de dificuldade muito maior.

SÓ MESMO MILITARES ou cineastas de Hollywood poderiam gostar do plano de Palmer. Por sorte, ambas as categorias estavam representadas em Shangri-La.

Segundo a concepção de Palmer, a operação teria início em Hollandia. Um C-47 rebocaria um Waco por 250 quilômetros, até sobrevoar o vale. Depois que o avião atravessasse em segurança a passagem entre as montanhas, o piloto do planador se desconectaria e guiaria seu aparelho até o chão do vale, onde os passageiros embarcariam. A uma altitude tão elevada, pelo menos 1.600 metros acima do nível do mar, o planador não poderia transportar sua carga habitual. Somente cinco pessoas embarcariam em cada viagem, com prioridade para os sobreviventes. Então, o planador e seus passageiros aguardariam a fisgada.

A premissa básica era que um C-47 voaria sobre o planador e o puxaria para o ar, por meio de um gancho pendurado na fuselagem. Amarrados, o avião-reboque e o planador voariam por sobre as montanhas e se dirigiriam a Hollandia. Depois as aeronaves se desconectariam e pousariam tranquilamente.

Era assim que as coisas funcionavam na teoria de Palmer. Na prática, diversos problemas, como uma peça com defeito ou um erro de cálculo, poderiam transformar os planadores em pipas furadas, os aviões-reboque em bolas de fogo e os passageiros em vítimas. Além dos costumeiros perigos que envolviam os planadores, a pescaria em Shangri-La acrescentava alguns outros.

Nenhuma recuperação de planadores militares jamais ocorrera tão acima do nível do mar. O ar rarefeito da altitude elevada significava que, mesmo que a fisgada fosse bem-sucedida, havia a possibilidade de que o planador reduzisse a velocidade do C-47 até o ponto de pará-lo. Dependendo da altitude do C-47 neste ponto, o planador poderia se transformar no equivalente gigante de um avião de papel caindo à toda em direção ao chão, arrastando com ele o C-47.

Mesmo que o avião não parasse, ninguém sabia se um C-47, rebocando um planador carregado numa atmosfera rarefeita, teria a potência necessária para atravessar o desfiladeiro e sair do vale. Além disso, os pilotos de ambas as aeronaves teriam de enfrentar as nuvens baixas e os ventos cambiantes que tornavam a saída do vale um desafio. Embora os voos do avião de suprimentos a Shangri-La fizessem a viagem parecer rotineira, nenhum piloto envolvido na missão poderia jamais esquecer os erros que custaram 21 vidas a bordo do *Gremlin Special*.

Caso a primeira pescaria fosse bem-sucedida, os resgatadores teriam de repetir a façanha mais duas vezes, correndo os mesmos riscos.

Mas três coisas pesavam em favor da ideia de Palmer. Em primeiro lugar, Elsmore não tinha nenhuma opção melhor, ou mais segura. Em segundo, Palmer demonstrava tanta confiança no plano que se ofereceu para pilotar o planador. Em terceiro, Elsmore era um caubói dos céus, com faro para o drama.

Se tudo funcionasse, eles poderiam contar com abraços de Margaret, tapinhas nas costas dos homens, reportagens nas primeiras páginas, aparições no filme de Alex Cann e, possivelmente, medalhas. Elsmore poderia até repetir o procedimento com o planador e realizar sua própria visita ao vale, há tanto tempo esperada. Por outro lado, caso a missão fracassasse, Elsmore teria de arcar com toda a culpa, pois Palmer não estaria vivo para ser responsabilizado.

Após conferenciar com os outros estrategistas, pesando riscos e recompensas, o coronel Ray T. Elsmore anunciou que planadores Waco CG-4A seriam usados para resgatar os quinze moradores temporários de Shangri-La.

A DECISÃO DE ELSMORE pôs em movimento uma busca por pilotos e tripulantes qualificados para o avião-reboque. Também seriam necessários outros pilotos de planadores para trabalhar com Palmer, equipes de manutenção e o equipamento para fisgar o planador, que era difícil de encontrar. Os planadores eram muito menos usados no Pacífico que na Europa. Assim, os equipamentos específicos estavam espalhados pela região, de Melbourne, Austrália, a Clark Field, nas Filipinas.

A sorte bafejou a missão quando as notícias sobre a operação com o planador chegaram ao major William J. Samuels, comandante do 33º Esquadrão de Transporte de Tropas, sediado em Nichols Field, Manila. Aos 29 anos, havia sido escoteiro em Decatur, Illinois, e piloto da United Airlines antes da guerra. E, mais importante, fora instrutor de voo com planadores em Bergstrom Field, Austin, Texas. O mais experiente piloto de planadores em todo o sudoeste do Pacífico, tanto quanto ele sabia, era ele mesmo. Quando Samuels se ofereceu para supervisionar a coleta de equipamentos e o treinamento da tripulação, bem como para pilotar o avião-reboque, Elsmore ficou tão feliz que cedeu seu próprio alojamento para o major.

Se tudo corresse como esperado, Samuels executaria a primeira fisgada com um C-47 conhecido como *Louise*. O avião, uma "velha raposa", segundo Samuels, foi emprestado por uma unidade que pareceu ficar feliz em se livrar dele. O motor quase parou no voo de Manila a Nova Guiné, obrigando Samuels a fazer um pouso de emergência no caminho para efetuar os devidos reparos. Ele acabou rebatizando a aeronave de *Louise Goteira*, por sua tendência para espalhar óleo de motor pelas asas.

A área que Elsmore escolheu para o treinamento da operação foi a minúscula ilha de Wakde, um pequeno fragmento de terra com 15 mil metros quadrados ao largo da costa de Hollandia. A característica mais notável de Wakde era uma pista de pouso e decolagem quase do tamanho de seu comprimento de 3 quilômetros. Outra vantagem da ilha era seu isolamento. Se um planador caísse numa pista deserta, sem que ninguém de fora testemunhasse o fato, haveria ótimas chances de que a notícia não se espalhasse.

Os dias se passaram e poucos progressos foram feitos. A operação enfrentava uma série de atrasos causados por chuvas torrenciais e falta de equipamentos, além de uma disenteria sofrida por Samuels, que se prolongou por três dias. Os atrasos ofereceram a Henry Palmer, o piloto do planador, bastante tempo para refletir sobre a missão em que se metera. Ele acabou batizando seu planador Waco de *Pilha de Lenha*, não à guisa de insulto, mas por sua semelhança com um amontoado de pedaços de pau.

Para obter uma ideia melhor do que os esperava, Samuels e seu copiloto, capitão William G. McKenzie, de La Crosse, Wisconsin, sobrevoaram o vale para escolher um local de pouso para recolher os passageiros. Nenhum deles gostou do que viu em Shangri-La.

— O que você acha, Mac? — perguntou Samuel.

— Bem, Bill, nós nunca saberemos até tentarmos — respondeu McKenzie.

Samuels olhou para trás e viu sua tripulação olhando pelas janelas com ar de dúvida, calculando suas probabilidades de sucesso, para não falar de sobrevivência.

ENQUANTO A OPERAÇÃO com o planador prosseguia com lentidão, os três sargentos que cuidavam da organização do acampamento no vale, Abrenica, Baylon e Velasco, prepararam uma área de pouso segundo as especificações de Samuels. Em uma área relativamente plana — com 400 metros de comprimento por 100 de largura —, eles podaram e queimaram o mato, que deixaram com uma altura máxima de 60 centímetros. Depois, ladearam o terreno limpo com paraquedas de carga vermelhos e usaram paraquedas brancos para traçar uma linha em seu centro. Apropriadamente, para uma operação improvisada, eles usaram papel higiênico para desenhar duas enormes setas apontando para a pista de pouso.

Na ilha de Wakde, a maior parte dos preparativos era dedicada à parte mais traiçoeira da operação: a fisgada. Quando todos os equipamentos chegaram à ilha, os tripulantes do *Louise Goteira* instalaram nele um dispositivo que funcionava como uma gigantesca vara de pescar, incluindo linha e anzol. O molinete, aparafusado no piso da cabine, era um enorme guincho do tamanho de uma máquina de lavar, com quatrocentos quilos de peso. Um membro da tripulação usaria o guincho para soltar ou puxar o cabo fixado no planador. O cabo, enrolado na bobina do molinete, era de aço, com 300 metros de comprimento e pouco mais de 1 centímetro de espessura. O anzol, colocado na ponta do cabo, era um gancho com cerca de 15 centímetros de comprimento.

Quando chegasse o momento de tentar a fisgada, os tripulantes do *Louise Goteira* desenrolariam o cabo e o estenderiam, com o anzol na frente, em um braço de madeira, às vezes chamado de verga, que se estenderia abaixo de sua fuselagem. O anzol seria posicionado no final do braço, para se manter firme.

Antes disso, o planador seria levado até o vale por outro avião-reboque. Após desconectá-lo do avião e aterrissar em Shangri-La, os tripulantes do Waco ergueriam duas traves de 3,5 metros de altura, dispostas a cerca de 6 metros uma da outra. Da ponta de uma trave à ponta da outra, eles levantariam um enorme laço na ponta de uma corda de náilon com 2,5 centímetros de espessura e 25 metros de comprimento. O resultado lembraria uma armação para salto com vara, só que com o laço de náilon no lugar da barra transversal. A ponta pendente do laço seria amarrada a outra corda de náilon, esta com 70 metros de comprimento, cuja extremidade oposta seria fixada no planador, estacionado a uma distância de 15 a 30 metros das traves. Quando a instalação estivesse pronta, o laço de náilon entre as duas traves estaria amarrado à corda de reboque do planador.

Em uma pescaria bem-sucedida, o C-47 passaria em voo rasante sobre o local da fisgada. O gancho de ferro no braço de madeira se prenderia no laço de náilon no alto das traves. E o C-47 seguiria em frente, com o piloto acelerando ao máximo para ganhar altitude, e com o peso adicional do planador. O operador do guincho dentro do avião teria de considerar a velocidade, o peso do planador e outros fatores para decidir quantos metros de cabo de aço teria de soltar da bobina para evitar que a corda de náilon se quebrasse. Se errasse no cálculo, o cabo poderia arrancar o nariz do planador, romper suas asas ou coisa pior. Os pilotos de planadores diziam que, no momento da fisgada, tinham a sensação de estarem sendo projetados no ar por um gigantesco estilingue.

Quando o C-47 ganhasse distância suficiente, o que não demoraria mais que três segundos, o planador seria arrancado de sua imobilidade e iria de zero a mais de 160 quilômetros por hora no espaço de 7 segundos. O operador no C-47 rebobinaria, então, o cabo de reboque para aproximar o planador do avião até uma distância em torno de cem metros. Quando Hollandia estivesse à vista, o piloto do planador desconectaria seu aparelho do avião-reboque, e ambas as aeronaves, separadamente, aterrissariam em segurança.

Era assim que os planejadores imaginavam a operação. Na prática, os primeiros ensaios com o *Louise Goteira* e o *Pilha de Lenha* na ilha de Wakde se viram às voltas com pessoas feridas, equipamentos destruídos e dúvidas crescentes a respeito da viabilidade do uso de planadores para o resgate em Shangri-La.

24

DUAS RAINHAS

À MEDIDA QUE o mês de junho terminava, terminava também a guerra.

Depois da batalha mais sangrenta do Pacífico, os aliados tomaram Okinawa. A captura da ilha, no dia 21 de junho — após a morte de 12 mil norte-americanos e mais de 100 mil japoneses —, proporcionou aos aliados uma plataforma para um ataque por terra e ar contra as principais ilhas do Japão. Isto é, a menos que o imperador Hirohito fosse persuadido a se render. Em segredo, os líderes dos Estados Unidos achavam que uma nova arma, uma bomba de potência inimaginável, poderia alcançar esse objetivo sem a necessidade de enviar tropas a Tóquio. A bomba seria testada dentro de algumas semanas; caso funcionasse, o presidente Truman decidiria sobre seu uso. Entretanto, a maior parte do mundo parecia ansiosa para se livrar da guerra. Enquanto os forasteiros de Shangri-La aguardavam resgate, enviados de 45 países aterrissavam em San Francisco para assinar a carta que criaria a Organização das Nações Unidas.

ENQUANTO OS TRIPULANTES do planador e do avião-reboque trabalhavam, os moradores do Acampamento Shangri-La brincavam. Diante de uma plateia de nativos, Decker raspou a barba, que já contava com seis semanas. McCollom cortou os cabelos com Ben

Bulatao, mas tanto ele quanto Walter conservaram suíças que não estavam no regulamento. Walter disse à tripulação do 311:

— Nós queremos dar a impressão de que estivemos em algum lugar depois que sairmos daqui.

Eles também saborearam refeições comunais; exploraram o vale; posaram para a câmera de Alex Cann; conversaram sobre suas famílias; leram cartas, revistas e livros lançados pelo avião de suprimentos. Um dos lançamentos incluiu um livro sobre técnicas de sobrevivência na selva; mas chegou tão tarde que os sobreviventes tiveram certeza de que deveria ser uma brincadeira de alguém.

O nativo que os paraquedistas chamavam de "Joe" supervisionava as permutas diárias que aconteciam entre os nativos e os forasteiros. Quando o mercado estava em alta, cinco conchas coloridas podiam ser trocadas por uma machadinha de pedra, o suvenir mais

UM NATIVO DANI EXPERIMENTA UM UNIFORME. (CORTESIA DE C. EARL WALTER JR.)

procurado. Walter estabeleceu um câmbio para outras armas nativas, trocando dezoito conchas por 62 flechas e três arcos. No início, um porco poderia ser adquirido por três ou quatro conchas; mas a inflação se manifestou e o preço subiu para quinze conchas. Portanto, o prejuízo foi grande quando o chiqueiro construído pelos paraquedistas desmoronou e oito gorduchos porquinhos de quinze conchas fugiram. Eram tantas conchas trocando de mãos que McCollom receou que os sobreviventes e os paraquedistas estivessem arruinando a economia local.

NA VERDADE, O USO de conchas coloridas como moedas, por parte dos forasteiros, representou o primeiro passo dos nativos em direção a uma economia monetária. Embora eles trocassem conchas com pessoas de outras aldeias para obter cordéis, penas e outras mercadorias que não possuíam, os nativos não tratavam as conchas como moeda entre eles mesmos. Em suas aldeias comunais, não havia nada que pudesse ser comprado. Eles usavam as conchas e os colares de conchas principalmente para cimentar laços sociais. Em um funeral, por exemplo, os parentes e amigos do morto usavam colares de conchas. Mas estes não ficavam ali por muito tempo. O ponto alto da cerimônia era quando um líder da aldeia redistribuía os colares, criando obrigações para si mesmo e partilhando recordações com os proprietários anteriores.

A preocupação de McCollom com a economia local era o menor dos problemas. Distribuindo conchas como se seu único valor fosse o de um meio de troca, os forasteiros se arriscavam a dissolver a cola que mantinha a comunidade coesa.

Embora quase todos os nativos estivessem dispostos a trocar porcos, machadinhas, arcos e flechas por conchas, alguns se mostravam apreensivos com aquele comércio.

— Nunca tínhamos visto tantas conchas. Nossos pais nos diziam para ter cuidado, para não pegar as conchas — disse Lisaniak Mabel. Ele e seus amigos acataram o aviso. — Os caras brancos ficaram decepcionados porque a gente estava rejeitando as conchas que eles estavam oferecendo.

CERTO DIA, o mercador nativo que os paraquedistas chamavam de Joe levou três mulheres até o acampamento. Confusos no início, Alex Cann e os paraquedistas chegaram à conclusão de que ele estava oferecendo as mulheres em troca de conchas.

— Walt, você precisa ter cuidado — disse Cann a Walter —, porque ele quer lhe vender as mulheres.

— Droga, eu já tenho problemas suficientes — respondeu Walter. — Não quero um bando de mulheres andando por aqui!

Os homens de Walter riram às gargalhadas quando ouviram isso.

Walter escreveu em seu diário: "Ele [Joe] é um negociante ganancioso. E, pelo olhar das mulheres, elas não estavam muito impressionadas conosco." O sentimento era mútuo. Walter escreveu que levaria "alguns anos, mais a certeza de que nunca sairia do vale e uma tonelada de sabão para que elas ficassem pelo menos apresentáveis, no que me diz respeito". Walter recusou a oferta.

O HOMEM QUE OS forasteiros chamavam de "Joe" era Gerlagam Logo, um filho do chefe chamado Yali Logo e um guerreiro com reputação de feroz. Muitos anos mais tarde, membros da tribo ainda se lembravam da atitude amistosa de Gerlagam em relação aos forasteiros. Mas duvidavam de que ele tenha tentado lhes vender mulheres. Gerlagam tinha uma esposa e duas filhas. Talvez, disseram eles, ele quisesse apresentar sua família a seus novos conhecidos.

TODOS OS DIAS, quando o avião de suprimentos passava, Walter e McCollom pediam comida e outras coisas. O sargento Ozzie St. George, repórter da revista *Yank*, do Exército norte-americano, que cobria a missão junto com os jornalistas civis, transformou o acompanhamento dos pedidos em um esporte. Entre os itens que ele registrou estavam: quatorze pistolas calibre 45, com 3 mil balas; seis submetralhadoras Thompson; facas; facões; tendas; camas portáteis; roupas para os sobreviventes; 75 cobertores; fogareiros; gasolina; cantis; água; 75 caixas de rações militares; arroz; sal; café; bacon; sucos de tomate e de abacaxi; e "ovos que aterrissassem inteiros". St. George disse que Margaret recebeu calcinhas. Mas Margaret afirmou que estas nunca chegaram.

Walter deu seguimento à sua atuação como antropólogo amador. Ele procurou sinais de religião entre os nativos, mas sem sucesso.

— Eles acreditam na humanidade, e esta é toda a religião que eles parecem ter — disse Walter ao major Gardner pelo *walkie-talkie*.

Quando estava caminhando com seus homens e alguns nativos próximo ao rio Baliem, Walter organizou uma corrida às margens do rio para testar a velocidade destes últimos. Ele antes já havia registrado sua decepção com o potencial dos nativos como carregadores, queixando-se em seu diário de que eles se cansavam mais rapidamente que os carregadores filipinos que conhecera na infância. A corrida não mudou seu ponto de vista. "Nativos não muito rápidos", escreveu ele, "pois nós corremos mais depressa que eles com equipamentos nas costas". Ele não registrou se os danis tinham ficado confusos com a ideia de correr a toda velocidade quando não estavam perseguindo um porco ou fugindo de um inimigo mortal.

Durante uma caminhada, Walter e os sobreviventes encontraram cadáveres, decerto o resultado de uma batalha recente. "Um dos guerreiros fora atingido no coração por uma flecha", escreveu

Margaret. "Outro morrera com uma lança atravessada na cabeça." Separadamente, Walter e McCollom encontraram o esqueleto de um homem que achavam ter tido mais que 1,80 metro de altura e pesado mais de 90 quilos. Foi o mais próximo que eles chegaram de um dos "gigantes" sobre os quais tanto falavam.

Após uma caminhada com Alex Cann, Walter estimou a população do vale em 5 mil pessoas e concluiu que os nativos pertenciam a uma "raça em extinção". Ele baseou tal suposição em suas observações de que havia poucas crianças e de que algumas plantações de batata-doce estavam abandonadas. Na verdade, a estimativa de Walter correspondia à quantidade de um décimo a um vigésimo da

O CAPITÃO C. EARL WALTER JR. E O TENENTE JOHN MCCOLLOM EXAMINAM A MANDÍBULA DE UM NATIVO QUE ENCONTRARAM EM UMA CAMINHADA. (CORTESIA DE C. EARL WALTER JR.)

população verdadeira. Ele não sabia que os danis abandonavam as lavouras mais antigas para que a terra recuperasse seus nutrientes. A constatação de Walter sobre as crianças, no entanto, era verdadeira. Como as mulheres danis se abstinham de sexo por até cinco anos após dar à luz, o índice de natalidade entre os danis não era tão elevado quanto entre outras populações nativas.

Os nativos também chegaram a conclusões errôneas sobre seus visitantes, além de sua crença de que estes eram espíritos. Décadas depois, diversos anciãos que eram meninos e adolescentes em junho de 1945 juraram que haviam presenciado um estranho milagre. Segundo eles, depois que os paraquedistas comiam a carne dos porcos, os animais apareciam vivos e inteiros quando os homens defecavam. Narekesok Logo disse:

— A gente podia ver os lugares onde os porcos tinham sido cortados, depois que eles renasciam.

DURANTE AS SEMANAS que passou no acampamento-base, Alfred Baylon — "Weylon", para os nativos — fazia frequentes visitas médicas às aldeias próximas. O sargento ganhou a confiança dos nativos ao tratar pequenos ferimentos, mordidas de porcos e uma variedade de doenças de pele que eles tinham, inclusive uma forma de pé de atleta. Ele também lhes tratava a caspa.

— No Exército, eles diziam para que nós fizéssemos o possível com o que tínhamos — disse Baylon a um repórter. — Então, eu passei repelente de mosquitos nas cabeças deles. Funcionou surpreendentemente bem.

Quando uma mulher com infecção no seio começou a melhorar dias após o tratamento, Baylon se tornou o forasteiro favorito da tribo. O sentimento era mútuo.

— São indivíduos maravilhosamente despreocupados — disse ele —, que vivem numa terra de verão eterno. Eles nunca precisam se preocupar com a próxima refeição.

Walter encorajava o sargento até certo ponto. Quando uma mulher local entrou em trabalho de parto, os nativos foram correndo procurar Baylon. "Mas o capitão proibiu que ele fosse", escreveu Margaret em seu diário, "temendo que, se alguma coisa acontecesse com a mulher ou com a criança, os nativos se voltariam contra nós".

Antes que os outros companheiros retornassem ao vale, Baylon visitava as aldeias sozinho, ou com o sargento Velasco, que passara a conhecer razoavelmente a língua nativa. Certo dia, Alex Cann, Walter e os três sobreviventes quiseram acompanhar o sargento em uma de suas visitas. Mas, quando se dirigiam à aldeia mais próxima, um ancião lhes bloqueou o caminho.

"Ele era um homem digno e com autoridade", escreveu Margaret. "Ele conhecia os sargentos Velasco e Baylon e gostava deles, e não havia nenhuma má vontade ou ameaça na atitude do chefe. Mas deixou bem claro que não queria sua aldeia invadida o tempo todo."

Os visitantes tentaram negociar a passagem por meio de gestos, mas sem resultado. Margaret tentou, então, utilizar seu charme: "Eu fiz um lindo beicinho e bati as poucas pestanas que já haviam crescido depois que as anteriores tinham se queimado no desastre."

— Ah, Chefe, não seja malvado — disse ela ao líder nativo.

Margaret se divertiu com o incidente: "Walter, McCollom, Decker e os sargentos olharam para mim como se eu tivesse enlouquecido. Mas funcionou. Bem diante dos nossos olhos, o velho chefe se derreteu."

Mas impôs limites. Permitiu que os dois sargentos, Margaret e Alex Cann entrassem na aldeia, mas barrou Walter, McCollom e

Decker. Para não se arriscarem a criar problemas, Walter e os demais sobreviventes retornaram ao acampamento.

Naquele dia, Margaret encontrou uma mulher na aldeia que descreveu como tendo "um porte real". Com base em sua crença de que a mulher era a esposa do líder nativo, ou pelo menos uma delas, Margaret apelidou a mulher de "a rainha".

ESTE ENCONTRO e seus desdobramentos revelaram uma profunda mudança em Margaret, desde o dia do acidente. Ela embarcara no *Gremlin Special* esperando ver criaturas estranhas que ela acreditava serem "primitivas". Durante o tempo que passou na clareira da floresta, ela passou a encará-las como pessoas. E seus pontos de vista continuaram a evoluir a partir do momento em que ela chegou ao

A MULHER NATIVA QUE MARGARET CHAMAVA DE "A RAINHA" SE ENCONTRA COM ELA EM FRENTE A UMA CHOÇA. (CORTESIA DE B.B. MCCOLLOM.)

acampamento-base. Nunca mais, em seu diário, ela descreveu os nativos como infantis, por exemplo. E, depois que conheceu "a rainha", a opinião de Margaret deu um salto evolucionário. Seus sentimentos de superioridade desapareceram sem deixar vestígios. Em seu lugar surgiu o respeito.

"A rainha e eu gostamos uma da outra imediatamente", escreveu ela. Elas passavam longos períodos de tempo juntas. "Tudo o que nos faltava, sob o ponto de vista norte-americano, era uma varanda e um par de cadeiras de balanço." Margaret descreveu a capacidade de ambas para se comunicar entre si como "um caso de entendimento vindo do coração, pois nenhuma de nós jamais foi capaz de compreender uma palavra da língua da outra".

A mulher nativa convidou Margaret a visitar a longa choça que as mulheres da aldeia usavam como cozinha. Ela serviu batatas-doces a Margaret, recusando a manteiga que esta trouxera do acampamento-base. Margaret, por sua vez, também hesitou em abandonar seus costumes tradicionais. A mulher nativa tentou persuadi-la a vestir o que Margaret chamou de "tanga de raminhos trançados que ela e suas damas de honra usavam". Margaret se recusou: "Segurei com força a minha calça." A rainha não pareceu se importar.

Após alguns dias, a mulher nativa ficava tão ansiosa pela visita de Margaret que a encontrava na metade do caminho entre o acampamento e a aldeia. "Às vezes, a trilha estava atravancada, ou tínhamos que atravessar riachos com precárias pontes de tronco", escreveu. Quando Margaret sentia medo de cair, pedia ajuda à ágil mulher: "Ela sempre entendia o que eu queria. A rainha segurava minha mão e me dava apoio durante o caminho."

Quando os sargentos troçavam de Margaret por retardar a caminhada para a aldeia, a rainha percebia que os homens estavam caçoando de sua amiga. "Ela se virava para eles e os repreendia do alto de sua realeza por seu indecoroso comportamento em relação a uma convidada real." A mesma repreensão verbal se abateu sobre um grupo de garotas e mulheres jovens que trabalhavam em uma plantação de batatas-doces, que riram quando elas passaram.

Walter percebeu o apego crescente de Margaret. Com um misto de inveja e admiração, ele disse aos homens do avião de suprimentos:

— Os nativos pegam coisas da mão dela, mas não aceitam nada de ninguém mais.

Quanto mais Margaret gostava dos nativos, mais os admirava por recusar presentes dos paraquedistas. "Os nativos de Shangri-La são sábios", escreveu ela. "Eles são felizes. Sabem que estão em boa situação. São espertos demais para permitir que alguns visitantes de Marte modifiquem a vida que levam há séculos."

Enquanto isso, Walter tentava incessantemente trocar facões, facas e outras comodidades modernas por um colar de pequenas conchas penduradas numa tira de couro cru que um dos nativos trazia amarrada no pescoço. Mas nunca conseguia nada.

O colar pertencia a um homem chamado Keaugi Walela. Nos últimos anos, Keaugi se tornara um chefe com dez esposas. Quando ele morreu, seu filho Dagadigik herdou o colar. Certo dia, durante uma batalha, o colar caiu do pescoço de Dagadigik. O colar se tornou, então, um espólio de guerra, um "pássaro morto", no dizer dos danis.

MAS PREOCUPAÇÕES MAIORES logo ocuparam Walter. Os relatos sobre os testes com o planador eram sombrios.

Depois que o equipamento de pesca foi instalado no *Louise Goteira*, o piloto do avião, major William Samuels; o copiloto, capitão William McKenzie; o piloto do planador, Henry Palmer; e o copiloto do planador, capitão G. Reynolds Allen, formularam um

KEAUGI WALELA USANDO O COLAR QUE EARL WALTER TENTOU OBTER SEM SUCESSO.
(CORTESIA DE C. EARL WALTER JR.)

plano que parecia bastante sensato. Em primeiro lugar, eles praticariam um pouco na ilha de Wakde, testando os equipamentos, e treinando melhor as tripulações do planador e do avião. Depois, o *Louise Goteira* rebocaria o *Pilha de Lenha* até o monte Hagen, um vale grande e acessível a meio caminho — e com a mesma altitude — de Shangri-Lá. Se treinassem lá, pensavam eles, a primeira tentativa de fisgar um planador Waco em altitude elevada não envolveria os sobreviventes do desastre nem os paraquedistas que estavam em Shangri-Lá.

O plano foi posto em prática quase imediatamente. No primeiro teste realizado na ilha Wakde, Samuels voou muito baixo com o *Louise Goteira*. Ninguém se feriu, mas a fisgada falhou. Pior: a antena de rádio foi arrancada da parte inferior do C-47 e as hélices do avião cortaram a corda de náilon. Após os devidos consertos,

Samuels tentou novamente. Em uma segunda tentativa, o cabo de aço quebrou, destruindo o guincho. Ninguém foi ferido, mas a substituição do equipamento acarretou mais atraso. Então, ocorreu a calamidade.

Walter Simmons, o repórter do *Tribune*, voara até a ilha de Wakde para observar os testes. E se ofereceu, apesar dos perigos, para ser um dos oito passageiros a bordo do *Pilha de Lenha* no terceiro teste. Logo após a fisgada, o cabo de aço no interior do *Louise Goteira* se rompeu novamente, quando a tripulação tentava puxar o planador.

— O guincho simplesmente explodiu — disse McKenzie, o copiloto.

O cabo quebrado chicoteou no interior da cabine do C-47 como uma cobra furiosa, atravessando a parede do compartimento do navegador, e depois atingiu na cabeça o operador do guincho, o primeiro-sargento Winston Howell. Poucos dias antes, Howell dissera a Ralph Morton, o repórter da AP, que tinha certeza de que não haveria problemas. O cabo também atingiu as costas do rádio-operador, o sargento Harry Baron.

"Uma chuva de alumínio, madeira, vidro e fumaça inundou a cabine", escreveu Samuels nas memórias que publicou. "Olhei para trás com a intenção de perguntar se a verga estava recolhida, para que pudéssemos aterrissar. Tudo o que vi foi todo mundo deitado no chão e muito sangue." Os ferimentos de Howell e Baron não foram fatais, mas ambos tiveram que ser hospitalizados.

Antes que a outra metade do cabo de aço pudesse atingir o *Pilha de Lenha*, seus pilotos Palmer e Allen o desconectaram do avião e fizeram um pouso de emergência. Walter Simmons e os demais passageiros e tripulantes saíram do Waco abalados, mas ilesos. Mais tarde, Allen culpou o guincho pelo acidente, dizendo que fora arranjado às pressas, "não era usado havia muitos anos e estava muito enferrujado".

Alarmado, o coronel Elsmore pediu outro guincho e voou até a ilha de Wakde para supervisionar os trabalhos. Chegando lá, disse a Walter Simmons que se houvesse mais problemas, ele cancelaria a operação com o planador. Enquanto isso, em particular, ressuscitou a ideia de pedir aos Abelhas do Mar que construíssem uma pista de pouso em Shangri-La; demoraria mais que uma pescaria de planador e apresentaria outros problemas, mas ele não teria que se preocupar com a explosão de guinchos, o rompimento de cabos e outros riscos inerentes aos "caixões voadores".

Mas, mesmo antes de saberem do rompimento dos cabos, Walter e seus homens sentiam-se incomodados com ideia de viajar de planador. Eles encaravam com naturalidade os saltos de paraquedas. Mas planadores eram coisa inteiramente diferente, e a reputação do Waco o precedia. Em suas conversas diárias pelo rádio com o avião de suprimentos, ele pediu aos estrategistas que não se apressassem.

— Nós gostaríamos que não fosse feita nenhuma tentativa atabalhoada para nos tirar daqui [...] Estamos perfeitamente dispostos a esperar até que tudo esteja pronto [...] Não queremos correr riscos, pressionando para que a coisa nos tire daqui antes que os pilotos do avião e do planador estejam bem-treinados.

Após saber do acidente e dos feridos, Walter repetiu esse tipo de mensagem em tom mais urgente.

Para aumentar seu nervosismo, havia a necessidade de serem feitas várias viagens para retirar do vale todas as quinze pessoas.

— Cada viagem aumentava a possibilidade de um acidente grave, um problema, qualquer coisa — contou Walter.

Ele conversou em particular com Sandy Abrenica sobre a possibilidade de sair do vale a pé, ou sobre outros meios de sair de lá "caso a pescaria do planador não desse certo". Sem falar nada a Elsmore, Walter e Abrenica fizeram algumas estimativas aproximadas de quantos homens a mais seriam necessários para que eles montassem uma expedição capaz de enfrentar os caçadores de cabeças, os japoneses escondidos ou ambos os grupos.

Margaret começou a rezar. Na noite em que soube do cabo rompido, ela se enfiou em seu aposento particular na tenda grande: "Rezei todo o meu rosário repetidas vezes, pedindo a Deus que ninguém se ferisse tentando nos salvar." O major Samuels, o piloto do avião-reboque, teve a mesma ideia. Mais tarde, ele contou a Margaret que comparecera às missas de domingo e pedira ao capelão para rezar pela missão.

A PRIMEIRA AMEAÇA à amizade de Margaret com a mulher nativa surgiu um dia em que ela estava na aldeia e, inadvertidamente, puxou um pente e o passou pelos cabelos. A rainha ficou atônita: "Ela nunca tinha visto um pente, nem ninguém, penteando os cabelos. Os outros nativos ficaram igualmente encantados com o novo brinquedo. Metade da vila se juntou ao meu redor. Eu penteei os cabelos até ficar com o braço cansado."

Margaret estendeu o pente à sua amiga. Mas, em vez de usá-lo em si mesma, a mulher "penteou cuidadosamente meus cabelos para cima do meu rosto". Margaret sorriu quando a mulher completou o penteado. Depois penteou os cabelos para trás, como costumava usá-los. A rainha pegou o pente e, de novo, penteou os cabelos para cima do rosto de Margaret. Alex Cann registrou a cena cômica em seu filme. Mas o marido da mulher se envolveu no assunto e a coisa deixou de ser divertida.

"O sargento Velasco estava para interromper aquele tratamento de beleza quando o chefe decidiu entrar no jogo", escreveu Margaret. "Ele começou a passar as mãos pelos meus cabelos. Embora fosse um gesto de boa vontade, eu me encolhi por dentro. Mas não queria

MARGARET PENTEIA SEUS CABELOS PARA TRÁS APÓS UM TRATAMENTO DE BELEZA NATIVO. (CORTESIA DE B.B. MCCOLLOM.)

ofendê-lo nem a seus seguidores. Portanto, fiquei sentada imóvel, dizendo 'há, há' a intervalos que julgava apropriados durante a conversa."

Velasco ficou de olho na amiga de Margaret, que tinha começado a falar no que parecia um tom agitado. Ele sentiu que ela estava ficando com ciúme.

— Vamos dar o fora! — gritou ele.

E todos saíram correndo da aldeia.

No caminho de volta, Velasco disse a Margaret:

— Acho que você poderia ter sido rainha. Mas acho também que você poderia estar morta.

Margaret ficou preocupada, pensando que sua amizade com a rainha poderia ter chegado ao fim. Mas, em sua visita seguinte à aldeia, a mulher recuperara seus modos graciosos. E, pela gesticulação, parecia estar querendo que Margaret se mudasse para a choça dela. "Velasco e Baylon disseram que tinham certeza de que ela queria me adotar. Mas acho que meu pai, em Owego, não gostaria muito disso", escreveu Margaret. Então, polidamente, recusou o convite.

Em outra visita à aldeia, que incluiu Decker e McCollom, diversas mulheres se aproximaram de Margaret e fizeram sinal para que ela estendesse a mão direita. "Quando fiz isso, uma das mulheres ergueu uma machadinha de pedra", escreveu Margaret. "Fiquei tão espantada com esse primeiro sinal de violência por parte dos nativos que mal podia me mexer".

Ao perceber o que estava acontecendo, McCollom empurrou Margaret para o lado.

Mais tarde, ele tentou explicar o que acreditava ter acontecido:

— Quando uma garota está em idade de se casar, eles cortam as pontas de todos os dedos da mão direita dela. Acho que é uma dica para você agarrar logo um de nós, caras bonitos que somos.

McCollom somara um mais um, mas obtivera três. Notando que quase todas as mulheres da aldeia que haviam atingido a maturidade sexual haviam perdido vários dedos, ele presumiu que havia uma relação entre ambas as coisas.

NA VERDADE, OS DANIS de Koloima estavam tentando colaborar no luto de Margaret.

Ao contrário dos nativos que moravam próximo ao acampamento da selva, os nativos do vale nada sabiam sobre o desastre; a notícia de um acontecimento a tantos quilômetros de distância teria de passar pelo território de inimigos, com quem a comunicação era feita mediante a ponta de uma lança. Assim, os nativos do vale presumiram que Margaret e os outros visitantes haviam escapado de algum acontecimento terrível no mundo que habitavam. As pessoas de Koloima estavam tão certas disso que o nome que davam a Margaret era Nuarauke, que significava "fugindo".

Pela lógica e experiência deles, qualquer tragédia que tivesse levado Margaret a procurar refúgio no vale teria de estar relacionada à morte. Para honrar e apaziguar os mortos, eles concluíram que Margaret gostaria de sacrificar seus dedos. Quando ela se recusou, os nativos não ficaram ofendidos; qualquer represália contra Margaret não viria deles, mas do mundo espiritual.

Margaret também entendera mal quando achou que o líder nativo queria tê-la como esposa. Pelo contrário, os nativos achavam que os sobreviventes do sexo masculino e os paraquedistas queriam que Margaret desposasse um líder nativo chamado Sikman Piri.

— Os homens brancos disseram para ele: 'Durma com esta mulher' — disse Hugiampot, que era adolescente na época. Ela disse: 'Durma comigo.' Mas Sikman Piri disse: 'Não, eu estou com medo.' Então, ele não se casou com ela.

Margaret/Nuarauke não era a única pessoa de fora a quem os nativos deram um nome. O sargento Caoili foi chamado de Kelabi — uma pronúncia aproximada de seu sobrenome, sem nenhum significado na língua dani. Outros nomes incluíam: Bpik, Pisek, Araum, Mamage e Suarem. Mas a passagem do tempo obliterou qual nome pertencia a quem. Alguns nativos chamavam Alex Cann de Onggaliok, mas outros se lembraram dele como Elabut Muluk, uma expressão dani que significa "barriga grande".

QUANDO WALTER CHEGOU ao acampamento-base com os sobreviventes, ficou feliz ao ver os moradores de Koloima. O capitão escreveu em seu diário: "Todos os nativos apreciam nossa ajuda, assim

O "CHEFÃO" REGIONAL YALI LOGO (AO CENTRO). (CORTESIA DE C. EARL WALTER JR.)

como nós apreciamos a deles." Mas, três dias depois, Walter sentiu uma tensão no ar, beirando a hostilidade. A mudança foi sutil; menos sorrisos e menos visitantes em torno do acampamento.

Naquela noite, ele ouviu gritos encolerizados vindo da aldeia. Ele pôs o acampamento em estado de alerta e, pela primeira vez em semanas, postou guardas durante a noite. "É bom estar preparado", escreveu ele no diário. "Os nativos têm estado menos amistosos nos últimos dias. Entretanto, com nossas armas, podemos permanecer aqui facilmente. Assim, nós nos preparamos para nossa primeira noite de inquietude desde que chegamos aqui."

O dia amanheceu sem nenhum incidente, mas Walter ordenou a seus homens que permanecessem vigilantes. E controlou os movimentos dos sobreviventes, ordenando-lhes que permanecessem próximos ao acampamento-base.

Walter tendia a ser cauteloso, mas neste caso não estava imaginando coisas. Por mais que os nativos apreciassem os cuidados médicos e gostassem de Margaret, a presença dos forasteiros perturbava suas rotinas, principalmente suas guerras.

O acampamento-base estava no meio de uma terra de ninguém que os nativos costumavam usar como campo de batalhas. Enquanto os visitantes estivessem ali, os danis de Koloima não poderiam satisfazer seu desejo de confrontar os inimigos em combate aberto. Além disso, alguns líderes locais não gostavam do modo como Walter e seus homens distribuíam conchas, disparavam com suas armas assustadoras e perambulavam por onde quisessem. Durante muitos anos, o líder nativo chamado Yali Logo fora o chefão regional. Os forasteiros se comportavam como chefões e Yali Logo não estava gostando disto.

Sem saber que os visitantes estavam se preparando para deixar o vale, Yali começou a tramar a partida deles em seus próprios termos. Durante o dia, ele visitava o acampamento, onde Walter o fotografava parado calmamente, embora sem sorrir, acompanhado por seus seguidores. À noite, segundo homens de sua tribo, Yali enviava um mensageiro a seu inimigo figadal e frequente adversário no campo de batalha, um chefão lendário chamado Kurelu, que controlava o território vizinho.

— À noite, os inimigos conversavam — disse Ai Baga, adolescente na época. — Yali queria expulsar os forasteiros e queria a ajuda de Kurelu. Mas Kurelu se recusou.

É possível, segundo diversos danis que presenciaram os acontecimentos, que Kurelu estivesse gostando de ver a autoridade de Yali minada pelos forasteiros; por conseguinte, não tinha nenhum incentivo para participar da conspiração.

Enquanto os dias se passavam sem sinal de planadores, Yali continuou a conspirar, e Walter, a postar seus guardas.

25

A PESCARIA

AO CHEGAR à ilha de Wakde, o coronel Elsmore cancelou o plano original de ensaiar a pescaria de planador no monte Hagen. Em vez disso, decidiu que iriam resolver os problemas em Wakde mesmo, ao nível do mar. Para compensar a maior altitude de Shangri-La, eles sobrecarregariam o planador durante os testes, utilizando nove passageiros e 130 quilos de sacos de areia.

Elsmore acreditava na máxima segundo a qual um comandante não deve pedir que suas tropas façam algo que ele mesmo não possa fazer. Assim, nos testes seguintes, ele se sentou no banco do copiloto do planador. Não está claro se essa participação pessoal refletia sua confiança de que nada daria errado ou suas suspeitas de que algo falharia. De qualquer forma, os testes dos quais participou transcorreram sem qualquer problema. Satisfeito, Elsmore declarou que a pescaria estava confirmada.

Para retirar as quinze pessoas do vale, o plano previa três lançamentos de planador em Shangri-La, com os subsequentes resgates, o que exigiria boas condições de tempo. Mas, como o tempo andava ruim, as tripulações do avião-reboque e do planador passaram mais sete dias em Hollandia sem ter o que fazer. Justamente quando aguardavam o início das operações com nervosa expectativa, os habitantes temporários do vale souberam que teriam de aguardar um pouco mais, até que a cortina de nuvens desaparecesse.

O GRANDE DIA foi 28 de junho de 1945. Neste dia, os quinze moradores do Acampamento Shangri-La acordaram às seis da manhã com um céu claro, pontilhado por pequenos flocos de nuvens que Walter Simmons, do *Tribune*, comparou a "baforadas de charuto".

O primeiro avião a aparecer no vale foi o de suprimentos.

— A rainha acha que já poderia sair daí hoje? — perguntou o major Gardner pelo *walkie-talkie*.

— Ela acha que já poderia ter saído daqui há uma semana — respondeu Walter.

— Presumo que isso valha para todos — disse Gardner.

O major disse a Walter que o coronel Elsmore iria supervisionar a missão da cabine de comando de seu próprio avião, um bombardeiro B-25 que ele batizara com o nome de seu filho de 17 anos, Ray Jr. Em vez de bombas, Elsmore carregara o avião com repórteres em número suficiente para encher um circo, com ele funcionando como mestre de cerimônias. Após falar a Walter sobre o coronel e seus jornalistas, Gardner transmitiu a Walter uma mensagem que, quase com certeza, provinha de Elsmore, sempre de olho na imprensa:

— Nós gostaríamos muito se, na primeira viagem, você, Mac, Maggie e Decker estivessem no planador.

Walter sabia que seria tratado como herói quando descesse do primeiro planador como o líder do resgate, ao lado dos três sobreviventes. Apenas algumas semanas antes, ele registrara repetidamente em seu diário o quanto valorizava essa exposição: "Se esse negócio vai receber toda a publicidade que parece, tenho certeza de que minhas preces serão atendidas no futuro." Uma cobertura jornalística em escala mundial com uma foto dele junto a Margaret, McCollom e

Decker — talvez com o coronel Elsmore fixando uma medalha em sua farda — tornaria impossível, para o alto escalão, ignorar seus pedidos de entrar em combate. E quase tão importante: depois da guerra, ele poderia mostrar as histórias e as fotos a seu heroico pai. Walter também sabia que teria apenas uma chance de se beneficiar dos aplausos; poderiam se passar dias antes que a segunda e a terceira pescaria fossem realizadas. E, a essa altura, o trem da mídia já teria passado.

Agora, no entanto, nada disso tinha tanta importância quanto já tivera. Walter já não era o mesmo homem que pulara de paraquedas no vale, seis semanas antes, ansioso por uma missão e concentrado em sua própria carreira. Não que estivesse menos determinado, mas havia amadurecido mais. Pela primeira vez desde que se alistara, ele sentia que provara seu valor. Não apenas para o alto-comando do

HENRY E. PALMER, PILOTO DO PLANADOR, INSPECIONA UM MACHADO NATIVO APÓS TER POUSADO COM O *PILHA DE LENHA* NO VALE. (CORTESIA DE B.B. MCCOLLOM.)

Exército norte-americano; não apenas para seus homens; não apenas para os olhos imaginários de seu pai; mas para si mesmo. Walter havia compreendido o significado de ser um líder, e correr para a frente da fila não era o papel de um líder.

— Eu não vou no primeiro planador — respondeu Walter, segundo a transcrição do diálogo. — Vou enviar os três sobreviventes e um ou dois dos meus homens no primeiro planador. Eu serei o último homem a sair daqui, juntamente com meu primeiro-sargento e alguns segundos-sargentos.

O major Gardner poderia ter ordenado que ele embarcasse no primeiro planador, mas deixou para lá e mudou a conversa para a velocidade do vento à altura do chão do vale. Walter lhe assegurou que era mínima. Esta foi a última conversa a respeito de quando Walter deixaria o vale.

POUCOS MINUTOS DEPOIS, o rádio do avião de suprimentos informou que o *Pilha de Lenha* estava a caminho de Shangri-La, rebocado por um C-47. Elsmore se juntou à conversa, relatando, de sua cabine no B-25, que o conjunto estava desenvolvendo uma boa velocidade. Logo depois, corrigiu o curso do avião-reboque e, em questão de minutos, o C-47 transpôs a última serra e entrou no vale, com o planador a algumas dezenas de metros, puxado pela corda de náilon.

Ao ver Shangri-La se descortinar à sua frente, o tenente Henry Palmer segurou uma alavanca acima de sua cabeça e a puxou para baixo, liberando o *Pilha de Lenha* do cabo de reboque.

Em questão de segundos, a velocidade do planador diminuiu de 160 quilômetros por hora para menos de 130. O ronco dos motores do C-47 foi se desvanecendo à medida que o avião se afastava. Enquanto reduziam ainda mais a velocidade do planador, Palmer e G. Reynolds Allen podiam ouvir o sibilar do vento contra a silenciosa aeronave. Por fim, eles alinharam a trajetória entre os paraquedas vermelhos que delimitavam a pista de pouso improvisada e pousaram. Ao frearem, a cauda do aparelho se ergueu como o rabo de uma baleia, mas logo retornou à posição horizontal. Foi uma aterrissagem perfeita, capturada por Alex Cann para a posteridade.

"Saímos todos do acampamento, dando pulos de alegria", escreveu Margaret em seu diário. Ao ver o planador, dezenas de nativos se reuniram ao redor, gritando e uivando. "Foi a primeira oportunidade que eles tiveram de ver de perto um daqueles monstros do ar que tanto os aterrorizava no início. Agora, olhavam para ele não mais amedrontados do que nós."

Henry Palmer sabia que o major Samuels tinha combustível suficiente, no *Louise Goteira*, para dar apenas algumas voltas antes de tentar a fisgada. Samuels também estava preocupado com um novo paredão de nuvens que estava se instalando sobre as montanhas que cercavam o vale. Ele avisou pelo rádio:

— Nós não temos muito combustível, nem tempo.

Samuels estava mesmo muito preocupado. Antes de deixar Hollandia, ele e seus homens tinham se livrado de suas pesadas botas, suas pistolas calibre 45, as submetralhadoras Thompson do C-47 e todos os itens que não fossem essenciais, de modo a reduzir o peso do avião e, consequentemente, o consumo de combustível.

Quando as nuvens se tornaram mais densas, Samuels manifestou dúvidas a respeito da possibilidade de uma fisgada naquele dia. Os tripulantes talvez tivessem que passar a noite no acampamento-base e tentariam outra vez na manhã seguinte, caso o tempo permitisse.

O coronel Elsmore nem quis ouvir falar no assunto.

— Parece uma manhã muito boa para mim — disse ele.

Samuels não insistiu mais, e o *Louise Goteira* se preparou para a pescaria. Pelo rádio, ele informou que gostaria de tentar algumas "passagens a seco" — ou seja, voar a baixa altitude sobre o campo sem fisgar o planador. Uma vez mais, Elsmore se opôs.

— É melhor você não fazer uma passagem de teste — disse ele.
— Se está com pouco combustível, não perca tempo. Você pode fazer isso muito bem sem uma passagem a seco.

Enquanto Samuels e Elsmore discutiam acima, o tenente Palmer saltou do planador e gritou para os sobreviventes:

— Vocês estão prontos para ir? Este expresso vai sair dentro do horário, daqui a trinta minutos.

— Trinta minutos? — disse Margaret. — Mas eu ainda nem fiz a mala.

McCollom, Decker e os dois paraquedistas que Walter escolhera para o voo, os sargentos Fernando Dongallo e Ben Bulatao, também não.

Ao colocar "Doc" no primeiro planador, Walter queria chamar atenção para os paramédicos, que haviam arriscado suas vidas ao pular no meio da selva.

Enquanto os sobreviventes recolhiam apressadamente seus pertences e suvenires, os pilotos do planador começaram a fincar as traves de fisgada. Alex Cann filmou uma cena digna de nota: vinte ou mais nativos ajudando Walter e os paraquedistas a empurrar o *Pilha de Lenha* até a posição correta para a pescaria. Inclinados para a frente, com as mãos pressionando a capa de lona do planador, os soldados modernos e os guerreiros da Idade da Pedra trabalharam juntos, ombro a ombro, para posicionar o Waco naquela terra de ninguém que servia como campo de batalhas e que, agora, servia como pista de aterrissagem.

Com o tempo passando e o os tanques do avião se esvaziando, Palmer apressou os cinco passageiros para que entrassem no avião. Margaret percebeu, então, que ainda não se despedira dos

A PESCARIA 351

NATIVOS AJUDAM OS VISITANTES A COLOCAR O PILHA DE LENHA NA POSIÇÃO CORRETA PARA A TENTATIVA DE FISGADA. (CORTESIA DE C. EARL WALTER JR.)

nativos. "Mas eles entenderam que estávamos partindo", escreveu ela. Margaret estava particularmente aborrecida por ir embora sem ter feito uma visita final à "rainha".

O líder Yali Logo não se mostrava aborrecido por vê-los partir. Mas Margaret teve certeza de que alguns dos nativos estavam desolados: "Lágrimas corriam por seus rostos negros. Era como se estivessem perdendo amigos. E eu sabia que estava perdendo alguns dos melhores amigos que jamais teria. Assoei o nariz de forma barulhenta e percebi que McCollom e Decker estavam fazendo a mesma coisa."

É POSSÍVEL QUE os chorosos nativos estivessem tristes ao ver Margaret entrar no planador. Mas é possível também que suas lágrimas refletissem algumas complexas emoções do povo de Koloima.

O planador os fascinava, mas, segundo diversas testemunhas, eles não entenderiam até mais tarde que seus novos conhecidos pretendiam ir embora para sempre. Eles achavam que a chegada do planador era o último sinal da lenda de Uluayek. Amedrontados, eles apelavam para seus antepassados.

— Fizemos uma cerimônia de choro — explicou Binalok, filho de Yali Logo. — Foi para dizer: "Oh, nós sentimos profundamente." Enquanto chorávamos, citávamos os nomes dos nossos antepassados. Nós achávamos que deveríamos voltar aos costumes dos nossos antepassados.

Quase nada mudara durante gerações no vale, onde as pessoas viviam, plantavam e guerreavam como seus avós faziam. Uma das exceções envolvia o estilo dos canudos de pênis e das saias trançadas das mulheres. Após a cerimônia de choro, os homens de Koloima pararam de armazenar tabaco nas pontas dos canudos de pênis, revertendo às práticas de seus antepassados. As mulheres nativas mudaram o modo de trançar suas saias de palha, adotando um estilo mais tradicional. As mudanças podem parecer inconsequentes para um observador de fora, mas não para um dani. Incapazes de antever como seria a nova era, nem as tremendas transformações que ela acarretaria em suas vidas, o povo de Koloima efetuou as mudanças mais drásticas que puderam imaginar — uma volta aos velhos estilos de canudos e saias.

No fim, os nativos estavam certos a respeito de Uluayek, mas errados no tocante aos efeitos de sua visita. Em um período relativamente curto, o mundo chegaria a Shangri-La, e o vale mudaria de modo que ninguém jamais poderia imaginar.

DENTRO DO PLANADOR, Palmer cortou os pensamentos de Margaret sobre os nativos com um brusco aviso:

— Não se surpreenda se a corda de reboque se romper na primeira tentativa.

— E o que ocorre se isso acontecer? — perguntou McCollom.

— Bem, o Exército fez um seguro para mim no valor de 10 mil dólares.

Margaret não riu. Pegou seu rosário e examinou a cabine do planador, tão frágil quando comparada à cabine do avião que a levara ao vale, sete semanas antes. Ela contou em seu diário: "Eu me perguntava se tínhamos sobrevivido a um terrível desastre de avião e a tantas dificuldades, doenças e dores, apenas para morrer quando o resgate estava tão próximo."

Palmer os ajudou a amarrar os cintos de segurança e lhes mostrou onde deveriam se segurar para amenizar o solavanco no momento

O *LOUISE GOTEIRA*, PILOTADO PELO MAJOR WILLIAM J. SAMUELS, SE APROXIMA DO *PILHA DE LENHA* PARA UMA TENTATIVA DE FISGADA. (CORTESIA DE C. EARL WALTER JR.)

da fisgada. O *Louise Goteira* começou a se aproximar. Eles se seguraram com força.

O major Samuels circulava com o C-47 a 450 metros do chão do vale. Sua tripulação se assegurou de que o braço de fisgada estava na posição correta, pendurado na barriga do avião para pescar o laço de náilon. Olhando pela janela, ele observou o horizonte. Viu nuvens chegando ao vale.

— Acho que não vou poder fazer a pescaria hoje — transmitiu ele a Elsmore, no *Ray Jr.*, e também aos tripulantes do avião de suprimentos.

Confiante na autoridade de seu posto e também em sua experiência, obtida ao longo de um ano voando sobre Shangri-La, Elsmore lhe deu uma contraordem:

— Este é o melhor tempo que já vi no vale em muitos dias. Você pode fazer isso. Desça até lá e pegue o planador. Você nunca terá um tempo melhor aqui.

Samuels achou melhor não discutir.

A certa altura da conversa, Samuels parou de falar no rádio e perguntou a seu copiloto, o capitão William McKenzie:

— Você está nervoso, Mac?

— Estou, droga — respondeu McKenzie. — Você está?

— Pode-se dizer que sim.

Samuels virou a cabeça e olhou para a cabine de passageiros.

— Vocês estão preparados aí atrás? — perguntou ele aos tripulantes.

Eles responderam levantando os polegares.

— Ok, lá vamos nós. Abaixem a verga.

Samuels reduziu a velocidade do C-47 para apenas 200 quilômetros por hora. Depois, empurrou o manete, baixando o avião para apenas 6 metros acima do chão do vale e seguiu em direção às traves de madeira com o laço de náilon.

Às 9:47 da manhã, o gancho de aço fisgou o laço. Samuel acelerou para ganhar potência, enquanto puxava o manete para ganhar altitude.

Dentro do planador, passageiros e tripulantes sentiram um solavanco fortíssimo.

Observando tudo a bordo de seu B-25, a 1.800 metros de altura, o coronel Elsmore disparou uma algaravia em seu microfone:

— Ah, garoto. Ah, garoto. Ah, garoto. AH, GAROTO!

O peso do planador reduziu a velocidade do *Louise Goteira* para perigosos 170 quilômetros por hora. O avião-reboque estava voando apenas um pouco acima da velocidade em que um C-47 deixa de avançar, uma falha quase certamente fatal.

Para piorar as coisas, pouco antes de o *Pilha de Lenha* se erguer no ar, sua roda esquerda se emaranhara em um dos paraquedas estendidos no centro da pista. O tecido branco se agitava e colidia contra a barriga do planador enquanto este ganhava altura no fim da corda de reboque. O humor negro do tenente Palmer a respeito de seu seguro agora parecia relevante e ainda menos engraçado. Um pouso de emergência com o *Pilha de Lenha* poderia ser extremamente complicado e, talvez, incontrolável.

Enquanto o planador voava traiçoeiramente baixo em direção às montanhas cobertas de árvores, Margaret não parava de rezar. Duzentos metros de cabo de aço haviam se desenrolado da bobina no interior do *Louise Goteira*. Somados aos 100 metros de corda de náilon do planador, o *Pilha de Lenha* seguia o C-47 a cerca de 300 metros, muitos metros a mais que o ideal. Com Samuels lutando para ganhar altitude, a distância maior entre as duas aeronaves significava que o planador estava voando baixo demais em direção às montanhas. Samuels puxou o manche com mais força e acelerou ao máximo. Não foi o bastante. A corda de reboque começara a baixar,

QUANDO O *PILHA DE LENHA* FOI PUXADO PELO *LOUISE GOTEIRA*, LOGO APÓS A FISGADA, UM DOS PARAQUEDAS USADOS COMO MARCADORES DE PISTA SE ENGANCHOU EM UMA DE SUAS RODAS. (CORTESIA DE C. EARL WALTER JR. E DO EXÉRCITO DOS ESTADOS UNIDOS.)

aproximando o planador cada vez mais dos galhos superiores das árvores.

Quando roçou o alto de uma delas, Margaret se encolheu de medo. Sua mente reviveu o sinistro som dos galhos triscando a fuselagem do *Gremlin Special* pouco antes do acidente.

Mas o *Louise Goteira* conseguiu ganhar altitude, elevou-se e rebocou o *Pilha de Lenha* para fora de perigo. "Quando o planador entrou em nosso campo de visão", relatou Samuels em suas memórias, "pudemos ver pedaços de tecido do seu revestimento se agitando ao vento".

As árvores foram somente o primeiro obstáculo. Com as mãos suando, Samuels lutou para levar o C-47 até 3 mil metros, a altitude necessária para transpor as serras circundantes. De repente, os dois motores do *Louise Goteira* começaram a superaquecer, e o avião, a perder altitude.

— Fui até onde o avião pode ir — transmitiu ele pelo rádio.

Samuels informou que pretendia soltar o planador para não paralisar os motores do C-47 — matando todos a bordo de ambas as aeronaves.

Elsmore ordenou que o major não fizesse isso. Observando os acontecimentos de uma altitude mais elevada, em seu B-25, ele acreditava que o *Louise Goteira* já havia subido o bastante para transpor a serra. Então, transmitiu de volta:

— Esqueça o aquecimento dos motores. Vá em frente!

Nuvens cobriam as cristas mais altas da serra, bloqueando a visão de Samuels.

NO INTERIOR DO *PILHA DE LENHA,* os cinco passageiros suspiraram de alívio ao perceber que a corda de reboque resistira ao contato do planador com as árvores. Mas, enquanto se cumprimentavam pelo aparente sucesso, ouviram um persistente farfalhar sob o planador. Era o som do paraquedas que se enrolara na roda durante a decolagem. De tanto chicotear a barriga do planador, o paraquedas acabou atravessando a fuselagem, acrescentando mais uma avaria, além daquelas já provocadas pelos galhos das árvores. Pelas frestas abertas no piso os passageiros podiam ver a floresta, muitos metros abaixo. O paraquedas continuou a golpear o Waco, o piso continuou a ceder e os buracos continuaram aumentando.

À beira do pânico, Margaret tentou não olhar, mas não conseguiu se conter. Aquilo lhe parecia uma viagem em um barco com fundo de vidro. Só que não havia fundo.

John McCollom, que por duas vezes entrara no *Gremlin Special* em chamas, que engolira a tristeza com a morte de seu irmão gêmeo para conduzir Margaret e Decker montanha abaixo, que caminhara sobre uma ponte de tronco para confrontar nativos armados com machadinhas, tinha mais uma tarefa pela frente.

Desafivelando o cinto de segurança, ele se ajoelhou e engatinhou até a traseira do planador, com o vento batendo em seu rosto. Então, segurando-se para não despencar pelo buraco, estendeu a mão, agarrou uma ponta do paraquedas e puxou para dentro um pouco do tecido. Depois, repetiu o procedimento até puxar todo o paraquedas para dentro.

NA CABINE DE COMANDO do avião, Samuels continuou a obedecer à ordem de Elsmore para não desconectar o planador, mesmo vendo no painel de controle que os cabeçotes dos cilindros de ambos os motores estavam superaquecendo.

Com a ajuda do copiloto William McKenzie, Samuels se equilibrava no equivalente aeronáutico de uma corda bamba, com uma dúzia de vidas dependendo de sua habilidade. Para que os motores não estourassem, ele desacelerou um pouco, mas manteve a altitude mínima para que ambas as aeronaves pudessem transpor o paredão montanhoso.

"Descemos para 2.400 metros", escreveu Samuels. "Estávamos praticamente raspando os cumes das montanhas." Sem esmorecer, o avião continuou a voar, rebocando o planador.

Quando passaram pelo último desfiladeiro, o que conduzia para fora do vale, o superaquecido *Louise Goteira* e o avariado *Pilha de Lenha* sobrevoaram os destroços calcinados do *Gremlin Special*.

Mesmo com um buraco de meio metro no piso do planador, Margaret, McCollom e Decker não avistaram o local do acidente. Mas eles sabiam que, fincadas no solo úmido da selva, vinte cruzes e uma estrela de davi assinalavam a perda de amigos, camaradas e um irmão, que ficariam para sempre no vale de Shangri-La.

O *LOUISE GOTEIRA*, VISTO DO *PILHA DE LENHA*, REBOCA O PLANADOR PARA FORA DE SHANGRI-LA E SE DIRIGE A HOLLANDIA. (CORTESIA DE B.B. MCCOLLOM.)

EPÍLOGO
DEPOIS DE SHANGRI-LA

COMO O CORONEL ELSMORE previra, os noventa minutos de viagem que se seguiram transcorreram sem nenhum incidente. Exceto por um pequeno problema. Uma multidão de generais, VIPs e repórteres se reuniu no aeródromo Cyclops, em Hollandia, para receber os sobreviventes. Mas o *Pilha de Lenha* aterrissou no aeródromo de Sentani, a 400 metros de distância, completando uma viagem que se iniciara sete semanas antes, com o *Gremlin Special*. O grupo de recepção correu até Sentani, onde os sobreviventes posavam para fotos com os tripulantes do planador e do avião-reboque. Mais tarde, eles deram uma entrevista coletiva que ganhou as primeiras páginas de jornais do mundo inteiro. Quando lhes perguntaram o que gostariam de fazer em seguida, os três se mostraram bem-humorados.

— Cortar o cabelo, fazer a barba e ir para Manila — disse McCollom.

— Um corte de cabelo e um banho bastariam para mim — disse Decker.

— Eu gostaria de um banho e de um permanente — disse Margaret.

O *Pilha de Lenha* estava avariado demais para voar de novo. Portanto, um novo planador foi usado no dia seguinte, na pescaria que resgatou Alex Cann e cinco paraquedistas: os sargentos Alfred Baylon, Juan Javonillo, Camilo Ramirez, Don Ruiz e o

EPÍLOGO 361

cabo Custodio Alerta. Dois dias depois, em 1º de julho de 1945, foi resgatado o terceiro e último grupo — que Walter chamou de

OS TRÊS SOBREVIVENTES DO DESASTRE COM O *GREMLIN SPECIAL* APÓS SEU RETORNO A HOLLANDIA. (CORTESIAS DE B.B. MCCOLLOM.)

"Os Quatro Mosqueteiros": os sargentos Santiago Abrenica, Hermenegildo Caoili e Roque Velasco, além do próprio Walter. Juntamente com arcos, flechas e machadinhas, eles carregavam presas de porcos e penas, que usaram para decorar seus bonés e fazer uma entrada triunfal. Deixaram para trás as tendas e a maior parte dos suprimentos, mas recolheram suas armas.

Os paraquedistas tentaram convencer vários garotos nativos a embarcar no planador, mas não tiveram sucesso.

— Nós estávamos loucos para ir — disse Lisaniak Mabel. — Nós dissemos: "Vamos!" Mas nossos pais disseram: "Nós não queremos perder vocês."

Os paraquedistas tiveram mais sorte com a porquinha chamada Peggy. Guinchando e esperneando, ela deixou Shangri-La no último voo. Não se sabe o que aconteceu com ela depois.

QUATRO MESES após o resgate, Shangri-La e o "Grande Vale" descoberto em 1938 por Richard Archbold foram formalmente reconhecidos como o mesmo local. A revista *Science* relatou: "A identidade do vale foi estabelecida através de uma comparação de fotografias tiradas pelo Exército, pouco antes do resgate dos sobreviventes, com fotos batidas pela expedição de Archbold. A identidade foi reconhecida pelo Exército, particularmente pelo coronel Ray T. Elsmore, que dirigiu as recentes operações de resgate."

Archbold jamais retornou à Nova Guiné, jamais se casou e jamais realizou outras expedições exóticas. Ele dedicou o restante de sua vida e sua considerável fortuna à Estação Biológica Archbold, uma reserva de 2 mil hectares próxima a Lake Placid, Flórida, destinada à preservação biológica e a pesquisas ecológicas. Archbold morreu em 1976, aos 69 anos.

EPÍLOGO

EXATAMENTE COMO previa a lenda de Uluayek, uma nova era irrompeu no vale após o retorno dos espíritos do céu. Drásticas mudanças ocorreram nas décadas seguintes, mas se foram benéficas ou prejudiciais é assunto controverso.

Estimulados em parte pelas histórias sobre os nativos divulgadas pelos jornais, durante o resgate dos sobreviventes do *Gremlin Special*, missionários cristãos montaram acampamento no vale na década posterior à guerra. Eles voavam a bordo de aviões anfíbios, que podiam pousar e decolar em um trecho retilíneo do rio Baliem. No início, foram recebidos com hostilidade. Mas com o tempo a maioria das famílias nativas aceitou o cristianismo. Hoje, há mais de uma dúzia de igrejas em Wamena, a única cidade propriamente dita do vale — uma antiga guarnição do governo holandês, com ruas juncadas de lixo e uma população em torno de 10 mil habitantes, que não para de crescer. Wamena abriga também um pequeno aeroporto. Embora os aviões ainda sejam o único meio de entrar e sair do vale, o antigo isolamento dos nativos não resistiu aos voos regulares.

Depois dos missionários, apareceram as tropas indonésias, que chegaram em grande número nas décadas de 1960 e 1970, depois que a Holanda renunciou ao controle colonial sobre a metade ocidental da Nova Guiné. A Nova Guiné Holandesa é agora uma província indonésia chamada Papua. A metade oriental da ilha da Nova Guiné é um país separado, chamado, Papua-Nova Guiné, o que às vezes dá margem a confusões. Hollandia foi rebatizada de Jayapura. Shangri-La é agora o Vale do Baliem.

As filiações tribais permanecem inalteradas entre os povos do vale, mas os nativos da província são coletivamente chamados de papuanos. Um movimento de independência visando a uma "Papua Livre" surgiu em 1965. Mas, a centenas de quilômetros do Vale do

Baliem, companhias mineradoras exploram grandes depósitos de ouro e cobre. O governo da Indonésia não tem a menor intenção de ceder o controle de Papua e seus recursos.

Anos de persuasão por parte dos missionários e de repressão por parte das autoridades indonésias puseram fim às intermináveis guerras que definiam a vida dos nativos no Vale do Baliem. Mas a ausência de guerras representou também a ausência de lideranças. E a paz não trouxe prosperidade. A província tem os maiores índices de pobreza e Aids da Indonésia. A assistência médica é deplorável, e as crianças do vale, segundo os assistentes sociais, só frequentam as escolas de forma esporádica. O governo indonésio proporciona apoio financeiro à população do vale, mas a maior parte do dinheiro acaba nas mãos de imigrantes não nativos, que dirigem praticamente todos os negócios de Wamena.

Velhos nativos usando canudos de pênis percorrem as ruas de Wamena pedindo trocados e cigarros. Alguns cobram uma pequena quantia para posar para fotos e inserem presas de javalis em buracos abertos no septo nasal para parecerem ferozes. Na maioria das vezes, parecem desamparados.

Uma aldeia próxima a Wamena ganha dinheiro exibindo ancestrais mumificados para os poucos turistas que obtêm passes especiais do governo para visitar o vale. Quase todos os homens e mulheres mais jovens abandonaram os canudos de pênis e saiotes de palha. Agora usam shorts que encontram no lixo e camisetas com imagens que nada lhes dizem. Em fevereiro de 2010, um jovem chegou a sua remota aldeia usando uma camiseta com uma foto de Barack Obama. Quando lhe perguntaram se ele conhecia o homem retratado em sua camiseta, ele sorriu e disse que não.

Robert Gardner, um documentarista que visitou o vale pela primeira vez em 1961 para filmar os danis em seu estado natural,

EPÍLOGO

NATIVO DANI FOTOGRAFADO EM 2010 NA CIDADE DE WAMENA, NO VALE DO BALIEM. (CORTESIA DE MITCHELL ZUCKOFF.)

sente-se desanimado ao constatar as mudanças ocorridas nos últimos cinquenta anos.

— Eles eram um povo independente e guerreiro — disse ele. — Agora, são servos em sua própria terra.

Outros, no entanto, dizem que a transição para os costumes modernos, embora difícil, acabará ensejando mais oportunidades para os nativos e uma melhoria em seu padrão de vida.

Fora de Wamena, grande parte da paisagem permanece idêntica às cenas registradas nas fotos tiradas por Earl Walter e no filme de Alex Cann. Famílias ainda vivem em choças cobertas de palha, plantam batata-doce e outros vegetais, e ainda contam sua fortuna pelo número de porcos que possuem.

Madeireiras despojaram algumas das encostas próximas a Wamena de suas árvores, mas a serra de Ogi, onde caiu o *Gremlin Special*, permanece intacta. Grandes pedaços de destroços ainda podem ser encontrados por qualquer pessoa disposta a empreender uma árdua jornada montanha acima, usando troncos cobertos de musgo como pontes, abrindo caminho entre densos cipoais e tomando cuidado para evitar qualquer passo em falso que possa acarretar uma queda num precipício. Botões, fivelas e pedaços de ossos podem ser encontrados na área lamacenta onde repousam os destroços. Há não muito tempo, um garoto escavando o terreno com seus amigos encontrou uma plaqueta de identificação prateada. Estava gravada com o nome, o endereço e o número de inscrição da sargento WAC Marion McMonagle, uma viúva da Filadélfia que não tinha filhos e cujos pais morreram antes dela.

A história da queda do avião e dos espíritos do céu ainda é contada por aqueles que dela se lembram, cada vez menos numerosos. Quando o autor deste livro visitou o vale no início de 2010, Yunggukwe Wandik, proprietária do porco que fora morto por uma caixa lançada pelo avião de suprimentos, se recusou a falar sobre o episódio por quase uma hora. Só cedeu depois que o autor lhe pediu desculpas em nome de seus compatriotas. Ela nunca pediu dinheiro, mas depois que contou suas lembranças aceitou alguns dólares como uma compensação há muito tempo devida pela perda de seu primeiro porco.

Durante a visita, os nativos se aglomeraram em torno do autor para ver as cópias das fotos de Earl Walter. Quando Helenma Wandik viu uma foto de Wimayuk Wandik, conhecido como Pete pelos sobreviventes, seus olhos se encheram de lágrimas. Ele segurou a foto perto do rosto e a afagou com seus dedos longos e ossudos.

— Esse é o meu pai — disse ele em dani, encostando a foto no peito.

Ele aceitou uma cópia da foto e, em troca, ofereceu uma pedra polida.

APÓS A GUERRA, o Exército dos Estados Unidos tentou enviar tropas a Shangri-La para recuperar os restos das vítimas do desastre. O plano foi abortado em 1947, quando dois aviões anfíbios que seriam utilizados na missão foram destruídos em um tufão. Ninguém se feriu.

Em cartas às famílias das vítimas, os militares declararam que "os extremos riscos deste plano representam sérias ameaças às vidas dos membros da expedição". Os corpos das vítimas do acidente foram classificados como "não recuperáveis", e sua sepultura coletiva recebeu um nome oficial: "Cemitério da USAF,* Vale Oculto, Nº 1." Suas coordenadas são: longitude 139º 1' leste e latitude 3º 51' sul.

Uma década mais tarde, no entanto, uma equipe holandesa que procurava os destroços de um avião de missionários se deparou com o *Gremlin Special*. A descoberta foi relatada pela Associated Press, gerando uma nova missão de busca e recuperação por parte do Exército norte-americano. Usando as detalhadas orientações de John McCollom e Earl Walter, a equipe localizou o local do desastre em dezembro de 1958. Os corpos da sargento Laura Besley, do capitão Herbert Good e da soldado Eleanor Hanna foram identificados e recolhidos. Quanto às dezoito pessoas restantes, nas palavras de um oficial que notificou os parentes de uma vítima, "a identificação não foi possível". Depois de coletar todos os ossos e objetos pessoais que pôde, a equipe deixou o local.

Herbert Good foi sepultado no Cemitério Nacional de Arlington. Eleanor Hanna, em um cemitério particular da Pensilvânia. Seu bracelete de moedas chinesas e dois outros que ela deixara na tenda foram entregues à sua família.

Laura Besley foi enterrada no Cemitério Memorial Nacional do Pacífico, no Havaí. Seu segundo funeral foi no dia 13 de maio de 1959, décimo quarto aniversário do acidente. Todas as WACs lotadas no Havaí acompanharam o féretro. Algumas semanas depois, uma delas retornou ao cemitério para verificar se havia uma placa funerária adequada no local do sepultamento. Para sua surpresa,

---

* *United States Air Force* — Força Aérea dos Estados Unidos. (N. T.)

viu que uma coroa de orquídeas fora depositada sobre o túmulo. Ela nunca soube quem a deixara lá.

As dezoito vítimas restantes foram enterradas juntas no dia 29 de junho de 1959, no Cemitério Militar Nacional Jefferson, em Saint Louis, Missouri. Seus restos mortais estão sob uma grande lápide de granito inscrita com nomes, postos, datas de nascimento e estados onde nasceram. Entre os presentes estavam Peter Jr. e David, os dois filhos do coronel Peter Prossen. John McCollom compareceu ao cemitério acompanhado pela viúva de seu irmão, Adele, e sua sobrinha de quatorze anos, Dennie.

O anel de casamento de Robert McCollom, encontrado entre os restos mortais, foi devolvido à sua viúva. Ela não voltou a se casar. Após sua morte, o anel passou para sua filha, que passou a usá-lo, para se sentir conectada com seus pais. O anel foi roubado de sua casa em 1991, mas ela tem esperanças de que reapareça.

JAMES LUTGRING, substituído por Melvin "Molly" Mollberg no *Gremlin Special*, jamais esqueceu seu melhor amigo. Ele sabia que, meses antes de sua morte, Mollberg tentara sem sucesso ingressar em uma unidade de P-47 Thunderbolts. À guisa de homenagem, Lutgring e alguns amigos conseguiram que um dos aviões fosse apelidado de "Molly". E tiraram fotos deles mesmos agrupados em torno do nariz do P-47, cujo apelido aparece pintado em letras floreadas. Lutgring também batizou seu filho com o nome de seu amigo desaparecido. Mas Melvyn Lutgring jamais soube por que seus pais substituíram o "i" por "y". Melvyn Lutgring serviu no Vietnã como mecânico de helicópteros do Exército dos Estados Unidos.

EPÍLOGO

O TENENTE HENRY E. PALMER recebeu uma medalha da Ordem do Mérito Aeronáutico por ter pilotado o *Pilha de Lenha*. Ele retornou a Louisiana após a guerra, casou-se, teve quatro filhas e se tornou funcionário do cartório eleitoral da cidade de East Feliciana. Nessa função, ele desempenhou um pequeno papel em um acontecimento histórico muito maior: a investigação do assassinato do presidente John F. Kennedy. Em 1967, o promotor de justiça Jim Garrison acusou um empresário chamado Clay Shaw de conspirar juntamente com Lee Harvey Oswald para matar o presidente. Henry Palmer foi chamado a testemunhar durante o julgamento de Shaw, como parte dos esforços da promotoria para estabelecer uma conexão entre Shaw e Oswald. Testemunhas disseram que Oswald tentara se registrar como eleitor no cartório de Palmer num dia em que Shaw estava por perto. Shaw foi declarado inocente, mas Henry Palmer continuou respondendo a perguntas de teóricos de uma conspiração até morrer em 1991, aos 77 anos.

Por pilotar o *Louise Goteira*, o major William J. Samuels recebeu uma Cruz do Mérito Aeronáutico, por "heroísmo ou feito extraordinário em voo". Pouco depois, foi-lhe oferecida uma escolha: ir para Okinawa e ser promovido a tenente-coronel ou voltar para casa. Ele preferiu a última e passou os 33 anos seguintes como piloto da United Airlines. Morreu em 2006, aos 91 anos.

APÓS A GUERRA, o coronel Ray T. Elsmore foi um dos cofundadores da Transocean Air Lines, uma empresa aérea criada por ovelhas desgarradas da aviação para voar em rotas que outras companhias não podiam ou não queriam explorar. Ele foi diretor e vice-presidente-executivo da Transocean de 1946 a 1952. Mais tarde, tornou-se presidente das Western Sky Industries, em Hayward, Califórnia. Suas comendas militares incluem uma Legião do Mérito, uma Medalha por Serviços Notáveis, um Prêmio de Excelência e seis Citações Presidenciais de Unidades.

Um obituário publicado no *New York Times* lembra como Elsmore organizou a retirada de MacArthur das Filipinas e "dirigiu o dramático resgate de uma integrante da Corporação Feminina do Exército, juntamente com dois soldados, das selvas do 'Vale de Shangri-La', na Nova Guiné Holandesa". Elsmore morreu em 1957, com 66 anos. Não há indicação de que jamais tenha pisado no vale.

Um ano depois, o *Times* publicou um obituário de George Lait, um dos repórteres que voou com Elsmore em 1944 e batizou o vale de Shangri-La. Apropriadamente, Lait seguiu para Hollywood após a guerra e se tornou um grande publicitário na indústria cinematográfica. Faleceu com 51 anos.

Ralph Morton permaneceu como chefe do escritório da Associated Press na Austrália até 1948, depois trabalhou na editoria de assuntos internacionais, em Nova York, e lecionou na Faculdade de Jornalismo da Universidade Columbia. Em 1954, ele e sua esposa fundaram o semanário *Dartmouth Free Press*, na Nova Escócia. Ele morreu em 1988, aos 80 anos.

Walter Simmons, do *Chicago Tribune*, permaneceu no Extremo Oriente durante uma década após o resgate. Ele escreveu um dos primeiros relatos dando conta de que soldados norte-coreanos estavam cruzando o paralelo 38, no início da Guerra da Coreia. Ele retornou a Chicago em 1955 e se tornou editor de reportagens especiais do jornal, além de editor do jornal de domingo e da revista de domingo. Aposentou-se em 1973 e morreu em 2006, com 98 anos.

Alexander Cann transformou seu filme em um semidocumentário chamado *Rescue from Shangri-La* (Resgate em Shangri-La). Na abertura, veem-se imagens de montanhas ameaçadoras envoltas em nuvens. Então, Cann inicia sua narração: "No alto das montanhas da Nova Guiné Holandesa, abaixo destas nuvens, um avião do Exército norte-americano caiu tempos atrás." O filme culmina com o resgate do planador.

Após a guerra, Cann se casou pela quarta e última vez, teve dois filhos e uma filha, e continuou realizando documentários na Austrália. Sua esposa, a agente teatral Jane (Dunlop) Cann, disse a um repórter que ele "fez uma pausa de doze anos para ser alcoólatra". Ela deixou então a indústria cinematográfica para criar os filhos. Mais tarde, ele deixou de beber e voltou a trabalhar como ator, obtendo um papel em *Skippy*, um seriado de televisão australiano sobre um heroico canguru. Em 1970, trabalhou em Ned Kelly, filme estrelado por Mick Jagger. Morreu em 1977, aos 74 anos.

ANTE A INSISTÊNCIA de Earl Walter, medalhas foram concedidas aos dez paraquedistas do 1º Recon — Santiago Abrenica, Custodio Alerta, Alfred Baylon, Ben "Doc" Bulatao, Hermenegildo "Super-Homem" Caoili, Fernando Dongallo, Juan "Johnny" Javonillo, Camilo "Rammy" Ramirez, Don Ruiz e Roque Velasco. Todos, com exceção de Bulatao e Ramirez, receberam a Estrela de Bronze. Os dois paramédicos receberam a Medalha do Soldado, o mais alto prêmio concedido pelo Exército dos Estados Unidos a não combatentes, por arriscarem suas vidas para salvar os três sobreviventes. Bulatao e Ramirez deixaram poucos indícios de suas vidas depois da guerra. Em setembro de 1945, Ramirez viajou até Kelso, Washington, para visitar Ken Decker. Durante a visita, os pais de Decker organizaram uma cerimônia de casamento para Ramirez e uma texana chamada Lucille Moseley, com quem ele trocava cartas havia vários anos. Uma curta reportagem sobre a festa descreveu a moça como "uma cantora de boate de 28 anos". O casamento não durou. Ramirez morreu em

2005, aos 87 anos. Ben Bulatao se casou em Reno, Nevada, em 1968, e se divorciou na Califórnia, em 1984. Morreu em 1985, com 71 anos.

APÓS O RESGATE, Earl Walter e o 1º Recon finalmente foram enviados às Filipinas. Àquela altura, as ilhas já estavam seguras. Em 15 de agosto de 1945, seis dias depois do lançamento da bomba atômica sobre Nagasaki, os japoneses anunciaram sua rendição. No mesmo dia, o general MacArthur dissolveu o 1º Recon em uma carta que também expressava gratidão pelos serviços do batalhão.

Walter se tornou major da reserva do Exército norte-americano e completou seus estudos na Universidade do Oregon. Depois, fez carreira no departamento de vendas da Mail-Well Envelope Company, onde trabalhou por 37 anos. Ele criou dois filhos e uma filha juntamente com sua esposa Sally, que morreu de ataque cardíaco em 1989. Walter voltou a nadar e se tornou campeão norte-americano da categoria masters, ganhando medalhas com mais de 80 anos.

Tal como os dois paramédicos, Walter recebeu a Medalha do Soldado. Em 2009, poucas semanas após completar 88 anos, Walter a mostrou para um visitante em seu apartamento no lar de idosos onde residia, próximo à costa do Oregon. A medalha octogonal, do tamanho de uma moeda grande, era encimada por uma fita desbotada, nas cores vermelha, branca e azul. Uma condecoração emoldurada e pendurada na parece elogiava Walter por sua "excepcional coragem e espírito de liderança". Após descrever a missão de resgate, o documento concluía: "O heroísmo do capitão Walter, que chefiou pessoalmente o grupo de resgate, foi diretamente responsável pelo retorno dos sobreviventes."

Após a guerra, ele mostrou a medalha a seu pai, que perguntou:
— Você ganhou isso?
Sem hesitação, C. Earl Walter Jr. disse a C. Earl Walter Sr.:
— Sim, pai, eu ganhei.

EPÍLOGO

Na última entrada de seu diário, datada do dia 3 de julho de 1943, Walter escreveu: "Assim, temporariamente, encerramos a história do Posto Avançado do Exército dos Estados Unidos em Shangri-La, na Nova Guiné Holandesa. Espero que, nos anos vindouros, ainda possamos olhar para trás e dizer que foi um trabalho bem-feito e relaxar."

Por intermédio do autor deste livro, Walter soube no início de 2010 que, na Nova Guiné, alguns dos nativos mais velhos ainda se lembravam dele e de seus homens. O peso das lembranças o deixou engasgado. Depois de uma longa pausa, ele pigarreou e disse:

— Foi o ponto alto da minha vida.

NA PRIMAVERA DE 1995, Walter se encontrou com John McCollom e Ken Decker em um restaurante de Seattle, para assinalar o

À PARTIR DA ESQUERDA: JOHN MCCOLLOM, KEN DECKER E EARL WALTER, EM 1995. (CORTESIA DE C. EARL WALTER JR.)

quinquagésimo aniversário do desastre. Eles posaram para fotos, folhearam fotos tiradas em Shangri-La, riram e trocaram recordações, preenchendo as falhas nas memórias uns dos outros. Decker, aos 88 anos, flertou com uma garçonete. Eles brindaram a si mesmos, aos paraquedistas do 1º Recon e à "Rainha de Shangri-La", que não puderam estar presentes.

APÓS O RESGATE, Ken Decker passou diversos meses no hospital, recuperando-se de seus ferimentos. Quando ficou curado, ingressou na Universidade de Washington, onde se formou em engenharia. Trabalhou no Departamento de Engenharia do Exército e mais tarde ingressou na Boeing Company, onde permaneceu até a aposentadoria, em 1974.

Decker se casou tarde e não teve filhos. Raramente falava em público sobre o acidente, em parte porque nunca recuperou as lembranças do que aconteceu entre a decolagem do *Gremlin Special* e o momento em que cambaleou para fora do avião destroçado.

Todos os anos, até morrer em 2000, Decker recebeu um telefonema no dia 13 de maio, seu aniversário e aniversário do acidente. No outro lado da linha estava seu velho amigo John McCollom.

ENQUANTO MCMOLLOM VIVEU, a lembrança do capitão Baker abanando as asas do B-17 lhe trazia lágrimas aos olhos.

McCollom deixou as Forças Armadas em 1946, mas foi chamado de volta ao serviço ativo durante a Guerra da Coreia. Depois, passou 38 anos como executivo civil na base aérea de Wright-Patterson, em Ohio. Quando se aposentou, tornou-se consultor de assuntos aeroespaciais e vice-presidente da Piper Aicraft Company.

Ele se casou, teve um um casal de filhos e se divorciou. Mais tarde voltou a se casar, ganhando quatro enteados. No casamento

EPÍLOGO 375

JOHN MCCOLLOM E SUA SOBRINHA
DENNIE MCCOLLOM SCOTT, EM 1998.
(CORTESIA DE B.B. MCCOLLOM.)

de Dennie, filha de seu irmão gêmeo, ele ocupou o lugar que seria do pai. E se tornou avô substituto para os dois filhos dela.

McCollom raramente falava sobre seu irmão gêmeo, para não ser sufocado pela enormidade da perda. Quando detectava em si mesmo sentimentos de culpa por ter sobrevivido, ele englobava todos os que morreram a bordo do *Gremlin Special*, não somente seu irmão. "Por que eu não morri, em vez deles?", ele se perguntava. E, quando lhe perguntavam sobre o que tinha acontecido, ele respondia: "Tive sorte."

Mas a dor sempre encontra um meio de aflorar, e a dor mais profunda que McCollom sentia era a respeito de seu irmão. Em algumas raras ocasiões, ele admitia que um doloroso pensamento às vezes se introduzia em sua mente: "Talvez fosse eu quem devesse morrer, e não meu irmão, que era casado e era pai de um bebê que nunca chegou a ver."

Durante muito tempo após o desastre, ele sonhou regularmente que Margaret, Decker e ele estavam abrindo caminho na selva, em direção aos destroços do *Gremlin Special*. Ao chegarem lá, encontravam Robert vivo e sorrindo, à espera deles.

As pessoas que visitavam a casa de McCollom não podiam deixar de notar uma parede com fotos de John e Robert quando jovens, quase indistinguíveis — e sempre inseparáveis, pelo menos nas lembranças.

Em agosto de 2001, próximo ao final de sua vida, McCollom já estava com as pernas fracas demais para subir a escada até seu escritório, que ficava sobre a garagem. Certo dia, sua esposa Betty chegou em casa, depois de fazer compras, e encontrou a casa vazia. Preocupada, gritou pelo marido, que respondeu:

— Estou aqui em cima.

Ela foi até o escritório e perguntou:

— Como você chegou aqui?

— Subi um degrau de cada vez, de costas. Eu estava procurando uma coisa — respondeu ele.

John McCollom morreu alguns dias depois, aos 82 anos. Quando Betty McCollom foi até o escritório, descobriu que ele havia reunido todos os seus títulos de seguro, escrituras e outros documentos importantes. Entre os papéis estava um certificado emitido pelo coronel Elsmore oficializando sua inscrição como membro do Clube Shangri-La. McCollom também redigiu o próprio obituário, escrevendo simplesmente: "Em maio de 1945, seu avião caiu na Nova Guiné. Ele foi resgatado em junho de 1945, mas seu irmão gêmeo morreu no acidente."

Após a morte do marido, Betty McCollom criou uma bolsa de estudos para os alunos de engenharia aeroespacial da Universidade de Minnesota. Mas ela sabia que ele não gostaria de ser homenageado sozinho. Então, batizou sua iniciativa de Bolsa de Estudos John e Robert McCollom.

— Mac era determinado — disse ela. — Algumas coisas muito difíceis ocorreram na vida dele. Ele apenas cerrava os dentes, aceitava os fatos e ia em frente. Ele era incrível.

EPÍLOGO

MARGARET HASTINGS, NO CENTRO, COM SUAS IRMÃS, CATHERINE E RITA, DURANTE UMA PASSEATA EM HOMENAGEM À SUA CHEGADA, EM OWEGO, NOVA YORK. (CORTESIA DE B. B. MCCOLLOM.)

TRÊS SEMANAS APÓS o resgate, Margaret retornou aos Estados Unidos na condição de estrela. Descrevendo o modo como foi recebida, um correspondente do *Los Angeles Times* a chamou de "a jovem mais homenageada da guerra". Não querendo ficar para trás, o *Boston Sunday Advertiser* declarou: "Ela é loura. Ela é bonita. Ela é a aventureira nº 1 da Segunda Guerra Mundial."

Fotógrafos registraram todas as paradas que ela fez, desde Hollandia à cidade de Nova York, passando por Manila e pela Califórnia. Estações de rádio lutavam para entrevistá-la. Uma agência jornalística comprou seu diário. O jornal de sua cidade natal informou que ela estava recebendo propostas de "produtores, exibidores, agentes teatrais, donos de circos, publicitários, colunistas, comentaristas e repórteres comuns". Uma revista de circulação nacional chamada *Calling All Girls* (Convocando todas as garotas) obteve permissão do Exército norte-americano para publicar uma história em quadrinhos sobre as experiências vividas por ela em Shangri-La. Como golpe publicitário, um jornal providenciou que Margaret tivesse seu encontro, há muito tempo devido, com o sargento Walter "Wally" Fleming. Mas, em vez de nadar nas águas de Hollandia, eles jantaram no Toots Shor's, um famoso restaurante de Nova York. Eles se viram mais uma ou duas vezes, e foi só.

Na estação ferroviária de Owego, uma multidão estimada em 3 mil pessoas — todo o vilarejo, na verdade — aguardou sob um calor sufocante a chegada do trem com Margaret. Quando ela desceu do trem e caiu nos braços de seu pai, a banda da escola da cidade atacou uma animada marcha. O presidente da Câmara de Comércio a agraciou com o título de "Cidadã Número Um de Owego". Nenhum detalhe era pequeno o bastante para que os repórteres o ignorassem: "Bronzeada e com uma onda recentemente frisada em seus cabelos curtos, Margaret usava um uniforme de verão da WAC, confeccionado em seda, e sapatos de crocodilo." O representante de uma agência de talentos deixou escapar que Margaret estava estudando diversos convites de estúdios cinematográficos para atuar em um filme sobre sua experiência. Uma colunista de fofocas escreveu que a beldade hollywoodiana Loretta Young queria o papel, mas muitos desejavam que a própria Margaret estrelasse o filme. Vizinhos rompiam a barreira policial à procura de autógrafos e saudavam Margaret, enquanto ela se dirigia a sua casa na rua McMaster em um carro conversível, acompanhada por seu pai e por suas duas irmãs. A lembrança mais duradoura que Margaret teve deste desfile foi a de duas velhas senhoras sentadas em uma varanda, abanando lenços e chorando.

Ao final de uma licença de trinta dias, os militares decidiram não embarcar Margaret de volta à Nova Guiné. Em vez disso, a enviaram em uma turnê pelo país, com o objetivo de vender Bônus da Vitória.

EPÍLOGO

Durante um período de seis semanas, ela falou em catorze estados. No final, ela fez mais de duzentas palestras. Em cada parada, ela fazia um resumo de sua provação e posava com celebridades e generais, inclusive Dwight Eisenhower. Sua caixa postal transbordava com milhares de cartas de fãs, poemas, solicitações de autógrafo e propostas de casamento, incluindo a de um jovem que se gabava de ser o campeão de cuspe a distância de sua cidade. Um dos missivistas foi o sargento Don Ruiz, o paraquedista que, segundo Walter, Margaret tentou seduzir. Sua carta é recatada. Traz notícias dos outros paraquedistas e descreve as fotos que Walter tirou no vale. "Você está muito elegante, perto de sua cama de palha e também ao lado da pequena tenda na plantação de batatas-doces", escreveu ele. O mais próximo que Ruiz chegou de um flerte foi quando falou sobre as lindas mulheres com quem dançara em uma festa. Ele se despediu assim: "Vida longa para a Rainha de Shangri-La".

Nem todo mundo gostava da atenção prodigalizada a Margaret. A mãe do major George Nicholson, copiloto do *Gremlin Special*, fez uma reclamação ao Exército norte-americano.

— Ela desenvolveu um forte ressentimento contra Margaret Hastings — disse John McCarthy, sobrinho de George Nicholson.

Aparentemente, Margaret Nicholson temia que seu filho fosse incriminado pelo desastre. Em resposta a uma das cartas dela, um coronel do Departamento de Relações Públicas do Ministério da Guerra escreveu: "Eu lamento profundamente a sua perda, e posso entender sua preocupação de que nada seja publicado que possa minimizar o sacrifício feito por seu corajoso filho. A senhora pode ter certeza de que qualquer coisa dessa natureza não será aprovada para publicação." A esposa de Nicholson, Alice Nicholson, pediu para falar diretamente com Margaret, mas Margaret se recusou. John McCarthy explicou:

— Minha tia Alice disse: "Você está se negando a receber a esposa do seu comandante?" Margaret Hastings respondeu: "Eu estou me negando a receber a viúva do meu comandante."

As críticas aumentaram o crescente desencanto de Margaret com a fama. Ela não se considerava uma heroína, apenas uma sobrevivente de sorte, e ansiava retomar suas antigas rotinas. Seus desejos se tornaram realidade quando os projetos cinematográficos abortaram.

— A guerra havia terminado, e todos estavam saturados de histórias de guerra — disse Rita Callahan, irmã de Margaret. — Certa vez quiseram fazer um filme B, mas ela não quis assinar o contrato.

Um ano após o desastre, um repórter do *Los Angeles Times* encontrou Margaret vivendo satisfeita na rua McMaster. "Quase todas as manhãs ela pode ser vista usando um desbotado uniforme do

SOBREVIVENTES, PILOTOS, PARAQUEDISTAS E, NO COLO DE MARGARET, PEGGY, A PORQUINHA, APÓS O RESGATE EM SHANGRI-LA. (AUSENTE: KEN DECKER, QUE SE ENCONTRAVA NO HOSPITAL TRATANDO DE SUAS FERIDAS QUANDO A FOTO FOI TIRADA.) (CORTESIA DE C. EARL WALTER JR.)

EPÍLOGO

Exército, varrendo e espanando o interior da casa verde onde mora com o pai", escreveu ele. "Margaret não está escrevendo nenhum livro sobre suas experiências. Não tem nenhuma ambição na área cinematográfica. Não faz anúncios de comida enlatada, cigarros ou equipamento de *camping*. A maior ambição de sua vida no momento é obter um diploma na Universidade Syracuse."

Margaret passou mais de dois anos em Syracuse, mas não se formou. Casou-se com Robert Atkinson, que sua irmã Rita descreveu como um antigo praticante de *bobsled*, de nível olímpico, que se tornou vendedor de seguros. Eles tiveram um filho, mas se separaram quando Margaret estava grávida pela segunda vez, de uma menina. Sozinha, Margaret criou os filhos em Rome, Nova York, onde trabalhava no setor administrativo da Base Aérea de Griffiss. Repórteres ainda a procuravam de vez em quando, sobretudo no aniversário do acidente. Eles também se comunicaram com ela quando Michael Rockfeller, filho do governador de Nova York e integrante da ilustre família Rockefeller, desapareceu na Nova Guiné.

— Ele tem uma excelente chance de sobreviver se não se afogou — disse Margaret.

A última aparição de Margaret como "Rainha de Shangri-La" ocorreu em 1974, quando ela, McCollom e Decker se tornaram membros honorários da National Association of World War II Gilder Pilots (Associação Nacional dos Pilotos de Planadores da Segunda Guerra Mundial). Em uma convenção da associação realizada naquele ano — três décadas após sua provação —, os três sobreviventes se abraçaram, riram e trocaram reminiscências. Margaret falou pouco, mas contou uma lição que aprendeu no vale:

— Acho que o medo é uma coisa que você só sente quando tem uma escolha. Se você tiver uma escolha, está sujeito a sentir medo. Mas, se não tiver escolha, vai ter medo de quê? Você apenas segue em frente, fazendo o que tem de ser feito.

Alguém perguntou a Margaret se ela gostaria de retornar à Nova Guiné. Sem hesitar, ela respondeu:

— Com certeza!

Ela nunca realizou o desejo. Quatro anos depois, foi diagnosticada com câncer uterino.

— Ela lutou com bravura — disse sua irmã. — E nunca sentiu autopiedade. Quando ela soube que iria perder a luta, interrompeu o tratamento e voltou para casa.

Margaret morreu em novembro de 1978 aos 64 anos. Foi enterrada junto de seus pais, em um pequeno cemitério pontilhado de bandeiras norte-americanas, a pouca distância da rua McMaster.

LISTA DE PERSONAGENS

(em ordem alfabética)

ALEXANDER CANN — Cineasta canadense contratado pelo Serviço de Informações do Governo das Índias Holandesas. Anteriormente, ator de Hollywood e ladrão de joias fracassado.

ALFRED BAYLON — Sargento do 1º Batalhão de Reconhecimento (Especial). Ofereceu-se para participar do resgate subsequente à queda do *Gremlin Special*.

BENJAMIN "DOC" BULATAO — Sargento do 1º Batalhão de Reconhecimento (Especial). Paramédico-chefe na missão voluntária de resgate subsequente à queda do *Gremlin Special*.

C. EARL WALTER JR. — Capitão do 1º Batalhão de Reconhecimento (Especial) do Exército dos Estados Unidos. Oriundo de Portland, Oregon. Aguardava uma missão de combate, juntamente com seus paraquedistas filipino-americanos, quando se ofereceu para liderar a missão de resgate em Shangri-La.

CAMILO "RAMMY" RAMIREZ — Cabo do 1º Batalhão de Reconhecimento (Especial). Paramédico voluntário na missão de resgate subsequente à queda do *Gremlin Special*.

CUSTODIO ALERTA — Cabo do 1º Batalhão de Reconhecimento (Especial). Ofereceu-se para participar da missão de resgate subsequente à queda do *Gremlin Special*

DON RUIZ — Sargento do 1º Batalhão de Reconhecimento (Especial). Ofereceu-se para participar da missão de resgate subsequente à queda do *Gremlin Special*.

EDWARD T. IMPARATO — Coronel da Força Aérea dos Estados Unidos e piloto do avião que lançou a equipe de paraquedistas de C. Earl Walter Jr. no vale de Shangri-La.

ELEANOR HANNA — Soldado da Corporação Feminina do Exército. Oriunda de Montoursville, Pensilvânia. Passageira do *Gremlin Special*.

FERNANDO DONGALLO — Sargento do 1º Batalhão de Reconhecimento (Especial). Ofereceu-se para participar da missão de resgate subsequente à queda do *Gremlin Special*.

G. REYNOLDS ALLEN — Capitão da Força Aérea dos Estados Unidos e piloto do planador Waco apelidado de *Pilha de Lenha*.

GEORGE GARDNER — Major da Força Aérea dos Estados Unidos. Supervisionou os voos de suprimentos para os sobreviventes do *Gremlin Special*.

GEORGE H. NICHOLSON JR. — Major da Força Aérea. Oriundo de Medford, Massachusetts. Copiloto do *Gremlin Special*.

GEORGE LAIT E HARRY E. PATTERSON — Correspondentes de guerra que sobrevoaram o vale da Nova Guiné com o coronel Ray T. Elsmore e cunharam o apelido de "Shangri-La".

HELEN KENT — Sargento da Corporação Feminina do Exército. Oriunda de Taft, Califórnia. Passageira do *Gremlin Special*.

HENRY E. PALMER — Tenente da Força Aérea. Oriundo de Baton Rouge, Louisiana. Piloto de planador que dirigiu o *Pilha de Lenha*.

HERBERT F. GOOD — Capitão do Exército oriundo de Dayton, Ohio. Passageiro do *Gremlin Special*.

HERBERT O. MENGEL — Capitão da Força Aérea dos Estados Unidos. Oriundo de St. Petersburg, Flórida. Piloto do avião de suprimentos 311.

HERMENEGILDO CAOILI — Sargento do 1º Batalhão de Reconhecimento (Especial). Ofereceu-se para participar da missão de resgate subsequente à queda do *Gremlin Special*.

LISTA DE PERSONAGENS

JACK GUTZEIT — Sargento e rádio-operador do avião C-47, conhecido como 311, que lançou suprimentos para os sobreviventes do *Gremlin Special*.

JOHN E ROBERT MCCOLLOM — Gêmeos oriundos de Trenton, Missouri. Ambos eram tenentes do setor de manutenção do Comando de Apoio à Força Aérea no Extremo Oriente. Passageiros do *Gremlin Special*.

JUAN "JOHNNY" JAVONILLO — Sargento do 1º Batalhão de Reconhecimento (Especial). Ofereceu-se para participar da missão de resgate subsequente à queda do *Gremlin Special*.

KENNETH DECKER — Segundo-sargento oriundo de Kelso, Washington, que trabalhou como desenhista no Departamento de Engenharia no Comando de Apoio à Força Aérea no Extremo Oriente. Passageiro do *Gremlin Special*.

LAURA BESLEY — Sargento da Corporação Feminina do Exército. Oriunda de Shippenville, Pensilvânia. Passageira do *Gremlin Special*. Amiga íntima de Margaret Hastings.

MARGARET HASTINGS — Cabo da Corporação Feminina do Exército. Oriunda de Owego, Nova York. Secretária do coronel Peter Prossen, amiga íntima de Laura Besley. Passageira do *Gremlin Special*.

MELVIN MOLLBERG — Soldado da Força Aérea. Oriundo de Baudette, Minnesota. Engenheiro-assistente do *Gremlin Special*. Integrou-se à tripulação como um favor a seu melhor amigo, o cabo James "Jimmy" Lutgring, que não desejava voar com o coronel Peter Prossen.

MYRON GRIMES — Major da Força Aérea. Foi o primeiro piloto militar dos Estados Unidos a "descobrir" o vale da Nova Guiné apelidado de "Shangri-La".

PATRICK HASTINGS — Pai de Margaret Hastings. Viúvo. Capataz numa fábrica de sapatos em Owego, Nova York.

PETER J. PROSSEN — Coronel da Força Aérea. Oriundo de San Antonio, Texas. Chefe do setor de manutenção do Comando de Apoio à Força Aérea no Extremo Oriente em Hollandia, na Nova Guiné Holandesa. Piloto do *Gremlin Special*.

RALPH MORTON — Correspondente de guerra da Associated Press que comandou a cobertura do acidente com o *Gremlin Special*, juntamente com Walter Simmons, do *Chicago Tribune*.

RAY T. ELSMORE — Coronel e comandante do 322º Esquadrão de Transporte Aéreo das Forças Armadas norte-americanas. Confirmou o relato do major Myron Grimes a respeito da existência de um grande vale na área central da Nova Guiné. Mais tarde se tornou a maior autoridade em tudo o que se referia à região entre os militares norte-americanos. Dirigiu as operações de resgate subsequentes à queda do *Gremlin Special*.

RICHARD ARCHBOLD — Biólogo e patrocinador/organizador da expedição de 1938 que "descobriu" o vale da Nova Guiné apelidado de "Shangri-La".

ROQUE VELASCO — Sargento do 1º Batalhão de Reconhecimento (Especial). Ofereceu-se para participar da missão de resgate subsequente à queda do *Gremlin Special*.

SANTIAGO "SANDY" ABRENICA — Primeiro-sargento do 1º Batalhão de Reconhecimento do Exército dos Estados Unidos (Especial). Braço direito do capitão C. Earl Walter Jr.

WALTER SIMMONS — Correspondente de guerra da *Chicago Tribune* que comandou a cobertura do acidente com o *Gremlin Special*, juntamente com Ralph Morton, da Associated Press.

WALTER "WALLY" FLEMING — Sargento do Exército estacionado em Hollandia, Nova Guiné, e por algum tempo namorado de Margaret Hastings.

WILLIAM D. BAKER — Capitão da Força Aérea e piloto do avião B-17 que avistou os sobreviventes na clareira da selva.

WILLIAM G. MCKENZIE — Capitão da Força Aérea dos Estados Unidos. Oriundo de La Crosse, Wisconsin. Copiloto do major William J. Samuels no avião-reboque.

WILLIAM J. SAMUELS — Major da Força Aérea dos Estados Unidos e comandante do 33º Esquadrão de Transporte de Tropas. Oriundo de Decatur, Illinois. O piloto mais experiente, no sudoeste do Pacífico em "fisgar" planadores no solo e rebocá-los para o ar.

WIMAYUK WANDIK — Conhecido como "Pete" pelos sobreviventes do *Gremlin Special*. Líder da aldeia nativa de Uwambo.

YALI LOGO — Líder do clã de Logo-Mabel, que planejava matar os sobreviventes do *Gremlin Special* e os paraquedistas que foram resgatá-los.

Outros passageiros e tripulantes mortos em 13 de maio de 1945 no acidente com o Gremlin Special:

Major Herman F. Antonini, de Danville, Illinois; major Phillip J. Dattilo, de Louisville, Kentucky; soldado Alethia M. Fair, de Hollywood, Califórnia; capitão Louis E. Freyman, de Hammond, Indiana; soldado Marian Gillis, de Los Angeles; primeiro-tenente Lawrence F. Holding, de Raleigh, Carolina do Norte; soldado Mary M. Landau, do Brooklyn, Nova York; sargento Marion W. McMonagle, da Filadélfia; cabo Charles R. Miller, de Saint Joseph, Michigan; sargento Belle Naimer, do Bronx, Nova York; soldado George R. Newcomer, de Middletown, Nova York; sargento Hilliard Norris, de Waynesville, Carolina do Norte; e cabo Melvyn Weber, de Compton, Califórnia.

NOTAS SOBRE FONTES E MÉTODOS

ESTE É UM TRABALHO de não ficção. Nenhuma liberdade foi tomada no tocante a fatos, diálogos, personagens ou cronologia. Todo o material usado provém de entrevistas, relatos, diários, cartas, registros de voos, documentos militares públicos, reportagens, livros ou algumas outras fontes citadas nas notas abaixo. As descrições de pessoas e lugares são baseadas em visitas pessoais, entrevistas, material escrito, fotografias e imagens de arquivo. Afora algumas exceções especificadas, o autor realizou todas as entrevistas, pessoalmente ou por telefone. As entrevistas com os nativos do Vale do Baliem, ou Shangri-La, foram traduzidas por Buzz Maxey, um missionário norte-americano, diretor de uma instituição de assistência e desenvolvimento, que viveu no local a maior parte de sua vida.

Abreviaturas de fontes essenciais:

IDPF – *Individual Deceased Personnel File* (Arquivo Individual de Servidores Falecidos). Documento oficial do Exército dos Estados Unidos, geralmente com mais de cem páginas, que detalha as circunstâncias da morte, a recuperação e a identificação dos restos mortais, dos pertences e do sepultamento de cada servidor falecido. IDPFs para dezenove das vítimas do *Gremlin Special* foram obtidos mediante o uso da Lei da

Liberdade de Informação. Oficiais do Exército declararam que não conseguiram localizar os arquivos referentes a Laura Besley e Louis Freyman.

CEW — O diário de C. Earl Walter Jr., que ele escreveu durante as semanas que passou em Shangri-La. Walter concedeu permissão para que fosse utilizado neste livro. Grande parte do diário foi reproduzida pelo coronel Edward T. Imparato em seu livro *Rescue from Shangri-La*.

MACR — *Missing Air Crash Report* (Relatório de Acidente Aéreo) nº 14697. O relatório da Força Aérea dos Estados Unidos relativo ao acidente, incluindo depoimentos juramentados dos sobreviventes, tomados após seu retorno a Hollandia; nomes, postos e endereços das vítimas; mapa indicando o local do desastre; e um relatório oficial do voo, do acidente, da busca e do resgate.

SLD — Shangri-La Diary (Diário de Shangri-La). Relato do acidente e do resgate escrito por Margaret Hastings em taquigrafia, enquanto estava no vale. Inez Robb, do International News Service, colaborou para que fosse transformado em uma série de artigos distribuídos a jornais no verão de 1945. A *Reader's Digest* publicou uma versão condensada em dezembro de 1945. A historiadora de Tioga County, Emma Sedore, transcreveu a versão do diário usada aqui. Em uma entrevista com o documentarista Robert Gardner, John McCollom atestou sua exatidão. C. Earl Walter Jr. concordou, com uma exceção: ele negou que tivesse entrado no acampamento dos sobreviventes cantando, "Não Chore, Menina". Entretanto, em uma entrevista que ambos concederam em 1998, McCollom insistiu que era verdade, e Walter acabou cedendo. Walter reconheceu para o autor. Sua negativa inicial pode ser atribuída à gozação que ele sofreu de amigos e familiares por ter cantado na selva.

TCHS — *Tioga County Historical Society* (Sociedade Histórica de Tioga County), em Owego, Nova York, que preservou o diário de Margaret, assim como cartas, telegramas, fotos e outros itens relacionados a ela.

NOTAS

1. DESAPARECIDA

19   Em um dia chuvoso: National Severe Storms Laboratory Historical Weather Data Archives, Norman, Oklahoma, http://data.nssl.noaa.gov (obtido em 17 de outubro de 2009).

19   uma casa em estilo rural: A descrição provém das entrevistas do autor com Rita Hastings Callahan, irmã de Margaret Hastings, em 1º de agosto de 2009; e com Mary Scanlon, amiga de infância de Margaret, no dia 2 de agosto de 2009. E, também, das visitas que o autor realizou a Owego, Nova York.

19   exibida em uma das janelas da frente: Entrevista com Callahan.

20   crescera numa fazenda: Ibid.

20   sinais visíveis da ausência dela: Ibid.

21   entrara em um posto de recrutamento: Registro de alistamento de Margaret Hastings constante do National Archives and Records Administration, NARA.

21   o número de mortes em combate: U.S. Department of Veteran Affairs Fact Sheet, datado de novembro de 2008, wwwi.va.gov/opa/fact/amwars.asp (obtido em 27 de janeiro de 2010).

21   Estes mensageiros se distribuíam por diversas áreas do país: As cidades natais das vítimas do acidente constam do relatório do MACR.

22   THE SECRETARY OF WAR DESIRES: Telegrama localizado nos arquivos da TCHS. Não há pontuação no original, que foi acrescentada a bem da legibilidade, e a palavra "cabo" foi abreviada.

22   a carta mais recente de Margaret: "Owego WAC, Reported Missing, Is Safe." Recorte pregado no caderno de Margaret, TCHS. A reportagem descreveu a carta mais recente de Margaret e a esperança de sua família de que ela estivesse viva.

22   Margaret está desaparecida: Entrevista com Callahan.

2. HOLLANDIA

24 "ficavam parecendo uns sacos": Margaret Hastings a Verna Smith, publicada como "Owego WAC Writes of Her Life in New Guinea", *Owego Gazette*, 8 de março de 1945.

24 executar, às 5h30, o costumeiro toque de alvorada: Detalhes da rotina diária de Margaret na Nova Guiné estão no SLD, parte 2. Ver também Hastings, "Owego WAC Writes".

24 Com menos de 1,60 metro: Margaret Hastings, SLD, parte II. Margaret registra sua altura em comparação com as mulheres nativas, e fica agradavelmente surpreendida ao ver que elas medem menos que seu "um metro e cinquenta e seis".

24 apelido que ganhara na adolescência: *Owego Free Academy Tom-Tom Yearbook*, 1932, p. 18, TCHS.

25 pedia carona: Scanlon, entrevista.

25 "tomava bebidas fortes", "gostava de garotos": Margaret Hastings, "A Tribute to Mother", redação de colégio sem data, arquivo de correspondência, TCHS.

25 a idade média em que as mulheres de sua geração se casavam: U.S. Census Bureau, "America's Family and Living Arrangements," em *Current Population Survey: Annual Social and Economic Supplement*, 2003, table MS-2, "Estimated Median Age at First Marriage, by Sex, 1890—Present", Current Population Report ser. P20-553 (Washington, D.C.: U.S. Bureau of the Census, 2003).

25 "Para falar a verdade": James R. Miller, "Reconversion of a Heroine", *Los Angeles Times Magazine*, 7 de julho de 1946, p. 5.

25 mais excitante que Atlantic City: Hastings, SLD, parte 1.

26 "sangue, sacrifícios, lágrimas e suor": John Lukacs, *Blood, Toil, Tears and Sweat: The Dire Warning; Churchill's First Speech as Prime Minister* (Nova York: Basic Books, 2008), p. 11.

26 "O mundo ocidental foi libertado": Harry S. Truman, transcrição do discurso anunciando a rendição da Alemanha encontrado no Miller Center of Public Affairs, Universidade da Virgínia, http://millercenter.org/scripps/archive/speeches/detail/3340 (obtido em 3 de janeiro de 2010).

26 O porta-voz da Câmara, Sam Rayburn: C. P. Trussell, "Blackout Lifted on Capitol Dome", *New York Times*, 9 de maio de 1945.

27 "Será um verão atarefado": Hanson W. Baldwin, "A New Phase Now Opens in the Pacific War", *New York Times*, 13 de maio de 1945.

27 Entre o alvorecer e o pôr do sol: Cronologia diária da Segunda Guerra Mundial no Pacífico, compilada pela Força Aérea dos Estados Unidos e fornecida por Justin Taylan, do PacificWrecks.org, http://www.pacificwrecks.com/60th/1945/5-45.html (obtido em 11 de outubro de 2009. Ver, também, a cronologia em: http://www.onwar.com/chrono/index.htm (obtido em outubro de 2009).

29 Um explorador com estreita visão racial lhe deu o nome de Nova Guiné: Karl Heider, *Grand Valley Dani: Peaceful Warriors*, 3ª ed. (Belmont, Califórnia: Wadsworth Group, 1997), p. 1.

29 potentados do Sri Lanka: Tim Flannery, *Throwim Way Leg: Tree-Kangaroos, Possums and Penis Gourds* (Nova York: Grove Press, 1998), 3.

30 O capitão Cook a visitou em 1770: Hobart M. Van Deusen, "The Seventh Archbold Expedition", *BioScience* 16 (julho de 1966): 450.

30 um ousado ataque à Nova Guiné, chamado de "Operação Temerária": Samuel Eliot Morison, *History of U.S. Naval Operations in World War II*, vol. 8, *New Guinea and the Marianas,* março de 1944-agosto de 1944 (Champaign: University of Illinois Press, 2002), pp. 68-90. Ver também Stanley Sandler, *World War II in the Pacific: An Encyclopedia* (Nova York: Garland, 2001), pp. 400-403.

31 "Libere um Homem para Lutar": Ibid., p. 184.

31 "meus melhores soldados": Sandler, World War II in the Pacific, p. 1050.

31 uma pistola para guardar sob o travesseiro: Dona Cruse, entrevistada pelo autor, 11 de agosto de 2009. Dona é filha da WAC Ruth Coster, que perdeu a chance de sobrevoar Shangri-La em 13 de maio de 1945. Ver também Steven Mayer, "Taft Veteran Killed in Crash Only Woman Listed on Wall," *Bakersfield Californian*, 12 de novembro de 2007, www.bakersfield.com/102/story/283703.html, incluído na Ruth Coster Collection, Universidade do Arkansas Central.

31 "Ei, Joe — você aí": Coronel Ray T. Elsmore, "New Guinea's Mountain and Swampland Dwellers", *National Geographic Magazine* 88, no. 6 (dezembro de 1945): 676.

32 o verdadeiro objetivo de tais precauções: Judith A. Bellafaire, *The Women's Army Corps: A Commemoration of World War II Service*, U.S. Army Center of Military History pub. 72-15 (Washington, D.C.: Government Printing Office, 1990). Ver também p. 422 da história definitiva, das WACs, Mattie E. Treadwell, *The Women's Army Corps* (Washington, D.C.: Government

Printing Office, 1954); e Selene H. C. Weise, *The Good Soldier: The Story of a Southwest Pacific Signal Corps WAC* (Shippensburg, Pa.: Burd Street Press, 1999).

32 "atividades sexuais nas tendas": Margaret Hastings a Kitty Dugan, 2 de fevereiro de 1945, arquivos, TCHS.

33 a carta não revelava segredos militares: Uma anotação no envelope indica que a carta foi "censurada pela tenente Margaret V. Bogle", a mesma oficial que informou Margaret Hastings sobre a excursão a Shangri-La.

33 Alistara-se na WAC em agosto de 1942: Informações sobre Laura Besley extraída dos registros de alistamento do Exército dos Estados Unidos durante a Segunda Guerra Mundial: www.ancestry.com (obtido em setembro de 2009), e *Harrisburg, Pa., City Directory* (Detroit: R. L. Polk, 1936-37), p. 62. Ver também os registros de recenseamentos federais dos Estados Unidos na década de 1930.

33 uma jovem "atrevida": Gerta Anderson, entrevistada pelo autor em 26 de abril de 2010. A mãe de Laura Besley e a avó materna de Gerta Anderson eram irmãs. Laura foi batizada como Earline, mas adotou o nome de sua avó, Laura.

33 toucadores feitos de caixas e sacos de aniagem: Hastings, "Owego WAC Writes".

33 tecido azul extraído de um paraquedas fora pendurado no teto: Hastings a Dugan, 2 de fevereiro de 1945. Detalhes das tendas das WACs em Hollandia também em *Saga of a Sad Sack*, de Mary L. Eck, panfleto publicado pela própria contando sua vida na Nova Guiné e em outros lugares, 1979.

34 uma tomada dupla: Hastings, SLD, parte 2.

35 "para emagrecer": Ibid., p. 16.

35 Margaret se banhava duas vezes por dia: Hastings, "Owego WAC Writes".

35 "para parecer respeitável": Ibid.

35 "as condições daqui": Tenente-coronel Anne O'Sullivan (reformada). "Recollections of New Guinea", *Women's Army Corps Journal* 5, nº 5 (outubro-dezembro de 1974): 14.

36 quase a fazia se sentir bem: Hastings, SLD, parte 2.

36 a saúde das militares: Treadwell, *Women's Army Corps*, p. 446.

36 centenas de WACs: Ibid., p. 427.

36 uma carta para a cidade de San Antonio: Todas as citações a respeito do coronel Peter J. Prossen foram extraídas de suas cartas à sua esposa nos dias

12 e 13 de maio de 1945, cópias das quais foram fornecidas por seu filho, Peter J. Prossen Jr.
37 seu primogênito e xará se recordou dele: Peter J. Prossen Jr., entrevistado pelo autor em 28 de julho de 2009.
38 cerca de cem homens e vinte WACs: Entrevista não divulgada de John McCollom ao documentarista Robert Gardner, Dayton, Ohio, outubro de 1997.
38 xarope de Coca-Cola e frutas frescas: Eck, "*Saga of a Sad Sack*", p. 29.
39 passeios de avião sobre o litoral: Entrevista de John McCollom, outubro de 1997.

3. SHANGRI-LA

40 rota mais curta e mais baixa: Elsmore "Mountain and Swampland Dwellers", p. 671. Ver também a entrevista de John McCollom, outubro de 1997.
40 "Coronel, se passarmos": Elsmore, "Mountain and Swampland Dwellers", p. 671.
41 Atrasado para um excitante encontro na Austrália: C. Earl Walter Jr., entrevistado por Patrick O'Donnel, 1988, http://www.thedropzone.org/pacific/walters.htm (obtido em 10 de outubro de 2009).
41 um vale na maior parte plano e verdejante: Major Myron J. Grimes (reformado), entrevistado pelo autor, 31 de agosto de 2009.
41 Seus autores a classificavam como "desconhecida" ou "inexplorada": Ozzie St. George, "Rescue from Shangri-La", *Yank: The Army Weekly*, 17 de agosto de 1945, p. 6. Ver também Gordon L. Rottman, *World War II Pacific Island Guide: A Geo-Military Study* (Westport, Conn.: Greenwood Press, 2001), p. 148.
41 "mais de quatro mil e duzentos metros de altura": St. George "Rescue from Shangri-La", p. 6.
41 uma montanha estivesse oculta em seu interior: Elsmore "Mountain and Swampland Dwellers", p. 671. (A certa altura, Elsmore escreve sobre um aglomerado de nuvens: "Nós sabíamos que picos espreitavam naquelas inocentes paredes brancas").
42 instrutor de voo durante a Primeira Guerra Mundial: "Ray Elsmore, 66, Helped M'Arthur", *New York Times*, 19 de fevereiro de 1957, p. 31.

42 promotor-assistente do condado: William H. Carleton, "History of the Directorate of Air Transport, Allied Air Force South West Pacific Area and the 322 Troop Carrier Wing," em http://home.st.net.au/~dunn/usaaf/dat.htm (obtido em 1º de setembro de 2009).
42 voo que os levaria a Austrália: "Ray Elsmore, 66", p. 31.
42 Sudoeste do Pacífico: Rottman, *Pacific Island Guide*, pp. 146-52.
43 tentando obter potência para subir e retornar: Grimes, entrevista.
43 "Continue em frente": Elsmore, "Mountain and Swampland Dwellers", p. 673.
43 "turbilhão de cores magníficas": Ibid., p. 674.
44 "Lavouras cresciam por toda parte": Elsmore, "Mountain and Swampland Dwellers", p. 674.
44 "mergulhavam nas valas de escoamento": Ibid.
45 "uma das coisas mais impressionantes que já vi": Ibid. p. 676.
46 "um piloto não familiarizado com o *canyon*": Coronel Ray T. Elsmore ao general George C. Kenney, carta secreta (já tornada pública) intitulada "Route Survey", 29 de maio de 1944, MacArthur Memorial Archives, Norfolk, Va.
46 "ansiosos para evitar incidentes e derramamento de sangue": Elsmore, "Mountain and Swampland Dwellers", p. 677.
47 "do tipo pigmeu": Ibid., p. 689.
47 modelos de musculosa masculinidade, com dois metros de altura: "The Hidden Valley", *Pulse: A 27 General Hospital Publication*, Vol. 3, Nº 46, July 8, 1945, Supplement, p. 1. Esta publicação foi um boletim do hospital guardado pelo capitão Earl Walter. Também, Eck, "*Saga of a Sad Sack.*"
47 do tamanho de pôneis: Tenente William Jeff Gatling Jr. a sua família. Artigo publicado como "Shangri-La", *Arkansas Gazette*, 20 de maio de 1945, n.p.; na Ruth Coster Collection na Universidade do Arkansas Central.
47 "Dorothy Lamours negras": Hastings, SLD, parte 2.
48 pôs os pés no vale: Elsmore, "Mountain and Swampland Dwellers", p. 677.
48 "Acho que eu me arrependeria disso": Gatling, "Shangri-La".
49 interrompendo a batalha: St. George, "Rescue from Shangri-La", p. 6. Ver também: Coronel Edward T. Imparato, *Rescue from Shangri-La* (Paducah, Ky.: Turner, 1997), p. 8.

49	Seu pai: "George Lait Weds; War Correspondent Takes Jane Peck Harrington as Bride", *New York Times*, 8 de setembro de 1945. Ver também: "Jack Lait, 71, Dies; Editor of Mirror", *New York Times*, 2 de abril de 1954; e "The Press: Blue Bloomers and Burning Bodies", *Time*, 26 de julho de 1948.
49	correspondente do International News Service: Ibid.
50	um estilhaço atingira seu capacete e o deixara sem sentidos: International News Service, "Newsman Kayoed in London Raid", *St. Petersburg Times*, 20 de abril de 1941.
50	fora arremessado para fora de um carro: Ernie Pyle, "Rambling Reporter", *Pittsburg Press*, 27 de março de 1941.
50	"Como correspondente de guerra": Inez Robb, "Robb's Corner", *Reading (Pa.) Eagle*, 29 de janeiro de 1958. É uma coincidência que Robb tenha escrito este tributo a George Lait, que colaborou para que o vale ficasse conhecido como Shangri-La. Quando Margaret Hastings transformou seu diário em uma série de 18 capítulos publicada nos jornais, em 1945, Robb a ajudou na redação.
50	matéria rica em descrições: Donald Collier, "U.S. Fliers in New Guinea Discover a Shangri-La", *Chicago Natural History Museum Bulletin*, nºs. 3-4 (março-abril de 1945), citando uma história de George Lait "publicada em um folhetim do Exército", www.archive.org/stream/bulletin16chic/bulletin16chic_djvu.txt (obtido em 30 de agosto de 2009).
51	A história de Patterson: Harry E. Patterson, "Real Shangri-La in New Guinea", *Milwaukee Journal*, 2 de março de 1945.
51	não estavam satisfeitos com o nome de Vale Secreto: Elsmore, "Mountain and Swampland Dwellers", p. 680.
52	"poderia se equiparar a um exército": James Hilton, *Lost Horizon* (Nova York: Pocket Books, 1933), p. 157.
52	"Ele previa uma época": Hilton, *Lost Horizon*, p. 158.
52	discurso proferido em 1937: Presidente Franklin D. Roosevelt, "Quarantine the Aggressors Speech", discurso proferido em Chicago no dia 5 de outubro de 1937. Roosevelt parafraseou ligeiramente, mudando o tempo verbal de "iríamos" para "iremos". O resultado foi tornar a previsão ainda mais agourenta. Texto localizado em http://fletcher.tufts.edu/multi/texts/historical/quarantine.txt (obtido em 1º de setembro de 2009).

4. GREMLIN SPECIAL

54 certificado comicamente ornamentado: Títulos de sócios do "Clube Shangri-La" foram conferidos aos sobreviventes do desastre de 13 de maio de 1945 e a seus resgatadores. O certificado de Margaret Hastings pode ser encontrado na TCHS; os de John McCollom e C. Earl Walter, em seus cadernos pessoais. O de Ken Decker não foi localizado.

54 "a maior autoridade sobre o vale": Walter Simmons, "Glider Takes Six More Out of Shangri-La", *Chicago Tribune*, 1º de julho de 1945.

55 "mais uma cabeça perdida": Ray Zeman, "Pilot Finds Shangri-La", *Los Angeles Times*, 16 de outubro de 1944.

55 "carregado com bugigangas": Harold Streeter, "Pacific Reporter: Shangri-La", *Hartford Courant*, 13 de maio de 1945.

55 "treinamento aeronáutico": MACR, p. 1.

55 primeira excursão que Prossen faria a Shangri-La: Entrevista com John McCollom, outubro de 1997.

55 um encontro, depois do trabalho: Hastings, SLD, parte 1. Em seu diário, Margaret diz que fora informada do voo um dia antes pelo coronel Prossen; mas em seu depoimento juramentado após o acidente, datado de 29 de junho de 1945, MACR, ela disse que fora convidada na mesma manhã.

56 desejava muito visitar Shangri-La: Hastings, SLD, parte 2.

56 ela aceitou prontamente a oferta de Prossen: Prossen enviou o convite através da cadeira de comando, portanto este foi comunicado pela tenente Margaret V. Bogle, de acordo com o depoimento juramentado de Hastings, MACR.

56 prêmios nas exposições caninas locais: Hastings, SLD, parte 2.

56 não saboreou em lentas colheradas: Ibid.

57 couro e óleo hidráulico: Detalhes do C-47 em www.boeing.com/history/mdc/skytrain.htm (obtido em 5 de setembro de 2009). Ver também: www.warbirdalley.com/c47.htm.

57 a um custo de U$ 269.276 para os militares: Cópia do Boletim de Registro Aéreo #41-23952 da Divisão de História da Força Aérea, Instituto de Pesquisas, Base Aérea de Maxwell, Montgomery, Alabama.

58 *Gremlin Special*: O MACR lista "Melro" como o apelido, mas *Gremlin Special* é citado num relato do desastre em: Michael John Clarinbould,

The Forgotten Fifth: A Photographic Chronology of the U.S. Fifth Air Force in World War II (Hyde Park, N.Y.: Balus Design, 2007), pp. 103-4.

58 Os Gremlins: Roald Dahl, *The Gremlins* (1943; reimpressão, Milwaukie, Ore.: Dark Horse, 2006).

58 "Deixem as garotas entrarem primeiro": Hastings, SLD, parte 2.

58 "isso é parcialidade": Ibid.

59 captou o olhar de Laura e piscou: Hastings, SLD, parte 2.

59 passara algum tempo num campo de prisioneiros de guerra alemão: Informações a respeito de Eleanor Hanna obtidas de sua irmã, Roberta (Hanna) Koons, entrevistada pelo autor em 11 de setembro de 2009.

59 cantar aonde quer que fosse: Hastings, SLD, partes 2 e 4.

60 "Isso é muito divertido!": Ibid., parte 2.

60 bracelete feito com moedas chinesas: O arquivo de Eleanor Hanna constante no IDPF contém uma cópia Xerox de parte do bracelete, que foi encontrado no túmulo que ela partilhava com Laura Besley. No início não estava claro a quem o bracelete pertencia, mas uma carta de 14 de maio de 1959 de seu pai ao general-intendente, também constante do arquivo, reivindica o bracelete e se refere a dois outros idênticos que ela possuía.

60 filha do editor de um jornal: " Pfc. Gillis from East Orange," *New York Times*, 9 de junho de 1945. Embora o *Times* tenha dito que ela era de Nova Jersey, o MACR cita sua cidade natal como sendo Los Angeles.

60 fuga da Espanha com sua mãe: Ibid.

60 abalada pela morte do noivo: Associated Press, "Airfield Is Built to Rescue a Wac and 2 Men in New Guinea", *New York Times*, 9 de junho de 1945.

60 para escapar à solidão: Informações sobre as WACs Helen Kent e Ruth Coster fornecidas por Dona Cruse, entrevistada pelo autor em 11 de agosto de 2009 e 4 de setembro de 2009. Dona é filha de Ruth, que morreu em 2005.

61 poderia lhe contar como fora o passeio: Ibid.

61 Três outras WACs: Registros de alistamento da Segunda Guerra Mundial, www.ancestry.com (obtido entre os dias 1 e 3 de novembro de 2009).

61 seguido por seu copiloto: Informações sobre George H. Nicholson no MACR. Também nos registros do Recenseamento Federal dos Estados Unidos das décadas de 1920 e 1930: www.ancestry.com (obtidas em 11 de setembro de 2009). Também nas entrevistas do autor com Maryrose

Condon, prima direta, do major Nicholson, e com John e Michael McCarthy, seus primos de segundo grau, em 13 de setembro de 2009.

61 formara-se em arte e cultura clássicas na Faculdade de Boston: Entrevistas com Maryrose Condon e John McCarthy em 13 de setembro de 2009. Ver também "Major Geo H. Nicholson Killed in Plane Crash", *Malden (Mass.) Evening News*, 31 de maio de 1945, p. 1; e "Maj. George H. Nicholson, Killed in Pacific Plane Crash", recorte de jornal não identificado guardado pela família de Nicholson.

61 serviu sob o comando de Lorde Mountbatten: "Major Geo H. Nicholson Killed", *Malden Evening News*.

61 deixara de comparecer à festa da "Vitória na Europa": Alice K. Nicholson Cadley a amigos e familiares, no Dia das Mães de 1995, em que assinalou o quinquagésimo aniversário do acidente distribuindo cópias da carta de Nicholson.

61 um vívido relato de quinze páginas: Carta de George H. Nicholson a sua esposa Alice K. Nicholson (mais tarde, Cadley), em 9 de maio de 1945. Fornecida pela prima de Nicholson, Maryrose Condon.

64 três outros membros na tripulação: Lista da tripulação. MACR, p. 3.

64 um mês antes: "Melvin Mollberg Killed In Plane Crash in the Pacific", recorte de jornal não identificado fornecido por Melvyn Lutgring.

64 cabo James "Jimmy" Lutgring: Melvyn Lutgring, entrevistado pelo autor em 5 de janeiro de 2010. Lutgring recebeu seu nome em homenagem a Melvin Mollberg, apesar da diferença de grafia entre os nomes.

65 Decker a convidara para um passeio: Hastings, SLD, parte 2.

65 vendedor de petróleo: "Daytonian, Two Valley Men Reported Killed in Action", *Dayton Journal*, 30 de maio de 1945, p. 2. Ver também *Williams' Dayton (Montgomery County, Ohio) City Directory 1944* (Cincinnati: Williams Directory, 1944), p. 484.

65 "Os Inseparáveis": Betty McCollom, viúva de John McCollom, entrevistada pelo autor em 1º de agosto de 2009. Informações adicionais sobre John e Robert McCollom em "Baby Girl's Father Killed, but Uncle Is Dad's Replica", de Marjorie Lundberg, *St. Paul Dispatch*, 8 de junho de 1945, recorte no caderno de John McCollom.

66 escoteiros juntos: Obituário de John S. McCollom, *Dayton Daily News*, 21 de agosto de 2001, fornecido por Betty McCollom.

NOTAS

66 foto de casamento: "Tragic Shangri-La Figures and Kin", *St. Paul Dispatch*, matéria com fotos de jornal, sem data, anexada ao caderno de John McCollom.

68 "Você se incomoda se eu dividir essa janela": Hastings, SLD, parte 2. A localização de McCollom é confirmada em seu depoimento juramentado, datado de 29 de junho de 1945, MACR.

5. LÁ ESTÁ!

69 "Oh! o que é tão excepcional": Ibid.

69 *A visão de sir Launfal*: O famoso verso do poema escrito por Lowell em 1848 é: "And what is so rare as a day in June?"

70 macia quanto um amontoado de penas: Hastings, SLD, parte 3.

70 uma rota de 224 graus: Depoimento juramentado de McCollom, MACR, p. 1.

71 pequeno cubículo de rádio: Ibid.

71 controlava o avião sozinho: Ibid.

72 a altitude de trezentos metros: Ibid.

72 cem metros: Hastings, SLD, parte 3.

72 "Lá está!": Ibid.

72 "Vou querer voltar aqui de novo!": Ibid.

72 "Arremeta e vamos dar o fora daqui": Ibid.

73 acharam que ele estava brincando: Ibid.

73 aplicando força total para subir: Declaração juramentada de McCollom, MACR, p. 1.

74 aprendera a voar apenas três anos antes: "Maj. George H. Nicholson Killed In Pacific Plane Crash", recorte de jornal não identificado guardado pela família de Nicholson.

74 Turbulências atmosféricas são comuns: O MACR não declara oficialmente se a causa do acidente foi um erro do piloto, uma súbita corrente de ar descendente ou uma combinação de fatores.

74 especialmente traiçoeiros: Imparato, *Rescue from Shangri-La*, p. 170. Imparato conhecia o terreno por tê-lo sobrevoado.

74 "uma súbita corrente de ar dirigida para baixo": *Historical Data Regarding the Loss of a FEASC C-47 and the Rescue of Survivors of the Crash*, documento público elaborado pela Divisão de História da Força Aérea

dos Estados Unidos, Instituto de Pesquisas, Base Aérea de Maxwell, Montgomery, Alabama, 17 de novembro de 1952.

75 "rente ao chão": Hastings, SLD, parte 3.

"Vai ser por um triz": Declaração juramentada de McCollom, MACR, p. 1.

76 A cabine de passageiros se comprimiu: Esse relato do acidente foi baseado nas declarações juramentadas de John McCollom e Margaret Hastings constantes do MACR, assim como nas fotos dos destroços fornecidas ao autor por Eugene M. Hoops. No final da Segunda Guerra Mundial, Hoops fez parte de uma unidade militar enviada das Filipinas a Nova Guiné para limpar a base em Hollandia e destruir os arquivos remanescentes. Ao abrir uma gaveta de metal, ele encontrou fotos do local do acidente de 13 de maio de 1945. Embora tivesse recebido ordens para destruir o material, ele percebeu que as fotos poderiam ter importância e decidiu guardá-las para a posteridade.

76 descrevendo cambalhotas: Declaração juramentada de McCollom, MACR, p. 1.

76 Por alguns momentos, perdeu os sentidos: Entrevista de John McCollom, outubro de 1997.

76 o teto da fuselagem se achatara como uma lata pisada: Ibid.

76-77 "Que droga de lugar para estar numa tarde de domingo": Ibid.

77 arruinada por um desastre de avião: Hastings, SLD, parte 3. Ela escreveu que ficou "indignada por esse negócio ter acontecido comigo".

77 grossos braços em torno dela: Ibid.

78 "Meu Deus! Hastings!": Ibid.

78 McCollom duvidava que fosse explodir: Entrevista de John McCollom, outubro de 1997.

78 "Me dê sua mão!": Hastings, SLD, parte 3.

78 Brasas ainda crepitavam em seus cabelos: Declaração juramentada de McCollom, MACR, p. 2.

79 um talho sanguinolento com vários centímetros de comprimento no lado direito de sua cabeça: Decker detalha seus ferimentos em sua declaração juramentada, MACR, p. 2. Ver também Hastings, SLD, parte 4; e a declaração juramentada de McCollom, MACR, p. 2.

79 "Meu Deus, Decker, de onde você veio?": Hastings, SLD, parte 4.

79 sua chegada à selva: Declaração juramentada de Decker, MACR, p. 1.

79	catapultado através da janela da cabine de comando: Entrevista de John McCollom, outubro de 1997.
79	"Que droga de jeito de passar o aniversário": Ibid.
80	"Hastings, você não poderia fazer alguma coisa por essas meninas?": Hastings, SLD, parte 4.
80	queimado todas as suas roupas: Entrevista de John McCollom, outubro de 1997.
80	"Vamos cantar": Hastings, SLD, parte 4.
80	apenas queimaduras superficiais: Ibid.
80	McCollom o convidara para participar da excursão: Entrevista de John McCollom, outubro de 1997.
81	preso nas raízes de uma árvore: Declaração juramentada de McCollom, MACR, p. 2.
82	Deixaram então o corpo de Good onde estava: Fotografia dos destroços, cortesia de Eugene M. Hoops.
83	uma aliança de ouro marchetada de branco: Correspondência do tenente-coronel Donald Wardle para a sra. Cecelia A. McCollom, 13 de maio de 1959. Ver também a carta do tenente-coronel Wardle para Louis Landau, pai da cabo Mary Landau, em 1º de maio de 1959, sobre a recuperação de restos mortais e objetos pessoais no local do acidente. Está incluída no IDPF de Mary Landau e foi disponibilizada pelo Exército dos Estados Unidos, de acordo com a Lei da Liberdade de Informação.

6. CHARMS

84	"cercadas pelo fogo se não sairmos": Hastings, SLD, parte 4.
84	"Vocês estão seguras": Ibid.
85	"Tudo na selva tinha tentáculos": Ibid., parte 6.
86	tirou a camisa cáqui: Ibid., parte 4.
86	carregando Eleanor Hanna nas costas: Entrevista de John McCollom, outubro de 1997.
86	ainda pendia em seu pulso: O IDPF de Eleanor Hanna observa que o bracelete foi encontrado no túmulo que ela dividia com Laura Besley, o que significa que permaneceu com ela após o acidente. Como ela não vestia roupas, e portanto não havia bolsos, pode-se concluir que o bracelete estava em seu pulso.

86   uma costela quebrada: Entrevista de John McCollom, outubro de 1997.
87   ajudar McCollom a carregar Eleanor Hanna: Ibid.; ver também a declaração juramentada de Decker constante do MACR, p. 1, e a de McCollom, p. 2.
87   aumentando seu sofrimento: Hastings, SLD, parte 4. Ela escreveu: "A chuva da Nova Guiné, diária e eterna, começou a cair agora. As roupas encharcadas aumentaram nosso sofrimento."
87   uma pistola calibre 45: Declaração juramentada de McCollom, MACR, p. 2.
88   queimariam até a metade do dia seguinte: Declaração juramentada de McCollom, MACR, p. 3.
88   ninguém teria sobrevivido: Entrevista de John McCollom, outubro de 1997.
89   não conseguiu encontrar nenhum foguete: Os sobreviventes fizeram relatos diferentes a respeito do conteúdo dos botes salva-vidas. Margaret Hastings, no SLD, parte 4, disse que o kit continha foguetes; mas em sua declaração juramentada, constante do MACR, John McCollom afirma: "Olhei todo o equipamento do bote salva-vidas, mas não encontrei nenhum foguete." Mais tarde ele escreveu sobre como tentou usar o espelho de Margaret para fazer sinais para os aviões, o que acrescenta veracidade a seu relato.
89   "Vamos cantar": Hastings, SLD, parte 4.
89   o avião ainda estava em chamas: Entrevista de John McCollom, outubro de 1997.
90   poderiam ser relâmpagos: Imparato, *Rescue from Shangri-La*, p. 184
90   percorrendo mais de 240 quilômetros: Sargento Ozzie St. George "Hidden Valley", *Yank: The Army Weekly,* Far East ed., 10 de agosto de 1945.
90   "Eleanor morreu": Margaret Hastings descreve como encontrou Eleanor Hanna morta no SLD, parte 4, enquanto em sua declaração juramentada, constante do MACR, John McCollom diz apenas: "Acho que a cabo Hanna morreu às oito horas daquela noite", referindo-se à noite anterior.
90   "Não consigo parar de tremer": Hastings, SLD, parte 5.
91   dezessete latas de água: Ibid. A declaração juramentada de McCollom menciona as camas portáteis, mas o inventário mais completo está no diário de Margaret.
91   um rolo de fita isolante e um alicate: Declaração juramentada de Decker, MACR, p. 1.

91	pés queimados e cobertos de ataduras: Hastings, SLD, parte 5.
92	estrela branca de cinco pontas: Fotos dos destroços do C-47, tiradas pouco depois do desastre, foram fornecidas por Dona Cruse.
92	impossibilitavam que fosse vista, exceto a curta distância: Fotografia dos destroços, cortesia de Eugene M. Hoops.
92	entre o avião e os controladores de voo: MACR, p. 1.
93	desesperadamente, enviou reflexos de luz solar: Declaração juramentada de McCollom, MACR, p. 3. Ver também Hastings, SLD, parte 5, e a entrevista de John McCollom, outubro de 1997.
93	"Não se preocupem": Entrevista não divulgada de John McCollom a Robert Gardner; Seattle, 13 de maio de 1998.
93	conformada com a morte da mãe: Hastings, SLD, parte 5.
93	O nome do meio de Margaret: Callahan, entrevista.
93	redação que fez na escola: Hastings, "Tribute to Mother", TCHS.
94	se abraçando com força para não caírem no chão: Hastings, SLD, parte 5.
94	"Todo mundo morreu e nós estamos sozinhos": Ibid.
94	"Laura morreu!": Hastings, SLD, parte 5.
94	"Não seja boba, Hastings": Ibid.
95	"Agora os sapatos me pertencem": Ibid.
96	odiava o apelido: Hastings, SLD, parte 15.
96	Acendeu então um cigarro e o passou a ela: Ibid., parte 5.
96	"Nenhuma noite jamais será tão longa quanto esta": Ibid.

7. TARZAN

98	McCollom subiu numa árvore: Em sua declaração juramentada, à página 3 do MACR, McCollom diz que viu a clareira da cauda do avião. Mas em sua entrevista a Robert Gardner, em outubro de 1997, ele disse que teve que subir em uma árvore para avistar a clareira.
98	estabeleceu uma rota para alcançá-la: Declaração juramentada de McCollom, MACR, p. 3. Ver também a entrevista de John McCollom, outubro de 1997.
98	um oficial lhe respondeu: Susan Sheehan, *A Missing Plane: The Dramatic Tragedy and Triumph of a Lost and Forgotten World War II Bomber* (Nova York: Berkeley Books, 1986), p. 210.

99   Mais de seiscentos aviões norte-americanos: Justin Taylan, entrevistado pelo autor em 2 de outubro de 2009. Taylan é uma autoridade nas quedas de aviões durante a Segunda Guerra Mundial, e é diretor do website Pacific Wrecks.

99   mais aviões desaparecidos que qualquer país na Terra: Sheehan, *Missing Plane*, p. 9. Sheehan concentrou seu trabalho na metade oriental da ilha, mas segundo as estimativas de Taylan, isso se aplicava a toda a Nova Guiné.

99   *Holandês Voador*: Este relato sobre o desastre aéreo de 10 de novembro de 1942 e sobre o diário escrito na porta do avião é baseado no livro de Clarinbould, *Forgotten Fifth*, p. 39. Ver também "Agony of the Flying Dutchman", em www.aerothentic.com/historical/Unusual_Stories/C47FlyingDutchman.htm (obtido em 23 de agosto e 14 de setembro de 2009); e "C-47: A Flying Dutchman", em www.pacificwrecks.com (obtido em 23 de agosto de 2009).

100   "tão leve que parecia um bebê": "Agony of the Flying Dutchman."

102   duas latas de água e algumas balas Charms embrulhadas em celofane: Hastings, SLD, parte 5. O relato de Margaret Hastings é a principal fonte sobre a jornada do trio de sobreviventes até a clareira. McCollom corroborou algumas partes significativas e acrescentou importantes detalhes em sua entrevista a Robert Gardner em outubro de 1997, além das entrevistas que ele concedeu a jornais ao longo dos anos.

103   Mais tarde, Margaret lamentou em seu diário: Ibid.

104   "Vamos": Ibid.

104   os obrigou a se arrastarem: Jack Jones, "Survivor Recalls Crash, 47 Days in Wild Jungle", *Dayton Daily Camera*, 10 de junho de 1959.

104   "dez centímetros de penas arrepiadas": Hastings, SLD, parte 5.

104   nunca reclamava: Entrevista de McCollom, outubro de 1997.

105   "Era bobagem pensar que poderíamos abrir caminho": Hastings, SLD, parte 6.

105   pretendiam encher os estômagos: Ibid.

106   acabou retornando com uma nova ideia: Ibid.

106   "imitar o Johnny Weissmuller": Ibid.

107   parecia uma galinha cuidando de seus pintinhos: Comentários do coronel Jerry Felmley durante o jantar de aposentadoria de McCollom, realizado em 23 de setembro de 1980, no Clube dos Oficiais da Base Aérea de Wright Patterson. Felmley entrevistou Decker durante a ocasião.

107 pegada humana recente: Entrevista de John McCollom, outubro de 1997.
107 estranhos latidos: St. George, "Rescue from Shangri-La," p. 6.

8. O EXPLORADOR CAVALHEIRO

108 nunca fora um aluno convencional: (Gainesville: University Press of Florida, 2000), p. 2.
108 modos bruscos: Roger A. Morse, *Richard Archbold and the Archbold Biological Station*, Ibid., p. 61.
109 "Por que você não captura mamíferos?": Ibid., p. 4.
109 aprendeu com seus muitos erros: Ibid., p. 4. As notas autobiográficas de Archbold indicam que, nas palavras de Morse, ele "trabalhava muito mal".
109 seu avô fora um grande benfeitor: Ibid., p. 9.
110 lançando mão de sua herança: Ibid., pp. 11-14.
110 "um abrangente levantamento biológico": Richard, Archbold, A. L. Rand e L. J. Brass, "Results of the Archbold Expeditions, nº 41", *Bulletin of the American Museum of Natural History 79*, art. 3 (26 de junho de 1942): 201.
110 desanimado diante dos desafios logísticos: Morse, *Richard Archbold*, p. 15.
111 maior avião não militar existente no mundo: Ibid., p. 23. O avião é às vezes chamado de *Guba II*, pois foi o sucessor de um hidroavião semelhante que Archbold vendeu à União Soviética, com permissão dos Estados Unidos, para ajudar os russos na busca por um avião que caíra quando tentara sobrevoar o Polo Norte. Em seus relatos ao *New York Times* e em outras publicações, Archbold chamou o avião simplesmente de *Guba*.
111 uma autonomia que superava 6.400 quilômetros: Richard Archbold, "Unknown New Guinea", *National Geographic Magazine* 79, no. 3 (março de 1941): 315.
111 cerca de duzentas pessoas: Ibid.
112 "presidiários-carregadores": Morse, *Richard Archbold*, p. 25. Ver também Susan Meiselas, *Encounters with the Dani: Stories from the Baliem Valley* (Nova York: Steidl/International Center for Photography, 2003), p. 8.
112 coletar mamíferos, pássaros, plantas e insetos: A. L. Rand: "The Snow Mountains — New Guinea Group in the American Museum of Natural History", *Scientific Monthly* 52, nº 4 (abril de 1941): 380-382. Ver também Richard Archbold, "Expeditions Finds Rats 3 Feet Long and Kangaroos That Climb Trees", *New York Times*, 1º de janeiro de 1939.
113 "uma agradável surpresa": Archbold, Rand e Brass, "Results of the Archbold Expeditions", p. 211.

113 *Groote Vallei*, ou Grande Vale: L. J. Brass, "Stone Age Agriculture in New Guinea", *Geographical Review* 31, nº 4 (outubro de 1941): 556.

113 desse de cara com Kansas City: U.S. Census table, "Population of 100 Largest Urban Places, 1940", http://www.census.gov/population/www/documentation/twps0027/tab17.txt (obtido em 26 de setembro de 2009).

113 expedições realizadas em 1907, nos primeiros anos da década de 1920 e em 1926: H. Myron Bromley, *The Phonology of Lower Grand Valley Dani: A Comparative Structural Study of Skewed Phonemic Patterns* ('s-Gravenhage: Martinus Nijhoff, 1961), pp. 1-2.

114 homens de pele clara, que deviam ser fantasmas: Denise O'Brien, "The Economics of Dani Marriage: An Analysis of Marriage Payments in a Highland New Guinea Society", dissertação de doutorado, Universidade de Yale, pp. 7-8.

115 "a última vez na história de nosso planeta": Flannery, *Throwim Way Leg*, p. 4.

115 "as matas eram tão cerradas": Nota do editor acrescentada ao artigo de Archbold, "Unknown New Guinea", p. 318.

115 o mau tempo o impediu de mudar de curso: Brass, "Stone Age Agriculture", p. 556.

115 L. J. Brass, descreveu o que viu: Ibid., p. 557.

116 campos que ele vira na Europa central: Archbold, "Unknown New Guinea", p. 316.

116 "Um deles era evidentemente um homem importante": Ibid., p. 321.

117 iniciar suas jornadas em extremidades opostas do vale: Ibid., p. 321.

117 os nativos praticavam o canibalismo: Archbold, Rand e Brass, "Results of the Archbold Expeditions", p. 253.

118 tentavam desencorajar os exploradores de rumar para a próxima aldeia: Archbold, "Unknown New Guinea", p. 324.

118 um grande número de nativos: Meiselas, *Encounters with the Dani*, p. 12. O restante dos relatos de Van Arcken, de 9 e 10 de agosto de 1938, também provém de *Encounters with the Dani*, pp. 12-15. Em sua tradução, ela prefere o termo "papuano" a "nativo".

119 "Os nativos pareciam não estranhar a presença de nossa equipe": Archbold, "Unknown New Guinea", p. 336.

119 o momento mais terrível: Os detalhes deste incidente foram vividamente relatados por Susan Meiselas em seu criterioso livro *Encounters with the Dani*. Meiselas reproduz as cópias originais dos relatórios das patrulhas de

Van Arcken e o mapa do vale que ele desenhou, inclusive sua eufemística legenda para o local onde "um papuano morreu devido a um ataque com lança". Segundo Meiselas, "o governo colonial proibiu Archbold de divulgar o fuzilamento do dia 10 de agosto, em troca da permissão para que ele continuasse a explorar a região". A credibilidade desta afirmativa é reforçada pelo conhecimento de que a autoridade colonial vinha sendo questionada, assim como por um breve artigo no *New York Times*, em 8 de março de 1940, relatando que Archbold fora nomeado "Oficial da Ordem de Orange Nassau" pela rainha Guilhermina, da Holanda.

119 asseguraram que o significado do que ocorrera seria negligenciado: Archbold, Rand e Brass, "Results of the Archbold Expeditions". Aproximadamente seis das 91 páginas do relatório são dedicadas às expedições de Teerink e Van Arcken, com base nos diários de ambos.

120 "algo mais que uma demonstração de força se fez necessário": Ibid., p. 219.

120 "um nativo morreu devido a um ataque com lança": Meiselas, *Encounters with the Dani*, p. 15.

120 "o tipo de recepção que receberemos dos nativos é imprevisível": Archbold, Rand e Brass, "Results of the Archbold Expeditions", p. 205.

9. CULPA E GANGRENA

121 "aquela noite torturante e miserável": Hastings, SLD, parte 7.

121 "horríveis até de se olhar": Ibid.

121 "feridas grandes, malcheirosas e purulentas": Ibid., parte 10.

122 Sofrendo dores atrozes, ela andou de um lado: Ibid., parte 7, onde ela escreveu: "Eu me forcei a caminhar de um lado para outro... senti dores horríveis".

123 uma queimadura no lado esquerdo do rosto: Ibid., parte 9.

123 o único sobrevivente: Pat Pond, "Reunion: Thirty Years After", *Women's Army Corps Journal* 5, nº. 5 (outubro-dezembro de 1974): 19.

123 "por mim mesmo e pelos outros": John McCollom ao coronel Edward T. Imparato, sem data, reimpresso em Imparato, *Rescue from Shangri-La*, p. 160.

123 caminharia até o oceano: John McCollom e C. Earl Walter, entrevista não divulgada a Robert Gardner, Seattle, 13 de maio de 1998. McCollom disse: "Eu nunca tive nenhuma dúvida de que, se eles não me encontrassem, eu conseguiria sair dali — nem que tivesse de caminhar até o oceano."

124 separavam as balas por cor: St. George, "Rescue from Shangri-La", p.6.
124 "delicioso ácido de bateria": Hastings, SLD, parte 7.
125 "vamos morrer de fome": Ibid.
125 "envergonhada por ter duvidado dele": Ibid.
126 Várias centenas de mulheres norte-americanas já haviam morrido: Muitas informações sobre as mortes de mulheres na Segunda Guerra Mundial foram fornecidas pela coronel reformada Pat Jernigan, que realizou um trabalho notável a respeito das mulheres nas Forças Armadas. Informações foram também encontradas em http://www.nooniefortin.com/earlierwars.htm (obtidas em 2 de outubro de 2009).
127 seis enfermeiras estavam entre os 28 tripulantes... que foram mortos: Ibid.
127 "tão fora de alcance quanto uma bola de neve": A história das bandeiras improvisadas pelas WACs foi obtida com Pat Jernigan e também do livro de Eck, *Saga of a Sad Sack*, pp. 29-30. Ver também a carta intitulada "I Am Proud", escrita pela WAC Margaret Durocher, na correspondência de Margaret Hastings arquivada na TCHS.
128 telefonemas foram dados aos aeródromos de toda a região: "Report of Circumstances Surrounding Flight and Search for C-47 Aircraft Number 41-23952", documento do Exército norte-americano constante do MACR e dos IDPFs dos mortos no acidente.
128 "aterrissagem forçada": Ibid.
128 vinte e quatro aviões participaram da operação: Ibid.
129 Como voluntário em um dos aviões: Entrevista com Lutgring, 5 de janeiro de 2010.
129 "é aqui": Hastings, SLD, parte 7.
129 se afastou sem avistá-los: Declaração juramentada de John McCollom, MACR, p. 4. Em seu diário, Margaret Hastings não registra o primeiro avião que eles viram sobre a clareira. A declaração de Decker constante do MACR é vaga, mas ele parece concordar com McCollom, ao afirmar que eles alcançaram a clareira por volta de onze da manhã, e "fomos avistados por um avião ao meio-dia".
130 "Vamos pegar as lonas!": Hastings, SLD, parte 7.
131 trouxera no voo um passageiro incomum: Ibid., parte 13.
131 "Eles já devem ter visto a gente": Ibid., parte 7. Hastings, SLD, é a fonte de todo o diálogo que se segue à descoberta dos sobreviventes pelo capitão Baker, em seu B-17.

NOTAS

131 "num interminável mar de verde": Sheehan, *Missing Plane*, p. 214.

132 os salvara em uma floresta: "End of Adventure Is Only Beginning, McCollom Finds", recorte não datado de um jornal de Trenton, Missouri, encontrado no caderno de McCollom.

132 não se encontravam sozinhos: Helenma Wandik, entrevistado pelo autor, 1º de fevereiro de 2010.

132 jogar dois botes salva-vidas: Russell Brines, "Shangri-La On New Guinea", matéria da Associated Press enviada de Manila e datada de 8 de junho de 1945. O recorte foi encontrado no caderno de Walter. Ver também St. George, "Rescue from Shangri-La", p. 6.

132 uma mensagem para o aeródromo de Sentani: Ibid. Ver também MACR, p. 4.

132 "em Hollandia no domingo": Hastings, SLD, p. 4.

133 "aquelas drogas de balas": Ibid.

134 uma longínqua matilha de cães: Entrevista de John McCollom, outubro de 1997.

134 "Vocês estão ouvindo uma coisa engraçada?": Hastings, SLD, parte 7.

134 crianças nativas fazendo algazarra: Ibid.

134 "um jantar saboroso estava à espera na plantação de *camotes*": Ibid.

134 dezenas de negros quase nus: Entrevista de John McCollom, outubro de 1997. Em seu relato, McCollom situa o número de nativos "em torno de quarenta". No SLD, parte 8, Margaret Hastings escreve que havia "cerca de cem homens".

10. EARL WALTER, JÚNIOR E SÊNIOR

135 "equipamento suficiente para abastecer uma pequena loja do interior": St. George, "Rescue from Shangri-La", p. 6.

135 batons e grampos de cabelo: Ibid.

136 qualificado para realizar uma incursão por terra: St. George, "Rescue from Shangri-La", p. 6. Ver também Gerard M. Devlin, *Silent Wings: The Saga of the U.S. Army and Marine Combat Glider Pilots During World War II* (Nova York: St. Martin's Press, 1985), p. 354.

138 o 503 recapturara a ilha de Corregidor: Rottman, *Pacific Island Guide*, p. 305.

138 o 511 tinha efetuado... um ataque-relâmpago: Larry Alexander, *Shadows in the Jungle: The Alamo Scouts behind Enemy Lines in World War II* (Nova York: NAL Caliber, 2009), p. 261.

138 ensinava biologia e dirigia o departamento de ciências: "Col. Babcock Will Head Black-Foxe", *Los Angeles Times*, 20 de maio de 1962.
139 A juventude de C. Earl Walter Jr.: C. Earl Walter Jr., entrevistado pelo autor nos dias 6, 7 e 8 de 2009. Walter forneceu as informações sobre sua família e sua criação, assim como sobre seu serviço militar, cujos detalhes foram confirmados por fontes como o livro de Gordon L. Rottman, *U.S Special Warfare Units in the Pacific Theater, 1941-45: Scouts, Raiders, Rangers and Reconaissance Units* (Nova York: Osprey 2005). Partes da descrição da juventude de Walter provêm de uma entrevista sem data que ele concedeu ao cineasta Sonny Izon para o documentário *An Untold Triumph*.
140 "Nós caminhamos o dia inteiro": Entrevista de Walter ao autor, 7 de julho de 2009.
140 "velho o bastante para sentir curiosidade sobre as mulheres": Ibid.
140 "uma metralhadora aqui": Entrevista de Walter a Izon.
141 "isso me endireitaria": Entrevista de Walter ao autor, 7 de julho de 2009.
141 Buster Keaton, Bing Crosby, Bette Davis e Charlie Chaplin: Steven Mikulan, "Men of the Old School", *LA Weekly*, 17 de maio de 2001.
141 "um internato para os filhos dos ricos de Hollywood": Valerie J. Nelson, "Sydney Chaplin Dies at 82; Stage Actor and Son of Charlie Chaplin", *Los Angeles Times*, 6 de março de 2009.
142 "tinha mais dinheiro do que podia gastar": Entrevista de Walter ao autor, 7 de julho de 2009.
142 "não me interessei por mais ninguém": Ibid.
143 "muito provavelmente permaneceria nas ilhas": "Summary of Interview with Lt. Col. L. E. Parks, for Commander Vining, Per Cecil E. Walter Jr., 1, Lt., Inf., C-1314597," documento datado de 15 de julho de 1944. MacArthur Memorial Archives, Norfolk, Virgínia.
144 posto de major... tenente-coronel: "The Conquest of Eastern Mindanao," cap. 32 de *U.S. Army in World War II: The War in the Pacific, Triumph in the Philippines*, nº 43, http://www.ibiblio.org/hyperwar/USA/USA-P-Triumph/USA-P-Triumph-32.html (obtido em 4 de setembro de 2009).
144 outro líder guerrilheiro: John Keats, *They Fought Alone* (Nova York: Pocket Books, 1965), pp. 170-171. O livro focaliza o coronel Wendell Fertig, e se baseia em suas recordações, diários e relatórios. Quarenta anos após sua publicação, em janeiro de 2003, a exatidão do livro, inclusive do relato

envolvendo C. Earl Walter Sr., foi questionada por Clyde Childress, um oficial reformado, na *Bulletin of the American Historical Collection* 31, no. 1 (2003), http://ahcf.virtual-asia.com/html/pdf/123_Wendell_Fertig_s.pdf (obtido em 25 de outubro de 2009).

144 enviou uma carta para o jovem Walter: "Summary of Interview with Lt. Col. L.E. Parks."

144 "me deixar orgulhoso de seu trabalho": Ibid.

144 "com inveja do tipo de trabalho que ele estava fazendo": Ibid.

144 o Batalhão de Reconhecimento 5217: Rottman, *U.S. Special Warfare Units*, p. 39.

146 "ajudar a exterminar os japoneses": "Summary of Interview with Lt. Col. L.E. Parks."

146 minha vontade de lutar: Ibid.

11. UWAMBO

148 O tempo jamais soubera que este mundo existia: Exceto quando indicado, este resumo da vida dos *dani* e dos *yali* se baseia no trabalho de Karl Heider, principalmente no livro *Grand Valley Dani*; também aproveita elementos da visita do autor ao Vale do Baliem em janeiro e fevereiro de 2010. Foram utilizados ainda: o documentário *Dead Birds*, filmado em 1964 por Robert Gardner; as entrevistas realizadas em outubro e novembro de 2009 com Myron Bromley e James Sunda, que na década de 1950 estavam entre os primeiros missionários a estabelecer postos avançados no Vale do Baliem; o livro *Gardens of War: Life and Death in the New Guinea Stone Age* (Nova York: Penguin Books, 1974), de Robert Gardner e Karl G. Heider; o livro de Peter Matthiessen, *Under the Mountain Wall: A Chronicle of Two Seasons in Stone Age New Guinea* (1962; reprint, Nova York: Penguin Books, 1990); e o ensaio de H.L. Peters "Some Observations of the Social and Religious Life of a Dani Group", publicado em *Irian: Bulletin of Irian Jaya Development* 4, nº 2 (junho de 1974).

Ao ler este resumo dos costumes dos *danis*, Myron Bromley questionou a ideia de que este povo não criava trabalhos artísticos. Ele escreveu: "Acho injusto dizer 'nenhuma obra de arte'. Os entalhes nas pontas das flechas e nas cabaças de recolher água são com certeza decorativos. Seus penteados e as pinturas em seus corpos atraem tanto a atenção da população local quanto dos visitantes... E eles eram conscientes da aparência de seu vestuário. Eu me lembro de um homem ter me perguntado: 'Você acha que eu fico melhor com o canudo retilíneo que estou usando hoje ou com o canudo curvo que usei ontem?' Muitas das cabaças oblongas usadas como canudos de pênis eram amarradas ainda na planta para que se tornassem curvas, caso este fosse o 'estilo' desejado para o canudo." Em atenção às objeções do dr. Bromley, mudei o texto para "nenhuma obra de arte *duradoura*." Quanto a este assunto, me baseei nas ponderações do Professor Karl Heider, que na página 62 de *Grand Valley Dani* escreve: "Existem inúmeras maneiras de se definir 'arte', mas os *danis* não se enquadram na maior parte delas." Heider reconhecia a ornamentação de certos itens, como pontas de flechas e lanças, mas a situa "na área nebulosa que existe entre a arte e a manufatura".

148 uma palavra para descrever tempo e lugar: Douglas Hayward, "Time and Society in Dani Culture", *Irian: Bulletin of Irian Jaya Development* n, nºs 2-3 (junho e outubro de 1983): 31-32.

149 só dispunham de palavras para duas: Eleanor R. Heider, "Probabilities, Sampling and Ethnographic Method: The Case of Dani Colour Names", *Main*, 7, nº. 3 (setembro de 1972): 448-66.

149 mas ignoravam as estrelas: Hayward, "Time and Society", p. 35.

149 "Me deixe comer suas fezes": Heider, *Grand Valley Dani*, p. 9.

149 nativos... se organizavam: Ibid., pp. 67-69.

150 chamavam seus inimigos de *dili*: Ibid., pp. 94-95

151 obrigação moral: Douglas Hayward, Dani of Irian Jaya Before and After Conversion (Sentani, Indonesia: Regions Press, 1980), p. 102. Ver também Peters, "Some Observations", p. 77.

151 "Se não houver guerra, nós morreremos": Peters, "Some Observations", p. 76.

151 elocuções diferentes: Ibid., p. 77.

152 fantasmas, chamados de *mogat*: Heider, *Grand Valley Dani*, p. xi.

152 a carne dos inimigos: Helenma Wandik, entrevista. Ver também Russell T. Hitt, *Cannibal Valley: The Heroic Struggle for Christ in Savage New Guinea — The Most Perilous Mission Frontier in the World* (Nova York: Harper & Row, 1962), pp. 120-29.

154 pios semelhantes aos dos cucos: Heider, *Grand Valley Dani*, p. 101.

154 proferiam insultos através das frentes de batalha: Ibid., p. 99.

NOTAS

154 obtinham status social: Peters, "Some Observations", p. 78.
154 se abstinham de sexo por até cinco anos: Heider, *Grand Valley Dani*, p. 22. Ver também Karl G. Heider, "Dani Sexuality: A Low Energy System", Man 11, nº 2 (junho de 1976): 188-201.
154 fonte de prazer e recreação: Heider, *Grand Valley Dani*, p. 104.
155 Um dos lados simplesmente se retirava: Ibid., p. 93.
155 cegos de um olho: Karl Heider observou este fato durante a década de 1960. Mesmo após o término das guerras entre os nativos, os meninos ainda brincavam de arco e flecha. Vários garotos sem olhos ainda eram vistos no início de 2010.
155 poderiam ser apenas os polegares: Heider, *Grand Valley Dani*, p. 134.
155 Um antropólogo: Ibid.
155 fibras de orquídeas: Ibid., p. 59.
156 Eles são claramente seres humanos": Margaret Mead, em uma resenha de *Dead Birds* incluída num folheto promocional do filme, datado de 18 de novembro de 1963. Declaração reimpressa em Meiselas, *Encounters with the Dani*, p. 67.
156 empurrados para o interior pela chegada de outros povos: Heider, *Grand Valley Dani*, p. 1.
157 "No começo": Meiselas, *Encounters with the Dani*, p. 2, citando Peter Sutcliffe em "The Day the Dani People Become Civilized, the Sun Will No Longer Rise", *Papua New Guinea Post-Courier*, 1972.
157 o Buraco chamavam a si mesmas de *iniatek*, ou "originais": Peters, "Some Observations", p. 10.
157 os seres humanos se separaram: Heider, *Grand Valley Dani*, p. 127.
157 os humanos, tal como os pássaros, devem morrer: Ibid., p. 126. Ver também Peters, "Some Observations", p. 114.
158 "pássaros mortos": Esta ideia é explorada vividamente pelo cineasta Robert Gardner em seu documentário referencial sobre os *danis*, intitulado *Dead Birds*, filmado em 1964. Gardner percebeu que a lacuna entre os *danis* e os ocidentais não era tão grande como poderia parecer. Ele escreveu uma vez: "Em *Dead Birds* minha maior esperança era que minha câmera servisse de espelho para que os espectadores vissem a si mesmos."
158 "Vamos nos vingar juntos": Peters, "Some Observations", p. 76.
158 espíritos que viviam no céu: Entrevistas do autor com Tomas Wandik, 1º de fevereiro de 2010; com Yunggukwe Wandik, em 3 de fevereiro de 2010;

e com Helenma Wandik. Ver também Matthiessen, *Under the Mountain Wall*, p. 105.

158 aldeia que os nativos chamavam de Uwambo: Entrevistas com Tomas, Yunggukwe e Helenma Wandik. Este relato da reação dos nativos ao avião também aproveita dados obtidos nas entrevistas de Buzz Maxey com os mesmos nativos *yalis* e mais alguns outros, realizadas em 1999.

160 Um líder da aldeia, chamado Yaralok Wandik: Esta história foi recontada pelo filho de Yaralok, Tomas Wandik, e também por seu sobrinho Helenma Wandik, em entrevistas realizadas em 1º de fevereiro de 2010. Outra versão dos acontecimentos, que se harmoniza com as entrevistas deles, foi relatada a Buzz Maxey em 1999 por Helenma e Tomas Wandik, além de um grupo de *yalis* que incluía Miralek Walela, Yilu Wandik, Waragin Dekma e dois outros homens cujos primeiros nomes eram Yare e Wasue.

12. WIMAYUK WANDIK, TAMBÉM CONHECIDO COMO "CHEFE PETE"

162 Os nativos: Entrevistas com Helenma e Tomas Wandik.

162 provado carne humana: Em uma das entrevistas ao autor, Helenma Wandik confirmou que seu povo comia as mãos dos inimigos mortos em batalha. O canibalismo entre os nativos do vale é discutido em diversos ensaios antropológicos, mas talvez a mais vívida descrição seja a encontrada em Hitt, *Cannibal Valley*, pp. 120-29.

163 eles mesmos, seus aliados e seus inimigos: Bob Connolly e Robin Anderson, *First Contact: New Guinea's Highlanders Encounter the Outside World* (Nova York: Viking Penguin, 1987), p. 36.

163 entrado em contato com a expedição de Archbold: Entrevistas com Helenma e Tomas Wandik.

164 "pode se equiparar a um exército": Hilton, *Lost Horizon*, p. 157.

164 Albert Einstein: Esta famosa citação possui muitas formas. A usada aqui é a comumente aceita. Outra versão muito citada é: "Eu não sei como a Terceira Guerra Mundial será lutada, mas posso lhe dizer o que será usado na Quarta: pedras!". Ver Alice Caleprice, *The New Quotable Einstein* (Princeton, N.J.: Princeton University Press, 2005), p. 173.

164 ensopado nas panelas dos nativos: Hastings, SLD, parte 8: "Se fosse para terminar numa panela de ensopado na selva, os nativos teriam que vir me buscar."

NOTAS

165 "Nós não temos nenhuma arma": Hastings, SLD, parte 7.

165 McCollom percebeu: Entrevista com John McCollom, outubro de 1997.

165 calculou o número em cerca de cem: Hastings, SLD, parte 8. Exceto quando indicado, o relato do primeiro encontro entre os nativos e os sobreviventes, incluindo os diálogos, provém desta parte do SLD.

166 "talvez eles nos alimentem antes de nos matar": Robert Pearman, "Three Who Lived to Tell About It", *Milwaukee Journal*, 22 de dezembro de 1961, p. 16.

166 Era musculoso, tinha uma expressão alerta: Foto do nativo que os sobreviventes chamavam de "Pete", cortesia de Betty McCollom.

167 encontrá-lo no meio do caminho: Em sua entrevista a Robert Gardner, McCollom descreveu a cena dos dois homens sobre o tronco. No SLD, Margaret Hastings conta a história de modo ligeiramente diferente: os nativos atravessam o tronco para se encontrar com os sobreviventes na clareira. Nas outras partes, os relatos são concordantes.

167 McCollom estendeu a mão: Entrevista de John McCollom, outubro de 1997. No SLD, Margaret Hastings disse que o nativo foi que estendeu a mão, depois do que McCollom, "a apertou e sacudiu, bambo de alívio".

168 um colega de escola: Entrevistas com John McCollom, outubro de 1997 e 13 de maio de 1998.

168 Wimayuk Wandik: O nativo que os sobreviventes chamaram de "Pete" foi identificado como Wimayuk Wandik por seu filho, Helenma Wandik, em 1º de fevereiro de 2010, através de uma fotografia tirada por C. Earl Walter Jr. Esta identificação foi subsequentemente confirmado por sua sobrinha, Yunggukwe e por seu sobrinho Tomas.

169 Ele e os outros membros da aldeia eram mercadores: Entrevista com Helenma Wandik.

170 "Pete e seus rapazes": Hastings, SLD, parte 9.

170 um cheiro horrível: Entrevistas com Helenma e Tomas Wandik.

171 deu uma mordida no caule: Ibid.

171 "o nativo que cuidava daquela plantação": Entrevista com John McCollom, outubro de 1997.

174 olhos azul-claros: Entrevistas com Helenma e Tomas Wandik.

174 "eu amava Pete e seus seguidores": Hastings, SLD, parte 9.

175 possa desalojar... as *etai-eken*. Esta discussão sobre as "sementes da canção" e o tratamento de ferimentos se baseia largamente em Gardner e Heider,

Gardens of War, pp. 88, 140-41. Este tratamento de ferimentos é também descrito em diversas partes por Matthiessen, *Under the Mountain Wall*, p. 227.

176 "Eles estão levando a comida!": St. George, "O Vale Oculto".

13. VENHA O QUE VIER

178 Os jornais haviam detalhado as atrocidades: Relatos sobre a Marcha da Morte de Bataan se tornaram comuns no início de 1944. Um exemplo entre muitos foi um editorial publicado no *The New York Times* em 30 de janeiro de 1944: "Revenge! The Nation Demands It."

178 ousada fuga: Entrevista de Camilo Ramirez ao cineasta Sonny Izon, sem data.

178 exaustivas marchas: Entrevista de Walter ao autor, 7 de julho de 2009.

178 "Assim que eu consiga nos levar até lá": Ibid.

179 filho do general Courtney Whitney: Carta do capitão C. Earl Walter Jr. ao general de brigada Courtney Whitney, datada de 13 de março de 1945. Constante do arquivo pessoal de Walter no MacArthur Memorial Archives, Richmond, Virgínia. Vale notar que Whitney não era unanimemente admirado. William Manchester, biógrafo de MacArthur, escreveu: "Sob o ponto de vista dos guerrilheiros, [Whitney] foi uma escolha desastrosa. Pouco diplomático e beligerante, ele era condescendente com todos os filipinos, exceto aqueles que, como ele mesmo, tinham substanciais investimentos nas ilhas." Ver William Manchester, *American Caesar: Douglas MacArthur, 1880-1964* (Nova York: Little, Brown, 1978), p. 378.

179 uma carta objetiva: Ibid.

179 "um traço que herdei de meu pai": Ibid.

179 respondeu duas semanas depois: Whitney a Walter, 27 de março de 1945, carta constante dos arquivos pessoais de Walter, no MacArthur Memorial Archives.

180 tão frustrado que começou a devanear: Entrevista de Walter ao autor, 7 de julho de 2009.

180 "Eu era filho único": Ibid.

180 Se o pai de Walter tinha mesmo esse poder: O arquivo pessoal de C. Earl Walter Sr. constante do MacArthur Memorial Archives contém apenas uma única folha de papel, confirmando seu comissionamento como oficial, segundo o arquivista James Zobel.

NOTAS

181 "soerguer e cristianizar os filipinos": General James Rustling, "Interview with President William McKinley", *Christian Advocate*, 22 de janeiro de 1903, p. 17, reimpressa por *Daniel* Schirmer e Stephen Rosskamm Shalom em *The Philippines Reader* (Boston: South End Press, 1987), pp. 22-23.

182 "guerra humana": Stuart Creighton Miller, *Benevolent Assimilation: The American Conquest of the Philippines, 1899-1903* (New Haven, Conn.: Yale University Press, 1984), p. 253. Ver também Thomas Bender, *Rethinking American History in a Global Age* (Berkeley e Los Angeles: University of California Press, 2002), p. 282.

182 as oportunidades econômicas estavam limitadas: Alex S. Fabros, "California's Filipino Infantry: A Short History of the 1st and 2nd Filipino Infantry Regiments of the U.S. Army in World War II", Museu Militar do Estado da Califórnia, www.military-museum.org/Filipino.html, p. 3 (obtido em 21 de novembro de 2009).

183 mais de cem mil filipinos: Ibid., p. 1.

183 em um estranho limbo: Linda A. Revilla, "'Pineapples', 'Hawayanos', and 'Loyal Americans': Local Boys in the First Filipino Infantry Regiment, U.S. Army", *Social Process in Hawaii* 37 (1996): 61, www.efilarchives.org/pubications (obtido em 29 de novembro de 2009).

183 "A vida é uma coisa pequena": Ibid., p. 62. A citação é do sargento Urbano Francisco.

184 mais de sete mil: Ibid.

184 milhares deles fizeram o juramento: Fabros, "California's Filipino Infantry", p. 4.

184 Um repórter norte-americano: James G. Wingo: "The First Filipino Regiment", *Asia* 42 (outubro de 1942: 562-63. Uma nota observa que Wingo "foi, até a ocupação de Manila, o correspondente em Washington da Imprensa Livre das Filipinas").

184 Em uma batalha na Ilha de Samar: Fabros, "California's Filipino Infantry", p. 5.

185 renhido combate contra os japoneses na ilha de Leyte: Ibid.

185 "Eu tenho exatamente o pessoal capaz de tirar os sobreviventes de lá": Entrevista de Walter ao autor, 6 de julho de 2009.

186 um aviso dividido em quatro partes: Ibid. Ver também Imparato, *Rescue from Shangri-La*, pp. 16-17.

189 todos... deram um passo à frente: Entrevista de Walter ao autor, 6 de julho de 2009.

14. CINCO POR CINCO

190 "Nós podemos limpar um espaço suficiente": Hastings, SLD, parte 9.

190 um C-47: Entrevistas de John McCollom, outubro de 1997 e 13 de maio de 1998.

191 "*walkie-talkie*": Os sobreviventes não especificaram o modelo, mas a descrição de Margaret Hastings deixa entrever que era o Motorola SCR-300, um célebre rádio transmissor-receptor largamente utilizado na região do Pacífico durante a guerra. Ver www.scr300.org e Harry Mark Petrakis, *The Founder's Touch: The Life of Paul Galvin of Motorola* (Nova York: McGraw-Hill, 1965), pp. 144-47.

191 "McCollom rapidamente o ajustou": Hastings, SLD, parte 9.

191 teve que engolir em seco... antes de conseguir falar: St. George "Hidden Valley".

191 "Aqui é o tenente McCollom": Hastings, SLD, parte 9.

191 sargento... Jack Gutzeit: Os tripulantes do avião de suprimentos 311 foram identificados no *Jungle Journal* (boletim publicado pelo Comando de Apoio à Força Aérea no Extremo Oriente) 1, nº 4 (20 de junho de 1945): 3.

192 "quase fracos demais para se mexer": Hastings, SLD, parte 9.

193 capitão Herbert O. Mengel: *Jungle Journal*, p. 3

193 os nativos retornaram: A fonte dos acontecimentos e diálogos ocorridos na manhã de quinta-feira, 18 de maio de 1945, está nas partes 9 e 10 do SLD.

195 conjunto habitacional da Nova Guiné: Hastings, parte 10.

196 morador de Uwambo permanentemente ressentido: Entrevista com Yunggukwe Wandik. Depois que ela, com relutância, concordou em contar sua história, o autor lhe pagou pelo porco perdido, em nome do povo dos Estados Unidos.

196 tomates enlatados e suco de tomate: No SLD, Margaret Hastings apenas menciona os tomates, mas John McCollom, em sua entrevista a Robert Gardner, disse que ele e Decker encontraram "meia dúzia de grandes caixas de tomates enlatados e suco de tomate".

197 "Vamos, Maggie": Hastings, SLD, parte 10.

197 cuidar melhor dos ferimentos deles: As informações e citações a respeito do primeiro tratamento médico provêm de Hastings, SLD, parte 10.

15. AÇÃO DE GRAÇAS PERDIDA

202 o melhor soldado que já conhecera: Entrevista de Walter ao autor em 6 de julho de 2009.

202 Seu hobby era o aeromodelismo: "Model Planes Continue Championship Flights", *Los Angeles Times*, 6 de setembro de 1938, p. 8. As informações sobre Abrenica procedem também de seus registros de imigração e alistamento. Ver www.ancestry.com (obtido em 29 de novembro de 2009).

203 mais tortuoso e perigoso: Entrevista com Ramirez. Seus registros de alistamento corroboram relatos da época a respeito de seu envolvimento no resgate de Shangri-La, incluindo uma reportagem sem data no caderno de Walter intitulada: "Shangri-La Hero Here; Filipino Visits Pal, Claims U.S. Bride."

203 "Vou passar por ali": Ibid.

205 "Eu simplesmente gostava do entusiasmo dele": Entrevista de Walter a Izon.

206 conversou novamente com o coronel Elsmore: Entrevista de Walter ao autor em 7 de julho de 2009. O fato também consta do diário de Walter, com registro em 17 de maio de 1945.

206 "Vai ser a sua operação": Entrevista de Walter a Izon.

207 "Foi uma encrenca": Entrevista de Walter ao autor em 7 de julho de 2009.

207 "Vocês querem mesmo fazer isso?": Entrevista de Walter a Izon.

207 Walter registrou em um diário: Walter, CEW.

208 "Não deixem que nenhum paraquedista salte aqui": Hastings, SLD, parte 11.

208 "Eu não conseguia mais me mover": Ibid.

209 pulgas que se alojavam nos cobertores: Comentários do coronel Jerry Felmley durante o jantar de aposentadoria de McCollom, realizado em 23 de setembro de 1980, no Clube dos Oficiais da Base Aérea de Wright Patterson. Felmley entrevistou Decker durante a ocasião.

209 "Finalmente! Vamos comer!": Hastings, SLD, parte 11.

210 "Sinceramente, Maggie": Ibid.

211 "enquanto os nativos tagarelavam": Ibid., parte 9.

211 observava a mulher nativa: Ibid., parte 11.

211 o nome da mulher era Gilelek: Entrevista de Helenma Wandik.

212 "Eles estavam trazendo um porco": Hastings, SLD, parte 11.

213 "É a lembrança dos porcos: Heider, *Grand Valley Dani*, p. 39.

16. RAMMY E DOC

215 Sobrevoando a clareira dos sobreviventes: Entrevista de Walter ao autor em 7 de julho de 2009. O relato também utiliza a entrevista de Walter a Izon.
215 "Eu soltei cinco bonecos": Entrevista de Walter a Izon.
216 "era como o inferno": Ibid.
218 "Estava claro para nós todos": Hastings, SLD, parte 12.
219 "Deus abençoe vocês": Entrevista de Kenneth Decker a Sonny Izon, sem data.
219 "Eu rezei mais 'Pai Nossos'": Hastings, SLD, parte 12.
219 "trinta metros acima da área de saltos": Entrevista de Ramirez.
220 "Os nativos estavam com lanças": Ibid.
222 "eles vinham da cidade": Ibid.
222 mais malefícios que benefícios: Hastings, SLD, parte 13.
222 "remover as bandagens": Ibid., parte 12.
223 "como ficou chocado": Ibid.
223 "minhas pobres pernas": Ibid.

17. CUSTER E A CAVALARIA NORTE-AMERICANA

225 coronel Edward T. Imparato: Imparato, *Rescue from Shangri-La*, p. 55.
225 que voasse baixo: Entrevista de Walter ao autor, 7 de julho de 2009.
226 Quando nós aterrissamos: Ibid. Exceto quando indicado, os diálogos desta cena da aterrissagem dos paraquedistas no vale provêm da entrevista do autor com Walter em 7 de julho de 2009.
226 trezentos: "The Hidden Valley", *Pulse* (supl.), boletim militar datilografado encontrado no caderno de Walter, p. 4.
227 A última batalha de Custer: Entrevista de Walter ao autor, 8 de julho de 2009.
227 "som estranho e assustador": "The Hidden Valley", caderno de Walter, p. 4.
228 "equipados para uma missão de combate": Ibid.
228 uma área conhecida pelos nativos como Wosi: Lisaniak Mabel, entrevistado pelo autor, 2 de fevereiro de 2010.
229 "um cipó pendurando no céu: Ibid.
229 seu nome era Yali: O líder dos clãs de Logo-Mabel foi identificado em fotos tiradas por C. Earl Walter Jr. por quatro testemunhas separadas, entrevistadas entre 1 e 3 fevereiro, inclusive o neto de Yali, reverendo Simon Logo.

NOTAS

230 "Eu sacudi aquelas drogas de folhas": "Hidden Valley", caderno de recortes de Walter, p. 4.
230 "não tinham nada a temer de nós": Entrevista de Walter ao autor, 6 de julho de 2009.
230 Naquela noite, no diário: Walter, CEW, 20 de maio de 1945.
230 "nunca tomavam banho": Entrevista de Walter ao autor, 6 de julho de 2009.
231 "uma seção de abraços": Ibid.
232 "vamos todo mundo tirar as calças": Entrevista de Walter ao autor, 7 de julho de 2009. Ver também Walter, CEW, 21 de maio de 1945.
233 "Isso não é lama!": Entrevista de Ai Baga ao autor, 2 de fevereiro de 2010. A reação dos *danis* à nudez dos soldados também se baseia em entrevistas realizadas no mesmo dia com Lisaniak Mabel e no dia seguinte com Narekesok Logo.
234 *A Rainha*: Imparato, *Rescue from Shangri-La*, p. 105.
234 forasteiros não eram bem-vindos no interior da cerca: Walter, CEW, 20 de maio de 1945.
234 "Durante seis horas": Hastings, SLD, parte 13.
235 passaram a esquadrinhar a mata: John McCollom, entrevista, outubro de 1997.
235 "Um nativo chegou correndo ao nosso acampamento": Hastings, SLD, parte 13.
236 "Eles estarão aí ao cair da noite": Ibid.
236 "Meu namoradinho Wally": Ibid.
237 Quando retornou à base: Entrevista de John McCollom, outubro de 1997. McCollom é a fonte para os diálogos de todo o trecho seguinte.
238 "Nós tínhamos que escamar": Entrevista com Ramirez.

18. HORA DO BANHO DE YUGWE

240 Margaret acordou na manhã seguinte: Hastings, SLD, parte 13. Este relato do banho de Margareth também provém da entrevista de McCollom a Gardner em outubro de 1997.
241 "Olhei em volta": Hastings, SLD, parte 13.
242 "Nós vimos que ela tinha seios": Helenma Wandik, entrevista.
242 "um homem, uma mulher e o marido da mulher": Ibid.
242 "sempre detestara": Hastings, SLD, parte 13.
243 "um breve reconhecimento": Walter, CEW, 21 de maio de 1945.

243 "uma das partes mais interessantes de nossas vidas": Ibid.
244 "Dei alguns tiros": Ibid.
244 "só por diversão": Entrevista de Walter ao autor, 7 de julho de 2009.
244 "nossas armas podem matar": Walter, CEW, 21 de maio de 1945.
245 "Um homem chamado Mageam": Lisaniak Mabel, entrevista.
245 "Pika atirou muito": Entrevista com Ai Baga.
245 "para que nossos inimigos não nos atacassem": Narekesok Logo, entrevistado pelo autor, 3 de fevereiro de 2010.
245 uma casa para depositar uma *inalugu*: Entrevista com Ai Baga.
246 Walter se abasteceu com um desjejum: Walter, CEW, 22 de maio de 1945.
246 "Só Deus sabe": Ibid.
247 "uma declaração, chamada *maga*": Yunggukwe Wandik, entrevista.
248 "surgiram na trilha e nos detiveram": Entrevista de Walter ao autor, 6 de julho de 2009.
249 "atrapalham mais do que ajudam": Walter, CEW, 23 de maio de 1945.
249 "Eles não entenderam": Ibid.
249 "As coisas parecem estar indo mal": Ibid., 24 de maio de 1945.
250 "Só Deus sabe": Ibid.

19. "NÃO CHORE, MENINA, NÃO CHORE"

251 "Finalmente eles passaram sobre nós": Walter, CEW, 25 de maio de 1945.
252 "Earl vai chegar aí daqui a pouco": McCollom e Walter, entrevista conjunta, 13 de maio de 1998.
252 "aqueles latidos típicos": Hastings, SLD, parte 14.
252 "Ele parecia um gigante": Ibid.
253 "Eu sabia que eles estavam bem": Entrevista de Walter a Izon.
253 "Os homens de Walter o adoravam": Hastings, SLD, parte 14.
253 "uma garota muito bonita": Entrevista de Walter ao autor, 6 de julho de 2009.
254 uma bandeira norte-americana ondulava: Ibid., 7 de julho de 2009.
254 "O Posto Perdido de Shangri-La": Walter, CEW, 29 de maio de 1945.
254 "A bandeira norte-americana agora se ergue": Ibid., 31 de maio de 1945.
254 "ganhavam e perdiam milhares de dólares": Hastings, SLD, parte 14.
254 "Super-Homem" ou "Homem de Ferro": Em seu diário, Margaret se refere a Caoili como "Super-Homem", mas em legendas de fotos em seu caderno, Walter usa o apelido de "Homem de Ferro".

255 "Deveria haver uma lei": Hastings, SLD, parte 14.
255 "Deuces Wild, Roll Your Own": "Here's a Soldier Who Refuses to Embrace a WAC", *Chicago Daily Tribune*, 12 de julho de 1945.
255 "você não sabe jogar cartas": Entrevista de Walter ao autor, 6 de julho de 2009.
255 "O capitão jogava": Hastings, SLD, parte 14.
256 "Walter gostava de ser o centro das atenções": Ibid.
257 "para deixar meus homens em paz": Entrevista de Walter ao autor, 6 de julho de 2009.
257 "Deixe ela para lá": Ibid.
257 "todo o crédito do mundo": Walter, CEW, 25 de maio de 1945.
258 enterrar os mortos: Walter, CEW, 27 a 29 de maio de 1945.
258 uma segunda estrela de davi: Documento no IDPF da cabo Mary M. Landau, assinado por seu irmão, Jack Landau, datado de 29 de junho de 1959.
258 ajudando os tripulantes a lançar os implementos funerários: Entrevista oral com Ruth Johnson Coster, Universidade da Carolina do Norte, Greensboro, Object ID WV0145.5.001.
259 a trilha dos cabelos de Margaret: Hastings, SLD, parte 14.
259 "É lá": McCollom e Walter, entrevista conjunta, 13 de maio de 1998.
259 "O relato do tenente Mac": Walter, CEW, 29 de maio de 1945.
259 "enterramos o capitão Good": Walter, CEW, 6 de junho de 1945. Reportagens da época dão conta de que os serviços funerários foram realizados no dia 26 de maio, mas o diário de Walter informa a data como sendo 6 de junho. A credibilidade de seu relato é reforçada pelos registros anteriores, em que ele escreve que está aguardando ordens a respeito do que fazer com os restos mortais.
261 um herói de guerra: Link da força aérea: www.af.mil/bios/bio.asp?bioID=5510 (obtido em 18 de fevereiro de 2010).
262 "Do fundo do abismo": Russell Brines, repórter da Associated Press, "'Shangri-La'on New Guinea". Reportagem publicada nos jornais da rede em 9 de junho de 1945, encontrada no caderno de Walter.
262 "transmitia uma paz": Ibid.
262 "cerimônia fúnebre mais triste e impressionante": Hastings, SLD, parte 14.
263 "uma longa discussão sobre o mundo em guerra": Walter, CEW, 6 de junho de 1945.

263 "uma garota de personalidade": Entrevista de Walter ao autor, 6 de julho de 2009.

263 "Quando eles subiram a montanha": Yunggukwe Wandik, entrevista.

264 recebeu condolências: Cópias das cartas do general Douglas MacArthur, do general Clements McMullen e do general H.H. Arnold foram apresentadas pela família do major Nicholson.

265 "um relatório atualizado": General Robert W. Dunlop a Patrick J. Hastings, 27 de maio de 1945. Arquivo de Hastings no TCHS.

265 "escapou milagrosamente": Capelão Cornelius Waldo a Patrick J. Hastings, 8 de maio de 1945. Arquivo de Hastings no TCHS.

20. "EI, MARTHA!"

267 se infiltrou em seu diário: Walter, CEW. Trechos selecionados, 29 de maio a 8 de junho de 1945.

270 Aos 37 anos, Walter Simmons: Trevor Jensen, "Walter Simmons, 1908-2006: Editor and War Reporter", *Chicago Tribune*, 1º de dezembro de 2006.

270 que viajava pelas Filipinas em maio de 1945: As manchetes são de artigos assinados por Walter Simmons publicados na *Chicago Tribune* em 13, 17, 21 e 31 de maio de 1945.

271 Oriundo da Nova Escócia: "Ralph Morton, Former War Reporter", *Newsday*, 20 de outubro de 1988, p. 41.

271 mais de 1.400 jornais: *Encyclopaedia Britannica*, www.britannica.com/EBchecked/topic/136280/Kent-Cooper (obtido em 22 de fevereiro de 2010). Ver também www.encyclopedia.com/doc/1G2-3445000019.html.

272 "Em um vale oculto": Walter Simmons, "WAC, 2 Yanks Marooned in Hidden Valley", *Chicago Tribune*, 8 de junho de 1945.

272 "A queda de um avião de transporte do Exército": Associated Press, "Chutists Land in Shangri-La to Rescue Fliers", *Deseret News*, 9 de junho de 1945.

273 *The New York Times*: Associated Press, "Airfield Is Buit to Rescue a WAC and 2 Men in New Guinea Crash", *New York Times*, 9 de junho de 1945.

274 "pare de se preocupar e comece a rezar": "Plane-to-Ground Conversations Reveal Details of Survivor's Life in Shangri-La Valley", *Trenton Republican-Times*, 13 de julho de 1945.

274 "a rainha do vale": Ibid.

274 "Shangri-La Recebe as Últimas Notícias": Ralph Morton, "Shangri-La Gets Latest News from Associated Press", *St. Petersburg Evening Independent*, 13 de junho de 1945.
275 mil dólares para cada um: Walter, CEW, 16-18 de junho de 1945.
275 uma pontada de inveja: Ibid.
275 A cabo da WAC Thelma Decker: "Plane-to-Ground Conversations."
275 comprou uma caixa de chocolates: Associated Press, "Shangri-La Trio Hikes Out Today", *Salt Lake Tribune*, 14 de junho de 1945.
275 "Ela pode se tornar uma nativa": Transcrição das comunicações pelo rádio entre militares, 24 de junho de 1945. Reimpressa em Imparato, *Rescue from Shangri-La*, p. 120.
276 "se agarraram no umbral de alumínio": Walter Simmons, "Crew Supplying Hidden Valley Averts Mishap", *Chicago Tribune*, 21 de junho de 1945.
276 garimpado ouro: Ibid.,   p. 122.
276 caixas de cerveja: Walter, CEW, 9 de junho de 1945.
276 "abatido demais para escrever": Ibid.
276 retransmitisse suas mensagens pessoais: "Tribune Sending Kin's Notes to 'Hidden Valley'", *Chicago Tribune*, 15 de junho de 1945.
277 "Robert morreu instantaneamente": John McCollom a Rolla e Eva McCollom. Frase citada ao autor pela filha de Robert, Dennie McCollom Scott em 30 de maio de 2010.
277 "Que tal me lançarem algumas calcinhas?": Simmons, "WAC, 2 Yanks".
277 pedindo uma calcinha: Hastings, SLD, parte 15.
278 "Doenças de pele tropicais": Ibid.
278 "Mumu" e "Mua": Helenma Wandik, entrevista.
279 longas meditações sobre os nativos: C. Earl Walter Jr., "Miscellaneous Notes on the Natives", CEW.
279 "fotos de modelos": Ibid.
279 não conseguia preencher seu canudo: Ibid.
280 diversas linhas curvas: Ibid.
281 "deuses brancos caídos do céu": Associated Press, "Three in 'Shangri-La' May Quit Peak Today", *New York Times*, 14 de junho de 1945.
281 "as pessoas mais felizes que já vi": Walter Simmons, "Hidden Valley Dwellers Hide Nothing, but All Wear Smiles", *Chicago Tribune*, 16 de junho de 1945.
281 "Eles viviam bem": Entrevista de Walter ao autor, 6 de julho de 2009.
281 "a garota mais bonita": Walter, "Miscellaneous Notes".

21. A TERRA PROMETIDA

283 "manchetes em todo o mundo": Walter, CEW, 11 de junho de 1945.
283 "minhas preces serão atendidas": Ibid., 13 de junho de 1945.
283 "As últimas notícias que recebi de papai": Ibid.
284 "Não vou correr o risco": Ibid., 10 de junho de 1945.
285 permaneceu à espreita de sua presa jornalística: Transcrição das comunicações pelo rádio entre militares, 15 de junho de 1945. Reimpressa em Imparato, *Rescue from Shangri-La*, pp. 79-80.
286 "Dois paramédicos filipinos": Simmons, "WAC, 2 Yanks".
287 vinha de Chicago: Walter Simmons, "Glider Takes Six More Out of Shangri-La", *Chicago Tribune*, 1º de julho de 1945.
287 Walter reagiu com raiva: Walter, CEW, 22 de Junho de 1945.
287 "você vai usar isso?": Entrevista com John McCollom, outubro de 1997.
288 "tentamos nos despedir de Pete e seus homens": Hastings, SLD, parte 15.
288 chorando pela partida deles: Ibid.
288 declararam outra *maga*: Yunggukwe Wandik, entrevista.
289 olhou para o acampamento por cima do ombro: Hastings, SLD, parte 15.
289 "Nós partíamos o alimento e comíamos um pedaço": Entrevista com John McCollom, outubro de 1997.
289 "Ninguém sabia para quem era a comida": Tomas Wandik, entrevista.
289 um lugar mágico: Yunggukwe Wandik, entrevista.
289 aceitou um facão: Sessenta e cinco anos depois, Helenma Wandik ainda se lembrava ternamente do facão, assim como os sobrinhos de Wimayuk, Tomas e Yunggukwe Wandik.
290 "Alguns homens estavam furiosos com Wimayuk": Entrevista com Helenma Wandik.
290 "Eles adoravam os cigarros": Hastings, SLD, parte 13.
290 continuou em uso: Visita do autor a uma aldeia próxima a Uwambo em fevereiro de 2010. As aldeias *yali* e *dani* tendem a mudar de lugar ao longo dos anos, e Uwambo não abrigava mais uma aldeia.
291 "Íamos para cima e para baixo, de grota em grota": Entrevista de Walter ao autor, 6 de julho de 2009.
291 "Eu achava que estava forte": Hastings, SLD, parte 15.
291 "Devo tirar o chapéu para o sargento Decker": Walter, CEW, 15 de junho de 1945.

292 "bastante acidentada": Ibid., 16-18 de junho de 1945.
292 "Eles são hostis?": Transcrição das comunicações pelo rádio entre militares, 16 de junho de 1945. Reimpressa em Imparato, *Rescue from Shangri-La*, p. 82.
292 "Nosso maior problema é água": Ibid.
293 "Minha maior preocupação": Entrevista de Walter ao autor, 7 de julho de 2009.
293 "Nós estamos indo muito bem": Walter, CEW, 16-18 de junho de 1945.
293 "bem demais": Hastings, SLD, parte 15.
293 "foi logo apelidado de 'Bob Hope'": Ibid.
295 subiram correndo a trilha: Walter, CEW, 16-18 de junho de 1945.
295 "os melhores soldados de infantaria": Ibid.
295 os três sobreviventes deram pulos: Relatório do Comando de Apoio à Força Aérea no Extremo Oriente, 18 de junho de 1945. Reimpresso em Imparato, *Rescue from Shangri-La*, p. 87.
295 sentado ao seu lado: Ralph Morton, "Survivor Trio of Shangri-La Safe in Valley", *Sarasota Herald-Tribune*, 20 de junho de 1945.
295 "Tenho certeza de que os seguidores de Moisés": Hastings, SLD, parte 16.

22. HOLLYWOOD

296 "E devem estar lá até hoje": Hastings, SLD, parte 16.
296 "já saltou antes?": John McCollom, entrevistado por Gardner, outubro de 1997.
297 "um completo amador": Hastings, SLD, parte 16.
297 "Junte as pernas!": Ibid.
298 "Puxe as cordas!": John McCollom, entrevistado por Gardner, outubro de 1997.
298 "esse homem está bêbado!": Entrevista de Walter ao autor, 6 de julho de 2009.
298 "Completamente bêbado": McCollom, entrevistado por Gardner, outubro de 1997.
298 "Este vale está se transformando em Hollywood": Associated Press, "Shangri-La Trio Eat Pork Chops, Await Rescue", *Sarasota Herald-Tribune*, 21 de junho de 1945.
299 Câmara dos Comuns canadense: Ernest J. Chambers, *The Canadian Parliamentary Guide* (Ottawa, Canadá: Mortimer, 1908), p. 143.

299 colaborou na fundação do Federal Reserve Bank of New York: "H.V. Cann Returns to Canada", *New York Times*, 3 de março de 1917.
299 estudar engenharia de estruturas: Alexandra Cann, entrevistada pelo autor, 15 de agosto de 2009.
299 começou a perder no pôquer sua considerável herança: Ibid.
300 pequenos papéis como ator: resumo da carreira de Alexander Cross em www.imdb.com (obtido em 15 de agosto de 2009). Ver também Alexandra Cann, entrevista.
300 companheiro de copo Humphrey Bogart: Cann, entrevista.
300 publicou na primeira página uma história "Ei, Martha!": "Actor Confesses Theft of Gems at Palm Springs", *Los Angeles Times*, 28 de março de 1937.
301 "Ninguém gosta de processar um amigo": "Mrs. Hearst Not to Prosecute Cann in Gem Theft Case", *Los Angeles Times*, 29 de março de 1937.
301 "Joias de Anfitriã Roubadas por Ator": Associated Press, "Host's Jewels Are Stolen by Thespian", *Brownsville (Texas) Herald*, 29 de março de 1937.
301 Nem mesmo o *New York Times* conseguiu resistir à história: "Ex-wife of Hearst Jr. Robbed", *New York Times*, 28 de março de 1937.
302 já se casara e divorciara três vezes: Cann, entrevista.
302 Cann sobreviveu, mas com uma vértebra quebrada: Teatrólogo Keith Dewhurst, genro de Alexander Cann, entrevistado pelo autor em 15 de setembro de 2009.
302 muito mais sobre a produção de filmes: Cann, entrevista.
302 Serviço Governamental de Informações das Índias Holandesas: "The Netherlands Information Service Collection: An Introduction", *Historia Actual Online* 3, n°. 8 (2005): 201-9.
303 "Correspondente de Guerra e Cineasta": Correspondência entre Robert Gardner e John Daniell, filho de Fred Daniell, da Companhia Cinematográfica das Índias Holandesas, 17 de dezembro de 1997.
303 seu charme e sotaque canadense: Ibid.
303 colidiu a toda velocidade contra o *Australia:* "The First Kamikaze Attack?", Memorial de Guerra da Austrália, www.awm.gov.au/wartime/28/article.asp (obtido em 2 de março de 2010).
303 "com fumaça saindo por todos os lados": Associated Press, "Jap Plane with Dead Pilot Rips Allied Cruiser", *Los Angeles Times*, 2 de novembro de 1944.
304 voou de Melbourne a Hollandia: Alexander Cann, "Chuting Photog Pictures Life in 'Shangri-La'", *Chicago Tribune*, 2 de julho de 1945.

304 "seis garrafas de uísque e uma festa": Transcrição das comunicações pelo rádio entre militares, 22 de junho de 1945. Reimpressa em Imparato, *Rescue from Shangri-La*, p. 117.

304 "obviamente, aquilo seria perigoso: Cann, entrevista.

304 "Não sei se pulei ou fui empurrado": Cann, "Chuting Photog".

304 rombo no estoque de aspirinas: Hastings, SLD, parte 16.

304 *chow mein* com batatas fritas: Ibid.

304 uma garrafa inteira de gim holandês: Entrevista de Walter ao autor, 6 de julho de 2009.

304 "Pelo menos até que apareça outra história": Transcrição das comunicações pelo rádio entre milatares, 24 de junho de 1945. Reimpressa em Imparato, *Rescue from Shangri-La*, p. 122.

305 "a mais deslumbrante sobrevivente": "Hidden Valley", *Pulse*; *Pulse* era o boletim do *USS Barnstable*, o navio que levou Walter e seus homens até Manila. Uma versão ligeiramente diferente desta citação aparece em "Modern Legend of Shangri-La", *Jungle Journal* (boletim do Comando de Apoio à Força Aérea no Extremo Oriente) 1, nº 4. (20 de junho de 1945): 3.

305 "abdicar da minha coroa": Transcrição das comunicações pelo rádio entre militares, 24 de junho de 1945. Reimpressa em Imparato, *Rescue from Shangri-La*, p. 122.

306 logo se tornaram amigos: Entrevista de Walter ao autor em 6 de julho de 2009.

306 "experiências e bordoadas": Walter, CEW, 21 de junho de 1945.

306 "aprender alguma coisa": Ibid., 23 de junho de 1945.

306 "gente finíssima": Ibid., 23 de junho de 1945.

307 "Peggy devia achar que era um cachorro": Hastings, SLD, parte 16.

307 "tive vontade de chorar": Ibid.

307 insistiu que sua cama fosse dada a Decker: Ibid.

309 "com a barriga a ponto de estourar": Walter, CEW, 20 de junho de 1945.

309 recriar o último trecho da jornada: Walter, CEW, 21 de junho de 1945. Ver também entrevista de Walter e McCollom a Gardner em 13 de maio de 1998.

23. PLANADORES?

311 batalhão de engenharia da Marinha: Don Dwiggins, *On Silent Wings: Adventures in Motorless Flight* (Nova York: Grosset & Dunlap, 1970), p. 109.

311   L-5 Sentinel: Devlin, *Silent Wings*, p. 354. Ver também Museu Nacional da Força Aérea dos Estados Unidos, em www.nationalmuseum.af.mil/factsheets/factsheet. asp?id=519 (obtido em 5 de março de 2010).
311   consumiria todo o seu combustível: Devlin, *Silent Wings*, p. 254.
311   desengonçado rapaz do interior: Margaret Palmer Harvey, filha de Henry Palmer, entrevistada pelo autor em 12 de março de 2010.
312   postou-se em frente a um quadro-negro: Devlin, *Silent Wings*, pp. 354-55.
312   "nem de uma segunda chance": Ibid., p. xi.
313   assumiu a liderança na tecnologia de planadores: Ibid., pp. 29-36.
313   silenciosas máquinas de guerra: Ibid. Ver também David T. Zabecki, *World War II in Europe*, (Nova York: Routledge, 1999), pp. 1471-72.
314   Mil pilotos começaram a treinar com planadores: Major Michael H. Manion, "Gliders of World War II: 'The Bastards No One Wanted'", tese de mestrado, Escola de Estudos Aeronáuticos e Espaciais Avançados, Universidade do Ar, Base Aérea de Maxwell, Montgomery, Alabama, junho de 2008, p. 56.
315   acompanharam seu desenvolvimento com interesse: McCollom, entrevista, outubro de 1997.
315   um fabricante de refrigeradores, outro de móveis e outro, ainda, de caixões: Manion, "Gliders of World War II", p. 53. Ver também Dwiggins, *On Silent Wings*, p. 78.
316   25 metros de envergadura: As especificações do Waco CG-4A provêm do Museu Nacional da Força Aérea dos Estados Unidos, www.nationalmuseum.af.mil/factsheets/factsheet.asp?id=504 (obtidas em 7 de março de 2010).
316   14.000 Wacos: Turner Publishing, *World War II Glider Pilots* (Paducah, Ky.: Turner, 1991), p. 16.
316   a cerca de 15 mil dólares cada: Ibid.
316   dezessete luxuosos carros Ford de oito cilindros: Marvin L. Arrowsmith, "OPA Set New Car Price Ceilings near 1942 Averages", *St. Petersburg Evening Independent*, 19 de novembro de 1945.
317   num espaço de duzentos metros: Turner Publishing, *World War II Glider Pilots*, p. 16.
317   "jóqueis suicidas": Lloyd Clark, *Crossing the Rhine: Breaking into Nazi Germany*, 1944 and 1945 (Nova York: Grove Atlantic, 2008), p. 87.
317   brindavam ironicamente: Web Site da Associação Nacional dos Pilotos de Planadores da Segunda Guerra Mundial, www.pointvista.com/

WW2GliderPilots/GliderPilotHumor.htm (obtido em 7 de março de 2010).
318 "não vá de planador": Walter Cronkite, prefácio para o livro de John L. Lowden, *Silent Wings at War: Combat Gliders in World War II* (Washington, D.C.: Smithsonian Institution Press, 2003), p. ix.
318 Cerca de quinhentas recuperações de planadores: Keith H. Thorns et al., "Austere Recovery of Cargo Gliders", www.ndu.edu/inss/Press/jfq_pages/editions/i48/29.pdf (retrieved March 9, 2010).
318 equipados como ambulâncias aéreas: Leon B. Spencer, piloto de planador durante a Segunda Guerra Mundial, e Charles L. Day, "WW II U.S. Army Air Forces Glider Aerial Retrieval System", www.silentwingsmuseum.com/images/Web%20Content/WWII%20USAAF%20Glider%20Aerial%20Retrieval%20System.pdf (obtido em 20 de outubro de 2009).
321 espalhados pela região: Imparato, *Rescue from Shangri-La*, p. 59.
321 piloto da United Airlines: William Samuels, *Reflections of an Airline Pilot* (San Francisco, Calif.: Monterey Pacific, 1999), p. 46.
321 Mais experiente piloto de planadores: Ibid., p. 72.
321 cedeu seu próprio alojamento: Ibid., p. 73.
321 *Louise Goteira*: Ibid., p. 72
322 uma disenteria... que se prolongou por três dias: Ibid., p. 74.
322 *Pilha de Lenha*: St. George, "Rescue from Shangri-La", p. 6.
322 "O que você acha, Mac?": Samuels, *Reflections of an Airline Pilot*, p. 73.
322 uma altura máxima de sessenta centímetros: Transcrição das comunicações pelo rádio entre militares, 19 de junho de 1945. Reimpressa em Imparato, *Rescue from Shangri-La*, p. 110.
323 papel higiênico: "Reynolds Allen Clears Up Several Hidden Valley Facts Related in Prior Articles", *Silent Wings* (boletim da Associação dos Pilotos de Planadores da Segunda Guerra Mundial) 1, nº 4 (setembro de 1974): 16.
323 um enorme guincho: Ibid. Detalhes sobre técnicas e equipamentos de fisgada de planadores foram obtidos também em Spencer e Day, "Glider Aerial Retrieval System"; Imparato, *Rescue from Shangri-La*; Lowden, *Silent Wings at War*; Thons et al., "Austere Recovery of Cargo Gliders"; Devlin, *Silent Wings*; e Roy Gibbons, "Brake and Reel Device Used in Glider Snatch", *Chicago Tribune*, 1º de julho de 1945.
324 o que não demoraria mais que três segundos: Lowden, *Silent Wings at War*. Ver também Leon B. Spencer e Day, "Glider Aerial Retrieval System", p. 5.

24. DUAS RAINHAS

326 "depois que sairmos daqui": Frank Kelley, "Weather Delays Rescue of Shangri-La Shutins", *New York Tribune*, 23 de Junho de 1945. Recorte no caderno de Walter.

326 cinco conchas coloridas: Hastings, SLD, parte 16.

326 62 flechas e três arcos: Walter, CEW, 23 de junho de 1945.

326 quatro conchas: Kelley, "Weather Delays Rescue".

326 o chiqueiro... desmoronou: John McCollom, entrevista, outubro de 1997.

326 arruinando a economia local: Ibid.

327 Em um funeral: Heider, *Grand Valley Dani*, pp. 132-33.

328 "não pegar as conchas": Lisaniak Mabel, entrevista.

328 "você precisa ter cuidado": Entrevista de Walter ao autor em 6 de julho de 2009.

328 um negociante ganancioso: Walter, CEW, 30 de junho de 1945.

328 Gerlagam Logo: Narekesok Logo e Dagadigik Walela, entrevistados pelo autor, 3 de fevereiro de 2010.

329 "ovos que aterrissassem inteiros": St. George, "Rescue from Shangri-La," p. 6.

329 "Eles acreditam na humanidade": Transcrição das comunicações pelo rádio entre militares, 21 de junho de 1945. Reimpressa em Imparato, *Rescue from Shangri-La*, p. 117.

329 "Nativos não muito rápidos": Walter, CEW, 24 de junho de 1945.

329 atingido no coração: Hastings, SLD, parte 17.

329 encontraram o esqueleto: Walter, CEW, 27 de junho de 1945.

330 "raça em extinção": Walter, CEW, 22 de junho de 1945.

331 "A gente podia ver os lugares onde os porcos tinham sido cortados": Narekesok Logo, entrevista. A história do porco foi confirmada na entrevistas com Dagadigik Walela, no mesmo dia, e nas entrevistas com Ai Baga e Lisaniak Mabel, em 2 de fevereiro de 2010.

331 "passei repelente de mosquitos nas cabeças deles": Simmons, "Glider Takes Six More".

331 uma infecção no seio: Transcrição das comunicações pelo rádio entre militares, 21 de junho de 1945. Reimpressa em Imparato, *Rescue from Shangri-La*, p. 114.

332 "São indivíduos maravilhosamente despreocupados": Simmons, "Glider Takes Six More".

NOTAS

332 o capitão proibiu: Hastings, SLD, parte 17.
332 "Ele era um homem digno e com autoridade": Ibid., parte 16.
334 "uma palavra da língua da outra": Ibid., parte 17.
335 "convidada real": Ibid.
335 "nada do resto de nós": Transcrição das comunicações pelo rádio entre militares, 21 de junho de 1945. Reimpressa em Imparato, *Rescue from Shangri-La*, p. 114.
335 "Os nativos de Shangri-La são sábios": Hastings, SLD, parte 17.
335 um colar de pequenas conchas: Walter, CEW, 20 e 21 de junho de 1945.
335 um chefe com dez esposas: Entrevista com Dagadigik Walela, 3 de fevereiro de 2010.
336 cortaram a corda de náilon: Samuels, *Reflections of an Airline Pilot*, p. 74. Ver também Hastings, SLD, parte 18.
336 e arrancaram o cabo da antena: St. George, "Rescue from Shangri-La", p. 6.
337 o cabo de aço: Devlin, *Silent Wings*, p. 357.
337 Winston Howell: Há controvérsias sobre o primeiro nome e o posto do operador do guincho. Alguns relatos o chamam de cabo James Howell. Mas reportagens assinadas pelo sargento Ozzie St. George, da *Yank*, e Walter Simmons, da *Chicago Tribune*, que cobriam a missão, identificam o operador como "primeiro-sargento Winston Howell". Em suas memórias, *Reflections of an Airline Pilot*, William J. Samuels o identifica como "Frank" Howell.
337 tinha certeza de que não haveria problemas: Ralph Morton, "Survivor Trio of Shangri-La Safe in Valley", *Sarasota Herald-Tribune*, 20 de junho de 1945.
337 "Uma chuva de alumínio": Samuels, *Reflections of an Airline Pilot*, p. 74.
337 "muito enferrujado": "Reynolds Allen," *Silent Wings*, p. 16.
338 cancelaria a operação com o planador: Simmons, "Glider Rescue Test".
338 pedir aos Abelhas do Mar: Associated Press, "Five More Rescued At Shangri-La", *Miami News*, 30 de junho de 1945.
338 "nenhuma tentativa atabalhoada": Transcrição das comunicações pelo rádio entre militares, 19 de junho de 1945. Reimpressa em Imparato, *Rescue from Shangri-La*, p. 111.
338 "possibilidade de um acidente grave": Ibid.
338 "caso a pescaria do planador não desse certo": Entrevista de Walter a Izon.

339 "Rezei todo o meu rosário": Hastings, SLD, parte 18.

339 pediria a um capelão para rezar: Ibid. Ver também Samuels, *Reflections of an Airline Pilot*, p. 74.

340 "você poderia estar morta": Hastings, SLD, parte 17.

341 "um de nós, caras bonitos": Ibid.

342 o nome que davam a Margaret era Nuarauke: Ai Baga, entrevista.

342 "Durma com esta mulher": Entrevista com Hugiampot, 2 de fevereiro de 2010.

342 Caoili foi chamado de Kelabi: Ibid. Os nomes foram confirmados por outras pessoas no vale, inclusive Lisaniak Mabel, Narekesok Logo e Dagadigik Walela.

342 apreciam nossa ajuda: Walter, CEW, 19 de junho de 1945.

343 "nossa primeira noite de inquietude": Ibid., 22 de junho de 1945.

344 em seus próprios termos: Ai Baga, Lisaniak Mabel e Hugiampot, entrevistas.

344 "os inimigos conversavam": Entrevista com Ai Baga.

25. A PESCARIA

345 sobrecarregariam o planador: Transcrição das comunicações pelo rádio entre militares, 22 de junho de 1945. Reimpressa em Imparato, *Rescue from Shangri-La*, p. 116. Ver também Walter Simmons, "Clouds Defeat Hidden Valley Rescue Effort", *Chicago Tribune*, 29 de junho de 1945, p. 2.

346 sentou-se no banco do copiloto: Simmons, "Clouds Defeat". Ver também Imparato, *Rescue from Shangri-La*, p. 72.

346 refletia sua confiança: O piloto William J. Samuels tinha certeza de que o gesto de Elsmore era um sinal de sua confiança na tripulação do C-47. Ver Samuels, *Reflections of an Airline Pilot*, p. 74.

346 acordaram às seis da manhã: Transcrição das comunicações pelo rádio entre militares, 28 de junho de 1945. Reimpressa em Imparato, *Rescue from Shangri-La*, p. 139.

346 "baforadas de charuto": Walter Simmons, "Glider Saves Yanks Marooned in Shangri-La Valley", *Chicago Tribune*, 30 de junho de 1945.

346 "A rainha acha": Transcrição das comunicações pelo rádio entre militares, 28 de junho de 1945. Reimpressa em Imparato, *Rescue from Shangri-La*, p. 139.

NOTAS

346 um bombardeiro B-25: Don Caswell, "It's Not Exactly Shangri-La", reportagem da United Press datada de 1º de julho de 1945. Recorte no caderno de Walter.

346 "minhas preces serão atendidas no futuro": Walter, CEW, 13 de junho de 1945.

348 "Eu não vou no primeiro planador": Transcrição das comunicações pelo rádio entre militares, 28 de junho de 1945. Reimpressa em Imparato, *Rescue from Shangri-La*, p. 139.

349 a cauda do aparelho se ergueu: *Rescue from Shangri-La*, filme de Alexander Cann. Cópia fornecida por Robert Gardner.

349 "dando pulos de alegria": Hastings, SLD, parte 18.

349 gritando e uivando: Transcrição das entrevistas para a imprensa, 29 de junho de 1945. Reimpressa em Imparato, *Rescue from Shangri-La*, p. 189.

349 "combustível, nem tempo": Transcrição das comunicações pelo rádio entre militares, 28 de junho de 1945. Reimpressa em Imparato, *Rescue from Shangri-La*, p. 141.

349 reduzir o peso do avião: Relatório do major William Samuels. Reimpresso em Imparato, *Rescue from Shangri-La*, p. 143.

349 "uma manhã muito boa": Ibid.

350 "É melhor você não fazer uma passagem de teste": Ibid., p. 142.

350 "prontos para ir?": Hastings, SLD, parte 18.

351 "entenderam que estávamos partindo": Hastings, SLD, parte 18.

352 "Fizemos uma cerimônia de choro": Transcrição de uma entrevista com Binalok conduzida por Buzz Maxey em 1997. O mês não foi informado. Binalok já havia morrido quando o autor visitou o Vale do Baliem, mas suas descrições foram confirmadas durante conversas com outras testemunhas citadas neste livro.

352 um estilo mais tradicional: Ibid. Um homem chamado Lolkwa se juntou a Binalok durante esta parte da conversa.

353 "um seguro para mim no valor de dez mil dólares": Hastings, SLD, parte 18.

353 "tínhamos sobrevivido a um terrível desastre de avião": Ibid.

353 "Acho que não vou poder fazer a pescaria": "Corporal Margaret Hastings and Two Companions Are Rescued by Glider", recorte pregado no caderno de Hastings, TCHS.

353 "Este é o melhor tempo": Ibid.

354 ""Você está nervoso": Relatório de Samuels. Reimpresso em Imparato, *Rescue from Shangri-La*, p. 143.

354 duzentos quilômetros por hora: United Press, "Glider Rescue Almost Ends in Second Tragedy", *Schenectady (Nova York) Gazette*, 2 de julho de 1945.
355 "Ah, garoto. Ah, garoto": Ozzie St. George, "Rescue from Shangri-La," *Yank: The Army Weekly*, 17 de agosto de 1945, p. 6.
355 reduziu a velocidade do *Louise Goteira*: Ibid.
355 a cerca de trezentos metros: United Press, "Glider Rescue Almost Ends in Second Tragedy", *Schenectady (Nova York) Gazette*, 2 de julho de 1945, p. 7.
356 galhos superiores das árvores: Ibid.
356 roçou o alto de uma delas: Hastings, SLD, parte 18.
356 "entrou em nosso campo de visão": Ibid.
357 Com as mãos suando: Ibid.
357 "até onde o avião pode ir": Reportagem da Associated Press; não assinada, mas escrita por Ralph Morton, "Trio, Snatched Out of Valley, Arrive Safely". Recorte no caderno de Walter.
357 soltar o planador: Entrevista com John McCollom, outubro de 1997.
357 "Esqueça o aquecimento dos motores": Ibid.
357 um persistente farfalhar: Hastings, SLD, parte 18.
358 tentou não olhar: Ibid.
358 mais uma tarefa: McCollom e Walter, entrevista conjunta, 13 de maio de 1998.
358 cabeçotes dos cilindros... superaquecendo: Relatório de Samuels. Reimpresso em Imparato, *Rescue from Shangri-La*, p. 144.
358 "raspando os cumes das montanhas": United Press, "Glider Rescue Almost Ends in Second Tragedy", *Schenectady (Nova York) Gazette*, 2 de julho de 1945, p. 7.

EPÍLOGO: DEPOIS DE SHANGRI-LA

360 a quatrocentos metros de distância: St. George, "Rescue from Shangri-La", p. 6.
360 "Cortar o cabelo, fazer a barba": Transcrição das entrevistas para a imprensa, reimpressa em Imparato, *Rescue from Shangri-La*, pp. 184-189.
362 "Os Quatro Mosqueteiros": Walter, CEW, 30 de junho de 1945.
362 "Nós estávamos loucos para ir": Lisaniak Mabel, entrevista. Este relato é confirmado em um artigo impresso no *Jungle Journal* 1, nº 5 (4 de julho de 1945: "Um garoto que os filipinos relutavam em deixar para trás era o que

eles chamavam de Smiley... Por alguns minutos, eles acharam que o tinham convencido a partir para um novo futuro, mas no final ele recuou."

362 "A identidade do vale": *Science* 102, nº 2652 (26 de outubro de 1945): 14.

366 cartas às famílias das vítimas: Correspondência do tenente-coronel Donald Wardle, chefe do Departamento de Destinação, Divisão Memorial, ao pai de Robert e John McCollom, 1º de maio de 1959. Constante do IDPF de McCollom.

367 "a identificação não foi possível": Ibid.

367 acompanharam o féretro: Tenente-coronel Anne O'Sullivan, "Plane Down, WACs Aboard", *Women's Army Corps Journal* 5, nº 5 (outubro-dezembro de 1974): 16.

368 uma coroa de orquídeas: Ibid.

368 O anel de casamento de Robert McCollom: Correspondência de Wardle à sra. Cecelia A. McCollom, viúva de Robert McCollom, 13 de maio de 1959. (Coincidentemente, exatamente quatorze anos após o acidente.)

368 seu melhor amigo: Melvyn Lutgring, entrevistado pelo autor, 9 de janeiro de 2010.

369 um acontecimento histórico muito maior: Entrevista com Margaret Harvey, filha de Henry Earl Palmer, em 12 de março de 2010. Ver também obituário de Henry Palmer no jornal *Watchman* (Clinton, Louisiana), publicado em 28 de outubro de 1991.

369 foi-lhe oferecida uma escolha: Samuels, *Reflections of an Airline Pilot*, p. 76.

369 Suas comendas militares: "Ray Elsmore, 66".

370 Um obituário: Ibid.

370 obituário de George Lait: "George Lait, Coast Publicist, Dies at 51", *New York Times*, 13 de janeiro de 1958.

370 Ralph Morton: Obituário da Associated Press, "Ralph Morton, Former War Reporter", *Newsday*, 20 de outubro de 1988, p. 41.

370 Walter Simmons: Jensen, "Walter Simmons, 1908-2006".

371 deixou de beber: Tony Stephens, "Talented Agent Loved His Actors", obituário de John Cann, *Sydney Morning Herald*, 25 de setembro de 2008, www.smh.com.au/news/obituaries/talented-agent-loved-his-actors/2008/09/24/1222217327095.html (obtido em 14 de agosto de 2009).

371 voltou a trabalhar como ator: Obituário da Reuters, "Canadian Actor Dies", *Ottawa Citizen*, 22 de dezembro de 1977. Ver também entrevista de Alexandra Cann.

371 Lucille Moseley: "Filipino Scout Weds U.S. Girl", recorte de jornal não datado afixado no caderno de Walter. Acompanhado por outro recorte sem data intitulado "Shangri-La Hero Here".

372 dissolveu o 1º Recon: Carta de louvor assinada por Douglas MacArthur, datada de 15 de agosto de 1945, encontrada no arquivo de correspondências de Margaret Hastings que está no TCHS.

372 "Você ganhou isso?": Entrevista de Walter ao autor em 1º de março de 2010.

372 última entrada de seu diário: Walter, CEW, 3 de julho de 1945.

373 Foi o ponto alto da minha vida: Entrevista de Walter ao autor em 1º de março de 2010.

374 Decker se casou tarde: Betty McCollom, entrevista.

374 recebeu um telefonema: John McCollom, entrevista, outubro de 1997.

374 trazia lágrimas aos olhos: John S. McCollom ao coronel reformado Edward T. Imparato. Ver Imparato, *Rescue from Shangri-La*, p. 160.

374 deixou as Forças Armadas em 1946: Obituário de John S. McCollom, *Dayton Daily News*, 21 de agosto de 2001, p. 10. Fornecido por Betty McCollom.

375 "Por que eu não morri, em vez deles?": Ibid.

375 "pai de um bebê que nunca chegou a ver": McCollom a Imparato, narrado em *Rescue from Shangri-La*, p. 160.

375 Robert vivo e sorrindo, à espera deles: Pond, "Reunion", pp. 18-19. Durante sua entrevista não divulgada com John McCollom, Robert Gardner tentou delicadamente trazer à baila o assunto da morte de Robert McCollom, mas McCollom sempre mudava de assunto ou dizia alguma coisa como: "Eu tive sorte."

376 fracas demais para subir a escada: Entrevista com Betty McCollom.

376 redigiu o próprio obituário: Obituário de McCollom.

377 "a jovem mais homenageada da guerra": Miller, "Reconversion of a Heroine", p. 5.

377 "Ela é loura": "Read Shangri-La Diary", *Boston Sunday Advertiser*, 15 de julho de 1945. Caderno de Margaret Hastings, TCHS.

377 estava recebendo propostas: "The Price of Fame", editorial. Aparentemente da *Owego Gazette* de 14 de julho de 1945. Caderno de Margaret Hastings, TCHS.

377 uma história em quadrinhos: Carta de Frances Ullman, editora da revista *Calling All Girls*, a Margaret Hastings, em 19 de julho de 1945. Arquivo de correspondência de Margaret Hastings, TCHS.
378 jantaram juntos no Toots Shor's: Miller, "Reconversion of a Heroine", p. 5.
378 três mil pessoas: Stuart A. Dunham, "Shangri-La WAC Home, Finds Every Girl's Dream Come True", *Binghamton Press*, 20 de julho de 1945.
378 "sapatos de crocodilo": "Owego Welcomes WAC Home", *Owego Gazette*, 20 de julho de 1945.
378 convites de estúdios: Ibid.
378 Loretta Young: Sidney Skolsky, "Hollywood Is My Beat", coluna de fofocas sem data, constante do caderno de Margaret Hastings, TCHS.
378 abanando lenços e chorando: Miller, "Reconversion of a Heroine", p. 5.
379 quatorze estados diferentes: Agenda de viagens de Margaret Hastings, TCHS.
379 Sua carta é recatada: Carta de Don Ruiz a Margaret Hastings, datada de 10 de outubro de 1945. Correspondência de Margaret Hastings, TCHS.
379 "Eu lamento profundamente": Carta do coronel Luther Hill a Margaret G. Nicholson em 21 de julho de 1945. Fornecido pela família do major Nicholson.
380 "viúva do meu comandante": Entrevista com John McCarthy, 13 de setembro de 2009.
380 "saturados de histórias de guerra": Entrevista com Callahan.
381 "se não se afogou": Associated Press, "Former WAC Recalls 47-Day Jungle Ordeal", *Los Angeles Times*, 26 de novembro de 1961.
381 membros honorários: "Hidden Valley Survivors to be Honored", *Silent Wings* 1, nº 4 (setembro de 1974): 1.
381 "fazendo o que tem de ser feito": Pond, "Reunion".
382 "Com certeza!": Ibid., p. 18.
382 "lutou com bravura": Entrevista de Callahan.

BIBLIOGRAFIA SELECIONADA

Alexander, Larry. *Shadows in the Jungle: The Alamo Scouts Behind Enemy Lines in World War II*. Nova York: NAL Caliber, 2009.

Bender, Thomas. *Rethinking American History in a Global Age*. Berkeley and Los Angeles: University of California Press, 2002.

Brown, Jerold E. *Historical Dictionary of the U.S. Army*. Westport, Conn.: Greenwood Press, 2001.

Clarinbould, Michael John. *The Forgotten Fifth: A Photographic Chronology of the U.S. Fifth Air Force in World War II*. Hyde Park, N.Y.: Balus Design, 2007.

Connolly, Bob, and Robin Anderson. *First Contact: New Guinea's Highlanders Encounter the Outside World*. Nova York: Viking, 1987.

Devlin, Gerard M. *Silent Wings: The Saga of the U.S. Army and Marine Combat Glider Pilots during World War II*. Nova York: St. Martin's Press, 1985.

Diamond, Jared. *Collapse: How Societies Choose to Fail or Succeed*. Nova York: Viking, 2005.

_____. *Guns, Germs, and Steel: The Fates of Human Societies*. Nova York: W. W. Norton, 1997.

Dwiggins, Don. *On Silent Wings: Adventures in Motorless Flight*. Nova York: Grosset & Dunlap, 1970.

Flannery, Tim. *Throwim Way Leg: Tree-Kangaroos, Possums and Penis Gourds*. Nova York: Grove Press, 1998.

Gardner, Robert. *Making Dead Birds: Chronicle of a Film*. Cambridge, Massachusetts.: Peabody Museum Press, 2007.

Gardner, Robert, and Karl G. Heider. *Gardens of War: Life and Death in the New Guinea Stone Age*. Nova York: Random House, 1968.

Hampton, O. W. "Bud". *Culture of Stone: Sacred and Profane Uses of Stone among the Dani*. College Station: Texas A&M University Press, 1999.

Harrer, Heinrich. *I Come from the Stone Age*. London: Companion Book Club,1964.

Hayward, Douglas. *The Dani of Irian Jaya Before and After Conversion.* Sentani, Indonesia: Regions Press, 1980.

Heider, Karl G. *The Dugum Dani: A Papuan Culture in the Highlands of West New Guinea.* Chicago: Aldine, 1970.

_____. *Grand Valley Dani: Peaceful Warriors.* 3ª ed. Belmont, California: Wadsworth Group, 1997.

Hilton, James. *Lost Horizon.* Nova York: Pocket Books, 1960.

Hitt, Russell T. *Cannibal Valley: The Heroic Struggle for Christ in Savage New Guinea — The Most Perilous Mission Frontier in the World.* Nova York: Harper & Row, 1962.

Imparato, Edward T. *Rescue from Shangri-La.* Paducah, Kentucky.: Turner, 1997.

Keats, John. *They Fought Alone.* Nova York: Pocket Books, 1965.

Lowden, John L. *Silent Wings at War: Combat Gliders in World War II.* Washington, Smithsonian Institution Press, 1992.

Manchester, William. *American Caesar: Douglas MacArthur, 1880-1964.* Nova York: Little, Brown, 1978.

Matthiessen, Peter. *Under the Mountain Wall: A Chronicle of Two Seasons in Stone Age New Guinea.* Nova York: Viking, 1962.

Meiselas, Susan. *Encounters with the Dani: Stories from the Baliem Valley.* Nova York: Steidl/International Center for Photography, 2003.

Miller, Stuart Creighton. *Benevolent Assimilation: The American Conquest of the Philippines, 1899-1903.* New Haven, Connecticut: Yale University Press, 1984.

Morison, Samuel Eliot. *History of U.S. Naval Operations in World War II.* Vol. 8, *New Guinea and the Marianas, March 1944-August 1944.* Champaign: University of Illinois Press, 2002.

Morse, Roger A. *Richard Archbold and the Archbold Biological Station.* Gainesville: University Press of Florida, 2000.

Rottman, Gordon L. *U.S. Special Warfare Units in the Pacific Theater, 1941-45: Scouts, Raiders, Rangers and Reconnaissance Units.* Nova York: Osprey, 2005.

_____. *World War II Pacific Island Guide: A Geo-Military Study.* Westport, Connecticut: Greenwood Press, 2001.

Samuels, William. *Reflections of an Airline Pilot.* San Francisco, California: Monterey Pacific, 1999.

Sandler, Stanley. *World War II in the Pacific: An Encyclopedia*. Nova York: Garland, 2001.

Sargent, Wyn. *People of the Valley: Life with a Cannibal Tribe in New Guinea*. Nova York: Random House, 1974.

Schieffelin, Edward L., and Robert Crittenden. *Like People You See in a Dream: First Contact in Six Papuan Societies*. Stanford, California: Stanford University Press, 1991.

Schneebaum, Tobias. *Where the Spirits Dwell: Odyssey in the Jungle of New Guinea*. Nova York: Grove Press, 1988.

Sheehan, Susan. *A Missing Plane: The Dramatic Tragedy and Triumph of a Lost and Forgotten World War II Bomber*. Nova York: Berkeley Books, 1986.

Souter, Gavin. *New Guinea: The Last Unknown*. Sydney, Australia: Angus & Robertson, 1964.

Treadwell, Mattie E. *The Women's Army Corps*. Washington, D.C.: Office of the Chief of Military History, Dept. of the Army, 1954.

Weise, Selene H. C. *The Good Soldier: The Story of a Southwest Pacific Signal Corps WAC*. Shippensburg, Pennsylvania.: Burd Street Press, 1999.

Yellin, Emily. *Our Mothers' War: American Women at Home and at the Front During World War II*. Nova York: Free Press, 2004.

ÍNDICE REMISSIVO

A

A Visão de Sir Launfal (Lowell), 69
Abelhas do Mar, 310, 338
Abrenica, Santiago "Sandy", 202-203, 226-228, 242-243, 246, 247, 295, 306, 322, 338, 360, 371
absorventes femininos, 237, 287, 309
Abumpuk, 228
"Acampamento Shangri-La," 295-298, 306-309, 325-344
 resgate dos sobreviventes no; ver planadores, resgate com
Ação de Graças, celebração, 213
Aeródromo de Sentani, 55, 58, 69, 79, 92, 126, 132, 215, 225, 237, 304, 360
ahkuni (povo), 149
AIDS, 364
"Albatrozes", 58
álcool, 235, 277, 296
Alemanha nazista, 26, 53, 303, 312-314
Alerta, Custodio, 204, 246, 268, 308, 360, 371
Allen, G. Reynolds, 335-338, 348

alianças, 149
amputação de dedos, 148, 154, 340-342
Amundsen, Roald, 108
ane (barulho), 157
anekuku (aviões), 157, 228
anewoo (aviões), 157-160
Antonini, Herman F., 83
Aquilio, Esther "Ack Ack", 274
Archbold, Estação Biológica, 362
Archbold, John D., 108-109
Archbold, Richard:
 descoberta de Shangri-La por, 107, 108-120, 112, 224, 362
 e o fuzilamento de um nativo da Nova Guiné, 119, 120-121, 162, 248,
 últimos anos e morte, 362
armas: modernas, 162-163, 226-228, 244, 360
 dos nativos da Nova Guiné, 116, 117-119, 134, 161, 165, 220, 226-228, 229, 246, 326, 347
Arnold, H. H. "Hap", 264
Arthur, Hugh, 275

assistência médica no Vale do
Baliem, 364
Associação dos Pilotos de
Planadores da Segunda Guerra
Mundial, 381
Atkinson, Robert, 380
Australia, HMAS (navio), 303
avião de suprimentos 310, 252, 285,
325, 329, 346, 348, 354
aviões:
    e os nativos da Nova Guiné, 47, 49,
    63, 115, 157-160, 349, 351, 352
    Ver também: planadores
aviões-reboque, 312, 314, 316, 321-
322, 323-324

B

Babcock, John, 137-139, 141, 185
Baga, Ai, 244, 344
Bahala na! (Venha o que vier!) lema,
177, 189, 206, 293
Baker, William D., 129-132, 135, 190,
289, 374,
Baliem, rio, 117, 136, 243, 275, 329,
362
Baliem, Vale do, 45-47, 148, 155, 168,
364, 365 Ver também: Shangri-La
bandeira norte-americana, 253, 254, 289
"barco voador", 111
Baron, Harry, 337
Barron, Theodore "Ted", 100, 101
Bataan, Marcha da Morte de, 178, 183,
203
Batalhão de Reconhecimento 5416,
144, 177, 204, 372
batatas-doces (camote; hiperi), 73, 116,

133, 155, 162, 169, 175, 211, 221-
222, 281, 290, 334, 365
Batedores Filipinos, 203
Baylon, Alfred "Weylon", 204, 243,
246, 286, 295, 306, 322, 331-332,
360, 371
Besley, Laura, 33, 34, 260, 367
    a bordo do *Gremlin*
    Special, 59
    morte de, 94-95, 97, 101- 103
    no acidente do *Gremlin Special*, 78-
    80, 86, 90
    sapatos de, 91-92, 95
"Betty" (bombardeiro japonês), 303
*Boletim do Museu Americano de História
Natural*, 120
Bolsa de Estudos John e Robert
McCollom, 376
bomba atômica, 52, 162-163, 325, 372
Bomba Humana, A (filme), 302
Bombardeiro Fortaleza Voadora B-17,
128, 129, 131-132, 135, 163, 374
Bombardeiro Libertador B-24, 27, 128
Bombardeiro Mitchell B-25, 27, 128,
311, 348, 355
Bombardeiros PBY, 111
"bombardeiros de bambu", 317
"bonecos de vento humanos", 216
Bônus da Vitória, 378
Boston Sunday Advertiser, 377
Brass, L. J., 115-116
Bulatao, Benjamin "Doc" "Mumu,"
202-204, 205, 215-223, 235, 238,
239, 240, 241, 256, 258, 268, 278-
279, 283-284, 286, 289, 292, 325,
371-372
Buraco, O, 155-156

C

C-46, 316
C-47 Skytrain, 57, 56, 99, 128, 190, 195, 198, 215, 225, 243, 310-311, 316
 Como avião-reboque na missão de resgate, 318-320, 324, 355, 357
 Ver também: *Louise Goteira* e *Gremlin Special*
C-84, avião de transporte, 38-41, 44, 128
caçadores de cabeças, 46, 47, 51, 53, 54, 123, 187, 207
"caixões voadores" 317, 338
Callahan, Rita Hastings, 20, 22, 277, 377, 380, 381
Calling All Girls, 377
camicases, 53, 127, 303
Campo X, 144
canibais, canibalismo, 47, 51, 53, 117, 151, 162, 163, 166, 187, 230, 272
Cann, Alexander (Alexander Cross), 296-305, 298, 299, 310, 329, 332, 342, 360
 alcoolismo, 298, 300, 302
 carreira de ator em Hollywood, 299-302
 charme, 299, 300, 302
 como cineasta, 302-303, 305, 309, 325, 339, 349, 350, 371
 contusão nas costas, 302-303
 documentário sobre Shangri-La 296, 305, 309, 320, 339, 349, 350, 365, 371
 escândalo do roubo da joia, 300-302
 final da vida e morte, 371
 imprudência, 296-298, 304
 nas forças armadas, 302-303
 salto de paraquedas bêbado, 296-298, 304
Cann, Alexandra, 299, 304
Cann, H. V., 298-299
Cann, June Dunlop, 371
Cann, Mabel Ross, 298
canudos de pênis (horim), 115, 162, 165, 169, 229, 233, 234, 279, 280, 352, 364
Caoili, Hermenegildo "Super-Homem" "Homem de Ferro", 204, 242-243, 246, 255, 258, 268, 360, 371
carta das Nações Unidas, 325
Cemitério da USAF, Vale Oculto, Nº 1, 367
Cemitério Nacional de Arlington, 367
Cemitério Memorial Nacional do Pacífico, 367
Cemitério Militar Nacional Jefferson, 367
cerimônia de choro, 352
Challenger, Baía, 112
chefão (líder tribal), 149, 247, 344
Chicago Tribune, 270-271, 274, 275, 277, 370
choças, 45, 73, 148-149, 195, 334, 365
Citação Presidencial de Unidade, 370
clãs, 149
Clement, General, 237
colar de conchas, 335
Comando de Apoio à Força Aérea no Extremo Oriente (Fee-Ask), 36, 55, 126, 139, 204, 237
Comfort, USS (navio-hospital), 127
conchas coloridas, 116, 117, 168, 306, 326-328

confederações, 149
Cook, capitão, 27
Copernicus, 148
Corregidor, ilha de, 40, 137, 177, 183
Coster, Earl, 83
Coster, Ruth, 60, 60, 83, 192, 268
Cronkite, Walter, 317
Cross, Alexander, see Cann, Alexander
Cruz do Mérito Aeronáutico, 369
cruzes de madeira, 258, 262, 263, 359
"curso estimado", 249

D

Dahl, Roald, 58
Daily Argus Leader, 270
Dartmouth Free Press, 370
Dattilo, Phillip J., 83
D-Day, 316, 317
Decker, Bert, 277
Decker, Kenneth, 64, 222, 264, 340, 361, 381
    a bordo do *Gremlin Special*, 65
    em seguida ao acidente, 84, 86-92, 94-97, 96, 160
    estoicismo de, 104, 122, 195, 197, 199-200, 210, 235, 291
    ferimentos, 78-80, 101, 104, 122-123, 125, 169, 173-174, 192, 195, 198-200, 208, 209-210, 218, 291, 374
    morte de, 374
    no "Acampamento Shangri-La", 325, 351
    obsequiosidade, 87
    senso de humor, 106, 123, 132, 165
    tratamento recebido dos paramédicos, 222-223, 235, 239, 257, 284
    vida após Shangri-La, 371, 372, 373
    Ver também: *Gremlin Special*, sobreviventes
Decker, Thelma, 274
defecação, 246
dengue, 203-204
Dia da Vitória na Europa, 24-27
Dia das Mães (1935), 25, 38, 55
dili (inimigos), 149
disenteria, 114, 203, 322
Dobransky, Peter, 275
Dongallo, Fernando, 204, 246, 258, 268, 372
Douglas DC-3, 57

E

Earhart, Amelia, 114
educação, 364
"Ei, Martha!", reportagens, 271-272, 273, 300
Eisenhower, Dwight D., 379
Elizalde, Joachin Miguel "Mike", 142-144
Elsmore, Ray T., 39-42, 45, 49, 51, 53, 71, 115, 157, 183
    atenção recebida da imprensa, 51, 54-55 270, 273, 320, 346
    autopromoção, 54-55, 108, 136, 270, 273, 320
    como autoproclamado descobridor de Shangri-La, 48, 108, 120
    como comandante das missões de busca e resgate, 126, 128, 135-136, 186, 204, 224, 266, 295, 310-311,

320-321, 338, 345-346, 348, 350, 354-355, 362
competência, 354-355, 357
final da vida e morte, 368
preconceitos culturais, 51, 54-55
primeira visão de Shangri-La, 38-47
equívocos culturais, 159-160, 168-169, 230-234, 241-242, 263, 328-329, 330, 331, 339-342, 345, 352
escoteiros, 66, 78, 87
espíritos do céu, 156-157, 160, 167-168, 228-229, 242, 247, 248, 263, 281-282, 288, 290, 362, 366
semelhança dos ocidentais com os, 157, 160
Ver também: Uluayek, lenda
Esquadrão Auxiliar Feminino de Transporte Aéreo (WAF), 127
Esquadrão Feminino de Pilotos da Força Aérea (WASP), 127
estrela azul, 17-22, 192, 264
Estrela de Bronze, 371
estrela dourada, 19, 264
estrelas de Davi, 258, 262, 263, 359
etai-eken (alma), 174-175
expedição de Kremer, 114

F

facão, 289
Fair, Alethia M., 60-61, 83
Filipinas, 139, 142, 182-183
    Segunda Guerra Mundial na, 24-27, 30, 40, 60, 137, 143, 145, 178, 183-185, 203, 303, 370, 372
filipino-americanos:
    como paraquedistas sob o comando de Walter, 144-145, 177-178, 180, 185, 202-204, 308
    discriminação contra, 182-183
    imigração para os Estados Unidos, 182
    na Segunda Guerra Mundial, 180-185, 204
    Ver também : 1º Batalhão de Reconhecimento; Batalhão de Reconhecimento 5416
Final dos Tempos, 157, 160
fisgadas, 317-321
    mecânica das, 323-324
    missão do Waco, Ver planadores, resgate com
"flâmulas", 217
Flannery, Tim, 115
Fleming, Walter "Wally", 55, 131, 236, 377
Freyman, Louis E., 83
fuzilamento de um nativo da Nova Guiné, 107, 119
    relatos enganosos sobre o, 120-121

G

gaita de boca, 256
Gallagher, Marie, 273
gangrena, 121-123, 169, 192, 197, 199, 209-210, 222-223, 235, 257, 289
Gardner, George, 266, 274, 275, 277, 278, 304, 329, 346-348
Gardner, Robert, 365
Garrison, Jim, 368
Gatling, William J., Jr., 48
Gearhard, August, 262
Gillis, Marian, 60, 82

Good, Herbert R, 65-66, 80-82, 84, 259-260, 367
Grande Vale, 113, 120, 362
  Ver também: Shangri-La
Gremlin Special, 58-68, 60, 63, 360, 365
  camuflagem do, 58
  destroços ainda existentes, 366-367
  em seguida ao acidente, 84-97, 100
  especificações técnicas, 57-58
  missão de sepultamento confiada a Walter, 258-263, 261
  origem do apelido, 58
  passageiros e tripulantes do, 58-68, 95
  possíveis causas do desastre, 73-74
  queda, 76-83, 92, 99, 157, 159, 192, 290-291, 357, 358
  quinquagésimo aniversário do acidente, 373
  recuperação de suprimentos do, 87-88, 91, 98
  recuperação e novo enterro dos corpos, 367-368
  sobreviventes do desastre, Ver Decker, Kenneth; Hastings, Margaret; McCollom, John "Mac"
  visão de Shangri-La de dentro do, 69-72
  vítimas, 82-83, 90, 94-95, 192, 359
Gremlin Special, sobreviventes, 95-97, 294, 361, 380
  avistados por Baker, 131-132
  cuidados médicos, 137
  esperanças dos, 92-93, 106, 129, 132
  fome dos, 209

  frenesi da mídia com os, 270-274
  humor dos, 199, 214, 235, 360
  jornada na selva, 101-106, 121-129
  no "Acampamento Shangri-La", 296-298, 306-309, 325-352
  no acampamento de Uwambo, 157-175, 193-196, 208-214, 218-223, 235-250
  no primeiro planador, 346-348, 350-359
  primeiro encontro com os nativos da Nova Guiné, 161-175
  respeito e afeição entre os, 122
  viagem para o acampamento-base, 291-295
Gremlins, Os (Dahl), 58
Grimes, Myron, descoberta de Shangri-La por, 38-45, 48, 53, 54, 70, 108
Guba, 110-111, 112, 113, 115, 116, 224
guerra:
  como base da sociedade da Nova Guiné, 49, 53, 110, 149-155, 156, 161-162, 228, 243, 247, 290, 343, 364
  nativo vs. moderno, 49, 151, 155, 162-163
Guerra da Coreia, 371, 374
Guerra do Vietnam, 368
Guerra Filipino-Americana (1888-1892), 182
Guerra Hispano-Americana (1888), 180-182
guerrilheiros, 143-144, 178, 180, 184
Gutzeit, Jack, 191-193, 274, 275

H

"há, hã", 173, 210, 339
Halifax Herald, 271
Hal-loak-nak, 148
Hanna, Eleanor, 59-60, 260, 367
  braceletes de, 60, 86, 367
  no acidente do *Gremlin Special*,
    78-80, 86-91, 95
Hastings, Catherine, 20, 22, 277, 377
Hastings, Julia Hickey, 20, 93-96
Hastings, Margaret, 21, 171, 241, 320,
  333, 361, 380, 381
  a bordo do *Gremlin Special*, 59, 67,
    70, 73, 74
  admiradores indesejáveis, 293-295
  afeição pelos paramédicos, 221, 239
  alistamento, 19
  altruismo de, 208
  amizade com "a rainha", 332-
    335, 333, 339-340, 351
  apelido de "Maggie", 97, 122, 242
  atração por Ruiz, 256-257, 379
  atração por Walter, 256
  beleza de, 24, 252, 377
  casamento e divórcio, 380-381
  como propangandista dos Bônus da
    Vitória, 378
  como rainha de Shangri-La, 274,
    346, 379, 381
  corte de cabelo, 104, 173, 252, 271,
    339, 340, 378
  criatividade de, 77, 86, 103
  desaparecimento, 17-22, 26
  desencanto com a fama, 379-380
  diário de, 85, 91-92, 93, 95, 97,
    103, 105, 121, 125, 165, 166, 167,
168-169, 171, 173, 175, 192, 193,
195, 198, 199, 200, 208, 218, 221,
222, 223, 235-236, 239, 252, 262,
277, 288, 290, 293-295, 349, 354
disposição para namorar, 24,
  256
e as orações, 77, 103, 200, 218,
  238, 338-340, 352, 355
e o medo, 357-358, 381
e os preparativos para o passeio no
  Gremlin Special, 55-59
elo entre o "Chefe Pete" e, 170, 173,
  214, 288-289
em seguida ao desastre, 84-97
empregos antes do exército, 24, 33
estoicismo de, 106, 122
evolução da opinião sobre os
  nativos, 332-335
ferimentos, 85-86, 91-92, 101, 104,
  121-123, 125, 169, 192, 196-198,
  200, 208, 209-210, 218, 289, 291
filhos de, 381
frenesi da mídia com, 272, 273,
  274, 278, 286, 377
infância e juventude, 22-27,
  93-96
medo da gangrena e da amputação,
  121-123, 198, 200, 210, 218, 223
morte da mãe, 93-96
morte de, 381
no acidente do *Gremlin Special*,
  77-80
ofertas para trabalhar no cinema,
  377, 380
orgulho de, 239
partida do acampamento-base, 288-
  289, 290-292

permissão para entrar na aldeia, 332-335
preconceitos culturais, 168-169, 171
primeiro encontro com os natives da Nova Guiné, 163-167
recebida com uma parada, 165, 377-378, 377
respeito e afeição pelos nativos da Nova Guiné, 173, 175, 193, 332-335, 351
ressentimento contra, 379
retorno a Owego, 377-378
tamanho pequeno, 24
teimosia de, 263
temperamento aventuroso, 21, 25, 33, 95, 381
temperamento exuberante, 27, 198
temperamento independente, 22-25
tratamento com os paramédicos, 222-223, 238, 239, 257, 284-285
treinamento básico e promoção, 28, 86
vaidade de, 21-24
vida após Shangri-La, 377-381
vida social, 29-33, 55, 132, 236
Ver também: *Gremlin Special*, sobreviventes.
Hastings, Patrick, 17-22, 277, 378, 380
e as notícias do desaparecimento de Margaret, 22, 264-265
Hearst, Alma Walker, 300-302
Hearst, William Randolph, Jr., 300
helicópteros, 136, 224, 266, 310, 314
hidroavião, aeronave anfíbia, 136, 224 310, 362, 366
Ver também: *Guba*

Hilton, James, 51
Hitler, Adolf, 26, 312-314
Holandês Voador, desastre do, 99-101, 135
Holding, Lawrence F., 83
Hollandia, base militar, 21-39, 80, 90, 101, 123, 126-128
afogamento de uma WAC na, 127-128
condições da vida das WACs na, 23, 31, 31-36
Hollandia, Nova Guiné Holandesa, 23, 29, 30, 364
acampamento de Archbold na, 112
equipe de Walter na, 177-180, 187
Hollywood:
Cann em, 299-302
Convites a Margaret procedentes de, 377, 380
Hoops, Eugene, M.,
Horizonte Perdido (filme), 51-52, 155
Horizonte Perdido (Hilton), 51-52, 163
Howell, Winston, 337
Hugiampot, 342

I

Imparato, Edward T., 225
imprensa, mídia, 49, 270-278, 283, 284-285, 329, 346, 360, 362
atenção a Margaret na, 273, 274, 275, 278, 286, 377
pouca atenção dedicada ao 1° Recon, 285-286
rivalidade jornalística entre Morton e Simmons, 272-274, 303
sensacionalismo, 272-273

inalugu (pile of feces), 246
iniatek (originals), 156
"Inseparáveis, Os," 65
"iscas de artilharia" 317

J

Japão, japoneses, na Segunda Guerra Mundial, 27, 28-31, 136, 178, 183-185, 187-189, 203, 207, 283, 303, 325, 372
Javonillo, Juan "Johnny", 204, 242-243, 246, 258, 298, 304, 308, 372
Jayapura, 364

K

kain (chefão), 149, 247, 344
Kelabi, 342
Kennedy, John R, 368
Kenney, George C, 45
Kent, Helen, 60, 71-72, 75, 83, 192, 258
Kirchanski, James, 275
Koloima, 228, 325-352
Kurelu (chefão), 344
Kurelu, clã 228, 229

L

L-5 Sentinel, o "Jipe Voador", 195
Lait, George, 49-53, 54
    credenciais como repórter, 49-51
    Shangri-La descrita por, 50-51, 155
    últimos anos e morte, 370
Lait, Jack, 49

Landau, Mary M., 61, 82, 258, 262
Landikma, 161
lechón, festa do, 309
Legião do Mérito, 369
Leyte, ilha de 127, 177, 185, 203, 270, 303
Lindbergh, Charles, 66
Logo, Gerlagam "Joe," 326-329
Logo, Narekesok, 245, 331
Logo, Yali, 229, 329, 344, 351
Logo-Mabel, clãs, 228-229
Los Angeles Times, 300, 377, 380
Los Baños, Campo de Internamento de, 137
Louise Goteira, 321-322, 323, 324, 335-336, 349-350, 353-357, 354, 359, 359
    perigos a bordo do, 336-338
Lowell, James Russell, 69
Lutgring, James "Jimmy", 64-65, 128, 192, 368
Lutgring, Melvyn, 368
luto:
    amputação de dedos no, 148, 154, 342
    ritual de lama no, 233
Lutz, Aleda, 126
Luzon, ilha de, 28, 137, 177, 183, 202
Lynch, T. R., 206

M

Mabel, Inggimarlek, 159
Mabel, Lisaniak, 229, 234, 245, 328, 360
MacArthur, Douglas, 31, 40, 60, 80, 137, 146, 178, 183, 264, 283, 370, 372

madeireiras, 365
McCarthy, John, 379
McCollom, Betty, 376
McCollom, Cecelia Connolly "Adele", 67, 83, 264, 277, 367-368
McCollom, Eva Ratliff, 66, 277
McCollom, John "Mac", 168, 278, 284-285, 315, 330, 340-342, 360, 381
   a bordo do *Gremlin Special*, 71-76
   apertando a mão de "Pete," 166-167
   bondade de, 32
   bravura de, 166, 358
   como gêmeo idêntico, 34, 65-68, 77, 78, 79, 83, 87, 95, 103, 123, 125-126, 191, 260, 262, 264, 358, 374, 376
   compaixão de, 210, 235
   competência de, 72-73, 97, 98, 131
   criatividade de, 87, 101-103, 106
   determinação de, 123, 376
   e o medo, 123
   em seguida ao acidente, 84-97, 96
   emotividade, 191-192, 374
   ferimentos de, 77, 78, 86
   morte e obituário, 376
   na mídia, 274-275
   na missão de sepultamento, 258-259
   no "Acampamento Shangri-La", 325-328, 351
   no acidente do *Gremlin Special*, 76-80, 83
   qualidades de liderança de, 34, 78-79, 84, 97, 101-104, 107, 122, 125, 163, 195
   respeito e afeição pelos companheiros sobreviventes, 122
   sentimentos de culpa, 374
   vida após Shangri-La, 367, 372, 373, 374-376, 375
   Ver também: *Gremlin Special*, sobreviventes
McCollom, Mary Dennise "Dennie", 67, 367-368, 374, 375
McCollom, Robert Emert, 65-68, 77, 78, 83, 95, 103, 123, 125, 259, 262, 264, 277, 315, 358, 367-368, 374, 375
McCollom, Rolla, 66, 277
McKenzie, William G., 322, 335, 337
McKinley, William, 180-182
McMonagle, Marion W., 60, 83, 366
McMullen, Clements, 264
Macy, Anson, 285
maga (autorização para passagem segura), 247, 288-289
Mageam, 245
malária, 34, 203-204
Mayr, Ernst, 109-110
Mead, Margaret, 155
medalha da Ordem do Mérito Aeronáutico, 368
Medalha do Soldado, 371, 372
Medalha por Serviços Notáveis, 369
Mellberg, Carl, 262
Melro, 58
Mengel, Herbert O., 192
mep mili (sangue negro), 169
Miller (amigo de Walter Jr.), 141
Miller, Charles R., 83
mineradoras, 364
Ministério da Guerra dos Estados Unidos:
   Departamento de Relações Públicas do, 379

telegramas de condolência do, 263-264
missão de busca e resgate:
    acampamento-base para a, 224-234, 296-298, 306-309, 325-352
    decisões pessoais de Walter, 202-204
    envio de suprimentos, 190-191, 193-196, 198, 208-209, 237, 239, 243, 257-258, 325-326, 329
    esperanças dos sobreviventes, 92-93, 106, 129
    obstáculos, 136-137, 187, 204, 215-217, 311
    opções de resgate, 136-137, 224-225
    partida do acampamento-base, 283-290
    planos concebidos em Hollandia, 126, 128, 224
    planos de evacuação, 310-312, 318-324
    resgate com planadores, ver planadores, resgate com
    serviços fúnebres da, 258-263
missão de sepultamento, 258-263, 261
missionários, 362-364, 367
mogat (espíritos, fantasmas), 151, 171
Mollberg, Melvin "Molly", 61, 62, 83, 128, 192, 368
Molly, 368
Morton, Ralph, 270-278, 284-285, 286, 295, 303, 337, 370
Moseley, Lucille, 371-372
mulheres:
    nativas da Nova Guiné, 116, 148, 151, 153, 154, 155, 156, 211, 243, 248, 281, 282, 328-329
    na Segunda Guerra Mundial, 126-127
    Ver também: Corporação Feminina do Exército (WAC)
Mundi, rio, 159, 168, 220
Mundima, 168, 220, 278

N

Nagasaki, 372
Naimer, Belle, 60, 83, 258, 262
Nakmatugi, 156
National Geographic, 115, 119
nativos, apelidos conferidos pelos, 279, 331, 342
nativos da Nova Guiné, 26-28, 31, 99-100, 107, 294, 308
    agricultura, 41, 115, 116, 133
    aldeias dos, 41-45, 45, 73, 115-116, 234; Ver também: Uwambo
    aparência e vestimentas, 41, 116, 134, 147-148, 168-169, 211, 233-234, 280-281, 352, 365
    armas dos, Ver armas dos nativos da Nova Guiné.
    atitude defensiva dos, 247-248
    cautela com os sobreviventes por parte dos, 170-171
    concepções erradas a respeito dos ocidentais, 114, 159-160, 168-169, 241-242, 263, 330, 331
    consideração com os sobreviventes, 174-175, 193
    cooperação dos, 350-351, 351
    corpos de, 330
    costumes e estilos de vida, 147-155, 233-234, 328, 342

crianças, 148, 154, 171, 331
cultura da Idade da Pedra dos, 41, 48-49, 162, 226, 272
curiosidade dos, 246
declínio cultural dos, 364-365
e a crença em espíritos e fantasmas, 114, 148, 151-152, 156-157, 160, 171, 242, 247, 263, 281-282, 290
e a crescente familiaridade com os ocidentais, 235-236
e as festas, 151
e o medo dos ocidentais, 114, 160, 247
e os aviões, 47, 49, 51, 115, 157-160, 349, 351, 352
e os banhos de Margaret, 240-242
economia dos, 326-328
equívocos antropológicos sobre os, 47, 51, 54-55, 133-134, 168-169, 279, 331, 340-342
equívocos culturais sobre os, 230-234, 328-329, 339-342
estrutura social dos, 149
guerra e os, Ver guerra, como base da sociedade da Nova Guiné
idiomas dos, 26-29, 147-151, 331, 334
início do fim para os, 290
isolamento dos, 147
mitos sobre a criação, 155-157
mudanças culturais após os contatos com o Ocidente, 352, 362-366
mulheres, ver mulheres, nativas da Nova Guiné
observando o acidente do *Gremlin Special*, 159-160

práticas sexuais dos, 153, 242, 279, 331, 342
preconceitos culturais contra os, 51, 243, 246, 248, 272, 279, 281
primeira ferramenta de metal dos, 289
primeiro encontro dos sobreviventes com os, 134, 147, 161-175
primeiros encontros com os ocidentais, 116-119
rituais de cura dos, 174-175
sobreviventes avistados pelos, 131
suspensão temporária das guerras entre os, 247, 278
tentativa de comunicação com os, 210-211, 220, 229-230, 331, 334
tratamentos médicos para os, 331-332
violência contra os, 107, 119, 120-121
Ver também: tribo dani; tribo yali
New York Mirror, 49
New York Times, 27, 119, 273, 301-302, 370
Newcomer, George R., 64, 83
Nicholson, Alice, 379
  carta de George Nicholson a, 61-66, 82
Nicholson, George H., Jr., 63, 264, 379,
  apreensões de, 63-66
  como copiloto do *Gremlin Special*, 61, 70-76, 92, 128
  experiência limitada como piloto, 70-78, 92
  formação educacional e militar,

ÍNDICE REMISSIVO

61-66
isenção de culpa, 264
morte de, 82
Nicholson, Margaret, 264, 379
Norris, Hilliard, 64, 83
Nova Guiné:
  aviões caídos e desaparecidos na, 98-101
  belezas naturais da, 35, 84-87
  comércio com a, 28
  como parte da Indonésia, 364
  contemporânea, 362-366
  doenças na, 33
  exploração pelos ocidentais, 27-30, 113-114
  flora e fauna da, 34, 84-85, 101, 113
  geografia and topografia, 26-30
  habitat hostil da, 84-85, 87, 90, 104-106, 187, 207, 216
  isolamento da, 27-30, 364
  mapas da, 29, 39, 120, 128
  na Segunda Guerra Mundial, 28
  nativos da, Ver tribo dani; nativos da Nova Guiné; tribo yali
  Ver também: Hollandia, base militar
Nuarauke, 342

O

Obama, Barack, 365
O'Brien, Denise, 114
Ogi, serra de, 159, 247, 263, 290, 365
Okinawa, batalha, 26, 273, 325
Oranje, Montes, 40, 69, 136, 254, 295
Oswald, Lee Harvey, 368
Owego, Nova York, 19, 21, 22-25, 32, 33, 377-378
Owego, Escola de, 377

P

P-38 Lightning, caças, 25
P-47 Thunderbolts, caças, 368
Palas Atena, 127-128
Palmer, Henry E. "Vermelho", 311-312, 347, 368
  e o resgate com planadores, 318-320, 322, 335, 348-355
Papua, província da Indonésia, 364
Papua-Nova Guiné, 364
papuanos, 364
parada para receber Margaret Hastings, 377-378, 377
paramédicos, see Bulatao, Benjamin "Doc";"Mumu"; Ramirez, Camilo; "Rammy"; "Mua"
paraquedas, 207-208, 296-298, 304, 357-358
  e os perigos dos saltos sobre a selva, 215-220, 225-226
paraquedistas, 137-139, 177
  filipino-americanos, 144-145, 177-178, 180
  Ver também: 1º Batalhão de Reconhecimento (Especial); Batalhão de Reconhecimento 5416
"pássaros mortos" 156, 229, 335
passeios de avião, 40, 48, 55-68
  Ver também: *Gremlin Special*
Patterson, Harry E., 49-54, 155
Pattisina, Corporal, 118
Pearl Harbor, 26, 40, 53, 140, 183, 203, 315

Peggy (porca), 306, 309, 362
permutas, 326
pesquisas biológicas, 109-120
"Pika", 245
Pilha de Lenha, 322, 324, 335-337, 348, 347, 351, 354, 355-359, 356, 359, 360, 368
Piri, Sikman, 342
planadores:
   em missões de resgate; Ver planadores, resgate com
   história dos, 312
   na Segunda Guerra Mundial, 312-318
   uso pelos alemães, 312-314
   uso pelos militares norte-americanos, 314-318
   Ver também: Waco CG-4A
planadores, resgate com, 318-324, 335-339, 345-359, 354
   cooperação dos nativos, 350-351, 351
   obstáculos, 355-359
   segundo e terceiro resgates, 360
   Ver também Waco CG-4A
Pobreza, 364
porco, festas do, 213-214, 248
porcos, 41, 47, 114, 115, 151, 155, 168, 211, 289, 290, 306, 326, 365
   renascimento dos, 331
"Posto Avançado do Exército dos Estados Unidos em Shangri-La", 306, 373
"Posto Perdido de Shangri-La, O", 253, 254
Pratt & Whitney, motores, 32
Prêmio de Excelência, 369

Primeira Guerra Mundial, 30, 39, 65, 82, 143, 262, 312
1º Batalhão de Reconhecimento (Especial), 177, 180, 187, 202-204, 242-243, 294, 380
   medalhas concedidas ao, 371
   pouca atenção por parte da imprensa, 285-286
Prossen, David, 36, 38, 367
Prossen, Evelyn, 34-38, 55
Prossen, Lyneve, 34
Prossen, Peter, Jr., 36, 38, 37, 367
Prossen, Peter J., 37, 61, 70, 259, 270, 367
   como comandante generoso, 39, 55, 70
   como devotado homem de família, 34-38
   como piloto do *Gremlin Special*, 64-65, 69-76, 128, 135
   morte, 82
Protestant Digest, 271
Pyle, Ernie, 49

R

Rainha, A (avião), 234
rainha, a (mulher nativa), 332-335, 333, 339-340, 351
   marido da, 339
Ramirez, Camilo "Rammy" "Mua," 178, 202-204, 205, 215-223, 238, 240, 241, 256, 278-279, 286, 289, 284, 360, 371-372,
Ray Jr., 353
Regimentos de Infantaria Paraquedista, 136

Resgate em Shangri-La (filme), 371
Reuters, 271
Riley, Frank, 192
Rockefeller, John D., 108
Rockefeller, Michael, 381
Roosevelt, Franklin D., 19, 26, 53, 182-185
Roosevelt, Theodore, 182
Ruiz, Don, 204, 246, 258, 270, 308, 360, 371, 379

S

Sambom, Maruk, 171
Sambom, Pugulik "Trouble Maker", 159, 170-171
Samuels, William J., 321-322, 335-337, 339, 349-350, 353-357, 354, 369, 370,
Science, 362
Scott, Dennie McCollom,
    Ver McCollom, Mary Dennise "Dennie"
Scott, Robert Falcon, 108
Segunda Guerra Mundial, 19, 23, 57, 302
    baixas norte-americanas na, 19
    Japão na, 27-32
    mulheres na, 126-127
    na Europa, 61-63, 127, 316-317
    no Pacífico, 27, 30, 45, 137, 143-144, 316, 325
    rendição alemã, 24
    Ver também: Corporação Feminina do Exército (WAC)
sépsis, 122
serviços fúnebres para as vítimas do desastre, 262, 367-368
Shangri-La, 38-53, 364
    acampamento-base em, ver "Acampamento Shangri-La"
    cálculos da população de, 113, 114-115, 148, 331
    "Clube Shangri-La", 54, 60, 376,
    cobertura da imprensa, ver não descoberta pela mídia, 113-115
    descoberta de Grimes, 38-45
    descobrimento por Archbold, 107, 108-120, 362
    habitantes nativos de, ver nativos da Nova Guiné
    isolamento de, 48-51, 147
    origem do nome, 52-55
    perigos potenciais de, 46
    primeira visão de Elsmore, 38-49
Shaw, Clay, 369
Simmons, Walter, 270-278, 280, 286, 303, 337-338
    últimos anos e morte, 369-371
Smiley (garoto nativo)
sorrisos, 163-166
St. George, Ozzie, 329
Swart, Vale, 114

T

tabaco, hábito de fumar, 117, 148, 168, 193, 290, 352, 364
Teerink, C. G. J., 117, 119
terra de ninguém, 228, 245, 343
"testadores de turbulência", 216
tomates, 193-195, 197
"Tommy Gun", 244
Toots Shor's, 378

tribo dani, 149, 150, 152, 155, 168, 169, 212, 228, 242, 246, 327, 330, 331, 335, 344, 365
    acampamento-base próximo a uma, 325-352
tribo dyak, 112, 117
tribo yali, 149, 157-160, 162, 174, 228, 242
    proximidade com o acampamento dos sobreviventes, 157-175, 193-196, 208-214, 218-223, 235-250, 263, 265-270, 274-282, 292-295
tribos, 149
33º Esquadrão de Transporte de Tropas, 321
Truman, Harry S., 17
    decreto do Dia das Mães, 23-26
    e a bomba atômica, 325
turismo, 364-365

U

Ulio, James A., 20
Uluayek, lenda de, 156-157, 160, 281-282, 352, 362
    sobreviventes incluídos na, 290
Unciano, Isaac, 304
Uwambo, 157-175, 193-196, 204-214, 218-223, 228, 235-250, 263, 274-282, 292-295

V

Vale Oculto, 38-41, 45-48, 120, 242
    Ver também: Shangri-La
Van Arcken, J. E. M., 117-119, 120
Velasco, Roque, 204, 246, 295, 306, 322, 332, 339-340, 360, 371
Verne, Jules, 136
vizinhanças, 149, 228

W

Waco CG-4A, 315-318, 315
    como um risco, 316-317, 320
    fisgadas do, 317-318
    na missão de resgate, 318-324, 335-339, 345-359
    na Segunda Guerra Mundial, 317-318
    obstáculos à evacuação com o, 320, 335-339
Wakde, ilha de, 322, 323, 335-337, 345
Waldo, Cornelius, 129, 238, 262, 264
Walela, Dagadigik, 335
Walela, Keaugi, 335, 335
walkie-talkies, 191, 208, 231, 251, 262, 278
Walter, C. Earl, Jr., 139, 142, 150, 151, 187, 205, 224, 330, 331-332, 360, 365, 366
    admiração dos sobreviventes por, 291-293
    amizade com Cann, 305
    ansioso para combater, 145-146, 177-180, 185, 266, 283-284, 346, 372
    busca pela aprovação do pai, 185, 189, 283, 372
    como antropólogo amador, 279-282, 329
    contusão no tornozelo, 292-293
    criatividade de, 141
    demonstração de força, 244, 344

demonstração de masculinidade, 233
descrição dos nativos da Nova Guiné, 280-281
determinação de, 185
diário de, 230, 244, 246-247, 248-250, 251, 256, 260, 263, 266-270, 279, 283-284, 291, 328, 346, 372
disposição alegre de, 256
e o colar de conchas, 335
encontro com a tribo dani, 228-234
experiência militar de, 141-146
impaciência de, 266-270, 283-284
jornada até o acampamento dos sobreviventes, 246-250
juventude indisciplinada de, 139-141
machismo de, 255
maturidade de, 346-348
na mídia, 274-275
na missão de busca e resgate, 185-189, 202-208, 215-217, 224-235, 291-295
no "Acampamento Shangri-La," 325, 329-331
preconceitos culturais de, 230-234, 243, 248, 279, 281, 328-329
respeito e admiração pelos soldados do 1º Recon, 252, 286, 309, 350, 371
senso de humor de, 279-280
vida após Shangri-La, 367, 372-373, 373
Walter, C. Earl, Sr., 139-144, 142, 146, 180, 182, 185, 189, 283, 373
Walter, Sally Holden, 141, 144, 233, 270, 277, 372-373

Wamena, Papua-Nova Guiné, 362-365, 365
Wandik, Gilelek, 210-211
Wandik, Helenma, 131, 158, 160, 161, 167, 241-242, 290, 366
Wandik, Nalarik, 158
Wandik, Sinangke, 167
Wandik, Tomas, 289
Wandik, Wimayuk "Chief Pete," 160, 165-174, 198, 365
   apertando a mão de McCollom, 166
   como amigo dos sobreviventes, 175, 210-211
   como líder tribal, 167-168, 220
   curiosidade de, 235
   e a partida dos ocidentais, 287-290
   elo entre Margaret e, 170, 173, 214
   flexibilidade de, 168
Wandik, Yaralok, 158, 160, 167, 196, 247
Wandik, Yunggukwe, 170-171
   porco de, 158, 196, 258, 263, 366
Weber, Melvyn, 83
Westmoreland, William, 312
Whitney, Courtney, 178-180
Wilhelmina, Monte, 70, 113
Winchell, Walter, 49
Wosi, 228, 243, 245, 247
Wright, voo dos irmãos, 312

Y

Yank, 329

Z

Zuckoff, Mitchell, 366

Impressão e Acabamento: Markgraph